暨南史学丛书

暨南大学高水平建设经费资助丛书

李淑蘋 —— 著

Guangzhou Urban Social Change (1912-1937)

广州城市社会变迁（1912-1937）

社会科学文献出版社
SOCIAL SCIENCES ACADEMIC PRESS (CHINA)

序

  中国的城市历史悠久，近代之前的传统城市是政治军事统治中心，其职能以政治行政管理为主，近代之后的新兴城市是资本主义工商业的集中之地，其职能以发展经济贸易为主。近代中国社会的发展和变迁主要反映在城市社会中。

  广州有着两千多年的城邑历史，是岭南地区的政治、经济、文化中心，自清中叶实行闭关锁国政策后又成为全国唯一的对外通商口岸。近代，广州在原有基础上发展成为综合性多功能中心城市，不仅仍主岭南之政，而且成为岭南地区资本主义工商业发展的重镇，广州城市社会经历了巨大变迁。尤其是在1921年2月15日广州市政厅成立后，广州作为全国第一个行政建制的"市"，其首任市长孙科积极组织构建现代城市市政系统，创立新市制，按照西方市政管理模式首创财政、公安、教育、卫生、工务、公用六局，并以留学归国人员分长之，在城市整体规划、公共卫生管理、新型市政建设以及社会事业推进等各方面都多有举措。至20世纪30年代中期，广州在城市社会发展和转型的诸多方面都领先于全国其他城市，城市近代化发展迅速。但另一方面，由于民国时期的广东政局动荡，战乱纷繁，严重影响了政府的行政效率和政策的执行力度，广州城市发展的规划、市政建设的措施等并没有全部实施到位，诸如郊外拓展住宅区、内港工程、黄沙大铁桥建设等，至20世纪30年代中期以后基本停滞。1938年以后，处于沦陷区的广州，其城市社会的发展更是严重受阻，部分建筑被炸毁，市政基础设施遭到破坏，自来水供水受限，市内环境卫生得不到保证，社会事业无法赓续。战后数年间，广州城市社会的方方面面多限于恢复和维持，基本上没有进一步的发展。

近年来，随着社会史研究的深入和城市史研究的发展，近代广州城市史受到越来越多学者的关注。学者们从政治、经济、文化、社会各个层面进行了大量的研究，取得了较大的成绩。本书主要依据广州市档案馆丰富的馆藏档案和民国时期大量的报刊资料，重点从城市空间的重构、公共卫生的推进、市政建设的发展、社会事业的进步四个方面反映近代社会转型的大背景下广州城市社会的变迁。

城市空间是指一个城市内部所有的空间形式，是人们在城市中从事各种活动的基本载体，而人们的各种活动又在一定程度上影响和改变着城市空间的分布格局。民国初期，在一些留学欧美的知识分子和市政专家的推动下，广州、南京、上海等一些城市纷纷开展了大规模的城市改良运动。广州市更是率先打出"田园城市"的旗号，结合中国国情和广州市情，对市区拓展进行了合理而科学的规划，奠定了以后广州城市发展的基础。而且一些具有前瞻性的设想，还引领了近代中国城市发展的潮流，成为各大城市模仿的榜样。为了适应大规模的市政建设发展需要，民国前中期的广州通过对市内部分寺庙进行拆除、拍卖、改建、查封，在一定程度上缓解了财政拮据的窘况，保证了市政建设的进行，促进了广州城市面貌的改观。当时广州的公园半数均由寺庙改建，市内道路的拓宽和开辟也多有赖于寺庙的拆迁。同时，民国时期的广州市政当局还从城市规划和社会救济等多方面入手解决城市住所问题，分别新建了不同档次的模范住宅、平民住宅和劳工住宅，并提出在郊外开发新住宅区的规划，改变了广州旧城的空间布局。豪华高档的新式住宅堪称国内城市住宅建设的模范，而各种类型的平民住宅则解决了部分底层民众的栖身问题。此外，广州还是当时国民党人经营时间最长的城市，因此民国时期的广州修建了大量的纪念性建筑。作为独特的城市建筑形式，这些纪念性建筑为这座城市留下了强烈的政治记忆，也为城市空间增加了新的点缀。

公共卫生是与公众健康相关的卫生问题，主要包括食品卫生、环境卫生、劳动卫生、传染病防治、免疫接种、卫生监管、健康宣教等内容，与一个国家或地区的文明程度有关。近代中国的公共卫生事业是城市近代化的重要组成部分。肇始于清末的广州公共卫生事业在民国时期得到了较快的发展，尤其是 1921 年广州市政厅成立后，专门的卫生行政机构开始较为有力地介入公共卫生的管理。政府的干预对广州公共卫生事业的发展起了重要作用，其中对食品卫生的监管和对环境卫生的治理，在一定程度上增强了广州市民的卫生意识、改变了市民的卫生陋习、控制了疫病的传染、维护了公众的健康、改善了城市的面貌、推进了广州城市的近代化。

城市的基础设施完善程度是衡量一个城市市政建设水平的重要尺度。在近代西方市政建设思想的影响下，1918 年广州市政公所成立后，决定仿照西方的市政设施，在广州市内广设公共市场，并于 1919 年建成第一座市营公共市场——禺山市场，该市场很快被投入使用。到 1949 年，广州共建成市场 14 座。1921 年广州市政厅成立后，公共屠宰场作为保证食品卫生安全的重要市政设施，首次被提上广州市政议事日程，历经数年最终建成。公共市场和公共屠宰场的建成使用，不仅改善了因传统集市的摊贩随地占道摆卖导致的交通拥堵情况，而且统一屠宰、售卖和管理，在便利市民生活的同时，也使市民日常食料的卫生和质量得到了一定的保障。作为市政建设标志之一的广州城市给水系统与排水系统，在民国时期也得到了发展，自来水的出现和改善，原有排水系统的治理及新型排水管道的铺设对广州居民生活及城市发展产生了积极的影响，市民的生活方式随之有所改变，生活质量有所提高。同时，生活给排水的优化，完善了城市基础设施，给市民营造了一个良好的居住空间。

社会事业是指国家出于公益目的，由政府机关和其他组织举办的有关教育、科技、文化、卫生等活动的社会服务，主要包括教育事业、科技事业、文化事业、体育事业、医疗卫生事业、社会保障事业等。就民国时期的广州而言，其文教事业的发展与城市社会的变迁，既有近代中国城市的共性，也有自身的特点。如广州市通俗教育事业与全国通俗教育的发展就不同步，受民国初期政局动荡之影响，广州的通俗教育起步较晚且举步维艰，一度落后于全国平均水平，直到 20 世纪 30 年代才迅速发展，对于普及教育、开启民智、丰富民众文化生活和转变社会风气都起了一定的积极作用。尤其是抗日战争全面爆发前后，广州的通俗教育以战争动员为中心，成为团结民众、动员抗战的利器。与通俗教育不同，民国时期广州的社会体育取得了较大的发展，在全国也处于前列。广东省政府及广州市政府通过成立体育管理机构、兴建体育场馆、培养体育教师、举办民众体育实验区等措施发展社会体育，加上民间热心人士对社会体育的提倡，广州民众的体育热情较高，体育赛事频繁，体育团体涌现，参与体育活动的人数增多，体育成为一种时尚休闲活动，悄然改变着民众的传统娱乐方式，对广州民众的精神生活产生了较大的影响。由于民国时期广东灾荒不断、战事频仍，广州社会弱势群体庞大，一些专门收容和救济社会弱势群体并具有明显现代特征的救济机构，逐步改变以往"重养轻教"的传统模式，秉持"教养兼施""以教代养"新理念，积极开展社会救济，阶段性地减少了广州街头的乞丐和流民，一定程度上推动了广州社会救济事业的进步。

民国时期广州城市社会的变迁体现在方方面面，内容极为丰富，本书不能一一列举，主要叙述时限为广州沦陷之前，抗战胜利后的情况在部分章节有涉及，以反映发展脉络。浅陋之作仅希冀能为丰富广州近代城市史的研究，加深人们对民国时期广州城市社会的了解，并从中吸取历史的经验与教训提供些许帮助。

目　录

第一章

广州市区的拓展

广州历来为岭南地区的政治、经济、文化中心，建城 2000 多年来，一直在不断地扩展。1918 年广州市政公所成立后，开始拆城筑路，其发展突破了旧城的限制。其后的当政者在欧美"田园城市论"与都市分区制的基础上，对广州市城市空间的拓展做了科学而具体的规划，引领了当时城市发展的潮流，影响深远。

一 广州市区拓展的背景

（一）广州城市发展的客观需要

广州是岭南地区最早出现的城市，自古便是"地狭人稠，而税居至众之都市"①。据历史文献记载和考古发掘证明，广州城自两千二百多年前的秦代番禺城（俗称"任嚣城"），经汉代以及之后的唐、宋、元、明、清历代发展，城郭范围大致北倚越秀山、南抵珠江边、东到大东门、西至西门口。

至清末民初，受民族工商业的发展和西方资本主义势力入侵的影响，广州城外也有了一定的发展。西门外的西关地区兴建了大片民居，逐渐成

---

① 《调剂广州市民生活之工程设计意见书》，《广州民国日报》1929 年 4 月 11 日。

为繁华的商业中心；省河①以南除了原有的富家园林和街市住宅外，还出现了近代工厂和新式学堂；东门外的荒丘之地，先有外国教会购地建房，后有华侨和富商开发房地产，"地价日增，屋宇日盛"②。

辛亥革命以后，作为国民革命策源地的广州，在孙中山先生"实业救国"思想的引领下，工商业得到较快的发展。这一时期广州兴建了一批规模较大、资金雄厚的工厂，不仅原有商铺的规模不断扩大，而且涌现出大批的新商铺和百货公司，广州的进出口贸易在这一时期也得到很大的发展。而近代广州工商业的发展，使城市人口迅速增加，又造成住宅日渐紧张、交通日渐拥挤的问题，人多地狭的矛盾日益突出。"其面积与人口比例，每市民所占地面，约一百五十方尺。"③ 当时较为科学的城市规划要求为每公顷300人（每个市民所占面积约为33平方米），广州市民仅及其半，较之当时世界各国之大都市，如巴黎、纽约、柏林等实为最少。

1918年10月，广州市政公所成立后，结束了广州城分属番禺、南海两县的历史，整个城区行政区域统一划归市政公所管辖。为了发展城市公共交通，市政公所大规模地拆除城墙，利用墙基修筑新式马路，数年内先后建成万福路、文明路、越秀路、一德路、丰宁路、大南路、大德路、泰康路、越秀北路、广仁路、盘福路等，并通过拆除旧建筑将小街巷扩建为新马路，如文德路、德宣路、维新路、惠爱中路、惠爱西路、永汉路、越华路、禺山路、宫禄路、吉祥路、上九路、下九路、第十甫路等。④

随着城墙的拆除和新式马路的修筑，广州城打破传统封闭格局，使原有城区和已经开发的临近区域融为一体，为城市区域的拓展奠定了基础。但当初的拆城筑路基本上仅限于老市区，且市政当局只知"一意修筑马路"⑤，道路系统规划却不合理，路面泥泞拥挤，原来设计马路之时也没有设置红绿灯及考虑周围居民出行密度，这既有碍安全，又不便于交通，常有汽车撞人的事件发生，以致当时广州的报纸都称汽车为吃人的"市虎"。

---

① 珠江主航道自白鹅潭一分为二，其中向东流经省城广州老城区的水域旧称"省河"。
② 广州市政府编《广州指南》（1932年），广州市档案馆藏，档号：资－警－214－3。
③ 《调剂广州市民生活之工程设计》，《广州市市政公报》第326～327期合刊，1929年，第35页。
④ 陈代光：《广州城市发展史》，暨南大学出版社，1996，第132～139页。
⑤ 程天固：《三年后的广州》，广州市档案馆藏，档号：资－政－584－341－107。

总体而言，当时广州市区的商店、工厂、住宅杂乱，房屋黑暗狭窄污秽不堪，工厂烟尘废气弥漫，噪声喧天，给市民的生活造成极大的困扰。同时，公园、图书馆、游乐场等公共娱乐场所较少且设备陈旧，动物园、游泳场等现代娱乐场所尚未建立，远远不能满足市民日益增长的精神和物质需求。因此，要求拓展市区以完善市政建设的呼声不绝于耳。

（二）欧美城市建设理论的影响

1898 年，英国人霍华德吸收了欧洲近代三大城市运动的经验与教训，出版了《明日：一条通往真正改革的和平道路》（后更名为《明日的田园城市》）一书，正式提出了田园城市这一概念，该理论的提出被公认为是现代城市规划的开端。霍华德根据 1840 年以来城市发展规模无限制扩大、布局越来越混乱的状况，提出了著名的"三种磁力"说，具体分析了城市与农村的特点，通过对比，得出了城市—农村的概念，即田园城市的概念。它兼具城市与农村的优点，"自然美；社会机遇；接近田野和公园；地租低；工资高；地方税低；有充裕的工作可做；低物价；无繁重劳动；企业有发展余地；资金周转快；水和空气清新；排水良好；敞亮的住宅和花园；无烟尘；无贫民窟；自由；合作"[①]。

从中我们可以看出，田园城市的核心理念在于将人与自然、城市与农村结合起来，走和谐发展的道路。霍华德认为田园城市是"一个有完整的社会和功能结构的城市，有足够的就业岗位维持自给自足，空间布局合理，以保障阳光、空气和高质量的生活，绿带环绕，既可以提供农产品，又有助于城市的更新和复苏"[②]。按照其设想，新建一座城市，面积要达到约 24.28 平方公里，至少将其中 5/6 的土地规划为园林。同时要严格限制城市发展的规模，一般以容纳 3 万人左右为限，平均每个市民所占土地约为 75.9 平方米。将城市用辐射状的道路系统划分为六大区，市中心有行政建筑、一座公园、一座医院、一座博物馆及其他公共设施，奖励兴建花园式住宅。田园城市概念中不乏理想主义成分，但是它作为一种全新的规划模式，彻底打破了陈腐的观点，将城市规划的立足点从政治统治的需要转

① 〔英〕埃比尼泽·霍华德：《明日的田园城市》，金经元译，商务印书馆，2000，第 7 页。
② 张捷编著《新城规划与建设概论》，天津大学出版社，2009，第 18 页。

移到了人民生活的需求上来，对未来的城市建设产生了深远的影响。

同时，19世纪后半期开始盛行于欧美的都市分区理论认为市政当局应根据本地区经济条件和社会状况，综合考虑现有的土地、人口、空间和文化等各种资源，将城市划分为几个不同的功能区域，引导和规划城市的长远发展，以实现城市经济和社会的总体发展。

20世纪一二十年代，随着大批留学生的归国和大量的西方市政学知识的传入，田园城市理论和都市分区理论开始在中国传播，孙科是最有力的提倡者之一。他于1919年在《建设》杂志上发表了著名的《都市规划论》，在文章的第三部分详细介绍了西方的田园城市论。1921年，广州市政厅成立，孙科为首任市长，他聘请留学英美且对西方田园城市理论和都市分区理论有相当了解的程天固出任广州市首任工务局局长，主持广州市政建设规划。至1927年南京国民政府成立，广州市政当局虽然对旧城做了很大的改造，但是要在狭小的旧市区建成"优雅安静"的住宅区、"清洁繁荣"的商业区、"宽广便利"的工厂区，将广州建设成适宜居住的"田园城市"，仍然困难重重，只有向外拓展才是最好的选择。

（三）孙中山对广州的宏伟规划

孙中山曾先后三次在广州建立革命政权，一直把广州作为民主革命的根据地。他指出"广州是革命党的发源地，是很光荣的，我们想从新再造民国，还要拿这个有光荣的地方做起点，好比做新屋一样，必要选定一个好屋基，广州市就是我们创造新民国的好屋基"①。可见孙中山对广州有很深的地缘感情，对广州市的发展也尤为重视，认为"迄于近世，广州实太平洋岸最大都市也，亚洲之商业中心也。中国而得开发者，广州将必恢复其昔时之重要矣"②，因此决心把广州市打造成为一个"革命之都、首善之区"。

孙中山对广州市发展规划的设想集中体现在《建国方略》的《实业计划》中。其一，对黄埔与河南岛的开发做了基本的规划。"新建之广州市，应跨有黄埔与佛山，而界之以车卖炮台及沙面水路。此水以东一段地方，应发展之以为商业地段；其西一段，则以为工厂地段。此工厂一区，又应

---

① 孙中山：《革命最后一定成功》，载《中山演讲集》，广智书店，1927，第258页。
② 罗炳良主编《孙中山建国方略》，华夏出版社，2002，第179页。

开小运河以与花地及佛山水道通连，则每一工厂均可得有廉价运送之便利也。在商业地段，应副之以应潮高下之码头，与现代设备及仓库，而筑一堤岸。"[1] 其二，确立了广州之工业往西北发展的布局。"在西北隅市街界内，已经发现一丰富之煤矿。若开采之，而加以新式设计，以产出电力及煤气供给市中，则可资其廉价之电力、煤气以为制造、为运输，又使居民得光、得热、得以炊爨也。"[2] 其三，确立了在广州市建立"花园城市"的构想。孙中山认为，较之其他工商业城市，"广州附近景物，特为美丽动人，若以建一花园都市，加以悦目之林囿，真可谓理想之位置也"[3]。因此，极力将广州作为其推行田园城市理论的实验基地。

孙中山关于开发河南岛、于西北部建立工业区、将市区向东拓展至黄埔岛、建设花园城市等设想简单勾勒出了广州市的功能分区和发展规划，对未来广州市的发展产生了巨大的指导意义，成为南京国民政府成立后广州市政当局拓展城市空间的基本思路。

二 广州市区的拓展规划

(一) 整体规划

传统的广州市区以城墙为界，分为城内城外。清光绪末年广州创办巡警，将广州划分为若干警区。1918 年广州市政公所成立后，陆续拆除了城墙，使市区范围扩大，但没有明确的界线。1921 年广州建市后"暂以现在警察区域为市区区域"[4]，面积 28277 亩。随后广州市政府制定了《假设拓展市区域计划》，提出权宜区域和拟定区域的概念，以拓展市区。《假设拓展市区域计划》获批后，省长陈炯明委托程天固等人组织广州市市区测量委员会，对市区和郊区进行勘测，以确定市区范围。1923 年 12 月，广州市政府拟定广州市权宜区域范围，第一次正式确定市界。

1924 年，经孙中山核准公布了广州市拟定区域范围和权宜区域范围，

---

① 罗炳良主编《孙中山建国方略》，华夏出版社，2002，第 184 ~ 187 页。
② 罗炳良主编《孙中山建国方略》，华夏出版社，2002，第 187 ~ 188 页。
③ 罗炳良主编《孙中山建国方略》，华夏出版社，2002，第 187 页。
④ 《市长孙呈报暂定市区区域核准文》，广州市档案馆藏，档号：资 - 政 - 570 - 16。

其中拟定区域连同水域面积约 290000 亩，以山、河等自然地理屏障为界，"东至东圃车陂，南及河南黄埔，北尽白云山，西达增步对河之两岛"①。权宜区域是相对于拟定区域而言的，由于拟定区域所规定的范围过于广阔，而广州市市政刚步入正轨，百业待兴，市库入不敷出，短期内难以对拟定区域进行扩展，因此市政府决定暂时以权宜区域为界做初步的拓展。其范围东起瘦狗岭以东，止于疍家寮以西；南起赤岗涌与黄埔涌河流相接之处，到坑村东南角之外；西起坑村之东南角，止于新涌口；北起新涌口之前，止于瘦狗岭之东北角。② 权宜区域连同水域面积共 92000 亩，约占拟定区域面积的 1/3。

1932 年，番禺、南海两县县治从广州市区迁出。至 1937 年，权宜区域才次第接收完成，并分别在与番禺、南海两县交界处竖立了 46 块界碑。

（二）具体规划

1928 年，广州市仿照香港成立了第一个专门负责城市规划工作的机构——城市设计委员会。1929 年程天固再度出任广州市工务局局长时，鉴于广州"以往建设，大都属于枝节的改良，缺乏整个的计划，规模虽然粗具，究不足与语于科学化"③，所以"根据本市发展趋势之考察，市民日常生活之需要，市库与市民负担之能力，及现代都市设计之原理"④，主持制定了《广州市工务之实施计划》，在整治旧市区的同时，重点对广州市新市区的拓展做了具体规划，并对新旧市区按功能统一划分区域。

1. 西部之西村、羊牯沙、增埗及石围塘、花地等处宜划作工业区，以便于粤汉、广三两铁路运输，并拟将旧市区之工厂逐渐迁出，全部布置于市郊。

2. 东部多为山岗坟地，宜迁坟建为住宅区，拟在东山马棚岗、竹丝岗及上下坟头岗建模范住宅区；在新工业区羊牯沙及增埗附近一带兴建数块平民住宅区，并附设学校、浴室、图书馆、治安亭等设施；在花地、河南岛、芳村各建一个疍民住宅区，以解决疍民住宅问题。

---

① 《公布本市区域范围》，《市政日报》1928 年 8 月 23 日。
② 《本市权宜区域之规定》，《广州民国日报》1931 年 7 月 7 日。
③ 程天固：《三年后的广州》，广州市档案馆藏，档号：资 – 政 – 584 – 341 – 105。
④ 程天固：《广州市工务之实施计划》（1930 年），广东省立中山图书馆特藏部藏，第 3 页。

3. 商业区无须单独划分，散落于新兴住宅区与老城区之中。

4. 东北多山，发展不易，宜作林场，供游乐及消暑之用。

5. 河南岛的建设宜分为住宅区、工业区、商业区、行政区及港区。河南岛珠江沿岸之滨江地域为港区，港区后方及河南士敏土厂以东规划为商业区，士敏土厂以西作为住宅区，草房南面之松岗、得胜岗等处定为新行政区。

6. 规划四郊马路，计划向郊外东西南北四个方向修筑 35 条马路，计长约 187 公里，分三期修筑，每期两年。

7. 在牛面岗、龙船岗及马鞍岗等处规划新的公共坟场，以便将东郊荒岗之坟茔尽行迁葬于公共坟场。其中牛面岗、龙船岗为收费区，马鞍岗为免费区。

8. 规划建筑内港、填筑海珠、修建珠江大铁桥，以便利交通。

9. 增辟公园、游泳场、林场、露天剧场、动物园、植物园及林荫大道等公共娱乐设施。其中公园面积为 500 亩，植物园面积为 514 亩，林场面积为 2612 亩。

表 1　程天固市区拓展计划预期成果

成果项目	数量	地址	预计工程费
住宅区	1000 华井①	东山、西村、河南等处	400000 元
郊外马路	约 84715 米	分布四郊	4121880 元
平民住宅区	250 间	西村、河南草芳各一	200000 元
疍民住宅区	3 处（300 间）	河南、芳村、花地各一	50000 元
市府合署	1 座	中央公园后	594000 元
市立图书馆	1 座	文德路	190800 元
市立戏院	1 座	海珠新填地	300000 元
市立银行	1 处	太平南路	300000 元
增辟公园	6 座	白云公园、河南公园、东湖公园、七星岗公园等	600000 元
河南林荫大道	1 条	洲头咀至鸭墩关之小涌	50000 元

①　一华井约等于 11 平方米。

成果项目	数量	地址	预计工程费
游泳场	3 处	分设荔枝湾、南石头和渔珠炮台附近	18000 元
海珠填地	43000 华井	海珠	160000 元
省河铁桥	1 座	分设对河北之维新路口、迎珠街口、连兴街口	1734000 元
填筑新堤	6660 米	海珠新堤与河南新堤	2045000 元
跑马场	1 处	石牌多坟岗	500000 元
公共坟场	3 处，预计容 30000 穴	马鞍岗、龙船岗、牛面岗各一	25000 元
河南内港	新堤长约 1430 米，填地 10865 华井，堤岸马路长约 1312 米，货仓 4 座	河南洲头咀	1571500 元

资料来源：程天固《广州市工务之实施计划》（1930 年），广东省立中山图书馆特藏部藏。

由表 1 可以看出，1929 年广州市市区拓展计划包含土地功能分区与园林绿化设施的兴建，其设计的基本思想是贯彻"田园城市"和"都市分区"理论的精髓，试图将广州市建设成为一个井井有条、环境宜人、分区合理、城市与乡村优点结合的现代都市。

（三）资金筹措

按照《广州市工务之实施计划》，所有项目的完成需要资金 2500 余万元，数目巨大。然而广州市政府财政十分拮据，"就本市财政现状论，行政与教育经费之支出，已有应付未遑之忧，尚安有余力以资建设"①。因此，市库补助已无望，市民负担、特别收入、建设收益就成为广州市政建设的主要经费来源。

市民负担。由于筑路、清渠、建桥、修堤等工程与市民有莫大的关系，因此广州市政府根据实际情况适当向市民收费。以修筑马路为例，由于马路筑成之后，不仅方便市民出行，而且往往因为经济原因地价倍增，道路两旁铺户与居民能够借此得到较大的切实利益，在这种情况下向其征收筑路费既合情合理又无太大阻力。因此，市政府每于修筑马路之前，先

---

① 程天固：《广州市工务之实施计划》（1930 年），广东省立中山图书馆特藏部藏，第 121 页。

公布路线，后向预筑马路附近及两旁业主征收建设费，征收多少则"因其地之繁盛冷淡贫富而异"①。

特别收入，即捐款、借款及投变市产等。广东为华侨大省，海外华侨一向对孙中山的革命事业和家乡建设给予关注和帮助。1929 年，美洲华侨计划捐款 19.08 万元兴建市立图书馆。市产投变即将属于政府的码头、旗产、寺庙、书院等公有产业公开拍卖，以获得资金。其中拍卖文澜书院产业所得款项数额较大。文澜书院前身为清濠公所，原本是公益场所，但久被该院主事罗崧藩把持，大量公产被侵占，该现象已成为市政建设过程中的一颗毒瘤。1930 年，广州市政府组织了清理文澜书院产业委员会，对其产业进行清理。而后公开拍卖，共得到上百万元巨款，为广州市的市政建设提供了不少资金。

建设收益。广州的市政建设分为两种类型："有生产之建设"和"无生产之建设"②。所谓"有生产之建设"是指一旦建设开始，很快就会有经济效益产生，多为营利项目；而"无生产之建设"是指非营利项目，一经开工只有投入，没有利润产生。其中前者只要兴办就会有筹款办法，如筑路、修筑内港、修建海珠铁桥等，而后者需要提前备有资金，如修建学校、图书馆。在整个市政建设中，"有生产之建设"可以为"无生产之建设"提供资金，促进后者发展。

按照《广州市工务之实施计划》的预算，修建住宅区可得约 180 万元，海珠新填地可得 380 万元，内港新填地约得 323.56 万元，各种收益相加与支出大约相抵。以 1931 年的广州市市政建设计划为例，其预计费用为1100 多万元，其中建设后有收益者约占 59%，直接征之于市民的约占34%，其他收入占 7% 左右。这样一来"有生产之建设"占主导，而市库负担的极少，市政建设的经费问题就迎刃而解了。国外舆论对此亦有评论，按照一般"市政建设的成法上，每一建设工程，必须先有预定的经济源泉，或为征税式的取自市民，或为捐募的筹自市政府，均须得有确定经济后，始能着手兴建。惟广州市则不然，随建随筹，随筹随建，此项办

---

① 李宗黄：《模范之广州市》，商务印书馆，1929，第 67 页。

② 程天固：《程天固回忆录》上册，（台北）龙文出版社，1993，第 175 页。

法，固为世界城市所不能步武者"①。

三 拓展市区的具体措施

（一）迁坟拓地

广州向无公共坟场，千百年来，人们多在广州城外的东山一带和西北郊一带随意掩埋，遂形成荒郊坟场，占据了很大的近郊空间。1922 年，一位外国人曾经这样评论说："最近的一项调查表明，在目前的城市范围之内，有超过 1800 万座坟！至少 1800 万个祖先与 150 万他们的后人共享广州已经饱和的城市土地！"② 可见，改迁坟墓成了广州市区拓展需要首先解决的问题。

早在 1921 年，程天固甫任工务局局长时便对东山一带进行了考察，因"本市西部地势低洼，北陲则山岭绵亘，皆属无可增拓，惟东郊沿广九以北一带，岗陵起伏，地势颇高，极宜居住，重以广九路之便利，与黄埔开辟之希望，扩充尤宜"③，遂决定将马棚、竹丝两岗坟墓迁移以待展拓市区。然而广州市民风水迷信思想根深蒂固，前市政公所为接通永汉路之永汉门，拟拆毁双门底，挪移"铜壶滴漏"，就曾遭到市民群起反对，政府最终不得不下令将其挪回原处。故而广州市工务局的迁坟布告一经贴出，立刻遭到了广州坟山公所的强烈反对，谓"毁及死者骸骨为不仁"。还有一些愚昧无知的市民甚至散布谣言，说在马棚、竹丝两岗听到夜有鬼哭，终夜不绝，大呼程天固的名字而谩骂，谓改迁坟墓必将遭人神谴责。一些不满迁坟的市民送给程天固一个"迁坟大王"的绰号，甚至连市政府也曾迫于各方压力，下令禁止工务局在马棚岗进行开垦。由此可见当时民众迷信思想之重，迁坟工作之困难。

程天固复任工务局局长后，考虑到广州市发展的大局，冲破重重阻

---

① 《纽约泰晤士报对广州市政之批评》，《广州市市政公报》第 385 期，1931 年，第 86 页。
② 赖德霖：《城市的功能改造、格局改造、空间意义改造及"城市意志"的表现——20 世纪初期广州城市和建筑的发展》，《中国近代建筑史研究》，清华大学出版社，2007，第 376 页。
③ 《呈省长据工务局长陈请拟收回东郊马棚竹丝等岗展拓市区请示核》，广州市档案馆藏，档号：资-政-569-19-1。

力，数次呈请市政府晓以开垦马棚、竹丝两岗之利，言辞恳切，迁坟方案终于获得了通过。工务局随即下令"着各坟主依限到领迁费，自行移葬，迨过期日久，仍无坟主认迁者，始由政府派人妥为迁葬，统计两岗共迁坟三万余穴，其属诸无主之坟者，约占八成以上"①。工务局最终借助政府的力量，初步完成了马棚和竹丝两岗坟墓的迁移。

马棚、竹丝两岗完成迁坟之后，迁坟拓地的僵局逐渐被打破。1929 年前后，在工务局的主持下先后将东沙坟头岗、青菜岗、上下坟头岗、大岗咀、蚬壳岗、鲤鱼岗、小北姑嫂坟及西村之石头岗、大刀山、亡陵岗、牛面岗等处坟场进行了迁移。所迁坟墓根据地理位置的不同，分别补给坟主三到五元不等的迁葬费。按照《广州市工务之实施计划》的设计，原计划在马鞍、龙船、牛面三处修建公共坟场，后因牛面和龙船两岗被收用为粤军第一师墓园，工务局只得建马鞍岗一处公墓。为安葬所有迁葬遗骸，工务局又另开辟狮子岗为临时公墓。两处公共坟场恰能容纳所迁之坟。经过迁移后的公共坟场内，新坟排列整齐，环境幽静清雅，生者有了一个良好的追思、缅怀亲人的去处；而近郊所有山岗成为空闲之地，以待开发，为市区的扩展提供了空间。

（二）住宅区的外移

广州市"东郊旷地甚多，颇有田野林泉之胜，以之为住宅区，最合卫生。且能使人陶冶于天然美感之中，其裨益于市民身心者必不浅"②。因此，新建之住宅区多集中于东山一带。1928 年初，工务局即拟定在马棚、竹丝两岗修建新式住宅区，"以为全市住宅之模范"③。1928 年 5 月，马棚岗第一期工程开始兴建，工程分为住宅建筑、公共建筑和马路修筑三部分。其中住宅建筑分为甲、乙、丙、丁四等，"甲等每户约六十华井，乙等每户约三十华井，丙等每户约二十华井，丁等每户约十五华井"④，并规

---

① 程天固：《广州市工务之实施计划》（1930 年），广东省立中山图书馆特藏部藏，第 38 页。
② 广州市政府统计股：《广州市政府统计年鉴》（1929 年 12 月），广东省立中山图书馆特藏部藏，第 449 页。
③ 广州市市政厅总务科编《修正筹建广州市模范住宅区章程》，载《广州市市政报告汇刊》（1928 年），广东省立中山图书馆特藏部藏，第 97 页。
④ 《模范住宅区马路住宅之规划》，《广州民国日报》1927 年 8 月 25 日。

定住宅地段内的"五分之三须为花园"，同时规定"架楼不得逾三层"①。马路修筑分为五等，路宽分别为 150 尺、80 尺、60 尺、40 尺、24 尺，其中除第五等路边无绿化设计之外，前四等路边及路中心绿化面积分别为 40 尺、10 尺、7 尺、5 尺。

程天固担任广州市城市设计委员会主席之后，鉴于第一期模范住宅区未能完成计划的教训，对模范住宅区的修建方案进行了一些修订。如规定模范住宅区马路面积最少占整个住宅区面积的 30%，最多不得超过 33%；住宅建筑灵活划分等级等。1929 年 5 月，程天固聘请专门的设计师规划建筑松岗模范住宅区，面积约 100 亩，住宅样式划分为甲、乙、丙三种，"甲种共二十四间，每间面积四十八井，乙种共三十一间，每间面积三十井，丙种共三十五间，每间面积二十井"②。松岗模范住宅区配有公共市场、公共图书馆、游乐场、电话亭、消防所、学校等公共设施，大部分建筑为两三层的洋房小楼。此外，为了整个住宅区的美观与艺术性，住宅围墙的材料与高度、烟囱的式样等都有统一的规定。

1930 年松岗住宅区扩大规模，将上下坟头岗、罗岗辟为模范住宅区。同年，陈济棠于此建筑官邸，一时间，国民党要员、富商华侨争相建宅于此。模范住宅区内建筑道路纵横交错，"树木幽倩，道路整洁，家家都有一个小园圃，碧绿的草，鲜艳的花，柳丝拂到短墙以外"③，极为美观，"直可与香港九龙塘并驾齐驱"④。1931 年 9 月，程天固提议将广东艺术学院所余土地辟作河南模范住宅区，提交广州市第十三次会议议决通过，白蚬岗模范住宅区也已初步规划完毕。但至 1932 年下半年程天固卸职离开广州时，河南模范住宅区尚未开始兴建，此后一直被搁置。

平民的居住问题，是孙中山民生主义的一个重要内容。"尤以都市住宅因人口集中，房价日昂，平民血汗所得，竟有以半数供房租者。"⑤ 中等之家居于此，已感到生活窘迫，更何况广大贫民。程天固主政工务局之

① 《模范区建筑住宅之规定方法》，《广州民国日报》1928 年 12 月 4 日。
② 《松岗模范住宅区马路完成》，《广州市市政公报》第 366 期，1930 年，第 29 页。
③ 赵君豪：《南游十记》，中国旅行社出版，1936，第 104 页。
④ 《扩大东山模范住宅区》，广州市档案馆藏，档号：资 - 政 - 587 - 361 - 37。
⑤ 《土地局长积极计划官营平民住宅》，《广州市市政公报》第 301 期，1928 年，第 6 页。

后，鉴于广州市以前的都市设计"无一不以资产阶级之利益为前提，而以平民生活之恶化供牺牲"[①]，开始重视平民住宅情况的改善。其复任之前，广州市工务局虽已规划了平民宫，但平民宫只收留单身平民，对已有家室的平民的救济依然无从保障。新的平民住宅计划惠及普通教员、工人、无家可归的流浪者等，形式有单身宿舍和集体宿舍，包括平民住宅区、平民村等。为使工人免于上下班在住所与工厂间的奔波，平民居住区多规划在工业区附近。

1929 年，工务局派人员考察平民村地址，认为河南草芳街东边闸口稻田属市产，面积共二十余亩，地形平坦，方便收用，故将平民村地址定在草芳街一带规划兴筑。1930 年 5 月工务局又决定在执信学校对面的大岗嘴等旷地建筑一新平民村。6 月市政府正式下令"于河南芳村等处，分建贫民住宅"[②]。广州市第十九次市行政会议通过了西村平民住宅区案，决议"建筑平民住屋一百间，小学校舍一间，全部区为四街，屋宇胼列，其应设备之警察派出所、消防所、公共厕所，以及筑路植树支配完全，务使空气流通、光线充足，以利便有室平民"[③]，总面积约 4070 平方米，区内道路宽度分为 24 尺、18 尺、12 尺三等。每一贫民家庭可住 4 人至 8 人，每月仅收 2 元房租。住宅区投入使用后深受广大平民欢迎，常常出现爆满的现象。1931 年 11 月，工务局拟将东堤大沙头一带之海坦进行填筑，筑成官地，"建造屋宇百数十间，分赁一般贫民居住"[④]。但由于种种原因，除西村平民住宅区的兴建稍为完备外，广州市其他的平民住宅区并未形成规模。这虽于缓解贫苦劳工之生计有一定作用，但并未达到预期效果。

广州珠江沿岸的疍民众多，据 1932 年广州市公安局的人口调查统计，疍民主要集中于花地、海珠、鹅潭和南石头四区，"共有 92016 人，男48741 人，女 43275 人，约占全市人口的百分之九"[⑤]。由于种种原因，他们被社会视为"贱人"，浮家泛海，只有极少数在陆地上拥有几间条件极为

---

① 程天固：《广州市工务之实施计划》（1930 年），广东省立中山图书馆特藏部藏，第 1 页。
② 《规划展拓住宅区》，广州市档案馆藏，档号：资 - 政 - 586 - 355 - 101。
③ 《决在西村筑平民住屋》，《越华报》1930 年 6 月 19 日。
④ 《工务局拟建平民住宅区》，《广州民国日报》1931 年 11 月 3 日。
⑤ 李炯安：《我国都市之住宅问题》，广东国民大学 1935 年度毕业论文（第七章第三节），广东省立中山图书馆特藏部藏。

简陋的棚屋，生活十分凄苦，居住条件亟待改善。《广州市工务实施计划》中规划了三处疍民住宅，以期改善疍民的居住条件，提高他们的生活质量，这是近代广州历史上第一次从政府的角度关注疍民居住问题。这三处疍民住宅区分别位于花地、河南、芳村，其规划与形式和平民住宅相同。

为了增加市民的休闲娱乐场所，充分利用郊外有利的山水地势，实现"田园城市"的理想，工务局于拓展的新市区中离住宅区较近、交通便利之地规划了多座公园。主要有东郊的仲恺公园、中山公园，北郊的白云公园，东南郊位于大沙头的东湖公园。仲恺公园位于中山公路，1930年开始修筑，面积约16500平方米，全园种植树木400余棵，铺青草皮8250平方米左右，架有电灯，附有方屋、八角亭、纪念碑、喷水池、塘边水榭、公厕等设施。1930年10月，松岗模范住宅区马路筑成，该路东接自来水厂、西达仲恺公园，将住宅区与公园连接起来，方便附近人们游园休憩。中山公园由石牌公园改称，1931年动工修建，位于石牌林场之中，面积约172公顷，是当时广州市最大的公园，有茂密的树木和清新的空气，成为市民远足的好去处。白云公园坐落于层峦高峻、岩壑幽奇的白云山麓，白云山本身就是一座天然公园，只需稍加整理就可成为一个面积辽阔、风景怡人的山林公园。1929年开始修筑白云公园，种植树苗、修葺各名胜古迹、兴建游客休息场所，至1934年，白云公园的面积约有1.1平方公里[①]。此外，工务局还计划将大沙头、二沙头及海心沙三岛，连以新堤，并将此三岛北边水道之东西两端，各堵以石坝，中设水闸，以资水文治理。"原日大沙头至海心沙之北边水道，便可变成一人造之大湖（拟名之曰东湖）。将来环湖植树，辟做东湖公园。"[②] 但由于三岛连堤工程耗资巨大，当时未及实施。其他诸如石牌林场、林荫大道等绿化工程，均取得较大的成绩。

（三）工业区的西扩

未规划之前，广州市的近代工厂和手工作坊基本上散落于老城区之内，杂乱无序，布局随意。20世纪20年代后随着工商业的发展，工业区

---

① 广州市政府编《广州指南》（1932年），广州市档案馆藏，档号：资－警－214－185。
② 程天固：《广州市工务之实施计划》（1930年），广东省立中山图书馆特藏部藏，第100页。

亟须向郊外扩展。通过实地考察，结合广州的自然地理情况，广州市最终确定了西北郊之西村和西南郊之芳村为工业区的发展规划。选择西北郊二村作工业区的主要原因有以下几点。第一，广州市盛行东南风，"按平均计算，东南风约占八九个月，如以本市西部为工业区，则该区之煤烟，吹向西北，不致扰及本旧市区之繁盛中心，最宜为工业区"①。第二，西北郊资源较为丰富。除了蕴藏大量石灰、土煤资源外，其他原材料也可就地取材，节省运输成本。第三，水陆交通兼备。西村位于广州的西北角，紧靠北江支流，粤汉铁路从东边通过，方便原料及货物的运输。第四，周围劳动力资源丰富，劳动力廉价，附近农民进厂做工，既方便灵活又无须解决其住宿问题，降低了生产成本。第五，地价较之市中心更为低廉。出于上述综合考虑，广州市将该地区规划为工业区，并规定"嗣后凡有工厂及工业等组织，均需集中该处，不得散处各地"②。

尽管在程天固工务局局长任期内，西村工业区尚未形成规模，但毕竟已经开始起步。1928年开始兴建的新式士敏土（水泥）厂于1931年建成投产，日产士敏土220吨。1931年开始兴建的广东肥田料厂，至1936年部分厂房建成并开始生产。1932年又于西村狮头岗建成士敏土厂新厂，定名为广东西村士敏土厂；同年规划兴建的西村硫酸厂，引进美国设备，日产浓硫酸15吨。程天固任工务局局长时期西村工业区取得的成绩，为广州的工业发展奠定了良好的基础。1934年在西村增埗开始兴建的省营广东饮料厂，于1936年建成投产，是华南地区第一家啤酒厂。1934年又规划建设电解化工厂及西村发电厂。经过数年的开发，西村最终发展成为一个设备较完善、种类较齐全、规模较大的工业区。

此外，西南郊之石围塘、花地、芳村等区域内有广三铁路通过，"且处涌道分歧，成一绝妙的天然运河系统，水运至便，实最适宜于工业区之建设"③。因此，在规划西村工业区的同时，工务局也"拟划芳村为工业区"④。

---

① 《市长提议拟暂定西村南岸至黄沙一带为工业区案》，广州市档案馆藏，档号：资－政－592－414－20。
② 张肇良：《广州市两个重要的设计问题》，《工务季刊》1929年创刊号，第26页。
③ 程天固：《广州市工务之实施计划》（1930年），广东省立中山图书馆特藏部藏，第29页。
④ 《工务局拟划芳村为工业区》，《广州市市政公报》第292、293期合刊，1928年，第6页。

1929年，芳村、花地一带正式定为工业区。"为连通广韶、广三两铁路及各省公路之主要建设"①，使芳村工业区的交通系统更为完善，在《广州市工务之实施计划》没有规划的情况下，广东省政府第六届委员会第四十次会议决定在石围塘到黄沙如意坊之间修建黄沙铁桥，由广州市政府与广三路局共同集资兴办，从黄沙车站南接花地、广三路车站，使市中心、花地、芳村与河南连成一片。但遗憾的是，最后黄沙铁桥未能建成，芳村工业区也未能形成规模。

（四）郊外马路的修筑

《广州市工务之实施计划》制定时，对郊外马路通盘筹划，尤其注意开发荒僻地方，以备将来的发展。1929年工务局公布的《开辟郊外马路计划》②，计划三年内分三期修筑郊外马路，长559560尺。其中第一期修筑11条，约143400尺；第二期修筑12条，约221610尺；第三期修筑12条，约194550尺。并详细规划了各期各线的具体线路。

根据表2可以看出，从1929年到1932年3月，广州市已经筑成和即将筑成的郊外马路，共20条，全长约163988尺，合54.7公里，三年时间约完成计划的29.3%。其中1929年开筑的三条马路都比较长，路面既有花砂坭路，也有煤屑路，还有沥青路。1930年开筑的马路较多，其中东山模范住宅区内及附近马路大多较为短小，且基本上是沥青路，说明当政者对模范住宅区环境美化的重视。1931年继续开筑的马路也都较长，半数都在5公里左右，最短的也有1公里左右，多属于远郊非住宅区马路，因此路面铺设的是花砂石。

表2　程天固主持修筑郊外马路情况

马路名称	长度（尺）	宽度（尺）	路面构造	兴工及完成时间
中山公路	53535	20，40	花砂坭	1929年1月至1932年3月
水厂路接驳工专马路	4360	30	煤屑	1929年5月至1930年2月

① 《议决兴筑黄沙大铁桥》，《广东省政府公报》第169期，1931年，第85页。
② 《开辟郊外马路计划》，《广州市市政公报》第335、336期合刊，1929年，第26~28页。

马路名称	长度（尺）	宽度（尺）	路面构造	兴工及完成时间
小北至姑嫂坟路	15000	30	花砂扫沥青	1929 年 9 月至 1930 年 11 月
凤安桥至白蚬壳路	6450	原定 60 暂筑 24	花砂	1930 年 6 月至 1931 年 3 月
中山路至鱼珠墟东便河路	1700	24	花砂坭	1930 年 8 月至 1930 年 9 月
弥勒寺接驳姑嫂坟	4700	30	花砂扫沥青	1930 年 8 月至 1930 年 12 月
马棚西路	1140	20	花砂扫沥青	1930 年 9 月至 1931 年 1 月
马棚南路	895	20	花砂扫沥青	1930 年 9 月至 1931 年 1 月
冠慈路	975	20	花砂扫沥青	1930 年 9 月至 1931 年 1 月
竹丝路	1440	20	花砂扫沥青	1930 年 9 月至 1931 年 1 月
仲元路	638	20	花砂扫沥青	1930 年 9 月至 1931 年 1 月
执信路	1700	40	沥青	1930 年 9 月至 1931 年 6 月
南石路	6455	60	花砂碎石	1930 年 10 月至 1933 年 2 月
东山局前街至沙河涌路	3000	30	花砂	1930 年 11 月至 1931 年 10 月
上下坟头岗至罗岗路	3000	30 40	花砂	1931 年 1 月至 1931 年 7 月
广番花接驳黄破洞公路	17000	16	花砂	1931 年 1 月至 1931 年 12 月
银牛尾公路	3800	20	花砂坭	1931 年 1 月至 1931 年 11 月
河南太平南至小港路	6700	40 100	花砂	1931 年 8 月至 1932 年 1 月
模范林场路	15000	13，16	石扫	1931 年 12 月至 1932 年 3 月
三元里至斌华桥公路	16500	24	花砂	1931 年 10 月至 1932 年 1 月

资料来源：广州年鉴编撰委员会编《广州年鉴》（1935 年）第 14 卷《交通》附表之民国二十三年一月广州市工务局制定的《广州市郊外公路统计表》。

　　四郊马路的修筑，缩短了市区与郊区的距离，便利了交通，既丰富了市民的生活，也为郊区农民农副产品的出售打开了销路。更为重要的是，郊区马路的开通方便了市民的出行，使郊外新式住宅有了更大的吸引力，工商业发展有了更大的推动力。于政府而言，郊外马路的兴建使沿途地价上涨，增加了财政收入，充实了市库，为市政建设的继续展开提供了资金，可谓典型的"有生产之建设"。

（五）河南岛的开发

广州地区河网密布，从而形成无数大大小小的岛屿，其中省河以南的河南岛面积最大，全岛面积超过广州旧市区。然而由于交通不便，河南岛的经济发展远逊于一水之隔的河北老城区，居民以中下层为主，主要分布在岛的西北部省河南岸一线。河南地势面水枕山，若开筑马路，贯通各乡，修建桥梁，与岛外相连，则水陆交通便利。且该处与南海、番禺、东莞毗邻，为广州向南的出入门户。由此可见，河南岛的开发意义重大，刻不容缓。

1928 年 8 月，广州市工务局颁布的《工务局建设河南之新规划》指出"河南自洲头咀以达南石头、沥滘等处，水陆交通利便，且与粤汉、广三两铁路车站接近，划之为工业区，堪称适宜"①。工务局局长程天固也认为河南岛地势平坦开阔，又没有老城区的种种窒碍与限制，便于通盘筹划，是试验"田园城市理论"和"都市分区制"的理想之地，等到内港及郊外马路完成之后，则"河南一岛，东连黄埔商埠，西据广州内港，珠江铁桥接通于河北，前后航线环绕其左右"，②其发展不可限量。因此，广州市政府"划出河南为特别区域，分设市政，积极从事地方发展，务使之成为繁盛之商埠"③。工务局对河南岛的规划，一切自成系统，将全岛划分为工业区、住宅区、商业区、行政区等。

河南珠江沿岸滨江地段，自士敏土厂起到鸭墩关附近，被划为批发货栈等商业区及轻便工业区；贴近沿江港口区域及河南士敏土厂以东的区域，被划为商业区；士敏土厂以西的区域，较为僻静，适宜划为住宅区；草芳南面的松岗、得胜岗等处，地势较高，面积广阔，被划为行政区，计划兴建市府合署、省府合署及博物馆、美术馆、图书馆等；园林区被规划于海幢寺、七星岗等地。海幢寺为广州市佛教五大丛林之一，"地址广阔适宜，园林模形粗具，以之辟作公园，既供市民游憩，复可古迹当留，一举而数善备焉"④。1929 年位于海幢寺的河南公园开始兴建，附设喷水池、

---

① 《工务局建设河南之新规划》，广州市档案馆藏，档号：资－政－587－362－61。

② 程天固：《广州市工务之实施计划》（1930 年），广东省立中山图书馆特藏部藏，第 30 页。

③ 《以河南为特别区域之提议》，《华字日报》1929 年 9 月 21 日。

④ 《工务局提议将海幢寺建筑河南公园意见书》，《广州市市政公报》第 338 期，1929 年，第 6 页。

亭台水榭等设施，还仿造日本佛寺公园增加一些宗教性建筑以保留佛教特色。至于七星岗公园，在程天固任期内并没有进行具体规划。

黄埔港是我国古老的港口之一，地处珠三角的中心，扼珠江出海口要道，是孙中山规划的南方大港。然而溯珠江而上至白鹅潭一带的省河及沿岸码头，多为各国洋商占用，"以致本国招商局轮舶及其他内河船，凡到广州市内，只能在河中停泊，不独起卸转驳极不经济，且因交通上转驳费时，以致耽延航期，故此难与洋人轮船争衡"①。如"北海钦廉等处运货到广州，每吨需费约十四元，而由该处运货到香港，则每吨只需约六元"②。究其原因，主要是由于香港交通建设完备，船到香港后，两三日即可将货卸清，而广州市内港建设未备，缺少码头货仓，船到广州至卸货完成需停泊一星期之久。1929 年香港南北行大商，曾拟将在香港经营的商业迁设到广州，集议讨论时，就是因为广州没有内港，交通不便，遂放弃此种打算。尤其是五卅惨案发生后，政府封锁了香港，自己又无内港，这使得原先借道香港的华商贸易转道上海，枉费不少时间，民族工商业因此遭受极大打击，严重影响了广州航运业的发展。

为了争夺珠江利权，也为了"本国航商之利便"③，程天固力主兴建广州内港，以供四千吨以下之船只停泊起卸。河南白鹅潭一带水面深阔，其中以"东岸之洲头咀直至中流砥柱一带为最适宜"。因为在这处建筑内港，"不惟可以占尽河南岛及白鹅潭的天然形势，并可使广州内港与黄埔港紧密连贯，连成一气；同时筑港所用之地段，都是从河道填筑得来的，又无须割用民业；其建筑码头货仓的地点，对于本市的距离，比较外人经营之太古、渣甸等货仓，又大为接近，将来省河铁桥完成之后，交通尤便"④。

内港建设工程包括筑堤、填地、修路、建货仓码头四项，其中计划建筑新堤约 1307.6 米，填筑新地约 119515 平方米，修筑堤岸马路约 1201.2 米，兴建货仓四座，每座面积约 1056 平方米，修建码头若干座。1930 年

① 程天固：《程天固回忆录》上册，（台北）龙文出版社，1993，第 168 页。
② 《调剂广州市民生活之工程设计》，《广州市市政公报》第 326～327 期合刊，1929 年，第 36 页。
③ 程天固：《程天固回忆录》上册，（台北）龙文出版社，1993，第 169 页。
④ 程天固：《内港奠基典礼演说词》，《广州市市政公报》第 374 期，1930 年，第 92 页。

12月内港建设动工，至1932年1月程天固卸任之时，已总体完成三分之二，其中筑成新堤1200多米，新填之地划为纵横街道，货仓码头也已开工，其后该工程进展极为缓慢。直到1936年，广州市成立开辟内港设计委员会，才在程天固修建的基础上"继续完成原计划未竟部分"①。内港的开辟与珠江铁桥及海珠炸石工程连成一体，与黄埔外港的建设相辅相成，极大地完善了广州的港口建设，无形中从水面上拓展了广州市区。

珠江主干道在白鹅潭一分为二，一条向东流，一条向南流，将广州旧市区、河南、芳村分割成三地，往来交通极为不便。清末即有人提议修建铁桥沟通三地，但市政当局一直没有重视。1928年程天固任城市设计委员会主席后即着手规划，计划于省河之上修建东、中、西三座铁桥。第一座珠江铁桥即海珠铁桥，又称河南铁桥。1929年2月，广州市城市设计委员会确立了珠江铁桥建筑地址为市中心维新南路口至河南堑口，具体规划为"吊桥式，除南北两岸建固之码头外，余不置桥柱，桥身之高度，最少五十英尺"②。1929年4月程天固自城市设计委员会主席调任工务局局长之后，珠江铁桥事务改由工务局负责办理，1929年12月动工兴建，至1933年2月15日建成通车。"由此广州市与河南岛之交通，更为便利。"③ 为使旧市区、河南、芳村连成一片，实现内外拓展，1931年程天固与广三铁路局商定，由政府与铁路局合资修建黄沙车站至花地的第二座珠江铁桥——黄沙大铁桥，随后由美商承接开工。1932年程天固卸任时，"该桥桥座等工程均已完成"④，遗憾的是，程天固的继任者没能继续完成黄沙大桥的修筑工程。

在通过修建内港和海珠铁桥加强与岛外联系的同时，工务局还特别注意河南岛内的交通建设。因为河南的发展，依赖各铁桥与河北相通，河南不适宜用蛛网式道路系统而宜采用棋盘式道路系统，以便链接桥梁。岛内之干道，"以直通各铁桥之位置为依归，使北通河北，南沿岛内人口繁密

① 蒋祖缘主编《广东航运史（近代部分）》，人民交通出版社，1989，第244页。

② 《城市设计会规定珠江铁桥建筑要点》，《广州市市政公报》第326~327期合刊，1929年，第86页。

③ 广州市地方志编纂委员会办公室、广州市海关志编纂委员会编译《近代广州口岸经济社会概况·粤海关报告汇集》，暨南大学出版社，1995，第799页。

④ 程天固：《程天固回忆录》上册，（台北）龙文出版社，1993，第167页。

之村落，以直达黄埔为经，而间以次要支路使联络珠江前后航道各地为纬，使全岛交通，得以连成一气"①。因此，工务局拟定河南岛全岛马路路线共计 20 条，分为三期兴筑。1929 年开始兴筑第一期马路，10 月即建成通车。第二期马路，先修筑河南二马路，路线由"玄坛庙新马路起，经龙溪中约、福场大街、跃龙东街、太平中约至先施工厂前涌边止"②，以连接第一期筑成之洪德大街马路，以此为主干道，再渐次发展其他道路。因工程浩大，一直持续到 1931 年底始完工。1930 年 4 月，先行规划修筑河南岛郊外两条马路，共计约 6 公里。此外还规划修筑七十二乡马路，以连贯河南各乡。至 1932 年，河南岛已初步形成了以南北干线为主、连接各乡的马路系统。

---

① 《工务局发展河南计划》，《越华报》1930 年 5 月 11 日。
② 《兴筑河南二马路计划》，《广州市市政公报》第 328 期，1929 年，第 47 页。

第二章

部分寺庙的改拆

近代广州承袭古代宗教文化遗产，儒、释、道各类寺庙众多。在 1918～1937 年广州市政发展的重要时期内，这些寺庙因政治形势、市政发展和社会改良等各种原因，或被拆除，或被拍卖，或被挤占，变迁剧烈，并由此引发了社会各方面的矛盾冲突。所有这些不仅反映了城市发展过程中空间格局的变化，也反映了近代社会转型过程中人们思想意识的转变和精神生活的改变。此处"寺庙"取其广义，统指所有宗教场所。

一 清末民初广州寺庙概况

（一）寺庙的数量和分布

广州自西晋始建佛寺，至今已有 1700 多年历史。据现有资料统计，广州先后有过"近 200 所寺庵"①，这些寺庵在历史长河中，兴废更替，变化较大。清中期广州的寺庵数目为：寺 41 个、庵 28 个、观音阁 1 个、禅林 1 个、禅院 1 个、方丈 1 个、观 4 个、宫 1 个、紫竹洞 1 个、浮邱社 1 个。② 晚清时期南海和番禺两县仅佛教场所就有 84 个，其中寺 53 个、庵 22 个、方

---

① 广州市宗教志编纂委员会编撰《广州宗教志》，广东人民出版社，1996，第 9 页。
② （清）仇巨川纂《羊城古钞》，广东人民出版社，1993，目录第 9～11 页。

丈 1 个、禅林 2 个、禅院 3 个、塔 3 个。① 清末民初广州的寺庵约 70 个，其中寺 26 个、庵 45 个、妙吉祥室 1 个、罗浮精舍 1 个，② 但这些都是在广州建市之前的统计数据，其统计范围包括后来的广州市区，也包括南海、番禺两县郊外，只能作为清末民初广州市区寺庵数量的一个参考。

1918 年广州成立市政公所后，为了便于新广州都市建设的需要，市政当局开始了对市内寺庙的调查统计工作。1921 年广州市公安局警察区域的庙类统计为"寺观 37 间，庵堂 105 间，庙宇 706 间，合计 848 间"③，其中各个警察区域的寺庙分布情况如表 3 所示。

表 3　1921 年广州市公安局警察区域庙类统计情况

警察区域	第 1 区	第 2 区	第 3 区	第 4 区	第 5 区	第 6 区	第 7 区	第 8 区	第 9 区	第 10 区	第 11 区	第 12 区	总计
寺庙数（座）	86	66	60	71	103	59	137	45	100	57	59	5	848

资料来源：《广州市公安局警察区域户类区表》，广州市市政厅总务科编辑股编《广州市市政概要》，1922 年印行。

广州建市后，虽然 1921 年广州市公安局对广州市内警察区域的寺庙做过全面的统计，但是没有分类说明当时广州市内的佛教寺庵的数量。1923 年 7 月广州市统计全市寺庵有"61 个"④。直到 1929 年，广东省对全省宗教情况进行调查，查明广州有佛教场所 57 个，其中寺 11 个、庵 39 个，另外还包括保同善堂、关帝古庙、万善禅院、云隐、药师禅林、山阴潘氏烈女祠、法院、重庆别隐、隐非堂、广州佛学会，僧尼共 389 人。⑤ 虽然统计数据中把"关帝古庙、山阴潘氏烈女祠、法院"等也归入佛教场所有些匪夷所思，但这是现有资料中广州市政府最早的一次佛教场所统计。

---

① （清）瑞麟、戴肇辰等修，史澄纂《广州府志》卷八十八《古迹略六》，光绪五年刊本，页一至二十。

② 广州市宗教志编纂委员会编撰《广州宗教志》，广东人民出版社，1996，第 30~45 页。

③ 广州市宗教志编纂委员会编《广州宗教志资料汇编》（第 1 册），1995 年印行，第 185 页。

④ 《广州市财政局布告编订尼庵底价由》，《广州市市政公报》第 86 期，1923 年，第 29~31 页。

⑤ 《广东省宗教概括（一）广州市》（1929 年），广州市档案馆藏，档号：资－判－17－49－123~127。

　　道教在东汉末年传入广东。西晋时，道教大师鲍靓在广州建立了广东省第一所道场——越岗院（今广州三元宫），开始在广州传播道教。至清末，道教的神仙信仰逐步世俗化，与广州本地的民间信仰相融合。至1929年，广州的全真道宫观只有6间，道士69人。[1] 在全真教走向衰落之时，道教的另一教派正一教，抓住清末民初社会动荡之时民众寻求保护的心理，迎合部分市民的迷信需求，广行斋醮祈禳，替人做功德法事，其道馆迅速地在广州城内发展开来，"分布于市内各区，达百余间"[2]，道士被称为"喃呒"。1933年广州市社会局和公安局对全市各区"卜筮星相巫觋堪舆"等行业进行调查，全市有喃呒道馆272个，从业道士达500余人，其中"某姓道馆"172个，"正一某姓道馆"39个，"正一道姓道院"7个，"正一道馆"13个，"祈福某姓道馆"3个，"祈福某姓道院"1个，"纸扎"2个，"道院"1个，其他个别营业字号（多属纸扎号）25个，无营业字号但有营业地点的9个。[3]

　　1933年广州市共分为8个区，每个区内再划分13个警察区署（包括正署和分署）。在每个警察区署内，平均有20间到30间道馆，尤其是第七警察区署，竟有39间之多[4]。一些道馆在利益的驱使下专门从事斋醮祈禳活动，不关注道教本身教义的传播，与一般迷信无二。1926年的《广州民国日报》指出，"'喃呒'在大街小巷遍悬着'正一某道馆'的招牌，他自称是'道馆'，只有喃呒一人，却和'道观'有别"[5]。

　　自古以来各种民族杂居广州，鬼神信仰庞杂，如南海神、天后、龙王、金花夫人等。至清末民初，广州民间信仰种类依然繁多，不仅有对上古神灵的信仰，同时还增加了对许多从佛、道、儒等传统宗教中游离出来的神灵信仰，相关寺庙场所有观音庙、土地庙、名人圣哲祠等。根据1921

①　《广东省宗教概括（一）广州市》（1929年），广州市档案馆藏，档号：资－判－17－49－123。

②　刘向明：《民国时期广州的道教》，载陈泽泓主编《广州话旧——〈羊城今古〉精选（1987～2000）》（上册），广州出版社，2002，第317页。

③　黎志添：《民国时期广州市"喃呒道馆"的历史考察》，载台北《"中央"研究院近代史研究所集刊》第37期，第28～29页。

④　黎志添：《民国时期广州市"喃呒道馆"的历史考察》，载台北《"中央"研究院近代史研究所集刊》第37期，第11页。

⑤　广州市宗教志编纂委员会编《广州宗教志资料汇编》第2册，1995年印行，第66页。

年广州市公安局警察区域寺庙类别统计，当时市内有民间信仰"庙宇 706 间"①。1923 年《广州市市政公报》公布庙宇底价表时，减少为 526 间，其中华光庙 200 间，土地庙 61 间，福德祠 43 间，三帝、五帝、关帝庙 29 间，金花庙、三娘庙 23 间，乡约庙 23 间，观音庙 24 间，三圣宫、五圣宫 23 间，天后宫 16 间，先锋庙 15 间，财神庙 10 间，康公庙 8 间，孔庙 8 间，将军庙 7 间，北城侯庙 6 间，张王爷庙 9 间，医灵庙 4 间，相公庙 3 间，车公庙 3 间，马王庙 3 间，洪圣庙 3 间，司马庙 3 间，鲁班庙 2 间。② 这些庙宇的数量情况，一定程度上折射出了清末民初广州民众的社会心理。如广州城内的传统建筑以木质建筑为主，十分容易发生火灾，因此华光庙的数量也就理所当然地远远超过了其他神灵庙宇。

从庙宇建筑者来看，广州寺庙可分为官方和民间两种形式。中国的传统经济是自给自足的小农经济，在科技不发达的情况下主要是靠天吃饭。因此建筑庙宇，敬天求雨，也是官方的主要任务之一。清末广州官方所建的祠庙不多，主要有万寿宫、社稷坛、城隍庙、文昌庙、关帝庙、斗姆宫、药王庙、大忠祠等。因在民国建立之时孙中山大总统宣布废除国家典祀，这些庙宇大多已被拆除或改为他用。故广州市内的庙宇多数为公众募资建筑，"约可分为四种，由官厅拨款，或拨地建筑者，如光孝寺、海幢寺、大佛寺等是；二由公众募资建筑者，如华光庙、二帝庙、土地庙、福德祠等是；三由一部分人捐资建筑者，如盐务公所之太岁庙等是；四是自置产业，如由真确买卖契据之斋堂、自修室等是。一三四类甚少，第二类最多"③。

（二）寺庙的经济状况

寺庙不动产包括寺庙建筑、寺庙占地、田产、铺屋。清末民初，广州市内一些著名的寺庙不仅占地面积大，还拥有大量的田产和铺屋。如六榕

---

① 广州市宗教志编纂委员会编《广州宗教志资料汇编》第 1 册，1995 年印行，第 185 页。
② 《广州市财政局布告本市庙宇底价表》，《广州市市政公报》第 80 期第 37 ~ 42 页，第 81 期第 37 ~ 40 页，第 82 期第 38 ~ 40 页，第 83 期第 39 ~ 40 页，第 84 期第 37 ~ 47 页，第 86 期第 29 ~ 31 页。
③ 《呈省长据财政局呈拟收回市内寺观庵堂庙宇分别个分准如议办理》，广州市档案馆藏，档号：资－政－572－77－23。

寺不仅"僧人仍坐拥尝产"，而且还"以巨量寺产报效政府，为资助外国留学生经费"①。1904 年，两广总督岑春煊下令拆毁长寿寺，售作民居，得寺产"值六十万"②。光孝寺这座千年古寺，古时方圆几及三里，有"光孝和尚，骑马上香"的传言，至乾隆三十四年（1769）增修寺志时，仍有殿宇 20 多所，到清末民初寺院的面积变化也不大。无着庵在康熙十七年（1678）初建时面积约 5333 平方米，后逐渐发展成八房子孙，面积自然大于初建之时。华林寺在顺治十二年（1655）时"约 28000 平方米"③，至1923 年被拆毁时，测得被辟为市场、民房、马路和保留部分总计有"一千二百余井"④。同时期的大佛寺寺院面积约 13000 平方米，永胜寺除划建白云路的部分外"尚有地六百八十八井"⑤。除了佛教拥有宽广的寺院外，一些道教宫观也同样面积广阔。1923 年孙科市长布告开投五仙观时，测得当时五仙观的面积共"四百一十六井，二十五尺六十四方寸"⑥，即 5000 多平方米。1953 年据三元宫道士回忆，原来的三元宫有神殿 10 间，厅房 28间，"共约八百市井"⑦。

除此之外，这些寺、庙、观还拥有大量的田产、铺屋。清末民初之时，广州五大丛林之一的大佛寺仅在中山县的沙田就有十余顷，在广州市内房产有"铺屋数间"⑧。光孝寺在明朝中叶前就在南海、番禺、顺德等县拥有田地 5000 亩，到清乾隆年间仍有田地 600 余亩。至清末民初光孝寺有多少田产和房产，笔者暂时没有查到相关史料，但就其在广州佛教界的地位而言，其田产和房产的数量应不会低于大佛寺。著名的道教宫观三元宫，在 1903 年之前还有田产"六百二十三亩"⑨。至 1921 年，五仙观散落

①　广州年鉴编纂委员会编《广州年鉴》（1935 年）第 8 卷，广东省立中山图书馆特藏部藏，第 4 页。
②　广州市宗教志编纂委员会编《广州宗教志资料汇编》第 1 册，1995 年印行，第 44 页。
③　广州市宗教志编纂委员会编《广州宗教志资料汇编》第 1 册，1995 年印行，第 133 页。
④　《拆华林寺》，《广州民国日报》1924 年 1 月 11 日。
⑤　《呈省署转缴地图两派请饬令执信学校从速迁移永胜寺东边地址以便兴工建筑观音山公园》，《广州市市政公报》第 92 期，1923 年，第 19 页。
⑥　广州市宗教志编纂委员会编《广州宗教志资料汇编》第 2 册，1995 年印行，第 17 页。
⑦　广州市宗教志编纂委员会编《广州宗教志资料汇编》第 2 册，1995 年印行，第 17 页。
⑧　广州市宗教志编纂委员会编《广州宗教志资料汇编》第 1 册，1995 年印行，第 194 页。
⑨　广州市宗教志编纂委员会编《广州宗教志资料汇编》第 2 册，1995 年印行，第 69 页。

在各县的田产还有"三百余亩"①。城隍庙在 1923 年投变之时，各地铺屋店租收入就有"数千元"②。由于清末民初官方对广州寺庙的不动产没有全面准确的统计，上述数据仅是笔者从现有史料中析出的主要寺庙的不动产情况，且各寺庙对寺院之外的田产铺屋多有隐瞒，实际数据当不止于此。

寺庙除了大量的房产和田产等不动产之外，还有许多其他方面的收入。如来寺庙烧香拜佛者所带来的香油钱，一些信徒的布施，以及僧人、道士替人做功德、做法事的收入等。民国时期，三元宫的香油和功德收入是其重要的经济来源，"每月平均收入基数达三千余元"③。修元精舍仅香油和法事收入"每年约有港币三千余元"④。信徒的布施则是广州民间寺庙的主要经济来源，这些民间寺庙，如福德祠、观音庙、土地庙、关帝庙等，分布在市内的各个街道，主要由街坊民众出资建筑，并出资请僧道主持庙内的日常运行工作。如清末民初西关逢源街创建庙宇，"该庙出息系由各人（街坊）所认，屋地按抽银五钱，约计岁有万余金，又有殷户不次签题功德"⑤。西关清平街天后庙由坊众"积资逾万"⑥ 建成。"各街水粪，一年之内入息不少，各街皆以之充庙尝或为团练壮丁之用。"⑦

清末民初广州的民间寺庙多由民间公众募资建筑，故这些寺庙的财产本应属于民间公众。然而由于民间公众不是一个具体的对象，虽然募资修建时，对募资人均有所记载，但对寺庙财产的所有权一般都没有明确规定，这使得这种"民间"寺庙具有不确定性，为民国时期政府拆除、占用寺庙留下了空间，也为民间对寺庙财产的争夺埋下了伏笔。

（三）寺庙与广州民众的生活

在中国传统社会中，寺庙是以神灵崇拜为中心营建起来的宗教场所，

---

① 《呈省长查明五仙观田产情形请核示办法由》，《广州市市政公报》第 30 期，1921 年，第 3 页。

② 《训令财政局惠爱东路城隍庙奉令保存》，《广州市市政府公报》第 82 期，1923 年，第 28 页。

③ 广州市宗教志编纂委员会编《广州宗教资料汇编》第 2 册，1995 年印行，第 69 页。

④ 广州市宗教志编纂委员会编《广州宗教资料汇编》第 2 册，1995 年印行，第 69 页。

⑤ 《珠海近闻》，《申报》1897 年 1 月 24 日。

⑥ 《争管公箱》，《香港华字日报》1904 年 4 月 8 日。

⑦ 《争批粪尿》，《香港华字日报》1896 年 1 月 22 日。

既涉及民众的宗教活动，也涉及民众的世俗生活。广州民众自古以来的神灵信仰历经千年而不衰，作为各种神灵载体的寺庙，无论是佛寺、道观还是民间神灵寺庙，都在广州传统社会的民间文化中扮演着重要角色，涉及民众的精神生活、经济生活等各项公共生活。

清末民初广州人所信仰的神祇种类繁多，这些神灵在他们的思想中占有重要的位置，被认为是生活命运的主宰，每遇天灾人祸，民众必往返于各寺庙，求神拜佛、磕头烧香、求签问卦，以求神灵保佑。1894 年广州发生特大鼠疫，不仅老百姓把辟疫的希望寄托于神灵，政府官员也寄希望于神灵。清末广东接连几次地震，老百姓认为是佛爷降谴所致，于是便百十成群，倡拜观音以求逃避地震之灾①。同样，在南海县某地，乡民将瘟疫归结于西式房屋影响风水，民众纷纷抗议，强迫西式房屋主人拆除房屋。②

除此之外，广州民众还十分看重各神灵诞辰，常常通过祭祀或举办各种游行活动，以表敬重。每年农历二月初二相传为土地诞，"广州人张灯结彩，演唱八音，挂花灯，烧花炮"③。观音诞每年有三，农历二月十九、六月十九、九月十九，广州妇女逢观音诞辰必行朝拜。每年农历六月十三日，逢鲁班诞辰，广州建筑行业停工纪念。虽然随着清末民初新式学堂的开办，一些受新式教育的知识分子开始转变崇神思想，但是对广大的下层民众而言，祭祀神灵仍是他们不可或缺的精神生活，即便在 1928 年广州市改革风俗运动的浪潮中，"举市若狂之妇女拜仙运动"④ 仍一如既往地举行。

从数量上来看，广州的寺庙以民间寺庙为多，有的由殷实之家独揽兴建，有的由所有街坊筹集资金购地兴建。广州市民除了要负担民间寺庙的所有开支，平时还会向佛道寺观予以布施、敬献香油。遇有大事，求签问卦、烧香拜佛或做法事，也会破费不少。尤其是每年接连不断的神诞纪念

---

① 广东省立中山图书馆编《旧粤百态：广东省立中山图书馆藏晚清画报选辑》，中国人民大学出版社，2008，第 198 页。
② 广东省立中山图书馆编《旧粤百态：广东省立中山图书馆藏晚清画报选辑》，中国人民大学出版社，2008，第 168 页。
③ 广东省立中山图书馆编《旧粤百态：广东省立中山图书馆藏晚清画报选辑》，中国人民大学出版社，2008，第 175 页。
④ 《改革风俗声中，举市若狂之妇女拜仙运动》，《广州民国日报》1929 年 8 月 12 日。

活动和庙会，有的耗费数千金甚至万金，都"毫无吝惜"①。虽然这些开支对于底层市民来说是一笔不小的负担，但作为虔诚的信徒，他们即使生活困顿、节衣缩食，也要花钱为自己换取心灵的慰藉。

清末民初的广州社会中矗立在大街小巷的各种神灵庙宇，除了能给民众带来精神上的慰藉外，在民众的公共生活方面，也发挥着重要的作用。各个庙宇成为各街区居民议决处理本街公共事务的主要场所。在街庙集议办理的事务种类繁多，大到一些简单的刑事案件，小到一些琐碎的家庭纠纷。如1895年，有送信人持"信到付资一百文"的信件到某店，被店主怀疑诈骗，坊众"乃呼更练，将欲捆送上庙，集众解官，以惩作伪"②。1899年，第十甫坊勇抓获抢匪，"连原赃押上坊庙"③。1900年，陆某诬蔑自己新婚的妻子并非处女，要求岳家退还聘金，引起纠纷，"遂集坊庙议处，坊人均为不平"④，结果陆某不能在该坊立足，被迫迁走。同年，许某因不熟悉广州的风俗，在新妇归宁时没有给岳父家送烧猪，岳父家10余人"投诉坊人集庙理处"⑤，许某当众认错赔礼，承诺补送烧猪。其他如坊区内防火防盗事宜，处理本街坊民众与外界纠纷，抵制官员、警局的不公平待遇等，也多在庙宇集体议决。

二 寺庙的变迁

在清末"庙产兴学"运动的启示和民国初期市政改革的现实需要下，广州市内的佛寺、道观、街坊庙宇等被大量地占、改、拆、卖、封、废，一直持续到抗日战争爆发，其间，广州寺庙变迁之巨，前所未有。

（一）占用寺庙兴办学校

清末新政时，光绪皇帝曾明谕："至于民间祠庙，其有不在祀典者，

---

① 广东省立中山图书馆编《旧粤百态：广东省立中山图书馆藏晚清画报选辑》，中国人民大学出版社，2008，第175页。
② 《伪函图骗》，《香港华字日报》1895年月22日。
③ 《疑团待剖》，《博闻报》1899年10月3日。
④ 《亲家冤家》，《博闻报》1900年6月4日。
⑤ 《吃得烧猪》，《博闻报》1900年7月24日。

即著由地方官晓谕居民，一律改为学堂，以节靡费而隆教育。"① 在 1902 年颁布的《钦定小学堂章程》和 1903 年颁布的《奏定学堂章程》中也有相关的规定，地方办理小学堂时"均得借用地方公所祠庙以省经费"②，"高等小学创办之始，可借公所寺观为之"③。此后，各地掀起一股"庙产兴学"风潮。广州在"庙产兴学"风潮影响下，也出现改书院或寺庙为学校的情况。据《宣统番禺县续志》记载，清末新政期间，番禺共建大、中、小学 48 所，其中占用书院的有 13 所，占用寺庙的有 10 所。④ 占用书院的主要是中学、大学，占用寺庙的主要是小学。

1921 年广州市政厅成立后，以孙科为市长的市政府为了解决市内失学儿童问题，颁布了筹办义务教育的法令。由于教育经费的短缺，市政当局不得不继续沿用清末以来庙产兴学的办法，规定"市内公产拟请酌量留为公立校地之用，公产不足用时，借用庙产或街坊公产"⑤。至 1921 年底，广州市有公立学校 94 所⑥，而借用寺庙或寺庙产业为校址的就有 42 所，几占半数，具体情况如表 4 所示。

此后，广州市政府不断有类似的政令出台，如 1923 年市政府"将市内未经投变之庵堂寺观，酌拨为新校地址"⑦，"指令财教两局拨保安祖庙为二十五国民学校校地"⑧，将红花岗四十亩寺尝公地"全段划拨广东公医校院"⑨，1924 年"教育财政两局准将鸡栏孖庙拨作第三十六国民

① 中国史学会主编《中国近代史资料丛刊·戊戌变法》第 2 册，上海人民出版社、上海书店出版社，2000，第 34 页。

② 舒新城编《中国近代教育史资料》中册，人民教育出版社，1981，第 400 页。

③ 舒新城编《中国近代教育史资料》中册，人民教育出版社，1981，第 438 页。

④ （清）梁鼎芬，修丁仁长、吴道镕等纂宣统《番禺县续志》卷十一《学校志二》，清宣统三年刻本，页一至页二十。

⑤ 《广州市第一期筹办义务教育计划书》，《广州市市政公报》第 8 期，1921 年，第 12 ~ 13 页。

⑥ 广州市地方志编纂委员会办公室、广州海关志编纂委员会编译《近代广州口岸经济社会概况——粤海关报告汇集》，暨南大学出版社，1995，第 1040 ~ 1041 页。

⑦ 《训令财政局将庵堂寺观酌拨为推广义务教育新校地》，《广州市市政公报》第 81 期，1923 年，第 30 页。

⑧ 《广州市市政厅布告投变庙宇以济军饷，慎勿听谣言致碍大局由》，《广州市市政公报》第 80 期，1923 年，第 36 页。

⑨ 《训令财局奉省令将红花岗地段四十亩划拨公医学校抵疑由》，《广州市市政公报》第 103 期，1923 年，第 16 页。

表 4　广州市公立学校借庙办学情况

校名	一高	二高	三高	四高	六高	七高	八高	九高	十二高	十三高	女高	一国民	二国民	三国民	四国民	五国民	六国民	七国民
原日产业性质	灵峰寺	三拱庙	同文馆及译学馆	三界庙	华光庙	光孝寺	谭家祠	大新古庙	佛慧寺	明达书院	光孝寺一部分	海关常业	三界庙	五仙观	关帝庙	光孝寺	汉军正红正黄旗箭	六榕寺

校名	八国民	十国民	十一国民	十二国民	十三国民	十五国民	十九国民	廿一国民	廿二国民	廿三国民	廿四国民	廿七国民	廿八国民	廿九国民	三十国民	三十一国民	三十二国民	三十四国民
原日产业性质	北帝庙	关帝庙	广庆禅林	三圣庙	玄妙观	文昌庙	神氏坛	谭家祠	火神庙	医灵庙	教育会一部分	光孝寺一部分	药师庵	五桂寺	昭忠祠	老君庙	钦善堂	旧都司署

校名	三十五国民	三十八国民	四十三国民	市立师范	市立职业	保姆学校
原日产业性质	张王爷庙	华光庙	双溪书院	越秀书院	旧提学使署部	金刚庵

资料来源:《庙宇借为校合用表》,《广州市市政府公报》第 79 期,1923 年,第 33～35 页。

整理时保留原表对校名的简称,但公报中校名第二栏被叠折,整理时予以补齐。

学校"①，1926 年"广大学校请将大佛寺房屋拨为宿舍"②。直到 20 世纪
30 年代前期，新增的 20 所学校中借用寺庙办学的仍有 7 所。③ 除了公立学
校外，一些私立学校也借用寺庙为校址，但是不多。

此外，还有利用寺产作教育经费的做法。如市立第六高小及第三十八
国民学校，都由观音庙司祝费"拨为该校经费"④。城隍庙"每月缴纳省立
二中租项八百五十元"⑤。西禅分局的医灵庙"大部分改办育智守礼小学，
每年将庙所有收入拨为小学经费"⑥。筑横沙观音庙司祝与筑横沙三约坊众
"立约订期二十六年（自民国十六年起至四十二年一月止），期内司祝年出
三千三百缴交番禺县府充教育经费"⑦。河溪进德小学经费，"向赖校侧之
观音庙尝业维持"⑧。这些用寺庙尝产作为教育经费的做法，与传统社会宗
族用"族田"作为私塾经费的做法有相似之处。

在利用庙产兴办学校教育的同时，广州市还借用寺庙举办社会教育活
动。广州市工商业经济迅速发展后，大量的农村人口流入城市，而他们大
多缺乏谋生的技能，成为失业者的主要部分。为了让一般贫民和失业者能
拥有一技之长，在短期内找到工作，广州市政府也加强了社会平民教育。
如办贫民教养院、习艺所、短期学校等，校址不够用时也借用寺庙。如观
音佛堂被"改作短期学校可以容纳学生六十名"，水月宫被"改作短期学
校可容纳学额 80 名"。⑨ 据统计，1936 年 12 月广州共有 19 个寺庙被改为
短期学校，每期可容纳学生 1610 人。具体情况如表 5 所示。

---

① 《指令教育财政两局准将鸡栏孖庙拨作第三十六国民学校校舍》，《广州市市政公报》第
  159 期，1924 年，第 20 页。
② 《令公安财政局奉省政府令关于广大学校请将大佛寺房屋拨为宿舍案》，《广州市市政公
  报》第 231 期，1926 年，第 42 页。
③ 广东省会公安局统计股编辑《市民要览·公共事业卷》（1934 年 9 月），广东省立中山图
  书馆特藏部藏，第 7～11 页。
④ 《保留庙宇以维学校》，《广州市市政府公报》第 82 期，1923 年，第 24 页。
⑤ 广州市市政府秘书处第一科编辑《新广州》第 1 卷第 3 期，1931 年，第 59 页。
⑥ 《广东省会警察局属下各分局关于调查本市寺庙庵观以定存废之呈报及调查表》，广州市
  档案馆藏，档号：10 - 4 - 843 - 10。
⑦ 番禺县署：《何耀诞、杜达人关于筑横沙观音庙》，广州市档案馆藏，档号：10 - 4 - 1276 - 22。
⑧ 《市厅饬查庙产应否保留》，《广州民国日报》1923 年 8 月 8 日。
⑨ 《广东省会警察局属下各分局关于调查本市寺庙庵观以定存废之呈报及调查表》，广州市
  档案馆藏，档号：10 - 4 - 843 - 69。

表 5 利用广州市庙产办社会教育情况

名称	所在地	面积	可容学生数
金花古庙	长寿分局金花前街五号	30 余井	200 余人
关岳庙	西来北七号	深 150 英尺，宽 28 英尺	80 人
观音佛堂	宝华分局圣里二号	深 20 英尺，宽 18 英尺	60 人
水月宫	宝华分局十二甫	深 40 英尺，宽 14 英尺	80 人
关帝庙	口莱分局十六甫北二十七号	深 12 英尺，宽 14 英尺	60 人
孔子庙	宝华分局宝华大街九号	深 58 英尺，宽 14 英尺	100 人
关帝庙	逢源分局果家祠街	深 16 英尺，宽 36 英尺	120 人
三宫庙	逢源分局三官庙前街	深 44 英尺，宽 29 英尺	80 人
华光庙	黄沙分局蓬莱大街七号	深 56 英尺，宽 20 英尺	120 人
孔子庙	西禅分局斗姥前六号	深 51 英尺，宽 25 英尺	80 人
金花庙	西禅分局金花直五十一号	深 43 英尺，宽 31 英尺	120 人
北帝庙	西禅分局小桥十七号	深 26 英尺，宽 21 英尺	60 人
北帝庙	小北分局黄华外中十五号	650 步	60 人
郑仙翁祠	小北分局十八栋十七号	直 24 步，横 14 步	50 人
西山庙	西山分局西山庙前十四号	直 40 步，横 21 步	60 人
吕祖庙	荷溪分局官贤坊口五号	直 35 步，横 14 步	60 人
北帝庙	南岸分局源溪大街二号	直 36 步，横 40 步	80 人
紫薇庙	南岸分局四约大街七十六号	直 35 步，横 14 步	40 人
华光庙	南岸分局南岸大街六十二号	直 41 步，横 14 步	100 人

资料来源：《广东省会警察局属下各分局关于调查本市寺庙庵观以定存废之呈报及调查表》（1936 年 12 月至 1937 年 3 月），广州市档案馆藏，档号：10 - 4 - 843 - 149。

（二）改建寺庙办理市政

1918 年以前，广州除了沙面租界区外，其市区基本上是被城墙包围的，街道狭窄，房屋破旧，马路只有西濠口至东堤一段。1918 年广州市政公所成立后，尤其是 1921 年广州建市后，为改变广州城市面貌，广州市政府拆城墙、修马路、建公园，努力要把广州建成全国模范城市。在市政建设过程中，为了减少开支，市政府尽量对"神庙、寺观、庵堂以及各县大族在广州的试馆、书室书院、宗祠以及各行业的会馆等"① 市内公产加以利用。寺庙因多是集资建成，且年代久远，产权所属不明，从而成为市政当局的最佳利用选择，各项市政建设都或多或少地占用、改建、拆除寺庙。

1918 年市政公所成立之初，就将办公地址"设于育贤坊禺山关帝庙（今北京路禺山市内）"②，后因为禺山关帝庙改建为禺山市场，市政府又迁往大佛寺。此外，清水濠三明庵原址，符合办公之用，被"收用为市政机关办公地点"③；广州警察局下设 30 个分署，其中第一分署设在小北飞来庙，第七分署设在西禅寺，第三分署在浮邱寺，第十一分署设在海幢寺，第六分署选"盐亭西街三十一号门牌公地石公祠"④ 作为新的办公之地。其他的各种市政机关也有设在寺庙者，如广州市第四卫生区所设在华林寺，第六卫生区所设在海幢寺；广州特别市第六区、第七区党部设在东川马路存祀祠和上西关医灵庙。⑤ 20 世纪二三十年代，广州市政机关不下100 个，再加上一些机关的扩展和迁移，所需办公地址就更多，因此被占用的寺庙不在少数。

民国初期，灾荒连年不断，战乱匪祸频发，大量农民被迫离开农村涌入城市，在无法满足就业的情况下很多人沦为乞丐。"广州为革命策源地，且为吾国改良市政之先进，而游民乞丐所在皆是，既失先总理改善民生之主旨，且有玷模范市区之美誉。"⑥ 因此，广州市政府在全国慈善救济事业有所发展的大背景下，也加大了社会救济的力度。除继续依靠九大善堂和其他一些救济机构施医赠药外，还筹设贫民教养院和收容所。贫民教养院

---

① 梁永：《孙中山大本营时期的官产清理和租捐征收》，载中国人民政治协商会议、广州市委员会文史资料研究委员会编《广州文史资料第四十三辑》，广东人民出版社，1991，第203 页。
② 陈予欢：《民国时期广州市政府历任职官名录》，《羊城今古》1993 年第 3 期。
③ 《批财政局据呈复拟办三明庵案各节准如拟办理》，《广州市市政公报》第 251 期，1927年，第 40 页。
④ 《咨官产处、财政厅石公祠公地准留作六区分署建筑地址》，《广州市市政公报》第 80 期，1923 年，第 23 页。
⑤ 《市民要览》卷 2《地方行政·官署》，1934 年印行，广东省立中山图书馆特藏部藏，第6 页。
⑥ 《林云陔筹设贫民教养院》，《广州民国日报》1928 年 6 月 2 日。

由市政府拨地建筑，收容所则多利用寺庙改建，如将军庙、天后庙、观音庙等多"改为吃乞收容所"。[①] 截至 1937 年，广州市政府利用寺庙改建的收容所共 15 间[②]、手车工人宿舍 29 间[③]。所有这些被改作收容所的寺庙多属民间的街坊小庙，面积不大，收容人数有限，且内部设施简陋，仅作临时收容之用。

表 6 改用寺庙建立的政府救济机构（可作收容所用者一览表）

寺庙名称	地址	面积	备注
华光庙	长寿分局带河路 151 号	深 45 英尺，阔 14 英尺	现有第四党部第三分部借用
华光庙	宝华分局彩元坊 15 号	深 26 英尺，阔 14 英尺	现有金银首饰工会居住
医灵庙	宝华分局满露直 2 号	深 21 英尺，阔 9 英尺	
观音古庙	宝华分局钟秀南 3 号	深 25 英尺，阔 14 英尺	
观音古庙	逢源分局新都里 25 号	深 40 英尺，阔 14 英尺	
天后庙	陈搪分局陈基 9 号	深 45 英尺，阔 13 英尺	
观音庙	西禅分局观音坊 8 号	深 18 英尺，阔 18 英尺	
将军庙	西禅分局将军里 3 号	深 28 英尺，阔 9 英尺	
财神君庙	西禅分局将佳里 1 号	深 11 英尺，阔 15 英尺	
太保庙	西禅分局太保直 22 号	深 24 英尺，阔 9 英尺	
康公庙	西禅分局德关里 12 号	深 20 英尺，阔 12 英尺	
东狱庙	小北分局越华路 1 号	直 26 步，横 28 步	
司马庙	西山分局，司马后街	直 20 步，横 14 步	
华光庙	荷溪分局华光直 4 号	直 21 步，横 10 步	
天后庙	南岸分局南岸大街 6 号	直 21 步，横 8 步	

资料来源：《广东省会警察局属下各分局关于调查本市寺庙庵观以定存废之呈报及调查表》（1936 年 12 月至 1937 年 3 月）第 118 页，广州市档案馆藏，档号：10 - 4 - 843。

为了提高广州市民的素质教养，丰富市民的业余生活，广州市政厅

---

① 《广东省会警察局属下各分局关于调查本市寺庙庵观以定存废之呈报及调查表》，广州市档案馆藏，档号：10 - 4 - 843 - 127。

② 《广东省会警察局属下各分局关于调查本市寺庙庵观以定存废之呈报及调查表》，广州市档案馆藏，档号：10 - 4 - 843 - 150。

③ 《关于改善手车工人生活一案：谨将调查本市各庙宇情形报告》，广州市档案馆藏，档号：10 - 4 - 356 - 13。

成立后注重发展公共文化娱乐事业，在修建公园、图书馆、博物馆、体育场等公共文化娱乐场所时也多利用寺庙，拥有大面积园林的寺庙建筑就成为建立公园的最佳选择。1921 年，新成立的市政府筹划建立广州第一儿童游乐园，就曾拨用惠爱西路玄妙观的占地①。1925 年，"三元宫、应元宫及附近空地已划入粤秀公园"② 筹建范围。1928 年市政府把"海幢寺的部分房地辟为'河南公园'，并于 1933 年 9 月 28 日改名为'海幢公园'"③。根据 1932 年《广州指南》统计，广州市内的 8 个公园中，利用寺庙改建的就有"河南公园、永汉公园，东山公园、净慧公园"④，占当时广州市内公园总数的 50%。到 1934 年，广州市公共教育场所共 29 个，占用寺庙者 5 个。如市立第三通俗图书馆在河南北帝庙右边崇圣宫，第一儿童游乐园在惠爱西路玄妙观，市立博物馆在粤秀山镇海楼，广东省立民众教育馆在净慧寺，广州市立民众教育馆在海幢寺。⑤ 1936 年底，广州市政府在风俗改良运动中，"其经确定籍没之庙宇，莫善于利用为平民栖留所或民国图书馆或民教馆"⑥，后因抗日战争爆发，广州沦陷，计划修建的馆舍没有全部完成。

寺庙建筑一般开间较大，拆除神像和神坛等附属物后空间宽敞，适合改建新式室内公共市场。1920 年广州市第一座官办市场——禺山市场在禺山关帝庙旧址建成后，市政公所随即又在市内指定了 14 处官有空地专门用于市场建设，其中九处为寺庙，即桂香街文昌庙、归德门关帝庙、仓边路华光庙、卖麻街太岁庙、大寺门斗姆宫、前鉴街三拱庙、下九甫洪圣庙、会仙街龙王庙、濠畔街关帝庙。⑦ 1923 年孙科投变寺产时，上述寺庙被投变殆尽，故在 1924 年广州市政府重提市场建设问题时，不得不饬令投得上

① 《训令财政局核议玄妙观余地能否拨作儿童游乐园》，《广州市市政公报》第 7 期，1921年，第 9 页。
② 《教养院请拨地址案》，《广州市市政公报》第 258 期，1927 年，第 36 页。
③ 广州市宗教志编纂委员会编撰《广州宗教志》，广东人民出版社，1996，第 27 页。
④ 广州市政府编《广州指南》(1932 年)，广州市档案馆藏，档号：资 - 警 - 214 - 184。
⑤ 《市民要览》(公共事业卷)，广东省立中山图书馆特藏部藏，第 14 ~ 15 页。
⑥ 《广东省会警察局属下各分局关于调查本市寺庙庵观以定存废之呈报及调查表》，广州市档案馆藏，档号：10 - 4 - 843 - 133。
⑦ 广州市年鉴编纂委员会编《广州年鉴》(1935 年) 第 11 卷，广东省立中山图书馆特藏部藏，第 126 ~ 127 页。

述各市场地点的业主，"自行照章建筑民有市场以维市政"①，特别要求投得"仓边路华光庙、卖麻街太岁庙、濠畔街关帝庙、下九甫洪圣庙、会仙街龙王庙、吉祥路武帝庙各业主不准将上项庙宇，改建为房屋，只准改建为民有市场"②。但直到 1937 年抗日战争全面爆发，广州市只建成 7 座公共市场，其中近半数由寺庙改建，即禺山市场、南益市场、观莲市场。

旧时广州市内街道多是狭窄的旧街，宽狭不齐，"路线弯曲或彼此失其衔接等弊，在在皆是"③，因此开辟新式马路成为市政建设的主要任务之一。在修建马路的过程中，为了便于汽车等交通工具的行驶，要求在马路走向上尽量笔直，这样必然会对一些旧建筑物进行拆除。如民国初期开辟马路时，新马路横穿海幢寺而过，将海幢寺分成两半。1928 年因扩建马路，修元精舍除大殿外全部被拆毁。大佛寺因"开辟马路，佛寺面积大减"④。六榕寺因政府修路，"其山门也被后移"⑤。华林寺原有殿宇 45 座，因辟马路建街道，寺庙面积所剩无几，后来的"华林新街（原安奉四大天王之处）、华林一巷、华林南横街、华林北横街、迎华里、华林寺前、茂林横街（原日之堂口）、茂林新街（原日之花园），南至西来初地，北至兴华大街，东至新胜街，西至牛角街，皆属该寺之旧址"⑥。这些著名寺庙的命运尚且如此，民间小庙更免不了被挤占拆除，仅 1936 年 12 月因"阻碍街道"⑦ 而被拆除的庙宇就有珠玑路金花庙、恩龙里土地庙、宝善坊华光庙、兴安里华光庙。

（三）拍卖寺庙以济军饷

民国前期的广东，政局不稳，战事频繁。广州作为资产阶级民主革命的策源地，在二次革命、护国战争、护法运动、北伐等一系列政治博弈中

---

① 《训令工务、卫生局传集各市场地点业主会商建筑市场》，《广州市市政公报》第 116 期，1924 年，第 27 页。

② 广州年鉴编纂委员会编《广州年鉴》（1935 年）第 11 卷，广东省立中山图书馆特藏部藏，第 126 页。

③ 程天固：《程天固回忆录》上册，（台北）龙文出版社，1993，第 165 页。

④ 广州市宗教志编纂委员会编《广州市宗教志资料汇编》第 1 册，1995 年印行，第 145 页。

⑤ 余庆绵主编《广州六榕寺志》，广州市六榕寺，1999，第 73 页。

⑥ 广州市宗教志编纂委员会编《广州市宗教志资料汇编》第 1 册，1995 年印行，第 138 页。

⑦ 《拟拆卸者一览表》（1936 年 12 月），广州市档案馆藏，档号：10 - 4 - 843 - 152。

再次成为反对专制、维护共和的根据地和新旧势力的较量场。除了以孙中山领导的资产阶级革命力量之外，各有所图的滇、桂、湘、豫等地方军阀也趁机进入广东，尤其是1922年为了驱逐陈炯明，孙中山联络滇、桂、湘、闽各路军阀入粤讨陈，这些入粤军阀势力或助孙中山而战，或为争夺私利而战，这不仅加剧了广东政局的动荡，也给广东财政带来了沉重的负担。

为了"广辟财源"，解决严重的财政困难，更因"军饷万急，需用浩繁，政府不得已将市内庙宇投变，藉资挹注"①。首先被投变的是遍布广州大街小巷的民间寺庙。1923年5月至7月，经市财政局调查并公布底价招人投承的寺庙就有674所，如表7所示。

表7　广州市财政局公布投变的市内寺庙数

次序	公布时间 （1923 年）	公布的寺庙数 （间数）	寺庙所属警区
第一次	5 月 28 日	52	第一区署（包括分署，下同）
第二次	6 月 1 日	42	第二区署
第三次	6 月 4 日	24	第三区署
第四次	6 月 6 日	81	第四区署
第五次	6 月 10 日	62	第五区署
第六次	6 月 14 日	38	第六区署
第七次	6 月 19 日	131	第七区署
第八次	6 月 19 日	34	第八区署
第九次	6 月 19 日	51	第九区署
第十次	6 月 19 日	43	第十区署
第十一次	6 月 20 日	55	第十一区署（包括分署）、 第十二区二分署
第十二次	7 月 4 日	61	所有区
合计		674	

资料来源：《广州市财政局布告本市庙宇底价表》，《广州市市政公报》第80期第37～42页，第81期第37～40页，第82期第38～40页，第83期第39～40页，第84期第37～47页，第86期第29～31页。

---

① 《广州市市政厅布告投变庙宇以济军饷，慎勿听谣言致碍大局由》，《广州市市政公报》第80期，1923年，第36～37页。

为了全面掌握市内各寺庙的尝产数量，以便投变筹集军饷，广州市政府还设立有奖举报机制，鼓励市民积极举报隐匿尝产，规定凡举报庙宇尝产者，一经投变，即"给二成奖金"①。在利益的驱动下，市民举报庙产的积极性极高，甚至到庙产投变活动停止后，仍有市民积极举报。据统计，自1923 年 5 月年底，广州市共投变各类庙产"约 2880 余起"②。

经过 1923 年的投变庙产活动，广州市内的寺庙迅速减少，据 1923 年底统计为 442 所③，比 1921 年的寺庙数量减少了将近一半。到 1928 年，广州市内的寺庙数量只剩 307 所。尽管导致广州寺庙减少的还有办学、市政建设等因素，但 1923 年是这几年间寺庙减少最明显的一年，而 1923 年恰恰又是投变庙产筹集军饷的高峰期，因此可以说，广州市政府因筹集军饷而投变庙产，是民国时期广州市寺庙数量变化最主要的原因。

（四）查封寺庙移风易俗

1928 年南京国民政府推行"改革风俗，破除迷信"运动，内政部专门制定了《神祠存废标准》，规定了应存、应废和存废两可的寺庙类别。1929 年 7 月，广州市风俗改革委员会正式成立，并于 9 月 17 日组织广东各界在省党部礼堂召开破除迷信运动大会，军政机关、学校、社会团体等 130 余个社会组织机构，共 5000 余人参加了该运动大会。与会者一致呼吁"各界民众联合起来破除一切迷信，发扬科学真理，取缔卜筮星相巫觋堪舆，查封淫祠寺观，取缔师姑和尚，铲除菩萨偶像"④。根据南京国民政府内政部颁布的《神祠存废标准》，广州市各类寺庙中"拟废除者共二百四十一处"⑤。首当其冲的便是从事"卜筮星相巫觋堪舆"行业的道馆道院。1929 年底，广州市社会局遵照内政部颁布的《废除卜筮星相巫觋堪舆办法》，以"卜筮星相巫觋堪舆诱惑妇女，导人迷信，最足为实施训政之障

---

① 《广州市财政局布告举报庙产奖给二成由》，《广州市市政公报》第 86 期，1923 年，第 39 页。
② 《广州市市政报告汇刊》（1923 年），广东省立中山图书馆特藏部藏，第 29 页
③ 《广州市公安局警察区域寺庙分类表（1923 年）》，《广州市市政公报》第 142 期，1924 年，第 21～22 页。
④ 《昨日各界举行破除迷信运动大会之热烈》，《广州民国日报》1929 年 9 月 18 日。
⑤ 《广东省警察局公函》（安字第 741 号），广州市档案馆藏，档号：10－4－847－12－13。

碍"① 为由，限令广州市的喃呒道院于 1930 年 1 月 1 日前一律改谋别业。1930 年广州市社会局又提出《广州特别市取缔寺观庙宇庵堂暂行规则草案》，规定"其无模式的建筑物，只租住民房或盖搭蓬厂而悬挂牌匾、号称寺观庙宇庵堂道馆道院者，一律封禁"②。

同时，对于《神祠存废标准》中属于应该保存的先哲圣贤寺庙，因过去一些寺庙为了生存或牟利，或迎合一些信教群众的迷信心理需求做法事，或把各种神像引入佛堂或道馆招人前往祭拜，这些庙宇中诸神并立，较为混乱且因兼有迷信成分，故广州市政府下令加以整饬，废除这些寺庙中属于迷信成分的附祀偶像，以符破除迷信改革风俗之宗旨。此外，市政府还颁布了一些具体管理办法。第一，"只准用鲜花参拜，不能使用火烛冥镪"；第二，禁止寺庙人员"设神谶神方及喃呒咒诵"；第三，进一步整顿寺庙的管理和分类，"每所只能设管理人，不准再有司祝制度存在"③。经过 20 世纪二三十年代的风俗改革运动，广州的寺庙数量再度骤减，到抗日战争爆发时，仅存 100 多所。

表 8　广州市寺庙整理情况

寺庙	整理方法	寺庙	整理方法
观音庙（太平区）	废去附祀	仁威庙（仁威庙前街）	应废去北帝等
孔子庙（宝华大街）	废去附祀	关帝庙（逢源区）	附祀无史可考应废去
关帝庙（十六甫北）	废去附祀	观音古庙（逢源区新都里）	应废去附祀
观音堂（圣贤堂）	废去玄坛	观音堂（承平里）	应废去附祀
观音古庙（钟秀南）	废去金花等附祀	关帝庙（贤思区）	应废去附祀
观音庙（合德街）	废去无名像	孔子庙（西禅区）	应废去附祀
关帝庙（庙谟街）	废去金花等	观音（医灵前）	应废去附祀
天后庙（南岸大街）	留观音、华佗，余皆废	关帝庙（高第路）	废去金花

① 《广州公安局令，十九年一月日以前禁绝星象巫术》，《广州民国日报》1929 年 11 月 5 日。
② 《广州特别市取缔寺观庙宇庵堂暂行规则草案》（1930 年），广州市档案馆藏，档号：4 - 01 - 1 - 173 - 24。
③ 《广东省警察局属下各分局关于调查本市寺庙庵观以定存废之呈报及调查表》，广州市档案馆档案，档号：10 - 4 - 843 - 133。

寺庙	整理方法	寺庙	整理方法
华佗古庙（洪德区）	应废去附祀	关岳庙（黄沙区）	废去无名偶像
关帝庙（芳村区外约大街）	应废去附祀	关帝庙（菜栏东）	废去无名偶像
关帝庙（芳村区镇东直街）	应废去附祀	武帝庙（联珠直街）	废去无名偶像
观音庙（光孝区）	应废去玄坛、司马等	将军庙（将军直街）	废去无名偶像
关帝庙（南岸区）	应废去大圣等像		

资料来源：《广州市寺庙庵观一览表（三），须加整理者》第142～143页，广州市档案馆档案，档号：10-4-843。

注：材料中需要整理的寺庙为29所，而表内实为25所寺庙。

清末民初广州城内寺庙遍布，迷信色彩浓厚，加上众多的街坊小庙破败不堪，严重地影响了市容市貌。1923年广州市政府对寺产进行拍卖，一定程度上改善了市库枯竭的状况，不仅保证了军饷需要，也为市政建设提供了资金，各项市政建设从1923年以后开始出现快速发展的趋势。以马路为例，1918以前，广州市只有花沙马路，长13公里左右。到1925年，广州市的马路有花沙路、三合土路、蜡青路，共约49.96公里。[1]

广州街道的拓宽和开辟也有赖于寺庙的拆除，如惠爱东路的城隍庙，被开辟为忠佑大街；华林寺拆建后的街道就有华林新街（原安奉四大天王之处）、华林一巷、华林南横街、华林北横街、茂林横街（原日之堂口）、茂林新街（原日之花园）等，形成了大片新的街区。修筑文德路时，拆除了沿线的万寿宫。扩建六榕路、光孝路、光塔路、禹山路时也不同程度地占用了六榕寺、光孝寺、光塔寺、禹山关帝庙的寺址。加之在此基础上改建的学校、图书馆、民众教育馆、市场、公园等新式公共设施，一系列基础设施的建设推进了广州市政建设的发展，改善了广州的市容市貌，也在一定程度上改变了市民的生活方式，使广州现代城市建设初具规模。

但是，广州市政府在占用、拆毁、拍卖、改造寺庙时，认识有些偏颇，行为有些偏激，不仅对狭小破败的民间小庙予以拆除，对淫猥迷信的

---

[1]　《历年建筑各种马路长度统计表》，载《广州市政府统计年鉴》（1929年），广东省立中山图书馆特藏部藏，第257页。

寺庙进行查封，而且对一些名胜古迹也"大动干戈"。广州著名的佛教"五大丛林"没有一处保留完好。之所以出现这种情况，是因为当时政局动荡战事紧急，政府的关注点在军事不在文化，但从深层次来看，还是因为对保护宗教文化遗产的价值认识不够。

第三章

民居住宅的改良

城市住宅问题是近代城市发展中备受关注的问题。20 世纪二三十年代，随着广州工商业的发展，城市人口急剧增加，人口居住矛盾日益突出。为适应城市近代化发展要求，解决市民住宅紧张的问题，广州市政当局从城市规划和社会救济等多方面入手解决市民居住问题，提出了"模范住宅计划"、"拓展郊外住宅计划"及"平民住宅计划"，以不同的方式介入住房建设，这使广州的空间布局发生了变化，对广州的城市发展和市政建设具有重要意义。

一　广州住宅改良的背景

（一）广州传统的民居住宅

城市住宅问题是城市发展中备受关注的问题。住宅建筑的形制、质量不仅与居民的身体健康和精神状态有着密切的关系，也能反映城市的人文特色和发展程度。广州作为中国最早的开埠城市，近代，随着新兴资本主义工商业的发展，逐步出现了与之相适应的西关大屋、骑楼、竹筒屋等新型民居建筑，但仍是以居民分户自建为主。

西关大屋是晚清以后官僚巨贾、豪门望族、粤剧名伶在广州城外西关角一带修建的庭院式住宅，不仅占地面积大，而且建造修饰极为考究，功能齐全，通风采光极佳，清末鼎盛时期共有 800 多间。骑楼是欧陆建筑与东南亚地域特点相结合的一种近代商住两用建筑，底层用作商铺，沿街后退留出一定空间供人行走，楼上做账房、居室等。19 世纪 80 年代张之洞任两广总督时借鉴香港经验，开始在广州兴建骑楼，民国初期更是大肆兴建，并形成了大片的骑楼商业街。竹筒屋也叫商铺屋，是 19 世纪广州城市人口增加、地价上涨的情况下出现的一种密集型商住屋，最初多为平房，开间窄小，纵深狭长，临街的一间做商铺，后面为居室，通风采光都较差。民国以后逐渐变成楼房，底层做商铺，楼上住人。竹筒屋因为建筑密度大而本身面积小，有的甚至需要一条狭窄而陡直的楼梯才能上楼。位于商业地段的竹筒屋多商住两用，而位于内街小巷的竹筒屋纯为住宅。竹筒屋是清末和民国时期广州较为普遍的住宅建筑。但大多数竹筒屋"或沿街兴建，门临马路，车辆往来喧闹异常，或杂入市厘，秽物腥气，充溢堂奥"①。至于其他老式的破旧房屋和自建棚户，其通风、采光、卫生等条件更差。

（二）人居矛盾日益严重

民国时期，广州的工商业有了较快的发展，人口也随之急剧增加。据统计，1910 年广州城区人口为 517596 人，1918 年市政公所成立时为704900 人，1921 年广州建市时为 787069 人，1928 年为 811751 人，人口总数居全国城市排名第五位。至 1932 年，广州人口首次突破百万，20 余年间增长近一倍。然而广州市的居民住宅仍以分户自建的传统住宅为主，西关大屋在 1918 年市政公所拆墙筑路时大部分被拆除，骑楼和竹筒屋虽有所增加，但与人口的增长不成比例，无论是数量还是质量，居民住宅都远远不能满足各个层次民众的需求。

广州城市人口的增长数量与住房增加的数量不成比例，原有的住房远远不能满足居住需求，市内房屋供求关系紧张，很多市民租房而居，"全市尚有百分八十一之住户，各须赁屋居住，永无固定寓所，可以安居"②。城内住宅的紧张又导致地价上涨，1929 年广州市警察区域内土地价格最高达到了每平方米约 800 元，即使是小康之家也难以承受，一般平民更不敢

---

① 程天固：《三年后的广州》，广州市档案馆藏，档号：资 - 政 - 584 - 341 - 106。
② 程天固：《广州市工务之实施计划》（1930 年），广东省立中山图书馆特藏部藏，第 37 页。

问津，大多数人只能靠赁房居住。房屋的不足又使得广州房租变得昂贵，每月十几元的房租负担使中等收入的家庭也难以维持，遑论一般贫苦之家。因此一家数口、妇孺老幼共居一个阴暗小屋的现象屡见不鲜，劳工苦力几十人共住一间窄小破屋的情况到处可见，流浪街头栖宿无所者更是比比皆是。在广州急剧增长的人口中，以劳工为主体的中下层人民占绝大多数，他们几乎没有自建住房的能力，因此更需要政府出面解决其住宅问题。

（三）特殊群体的特殊需求

广东是著名的侨乡，全球华侨中粤籍华侨约占 70%。中华民国成立后，海外华侨纷纷回国投资工业、商业、交通运输及房地产业。1921 年广州市政厅成立后，市政建设全面展开，急需大量的资金。在外经商致富的华侨正是政府招商引资的最佳对象，然而以当时广州的住房条件来看，于华侨而言，"其第一认为不便者，必为居住问题"[1]。其次，辛亥革命后，孙中山三次在广州建立政权，大批国民党官员、留学归国人士追随至此。这个群体不仅是孙中山资产阶级民主革命的拥护者，也是新生活方式的崇尚者，尤其是留学归国人士，他们对欧美新型的市政建设和田园城市多有所了解，在居住方面，更向往舒适的新式住宅。

孙中山在其《建国方略》中曾专门提出"居室计划"，认为"居室为文明一因子，人类由是所得之快乐，较之衣食更多"[2]，因此，"改建一切居室，以适合于近世安适方便之式，乃势所必然"[3]。留学美国并对美国市政建设颇有研究的孙科在 1921 年首任广州市市长时就提出展拓城市住宅区域的计划："拟开辟东部地势高峻、空气流通之旷地，专划为住宅区，先建模范住宅数十间，教市民以构造、卫生及防火、防湿、防冷、防暑等方法，不设茶楼、酒肆、游戏场、工厂、货仓等，以免有碍居民。"[4]

为了吸引更多的华侨回广州投资，市政府在 1921 年制定了开辟新式住

---

① 程天固：《广州市工务之实施计划》（1930 年），广东省立中山图书馆特藏部藏，第 37 页。
② 岭南文库编辑委员会、广东中华民族文化促进会合编《孙中山文萃》上卷，广东人民出版社，1996，第 452 页。
③ 孙中山：《建国方略》，华夏出版社，2002，第 268 页。
④ 李宗黄：《新广东观察记》，商务印书馆，1922，第 18 页。

宅区的计划，准备建设田园式住宅。遗憾的是，陈炯明叛乱后，将市政府已经开辟的荒地交给广东银行作为借款的抵押，孙科的田园城市计划因此被迫取消。1924年广州市政府又通过关于开辟"观音山（华侨）住宅区"的议案，虽然最后也未能形成规模，但这些尝试为之后广州市政府以不同方式干预住宅建造的做法奠定了基础。由政府出面解决住房问题、把居住问题作为一项社会事务来处理逐渐成为广州市政建设的重要内容。

二 模范住宅区的规划与实施

（一）模范住宅区的提出

1927年5月，留学美国时就十分关注欧美各国市政发展的林云陔出任广州市市政委员会委员长。林云陔上任后便积极致力于广州的城市发展和建设，认为广州的住宅问题必须统一规划，以符"模范市"之称。"英国的田园都市为新式住宅的模范，要建立模范的广州，使广州市的住宅不受煤烟污浊、车马喧闹、机厂工作震动，唯按此理论，求地势高爽之地，辟为住宅区。"[1] 因此，6月8日，林云陔在第103次市政会议上提议"建设模范住宅区，以为全市住宅之模范"[2]，获一致通过。为了"以最省手续、最迅速时间，努力筹划，力求此项建议之实现"[3]，在7月14日第108次市行政会议上，市政当局下令由财政、土地、工务三局共同组成广州市模范住宅区筹备处。筹备处按照所颁布的组织大纲和市政委员会委员长的指导，办理模范住宅区的相关事宜，具体进行了以下几个方面的准备工作。

首先，划定模范住宅区范围。模范住宅区位于广州市东郊。"东至浩东东路、仲元路、浩东南路；南至百子路；西至生财路、冠慈路、马棚路、公医院；西北至东沙马路以内全部，除执信中学地址外，皆为建筑模

---

[1] 广州市政厅编辑股编《广州市市政报告汇刊》（1928年），广东省立中山图书馆特藏部藏，第93页。

[2] 广州市模范住宅区委员会编《筹建广州市模范住宅区一览》（1929年），广东省立中山图书馆特藏部藏，第1页。

[3] 《市厅筹建模范住宅区》，《广州民国日报》1927年8月8日。

范住宅区域。"① 划入模范住宅区域的土地原是 1921 年广州市政厅成立之初在东郊开辟的官荒地，但因此处的土地被陈炯明抵押给广东银行，所以很多地段已属私人所有。为统一规划住宅区范围内的土地，模范住宅区筹备处规定"所有划入模范住宅区范围内之土地，在筹备期间，停止买卖，以便划一整理，以一年为停止土地买卖期限，在此期限内，有买卖土地之必要时，只许由市政府收买，以利于分期、分段和预算计划的制定"②。

其次，为使建设计划有序进行，模范住宅区筹备处又议定将住宅区全部地段分六期建筑。其中第一期东至冠慈路、执信路，西至公医院、马棚路，南至百子路，北至马棚路，面积约 90 亩。第二期东至浩东路、仲元路，西至执信路，南至百子路，北至竹丝南路，面积约 126 亩。第三期东至执信路，西至冠慈路，南至冠慈路，北至荫南路，面积约 42 亩。第四期东至仲元路，西至执信路，南至竹丝南路，北至竹丝北路，面积约 125 亩。第五期东至执信路，西至生才路，南至冠慈路、荫南路，北至东沙马路，面积约 107 亩。第六期东至浩东路、仲元路，西至执信路，南至竹丝北路，北至东沙马路，面积约 122 亩。同时暂定每期筹建时间至多不超过 6 个月，最后时限依政府财政情况而定。

再次，对住宅区内的马路建设进行规划。借鉴国外的经验，在修建房屋的同时甚至之前先行修筑马路，以利于区域的整体和长远规划。考虑到模范住宅区长期发展的要求，筹备处计划将住宅区范围内的马路分为五等。一等马路总宽 150 尺，马路中心设计成 40 尺宽的花圃，栽植花木；两旁的人行路各占 15 尺，其中 9 尺种树，6 尺筑路；余下的 80 尺为双向马路的实际宽度。二等马路总宽 80 尺，马路中心的 10 尺种树；两旁的行人路与一等马路同；余下 40 尺为双向马路的实际宽度。三等马路总宽 60 尺，马路中心只留孔种树；两旁的人行路各占 12 尺，其中 7 尺种树，5 尺筑路；余下 36 尺为双向马路的实际宽度。四等马路总宽 40 尺，马路中心不留空地；两旁的人行路各占 10 尺，5 尺种树，5 尺筑路；余下的 20 尺为马路实际宽度。五等马路实际宽度为 24 尺，不设两旁行人路，不种树。所有

① 《筹建广州市模范住宅区案》，广州市档案馆藏，档号：资 - 政 - 580 - 292 - 35。
② 《三局筹备模范住宅情景》，《广州民国日报》1927 年 8 月 16 日。

马路用两寸厚散石填底，上盖 4 寸厚的沥青或士敏三合土。马路沟渠按照地势的实际情况分为明式和暗式，沟渠的修筑材料一律使用士敏三合土。从模范住宅区筹备委员会对马路建设的精心规划，尤其是对马路的绿化的规化，便可看出模范住宅区环境优美、布局整齐。

表 9　模范住宅区马路建筑计划情况

马路名称	宽度	等级	长度
生才路（白云路）	150 呎	一等	1000 呎
东沙马路	150 呎	一等	2000 呎
执信路	80 呎	二等	3500 呎
百子路	80 呎	二等	2100 呎
仲元路	60 呎	三等	2600 呎
浩东路	60 呎	三等	1600 呎
冠慈路	40 呎	四等	1800 呎
竹丝北路	40 呎	四等	1200 呎
竹丝南路	40 呎	四等	1500 呎
荫南路	40 呎	四等	450 呎
	40 呎	四等	12000 呎
	24 呎		2150 呎

资料来源：广州市模范住宅区委员会编《筹建广州市模范住宅区一览》（1929 年），中山图书馆地方文献馆藏。

　　最后，模范住宅区筹备处对住宅区内的房屋修建也做了统一的规划。依据住宅面积，筹备处计划将模范住宅区内房屋分为四等，其中"甲等每户约六十华井，乙等每户约三十华井，丙等每户约二十华井，丁等每户约十五华井，住宅地段之内建筑物，不得占多过该地五分之二，其余五分之三留作花园"①。另外，"在区内由市政府建筑住宅若干间，出卖或出租，以资提倡区内住宅，除外国人及教会礼拜堂外，凡本国人民均得领用或租赁"②。模范住宅区内住宅的价格，由市政府核定后公布。模范住宅区范围内原来的业主，如果愿意在该地段建筑房屋，可以按照市政府核定的价

① 《模范住宅区马路住宅之规划》，《广州民国日报》，1927 年 8 月 25 日。
② 《模范住宅区马路住宅之规划》，《广州民国日报》，1927 年 8 月 25 日。

格，优先购买。同时规定购得土地后，须在 6 个月内建筑房屋，如果逾期不建，要课以建筑费十分之一的罚金。

由政府建造高档住宅出租或售卖，同时鼓励市民领地自行建造住宅，住宅按照政府的统一规划设计建造，有统一的标准和要求，这在当时无疑是一创举。由于 1927 年底广州政局发生巨大变化，当局无心顾及市政建设，私人投资购地修建房屋的热情大减，模范住宅区的建设计划暂时被搁置。

（二）马棚岗模范住宅区的尝试

1928 年初南京国民政府形式上统一了全国，两广的政治格局也出现了新的变化，李济深、陈济棠先后掌管广东军政大权，广东在半独立状态下全力开展经济建设，广州的模范住宅区计划因此得以完善并最终实施。4 月 26 日，模范住宅区筹备处遵照广州市政府命令召集第十次筹备会议，宣布筹备时期结束，进入下一步计划。同时决定将广州市模范住宅区筹备处改为筹建广州市模范住宅区委员会，负责模范住宅区的实际建设事宜。

模范住宅区委员会直接隶属于广州市政府，每星期开会一次。由于"政府财政受窘，关于原定计划，不能不酌予变更，故复从新修改章程，厘定法规"①，并"在模范住宅区所在地段竖立招牌，竖立模范住宅区所属地段界址及各马路界址；制定木牌将模范住宅区章程逐条书明其上，竖在区内地段之人所瞩目处"②，以期引起市民的关注。同时，为使建设计划早日实现，广州市政府通令财政局、土地局、公务局等"各局协助办理与模范住宅区有关系之一切事项"③。

5 月，遵照原模范住宅区筹备处分期建设的原则，模范住宅区委员会决定"以马棚岗定为第一期模范住宅区"④，并将马棚岗住宅区的建设任务分为马路兴筑、住宅修建、公共建筑三部分。模范住宅区委员会计划先兴筑住宅区内的马路，待马路修成后，交通便利，便可责令各业主开始修建

---

① 广州市模范住宅区委员会编《筹建广州市模范住宅区一览》（1929 年），广东省立中山图书馆特藏部藏，第 2 页。
② 《市厅筹建模范住宅区近讯》，《广州民国日报》1928 年 6 月 6 日。
③ 《令七局协助模范住宅区一切事宜》，广州市档案馆藏，档号：资 - 政 - 581 - 296 - 29。
④ 《模范住宅区在马棚岗开办》，广州市档案馆藏，档号：资 - 政 - 581 - 294 - 33。

住宅。但由于市政府财政困难，工务局预算的 22 万筑路费一直拨发不下来，马路的修筑迟迟不能开工。不得已，模范住宅区委员会决定，筑路费由土地所有人平均分担，并要求土地所有人在布告马路开筑后两个月内缴纳路费，如果逾期两个月后不交，逐月递加一成。至于住宅，仍依照前例按面积大小分为甲乙丙丁四种，除此还特别强调住宅地段内的"五分之三须为花园"，同时规定"架楼不得逾三层"，"住宅须一律安设水厕"①。同时，政府负责模范住宅区内的各种公共建筑，做到"公园、市场、消防所、警察分署、电话所、水塔及水机房、公共厕所、邮政局应有尽有"②。

为鼓励市民来此购地建房，模范住宅区委员会还制定奖励修建住宅办法。规定"土地所有人能于马路完成后半年内兴工建筑住宅者，准免建筑费并减半征收建筑附加费；在马路完成一个月内兴工建筑住宅者，建筑费与附加费均准予豁免；能于建筑马路期间同时建筑住宅者，除依照前条办理外，对于筑路费以九折缴纳"，同时规定"依照前三条期限建筑后，到土地局登记上盖时，减半征收登记费"③。

12 月，广州市第一个专门负责城市规划的机构——城市设计委员会成立，此后模范住宅区的各项建设事务划归其管理。鉴于之前模范住宅区委员会对住宅区内马路、公共建筑、住宅的比例分配不尽合理，城市设计委员会派人重新测量、规划马路的线路，"定全区马路面积最少占全区总面 30%，但至多不得超过 33%"④，并计划在原来设计的公共建筑外，加设模范小学、幼稚园、图书馆、大礼堂等。同时设立模范住宅区筹建处，综理建筑工程及统计事项。1929 年 12 月城市设计委员会被撤销，此后模范住宅区的建设事宜又转由广州市工务局负责。

1930 年 4 月 10 日，工务局开投马棚岗、竹丝岗区域内的马路建设，9 月 3 日兴工。随着马路的兴建，"模范住宅区中的公园、小学校、警察派出所也测量开筑"⑤。在马路和公共建筑已动工的情况下，为了加快住宅建

---

① 《模范区建筑住宅之规定办法》，《广州民国日报》1928 年 12 月 4 日。
② 《模范住宅区公共建筑之规定》，《广州民国日报》1928 年 11 月 27 日。
③ 《奖励建筑模范住宅之办法》，广州市档案馆藏，档号：资 - 政 - 581 - 296 - 13。
④ 《城市设计会将设模范住宅筹建处》，《广州民国日报》1929 年 4 月 1 日。
⑤ 《模范村渐具规模》，《广州民国日报》1930 年 1 月 23 日。

设，工务局规定"区内业主务必于布告一个月内将契照及面积报告市政府，逾期不报，则作为官产处理"①。土地经查验及测量后由市政府发给模范住宅区业主权利证，业主持该证享有模范住宅区的一切权利。每段土地测量完成后，由业主、工务局、土地局、财政局、总商会各派一名代表，组成估价委员会，对区内各地段的地价进行估定，作为以后买卖土地的标准，并规定以后土地买卖的价格不得超过估定价额，如违反即将增价部分全数没收，作为模范住宅区公益费用。同时还特别规定，区内所有建筑、马路面积由全区业主按地多少分摊割让，未割让者须缴回应割面积的地价，所割面积过多的照价补回；建设马路和公共建筑物的费用由业主据其所拥有的土地面积按比例分担。马路兴工后限业主6个月内开始建筑，业主不能自建的，经市政府批准后可雇人建筑。

政府虽极力筹划敦促，但马棚、竹丝两岗的土地早在陈炯明时期就已经抵押给广东银行，因此该区域的土地多为私有财产，囿于地权关系，政府统一规划建设并不容易。政府对高额建筑费用的规定和筑路费的分摊，使相当一部分跃跃欲试者止步。而种种严格的规定在限制房地产商投机的同时，也确实误伤了一些真正的需求者。最后由于种种原因，马棚岗第一期住宅并没有像市政当局规划的那样成为一个"模范住宅区"。

（三）松岗模范住宅区的建设

1929年5月，在马棚岗模范住宅区建设缓慢推进的同时，广州市政当局又将新开辟的官荒地——松岗划为模范住宅区进行建设，范围在"东山安老院之南，广九铁路之北，东至自来水塔，西至仲凯公园"②，面积约100亩。此地段不仅风景宜人，交通便利，而且与马棚岗最大的区别在于，作为新开辟的官荒地，政府掌握土地所有权。土地转让给个人后，不仅可以将土地转让费作为住宅区公共建筑的建设费用，更便于政府统一规划、统一建设。

松岗模范住宅区建设事项也是先从兴建马路开始。由于筑路费不用业

---

① 《土地、财政两局会同审查模范住宅区章程》，广州市档案馆藏，档号：4-01-1-9-1-54。
② 程天固：《广州市工务之实施计划》（1930年），广东省立中山图书馆特藏部藏，第38~39页。

主分摊而由市政府拨款，同年 6 月便已筑成两条马路：一条长 2650 尺，宽 40 尺；一条长约 1000 尺，宽 30 尺。区内的住宅建筑按照工务局颁布的标准进行建设，住宅地段内的建筑物面积不得超过该地总面积的五分之二，其余的五分之三留作花圃以美化环境；住宅地段内的建筑物须一律由人行路边缩入十五尺；建筑物不得超过三层；住宅内均须有水厕及粪池。工务局同时规定"住宅地段内的建筑物之每边须离开该段界址至少五尺；围墙须含美术性，建筑材料可用砖石、三合土、铁枝、铁丝网或竹篱，上部须用栏杆的以能观望为度，各围墙高度不得超过五尺；住宅内之厨房所有炉灶，均须设备烟囱，烟囱必须通出瓦面之上"①。住宅样式则由工务局聘请技师设计，分为甲、乙、丙三种。

由于松岗住宅区在远离闹市的东郊高爽之地，环境幽雅，建筑规划整齐，因此吸引了一批官员政要、归国华侨和留学生前来购地建房。1930 年，陈济棠在此建筑官邸，进一步加快了松岗住宅区的建设速度。同时，由于松岗地价便宜，而且"每间建筑费约由二千五百元至五千元不等，市民营建，尚易为力"②，加之"松岗警察派出所成立后，地方治安，颇为安宁，很多市民纷纷前来，拟在此购地建屋居住"③，"不过三年，曾经之岗地已是楼宇栉比，居民日众，'松岗模范村'建成，直可与香港九龙塘并驾齐驱"④。由于区内植有 108 颗梅花树，每到花季，花影摇曳，芳香沁人，松岗住宅区因此更具特色。1932 年 5 月 23 日市行政会议上，刘纪文市长提议将东山松岗模范村改名为"梅花村"，该名称被沿用至今。

为了使模范村名副其实，广州市政当局不断完善区内各项设施。1932 年 10 月工务局从福音路口起、沿中山公路旁水沟至东山水塔前，修筑了两条三合土大渠，并在福音村修筑暗渠 800 尺，同时修建进人井、横渠、小沙井，全部工程仅用一个半月完成，保证了住宅区内排水通畅。梅花村内的马路原来是山石路面，道路坑洼，对交通颇有影响，1933 年工务局决定

---

① 《东山松岗模范住宅区领地建筑规则》，广州市档案馆藏，档号：资－政－588－381－48。
② 程天固：《广州市工务之实施计划》（1930 年），广东省立中山图书馆特藏部藏，第 39 页。
③ 《模范村渐具规模》，《广州民国日报》1930 年 1 月 23 日。
④ 《扩大东山模范住宅区》，广州市档案馆藏，档号：资－政－587－361－37。

"此住宅区内一律改为沥青路面,并于马路两旁,加植梅树五百株"[1]。为了使居民购物利便,市政府又在梅花村附近修建了一所新式市场,"面积四百二十九平方公尺,内设摊位三十九个,以免除附近居民跋涉之劳、购食维艰之叹,使得美化之住宅配以美化之市场,为新市区增色不少"[2]。

松岗住宅区内不仅马路、房屋的建设进展迅速,而且住宅区内的一切公共设施配备及时、完善,这与居民急切改变居住环境的意愿密切相关,也体现了广州市政当局在政府解决居住问题、规划住宅区的建设等方面逐步成熟。广州市政府打造出的模范住宅区成了20世纪二三十年代广州对外的一张重要名片。

(四) 拓展郊外住宅的计划

马棚岗、竹丝岗和松岗模范住宅区的开辟是广州市政当局将解决市内住房紧张问题和城市规划相结合迈出的重要一步。新的住宅区域选择在东山新开辟之岗地建设,这里不仅空气清新、环境优美,有田园城市之势,而且打破了旧城区商业区、居住区、工业区混合的城市格局,实现了住宅区与商业区和工业区的逐渐分离。新的城市发展规划的设想和郊外大量荒岗之地存在的现实,促使广州市政当局进一步提出拓展郊外住宅区的计划。

1930年7月广州市工务局制定拓展市民住宅区计划,拟将"青菜岗、上下坟头岗、大岗咀、蚬岗等处坟场,一律迁移,辟为住宅区域"[3]。9月,迁坟工程先从上下坟头岗及罗岗开始,辟出空地300余亩,由财政局分段开投,准许市民自由购买以建筑房屋,并将此段住宅区定名为东沙住宅区。之后开始兴筑上下坟头岗马路,以便吸引市民来此地建筑住宅。

然而大量郊外住宅区的开辟,必须依赖便利的交通。尽管工务局为拓展郊外住宅区域和发展近郊农村,计划大规模兴筑郊外马路,但是计划兴建住宅之时,郊外马路很多还没有修筑完成。交通的不便,在很大程度上影响了市民移居郊外的积极性,因此,在划定的郊外拓展住宅区中,除东

---

① 广州年鉴编纂委员会编《广州年鉴》(1935年)第11卷,广东省立中山图书馆特藏部藏,第64页。

② 广州年鉴编纂委员会编《广州年鉴》(1934年)第11卷,广东省立中山图书馆特藏部藏,第60页。

③ 《工务局拓展市民住宅区之计划》,广州市档案馆藏,档号:资-政-568-359-48。

沙住宅区少数购买土地者按照政府所规定的建筑准则在 12 个月内建筑屋宇外，多数土地未及时建筑房屋。政府虽然推迟将土地收回重新开投的期限，但直到抗日战争全面爆发时，上述规划的地区仍然荒置，没有形成大规模的住宅区。

三　平民住宅的兴建

1928 年南京国民政府内政部训令各省民政厅，在每县市城郊建立贫民住所或平民村舍，并规定十条具体办法，其中特别指出"建筑经费，由县市政府就本县市地方公款拨支，如不足时，可募款补充；建筑地点，凡城内空旷处所，或城外附郭空地均可，其中在城内建筑者名为平民住所，在城外建筑者名为平民村，此种住屋离贫民谋生地点必须接近，以免其往返跋涉；收容贫民以城内外能营正当职业而现时确实极贫无住所者，附近搭席棚、草棚之贫民也收容之；酌收最低数租金，由管理人员或管理委员会收存，以为修理房屋及办理一切公共事业之需"①。

广州市政当局根据南京政府内政部的训令，在筹划模范住宅相关事宜的同时，也为解决一般平民的居住问题制定了建筑平民村舍的原则，决定"由模范住宅区委员会负责筹划地点，从速规划"②。模范住宅区委员会先是选定在越秀北路一带的旷地建筑平民住所，后因此地不甚适用，"市厅又指定在原日贫民教养院地址为平民村"③，但是因经费问题，直到 1929 年以后才陆续动工。

（一）平民宫

1929 年，陈济棠截获桂系的天一轮走私船，罚款六万元，随即将罚款全部拨给广州市政府作为建筑市内平民住所的费用。11 月中旬，广州市政府以陈济棠所拨罚款为主要经费，选定南关原广东军事厅旧址，招商承建广州第一处平民住所——平民宫，平民宫至 1930 年底竣工。

①　《内政部通令建筑平民住所》，《申报》1928 年 10 月 18 日。
②　《市厅颁发建筑平民村舍原则》，《广州民国日报》1928 年 11 月 1 日。
③　《平民村改择地址原因》，《广州民国日报》1929 年 3 月 22 日。

平民宫占地五亩有余，整座建筑材料使用钢筋三合土，外观为西式屋宇式，其第一层的横宽度比第二、三层略阔，第四层又比第二、三层稍窄，所以正面外观形似三级塔，寓意为三民主义。平民宫前座为四层，后座为三层，所有大礼堂、会客厅、办公厅在前座，后座除二楼为消费合作社外，其余作寄宿舍、半夜学校、阅览室。寄宿舍内的床位，全部用铜铁为支架。整座平民宫内"共设床位三百五十张，每床睡一人，共可容三百五十人"[1]。平民宫内还有新式厕所浴室、廉价的食堂、游戏场。1934 年底至 1935 年初又增设了贸易部、洗衣部、礼堂，成立小贩贷款处。另外还修建了水池和花园，修筑了道路和前后铁闸，增设了排球和绒球运动场，力图"使宫内平民能过享住用及学习娱乐一切之便"[2]。

平民宫隶属于广州市社会局，设主任 1 人，秉承社会局局长之命综理一切内外事务；设总务员 1 人，秉承主任之命协助处理平民宫一切内外事务；设事务员 3 人，秉承主任及总务员之命管理平民宫内事务；又设管事 5 人，管理宿舍一切事物；另有杂役 15 人。平民宫每月的开支分为经常费和临时费两种，均由广州市市政府核准后拨发。

平民宫的 350 张床位均可长期租住或短期租住。长租租金以半个月为一期缴纳，依等级又分为两种，甲种每位每期二元，乙种每位每期一元。短期租住的床位，每日缴纳租金两角。后来因投宿者过多，床位不能满足需要，社会局又"增设每半月二元床位二十张，每日贰角床位十二张"[3]。

平民宫对入住者的资格有严格的限制，明确规定"市民中有资籍者，不能享受此项权利，尤其学生不在招住范围之内"[4]，必须确实为市内平民或工人才能入住。同时，平民宫的管理较为严苛，具体规定如下。住客不得聚赌及收藏各种易引发火灾的危险物及违禁品，如有故意违犯者送由警察分局究办。必须按规定按时按数缴纳租金，期满如果不续缴即令迁出。平民宫内设有贮物室一所，派专员常驻保管，各住客的衣箱可存贮物室，

---

① 程天固：《广州工务之实施计划》（1930 年），广东省立中山图书馆特藏部藏，第 87 页。

② 广州市社会局编《广州市社会局业务报告》第 6 编（1934），广东省立中山图书馆特藏部藏，第 22 页。

③ 《社会局积极扩充平民宫》，《广州市市政公报》第 412 期，1932 年，第 83 页。

④ 《陆局长詹局长李参事等报告关于审查修正广州市平民宫组织规程案》，《广州市市政公报》第 406 期，1932 年，第 35 页。

并可以随时核对，凭证入室取物。住客如有贵重衣物、银两等可将其另交办公室单独贮藏保管，否则平民宫不负赔偿责任。平民宫内无论何人不得招待妇女入内，如有女眷探访，可在会客厅接待，如要参观宿舍事前须征得平民宫内办事员同意，由办事员引导同行。所租床位不得转让他人。住客如欲留亲友住宿，须办理正当手续，先由平民宫内办事员许可后还须按规章缴纳租费。住客有病须立即请医生诊治，以免殃及其他住客。晚上十时以后早上七时以前，宿舍内不准喧哗，以免妨碍他人寝睡。熄灯后不得私用其他灯火，以避免火灾危险。除在指定地点外不得随意悬挂衣物，不得任意加钉钉子。不能随地唾痰便溺。对平民宫内用品负责，如有损坏要赔偿。对于宫内杂役不满意时可告知办事员，但不得任意殴打辱骂。住客每早起床后要将个人的被褥等物折叠妥当。如要迁出必须在前一日通知管事。住客有不端行为，管理员可随时责令其迁出，所缴租金不予退还。平民宫内还设有两个饭堂，分搭食和散餐两种，无论宫内住客还是宫外平民均可到饭堂就餐，但平民宫内住客不能自行开灶做饭。

平民宫虽然限制很多，但相对于市内的旅店和出租民房来说，其价格便宜，环境清幽，设备齐全，因此"一般平民咸称利便，纷纷前来投住"①，一些无家可归的平民和工人暂时有了栖身之所。我们从1935年1月份下半月的住客统计中（表10）可以看到，平民宫的住客主要为来自广州市周边县市的劳工苦力，其次为失业平民，他们所选择的居住方式多为短期居住。

表10　平民宫住客统计情况

种类	业别来处	农	工	商	学	军	政	自由职业	失业	合计
甲种（长租）	由本市来	—	—	—	2	1	2	—	4	9
	由外县来	—	3	—	—	6	8	—	5	22
	由外省来									
	由外国来									
	计	—	3	—	2	7	10	—	9	31

---

① 《从平民宫讲到平民的住宅问题》，广州市档案馆藏，档号：资－政－587－353－4。

续表

种类	业别 来处	农	工	商	学	军	政	自由职业	失业	合计
乙种 （长租）	由本市来	3	14	—	—	—	—	12	3	32
	由外县来	1	29	2	2	1	—	8	4	47
	由外省来	—	—	—	—	—	—	—	—	—
	由外国来	—	—	—	—	—	—	—	—	—
	计	4	43	2	2	1	—	20	7	79
丙种 （短租）	由本市来	—	147	2	7	15	13	11	8	203
	由外县来	—	152	3	2	8	1	11	16	193
	由外省来	—	—	5	5	25	10	9	26	80
	由外国来	—	—	—	—	—	—	—	—	—
	计	—	299	10	14	48	24	31	50	476
总计		4	345	12	18	56	34	51	66	586

资料来源：张远峰编《广州市社会统计汇刊》，广州市社会局，1935 年印行。

平民宫虽使市内的一般平民得到一个暂时的居所，但是所能容纳的平民人数有限，对于有着众多的劳工苦力的广州来说无异于杯水车薪。因此广州市工务局在 1934 年的工务计划中，计划在盘福路的金字湾修建第二所平民宫，后因位置不甚适合，一再拖延，直至抗日战争全面爆发亦未建成。1937 年抗日战争全面爆发后，平民宫也不再招住租客，一度成为市内难民的避难所。

（二）平民宿舍

在平民宫开始修建的同时，广州市社会局还在广州市内陆续修建了 5 所平民宿舍，按其修建的先后顺序，分别冠以第一、第二、第三、第四、第五之称号。

第一平民宿舍位于小北三眼井上街，是 1929 年 6 月社会局呈请广州市政府核准拨款 8000 元，由原小北方便医所的房舍修葺而成，"1931 年 3 月平民宿舍工程竣工，开始招收平民入住"[①]。第一平民宿舍内设床位 180

① 广州市社会局编《关于办理平民住宅之经过及现状》，广州市档案馆藏，档号：10 - 4 - 881 - 60。

张，均配有蚊帐、毡席等用具。住宿费分两种，以月计者，每床位收租金八角；以日计者，每床位每日收租金四分。宿舍内还备有电灯、自来水、茶水，住客使用不另收费，后因住客浪费现象严重，往往整夜不关灯，电灯、自来水的花费太大，遂另外加收相关费用。

与平民宫不同的是，平民宿舍对入住者资格没有特别限定，凡市内无处栖宿的平民均可入住，住客住宿只要到宿舍问事处挂号注册即可。平民宿舍床位分东西两巷排列，东巷为男宿舍，西巷为女宿舍，且分设男女浴室供住客洗浴之用。虽然规定房间内不能私自烹饪食物，但宿舍备有专用厨房炉灶，住客在经过允许后可以自己做饭。平民宿舍除办理日常住宿事项外，"对于无业的平民，宿舍劝导其自力谋职业，并将其介绍给市内建筑公司及小商店作佣工，1934年上半年就介绍住客中无职业的男女共二十几名外出工作"①。

平民宿舍的管理较之平民宫来说更为严格，如住客有扰乱宿舍内秩序及公共安宁、毁坏或偷窃公物、随处溲溺唾涕或涂污墙壁、不恪守本宿舍规则或不服从指导、管理员认为其有不利于宿舍的行为等，均有可能被惩罚或驱逐出宿舍，甚至解送公安局究办。平民宿舍因为"一切设施更为便利，租金更为便宜"②，从而成为很多失业者、苦力、小贩的暂时栖身之所，其中尤以失业者为多。从1935年2月份住客的统计情况来看，其中70%为失业者。

第二平民宿舍位于东较场。1930年9月，广州市社会局将原来的广州贫民教养院东较场分院改建成平民居留所，并随即开始营业。平民居留所有房舍36间，每间置床位12张。因房屋简陋，设备也比较简单，仅备基本的蚊帐、被席等，租金非常便宜，每床位月租仅为八角，因此，刚开始"一般未有家室的平民，均前往报名，请求迁入居住"③。随着平民宫的落成和第一平民宿舍的建立，1931年11月平民居留所进行改组，改名为第二平民宿舍，初隶属于平民宫，1932年10月奉令直辖于广州市社会局。

---

① 广州市社会局编《广州市社会局业务报告》第7编（1934），广东省立中山图书馆特藏部藏，第57页。
② 《广州市社会局平民宿舍组织章程》，广州市档案馆藏，档号：10-3-74-23。
③ 《投宿平民之调查》，广州市档案馆藏，档号：资-政-586-360-55。

广州市社会局接管第二平民宿舍后，对内部各项设施和管理加以完善。第一，修缮房舍购置寝具，每年添购草席 300 张，对所有的办公区域和公共活动场所每年扫刷石灰水一次。第二，陆续购置书报，充实阅报室，满足读者需求。第三，为防止宿舍内发生盗窃、火灾和争斗事件，安排员役日夜轮流巡查，以维护宿舍秩序。第四，对于患病的贫苦住客，按照其病情的轻重，或赠送药品，或资遣医院留医。第五，对于失业和生计困难的住客，如果住客本人请求入住贫民教养院，则按其年龄，分别函送贫民教养院老年股或少壮股，为其安排工作。

第二平民宿舍的管理规则更加严格，除第一平民宿舍的规则外，对于租金、出入、饮食、洗浴、阅报等都有严格的要求，如"长期住客如欠租金三日以上，短期住客欠租金一日以上将其行李开具备抵，无行李可抵者，令其出所，永远不准再到此留居"①。住客出入宿舍头门时要带居留证以识别身份，如门役认为可疑对其进行盘问或检查时，住客不得抗拒；如携物外出，须由干事检查，填发放行证交给门役，查对无讹后才可出门；最后离开的住客，须通知干事锁闭室门才能离开。宿舍伙食分散食和会食两种，散食早晚两餐，以月计者每月 5 元，以日计者每日 2 角；以月计者，每月分 3 次缴费，领饮食券作为凭证，如某日不用餐须在上午 7 时之前登记，扣除膳食费；会食也是早晚两餐，早餐上午 10 时，晚餐下午 5 时，以8 人为一席，入席后将饭签放置桌上，等厨役验收后才可用餐，用餐时不得说话或争先恐后，更不得敲打器具，餐具用完后放回原处，不得携带出堂外；宿舍内还设有公共厨房供住客自己做饭，需自备器具、柴炭，器具、柴炭不得放入住室或别处。宿舍浴室备有锌铁水桶供住客洗浴使用，不能将桶携往别处；住客在晒衣场晒衣，要向什役领取 2 支竹签作为凭证，上面有同样编号并临时写明衣物件数，住客收衣时要凭签取回衣物。书报室开启时住客可以随便入内阅览书报；如借阅图书需填写借书券，阅完交还将借书券注销；书报室内不得吸烟、说话、偃卧、箕踞等；所借阅书报不得污损，不能携出宿舍之外。

---

① 广州市社会局编《广州市社会局业务报告》第 7 编第 4 章（1934），广东省立中山图书馆特藏部藏，第 65 页。

由于入住手续的烦琐和管理的日益严苛，住客倍觉麻烦，因此入住第二平民宿舍的人越来越少。且已有的两个平民宿舍都在河北，而"河南一隅，地方辽阔，苦力贫民无住所者甚众"①，1933年广州市政府曾以"本市贫民宿舍，现只得两间，尚未克副供求。市府有见及此，特拟筹设第三平民宿舍一所，设置地点，拟在河南或西关择一适中地点"，经查勘"觅得河南仁济医院屋宇，堪为改建平民宿舍之用"，"连日已派员前往商洽，日间招商承建，大约来月中旬，即可正式成立"②。但后来因故未果。广州市社会局在1934年12月第32次局务会议上根据其三年（1934～1936）施政计划中增加平民宿舍的要求，再次提议在河南建立第三平民宿舍，预算开办经费5000元，每月活动经费500元，所有组织规程按照第一、第二平民宿舍办理。原拟在河南寻一公共场所或善堂改作第三平民宿舍，但因舍址一直难以确定，第三平民宿舍的开办计划一再延误。

1935年拟在东关地区修建的第四平民宿舍和1936年拟在西关地区修建的第五平民宿舍也因种种原因，建设计划一再拖延。最后陈济棠为了实现其《广东省三年施政计划》中的"民生计划"，命令广东省公安局筹款，建设计划中的第三、第四、第五平民宿舍，并在工程完竣后交由广州市政府接收管理。1937年，三处平民宿舍先后竣工。广州市政府派章启秩为第三平民宿舍主任，陆伯飞为第四平民宿舍主任，谭照廷为第五平民宿舍主任，"并于1937年6月19日在平民宫礼堂举行三宿舍联合开幕典礼，招收平民寄宿"③，所有管理规则和招住办法与第二平民宿舍相同。

但此时广东因陈济棠西南反蒋的失败而政局不稳，平民宿舍的"经费一再缩减，折之五折拨发，根本不敷开支，只能艰难维持"④。加之抗日战争全面爆发后，生活动荡，很多市民根本无法入住平民宿舍，致使平民宿舍内很多床位闲置，宿舍自身的租金收入减少。如1938年9月，"第四平民宿

① 广州市社会局编《广州市社会局三年施政计划说明书》（1934年），广东省立中山图书馆特藏部藏，第7页。
② 《市府筹设第三平民宿舍》，《广州市市政公报》第434期，1933年，第42页。
③ 广州市政府编辑股编《广州市政府工作报告》（1936），广东省立中山图书馆特藏部藏，第7页。
④ 《第五平民宿舍呈为经费缩减，不敷开支，拟请停用电话》，广州市档案馆藏，档号：10-4-1082。

舍原本有床位二百八十八张，但入住者只有四十三人"①。平民宿舍一度作为军队的驻地和难民收容所。广州沦陷后，平民宿舍由新成立的伪广州市政府接管。

（三）劳工安集所

1932 年广州人口调查时，查得市内无住处者 2000 多人，"他们每于夜晚露宿街边或栖止骑楼底下，凄凉悲惨，使人目观心伤"②。而此类露宿者多属附近劳作的工人，他们白天奔波于工厂、码头，夜晚无家可归。他们与一般无业游民不同，也不在贫民教养院收容范围内，"市政当局有鉴于此责令社会局在其劳作之地附近设立平民栖留所"③。社会局经考察后，原计划在海珠铁桥南岸斜坡下修建平民栖留所，但设施极其简陋，"除设有冷热水管及汽喉外，一律不设床位，租值以每晚计，每晚收费二铜"④。广州市政府后将其名称改为劳工安集所，并决定设简陋床位。1934 年和 1935年广州市社会局分别在海珠桥南岸、北岸建成两处劳工安集所。

1934 年建成的第一劳工安集所位于海珠桥南岸斜坡下，6300 元建筑费由广州市政府筹措。第二劳工安集所位于海珠桥北岸斜坡下，是"1935 年陈济棠督促社会局从速办理，并直接拨发工程费八千二百元"⑤ 建成的，而且还将北岸斜坡公厕改为洒水式劳工浴室，其管理费用在卫生局"附加卫生建设费项下开支"⑥。两个劳工安集所面积各约 385 平方米，所内床位全部为士敏土床，分别设床位 220 张和 310 张，按天收费，每晚每人二分，住客日间必须离所。

劳工安集所隶属于广州市社会局，所内管理事务由平民官职员负责，

① 《市郊内外可作难民收容地点一览表》，广州市档案馆藏，档号：10 - 4 - 1079。
② 广州市社会局编《广州市社会局三年施政计划说明书》，《广州市社会局业务报告》（1934），广东省立中山图书馆特藏部藏，第 12 页。
③ 广州市社会局编《广州市社会局业务报告》第 4 编（1934），广东省立中山图书馆特藏部藏，第 3 页。
④ 广州市社会局编《广州市社会局三年施政计划说明书》，《广州市社会局业务报告》（1934），广东省立中山图书馆特藏部藏，第 12 页。
⑤ 《工务局限期建筑海珠桥北岸斜坡下劳工安集所》，《广州市市政公报》第 488 期，1935年，第 116 页。
⑥ 《市长提议据卫生局呈报劳工浴室业经建筑完成拟具最低限度预算请核定一案应否照准请公决案》，《广州市市政公报》第 515 期，1935 年，第 71 页。

另设特警 2 人、什役 3 人，负责所内秩序和清洁。劳工安集所也有自己的特殊规定：凡入所寄宿者须证明其确系有职业；每天下午 6 点开放，挂号入住，至次日上午 7 点各住客须一律离开；住客一经缴费挂号发给号牌入住，必须受管理员役的检查指挥；晚上 12 点关门，住客须遵守时间回所住宿；住客每晚 9 点以后不得高声喧哗；住客如有重要物件或挑担、行柜绳索等，入所时交给管理处登记，存放于贮物室内，次日早晨凭号牌取回；住客要遵守秩序，不得有骚扰及不法的行为；住客要维持公共卫生不得随处唾痰、便溺，不得任意抛弃烟火、烟头、食物渣滓等物；住客如违背宿舍规则，轻则由管理员告诫，倘仍不悔改即驱逐出所，重则送公安局办理。

劳工安集所不同于平民宫和平民宿舍，是为便利市内劳工而专门设立的临时居留场所，入住者必须为有职业的劳工。虽然所内条件极为简陋，但租金相对于平民宫和平民宿舍更低。从 1935 年 2 月份第一劳工安集所住客统计表可以看出，来劳工安集所的住客比同时期平民宫和平民宿舍的住客总和多出数倍。这些人多来自外地，以苦力和手车夫为多，他们收入很低，处于社会的最下层，这也从侧面反映了当时广州社会阶层的分化情况。

表 11　第一劳工安集所住客统计情况

（单位：人）

来处＼业别	苦力	手车夫	土木工人	机器工人	其他	合计
由本市来	754	505	45	14	13	1331
由外县来	2984	1420	137	21	25	4587
由外省来	80	56	10	6	4	156
合计	3818	1981	192	41	42	6074

资料来源：张远峰编《广州市社会统计汇刊》，广州市社会局，1935 年印行。

（四）劳工住宅

平民宫、平民宿舍和劳工安集所主要是为无家室的劳工苦力、失业人员提供的住所，而广州市内还有众多有家室的劳工，对于这类劳工，"国外政府多有择地兴建房屋以供有家室劳工居住的政策，第八路军总部有鉴于此，召集广州市各机关磋商劳工住宅问题，拟建劳工住宅，并设家庭式专住有家室之劳工"①。从1934年至1937年，广州市政当局共建成此类劳工住宅四处。

第一劳工住宅位于东堤八旗会馆旧址，是陈济棠发起募捐建成的。1935年4月16日开始招住劳工。此住宅是一座三层楼房，内分为家庭式和单人式两种。"家庭式住宅的面积约十八华井，有房间十六个，各有厅房厨厕，可供以小家庭居住，每月每房收租四元；单人式面积约十九华井，用三合土架床，每组有床位四张，蚊帐及贮物箱齐全，可住三百人，每位每月收租值八角。"②

第二劳工住宅位于广州河南义居里。此住宅又分为第一号、第二号。"第一号劳工住宅面积约二十三华井，分单人式和家庭式两种，可住约二百六十人；第二号劳工住宅面积约二十八华井，完全为家庭式，内有房间四十八个，每间可住三人。租值收取与第一劳工住宅同。"③

第三、第四劳工住宅位于广州河南同庆路，交通便利。"单人式共有床位二百四十张，每张月租八角。家庭式房间又分为四种，其中一厅两房的两间，每月租金八元；一厅一房的两间，每月租金六元；只有两个房间的二十一间，每月月租亦为六元；只有一个房间的六间，每月租金三元。"④

劳工住宅隶属于广州市社会局，住宅设管理主任1人，管理员2人，管理住宅内一切事物。管理处每日将住客的入住情况详细登记，呈报社会局，以便掌握入住劳工的情况。住宅租金收入一律上缴市库，用以办理救济事业，管理处每月经费由市库拨付。

劳工住宅除要求租客须遵守诸如按时交纳租金、按时寝眠、爱护公物、有病及时医治、不收藏危险品和违禁品、服从管理等住宿管理通则

① 《工务局召集各机关商议建筑劳工住宅》，广州市档案馆藏，档号：资-政-599-474-140。
② 《工务局增筑劳工住宅》，广州市档案馆藏，档号：资-政-599-477-103。
③ 《工务局计划兴建河南义居里劳工安集所》，广州市档案馆藏，档号：资-政-600-479-126。
④ 《广州市第三第四劳工住宅之设备》，《国际劳工通讯》第14期，1935年，第103页。

外，还特别规定单人式住室内，只住男客，不得招待妇女入内，如有女眷探望，须在会客室接待。迁入家庭式住宅必须由各工会备函介绍，确定其为本会工人。家庭式住宅如有亲友到访须先报告管理员，如留宿须得管理员许可。住客所租得的床位及住房不得转让别人。住客如果迁出必须预先通知管理员。每早起床后应将个人的被褥等折叠妥当以重观瞻。来宾参观住宅，须经管理员许可并派人引导同行，参观完立刻离室。

第四章

纪念建筑的修建

　　广州是近现代时期重大历史事件发生最多的城市，也是孙中山及其领导的国民党人经营时间最长的城市。因此国民党人在对广州城市进行改造的同时，也为这座城市留下了强烈的政治记忆，广州作为民主革命策源地名实相符。20 世纪二三十年代，广州大量修建的纪念性建筑和具有纪念意义的街道命名，正是这种政治记忆在城市空间的凝聚。

一　民国时期广州城市的政治性

（一）中国民主革命的策源地

　　以孙中山为代表的中国资产阶级民主革命"实策源于百粤"①，尤以广州为革命重地。在 1895 年香港兴中会总部成立后不久，孙中山就在广州建立了第一个国内分会——兴中会广州分会，把广州作为实现自己民主政治理想的基地，并于同年 10 月 26 日在广州策划了首次反清武装起义——乙未广州起义，这是中国资产阶级民主革命派反清武装斗争的开端。1910 年革命党人赵声、倪映典又领导了庚戌广州新军起义。1911 年 4 月 27 日（旧历三月二十九）在广州爆发的黄花岗起义更是成为武昌起义的前奏。

---

　　①　《祭黄花岗七十二烈士文》，《广东省政府公报》第 149 期，1931 年，第 176 页。

虽然这些武装起义都失败了，但却极大地动摇了清王朝统治的基础。

中华民国成立后，广州又成为孙中山及其领导的革命党人维护民主共和、实现民主政治的中心和根据地。1913年在反对袁世凯的"二次革命"中，广州是重要的基地。1917年孙中山高举护法旗帜在广州召开中华民国国会非常会议，组建中华民国军政府。1920年孙中山再次回到广州，并于次年出任非常大总统，组建广州中华民国政府，第二次揭起护法旗帜，亲自指挥征讨桂系军阀、平定东江、整军北伐，巩固了广州革命政权。1923年孙中山第三次在广州建立革命政权，成立陆海军大元帅大本营。在广州革命政权进一步巩固的情况下，孙中山于1924年1月在广州组织召开了中国国民党第一次全国代表大会，实现了第一次国共合作，广州成为全国革命的指挥中心。以孙中山为代表的革命党人在广州创办黄埔军校，平定商团叛乱，东征南讨，巩固广东革命根据地，开办农民运动讲习所，成立中华全国总工会，组织领导省港大罢工，推动了全国工农运动蓬勃发展。孙中山逝世后，1925年7月大元帅大本营改组成立了广州国民政府，并于一年后组织国民革命军出师北伐，从根本上动摇了北洋军阀的统治。

从兴中会成立到大革命失败，广州"久已成为中国革命运动的根据地"[①]，是近现代时期重大历史事件发生最多的城市，也是孙中山及其领导的国民党人经营时间最长的城市。因此广州当局在进行城市改造时，努力地要使这座城市留下强烈的政治记忆，以符民主革命策源地之称。

（二）国民党人的长期经营

广州虽不是国民党全国政权的中心，但在国民党取得全国政权之前，孙中山三次在广州建立政权，奠定了国民党全国政权之基础。

1921年广州市政厅成立，孙科出任市长，自此开始了国民党人对广州城市建设的实际经营，客观上为广州修建纪念性建筑提供了可能和保障。因此，从1921年起，至1927年国民党建立全国政权时为止，国民党控制下的广州陆续修建了大批埋葬辛亥革命前后为"民主""共和"而献身的烈士的烈士墓园等纪念性建筑。

国民党建立全国政权后，为了借助纪念性建筑对民众政治取向的影响

---

① 《革命的广州》，《中国青年周刊》第5卷第101～125期，1926年，第13页。

来巩固其统治，更加重视纪念性建筑的修建，并以政府的行政力量参与其中。同时，国民党还采用各种手段和方式，把纪念性建筑的各种事宜，都牢牢掌握在自己手中，如组织纪念性建筑筹备委员会、管理委员会，从经费上支持烈士墓园的修建，对纪念墓碑碑文内容进行审查等。在修建中山纪念堂时，广州就专门成立了由广东省政府主席、省财政厅长、省建设厅厅长、广州市市长等人组成的高规格的管理委员会，还制定了组织章程①，以保证中山纪念堂顺利建成。1933 年，国民党广东省第 63 次党务会议规定："以后凡于先烈墓场撰文立碑，须呈请西南执行部审查。"②

国民党通过大量纪念性建筑施展政治权力，实现政治符号的空间化和普及化，纪念性建筑也自然而然地成为国家权力渗透的重要场域。同时，国民党还利用国家权力，通过将政治时间与纪念性建筑空间相结合的方式，对民众进行意识形态的塑造，将民众对先烈的纪念崇拜有效地纳入纪念性建筑空间和政治时间。这主要表现为纪念日的确定和在特定纪念性建筑中举行相关的纪念活动，其中最为典型的是总理纪念周的设置和推广，充分显示了国民党在时间和空间维度上对国民的控制。1925 年，广州粤军为了纪念孙中山，规定"每周星期一为纪念周永久行之"③，并初步规定了一些纪念仪式，如三鞠躬、默哀、宣读遗嘱等。后来国民党不断强化、细化仪式程序，甚至将国民党的政治报告或工作报告也纳入仪式，意在引导民众认同国民党的政治实践。同时，国民党还对中山纪念堂的会场秩序进行了严格规定，以显示中山纪念堂的庄严神圣。如规定"坐时姿势要端正"，"不准喧笑及高声说话"④，"衣冠不整及蓬首垢面者均不得入礼堂"⑤。中山纪念堂建成后，每次总理纪念周活动都在中山纪念堂举行，纪念活动完毕后，与会人员还要到"黄花岗七十二烈士坟场，红花岗四烈士

---

① 《令发中山纪念堂纪念碑建筑管理委员会组织章程》，《广东省政府公报》第 228 期，1923 年，第 130 ~ 131 页。

② 《先烈坟场撰文立碑须呈奉执行部核准》，《广东省政府公报》221 期，1933 年，第 115 页。

③ 《建国粤军纪念孙大元帅》，《广州民国日报》1925 年 4 月 27 日。

④ 《总理纪念周条例》，《广东省政府公报》第 226 期，1933 年，第 2 页。

⑤ 《转发中山纪念堂举行纪念周及纪念会实施维持秩序及肃静办法》，《广东教育厅旬刊》第 2 卷第 33 期，1936 年，第 39 页。

坟场及史坚如烈士坟场分别祭奠"①。国民党通过对纪念性建筑这种政治空间和特定纪念日这种政治时间的利用，进一步强化民众的政治记忆，借以获得民众的拥护和支持。

（三）广州民众的政治参与意识

广州作为民主革命重地和国民革命策源地，其民众早已深受影响，政治参与意识较强。早在黄花岗起义失败不久，广州一些民众便不顾清政府的禁止和恐吓，前往黄花岗悼念祭奠先烈志士，5月即"有剪辫者三十余人，携带纸锭香炉，到东门外黄花岗致祭已死革党"②。广州光复后，各界人士一方面悼祭黄花岗烈士，一方面呼吁整修黄花岗陵园，"将黄花岗修建成最华丽、最伟大之义冢，供人游览，以为万世纪念"③。孙中山逝世几天后，就有广州市民提议以修建纪念建筑的方式纪念孙中山先生，认为"中山先生为中国之元勋，他的自身，已为一个'国'之象征，为他而建会堂与图书馆，定可把'国'之意义表现无遗"④。1925年第一次东征陈炯明时，广州市民曾积极参与，为东征的胜利做出了贡献，东征结束后，广州市民提议建立东征阵亡将士公墓，以缅怀先烈。

广州修建如此众多的纪念性建筑，需要大量经费。但政府财政拮据，尤其是在国民党全国政权建立前，广州战事频繁，军费开支庞大，可支配资金有限。除了政府拨款和华侨捐款外，凭着广州民众对纪念性建筑的热情，加上广泛的宣传，社会各界积极参与募捐。中山纪念堂的修建更是极大地动员了广州各界社会力量。如南武中学通过晚上演出话剧、跳舞的方式进行筹款⑤；岭南大学的学生在"南关戏院演剧筹款"⑥；民权社邀请广州木铎剧社进行演出，为修建纪念堂筹款⑦；甚至连童子军也为筹款举行

---

① 《广东省执行委员会着召集各界举行先烈纪念日令》，《中国国民党中央执行委员会西南执行部党务月刊》第3期，1932年，第7页。

② 《吊黄花岗七十二人之墓》，《时报》1911年5月17日。

③ 胡善波：《致各界同胞书》，《震旦日报》1911年11月20日。

④ 曙风：《国人应建祠堂庙宇之热诚来建国父会堂》，《广州民国日报》1925年3月31日。

⑤ 《南武中学为中山堂筹款结果》，《广州民国日报》1925年5月12日。

⑥ 《南大为纪念堂筹款》，《广州民国日报》1925年4月21日。

⑦ 《民权社为中山纪念堂筹款》，《广州民国日报》1925年4月23日。

表演大会①。广州市民众本着一种"你出一块砖，他出一片瓦"②的无私奉献精神来支持中山纪念堂的建设。抗日战争结束后，为了中山纪念堂和各先烈纪念性建筑的修复工作能顺利进行，广州各行业分别分摊认捐，这对纪念性建筑的修复起到了一定的作用。

此外，纪念性建筑的修建需要占用大量的土地，由于广州人多地狭，建设用地相对较少，因此，在修建纪念性建筑时，除了郊外的官荒地外，大多要占用民田民宅。广州民众往往都能以大局为重，如修建黄花岗烈士陵园时，需要占用湖南会馆的地方，湖南会馆随即捐出土地，并表示"将所划定之地让为展拓烈士坟场之用，不领价值，成此义举"③。沙基惨案烈士墓园扩大面积，需要占用韦㷍初的私有土地，治丧办"遂与韦㷍初商量，请他让出百余井以为死难烈士墓地，韦慨然允诺"④。

广州民众对于修建纪念性建筑的热情和政治认同，构成了当时广州社会有别于其他城市的独特社会形态，强化了民众对纪念性建筑的政治记忆，而这些政治记忆又与参与修建纪念性建筑是紧密相连的。

二 广州城中的纪念性建筑

民国时期广州修建的纪念性建筑数量在全国名列前茅。根据广州市文物局《广州市各级文物保护单位一览表》，广州市的国家重点文物保护单位有19个，而近代纪念性建筑就有9个；广东省级文物保护单位有41个，而近代纪念性建筑有12个；近现代重要史迹及代表性建筑39个，而近代纪念性建筑就占了17个。⑤著名的史学家朱学勤先生就曾惊叹广州"怎么会有那么多的国民党纪念性建筑，真像一个前朝的背影"。

广州的纪念性建筑，从修建时间来看，除了少数为民国初年和抗日战

---

① 《童子军表演特刊》，《广州民国日报》1925年5月23日。
② 曙风：《国人应建祠堂庙宇之热诚来建国父会堂》，《广州民国日报》1925年3月31日。
③ 吴子修：《辛亥殉难记》，载周骏富编《清代传记丛刊》第64册，（台湾）明文书局，1986，第559页。
④ 韩锋：《建筑沙基死难烈士坟场的经过》，载广州市政协学习和文史资料委员会主编《广州文史资料存稿选编》第4辑，中国文史出版社，2008，第36页。
⑤ 根据广州市文物局《广州市各级文物保护单位一览表》整理编制。

争结束后所建，其余主要集中在 20 世纪二三十年代修建。从地域分布来看，墓园类的主要集中在东沙马路（今先烈路一带）和黄埔长洲岛，楼堂类的主要集中在中轴线上，碑亭类的散在各处。从建筑形式来看，纪念性墓园数量最多，纪念碑也不在少数，纪念亭、纪念堂相对较少。其中主要的纪念性建筑如下。

（一）纪念性墓园

庚戌新军起义烈士墓。1910 年 2 月 12 日，受孙中山派遣回国的同盟会员倪映典率领新军 3000 多人在广州燕塘起义，在东沙马路牛王庙（今先烈路动物园附近）与清军的激战中，倪映典等 100 多人壮烈牺牲。起义失败后，烈士遗骸被丛葬于牛王庙附近。辛亥革命后，革命党人在原葬地重新修建了将近 2000 平方米的"广东陆军庚戌首义诸烈士墓"，以示纪念。

黄花岗烈士陵园。广州旧城墙未拆除前，城外北郊和东郊历来多乱坟岗。1911 年 4 月 27 日（农历三月二十九）中国同盟会在广州组织发动的武装起义失败后，同盟会员潘达微联络广仁善堂冒死收敛烈士遗骸，又设法购买了东郊永泰村东北处的红花岗（也叫三望岗）安葬烈士，并改称红花岗为黄花岗。广东军政府成立后，首任都督胡汉民上任后不久就专门召集会议，讨论"修建黄花岗义士冢"。1912 年，广东军政府拨款 10 万元在东郊黄花岗潘达微安葬烈士处始建烈士墓园。1918 年，烈士方声洞之兄方声涛募款续修，使墓园初具规模。1919 年，参议院议长林森再向海外华侨发起募捐，继续扩建墓园。1933 年，广州市又"收用民地修筑黄花岗中枢墓道"[1]。至 1935 年基本建成以"三二九起义"烈士之墓为主的黄花岗烈士陵园。

总面积约为 13 万平方米的陵园坐北朝南，中国传统牌坊式大门宽达 32 米以上，气势恢宏。大门后往北长达 230 米的墓道是整个陵园的中轴线，墓道前段宽阔肃穆，中段有喷水池、四方塘、石拱桥，之后拾级而上便是七十二烈士墓园主体。墓园主体包括：方形墓、墓碑、石亭、纪功

---

[1] 《市长提议修筑黄花岗墓道补偿民业农业物等费请追加预算案》，《广州市市政公报》第 434 期，1933 年，第 12 页。

坊、献石堆、自由神石雕像及《广州辛亥三月二十九日革命记》丰碑。园中还建有乐台、黄花亭、西亭等建筑。

此外，黄花岗烈士陵园内还建有 1912 年 8 月 25 日在广州燕塘驾驶自制的飞机表演时失事牺牲的中国第一个飞机制造家及飞行家冯如之墓，墓碑背后刻有临时大总统命令"按少将阵亡例抚恤冯如家属及将事迹宣付国史馆"；还有 1923 年 9 月，随孙中山出师讨伐陈炯明时因水雷爆炸而牺牲的大元帅府航空局局长杨仙逸之墓、海军鱼雷局局长谢铁良之墓、长洲要塞司令苏从山之墓，三座墓之间还有孙中山以大元帅名义颁发的褒奖石碑；还有 1929 年病逝的曾冒死安葬七十二烈士的潘达微先生之墓。

辛亥革命烈士墓园。辛亥革命烈士墓园位于东郊燕塘，始建年代不详，但从所有方形墓碑顶部所刻"民国七年重修"字样来看，应该在 1912 年至 1918 年之间。墓园占地面积约 1500 平方米，墓门为双柱单门石牌坊，园内整齐排列着两排共 77 个墓碑。墓碑为花岗石方柱，高 90 厘米，底面边长 25 厘米，碑的正面刻烈士个人信息，顶部统一刻有"民国七年重修"字样。

史坚如墓。1900 年 10 月 28 日，为配合兴中会发动惠州起义，兴中会会员史坚如谋炸广东巡抚衙门及巡抚德寿，结果失败而被捕牺牲。1913 年 7 月，孙中山等人选址东郊青菜岗修建史坚如墓，墓园门楼石额刻有"史坚如先生祠"，墓园内还有白云石雕刻的史坚如立像。

滇军墓。在 1916 年的护国战争中，以部分滇军改编的护国军第二军进入广东作战。入粤滇军在广东境内阵亡的数百名将士全部被安葬在东郊黄花岗附近的二望岗。由于当时修建未完，又遇淫雨，部分坟墓坍塌。至 1918 年，入粤滇军将原坟地扩展，竖立墓碑，记录滇军入粤征战经过，以悼念阵亡将士，又栽种树木，修成滇军墓园。

红花岗四烈士墓。位于中山三路广州起义烈士陵园正门东侧的红花岗。红花岗四烈士墓是安葬辛亥革命前后为刺杀广州将军副都统孚琦而牺牲的同盟会员温生才、为刺杀广东水师提督李准而牺牲的同盟会员陈敬岳和林冠慈、为刺杀广东都督龙济光而牺牲的同盟会员钟明光四烈士的合葬墓。辛亥革命胜利后，按孙中山的指示，林冠慈烈士的遗体被重新装殓安葬于红花岗，后温生才烈士和陈敬岳烈士的遗骸也陆续迁葬于红花岗。1915 年 7 月，钟明光烈士牺牲后亦安葬于此。1919 年参议长林森倡议募款扩建黄花岗烈士陵园时，在四烈士原葬处建成合葬墓。1925年立"红花岗四烈士墓道"石牌坊，牌坊后竖有邹鲁撰文记述四烈士事迹的石碑。1937年墓地重修，并在墓的东西两侧各建一座六角亭。

朱执信墓。1920年9月，在孙中山"驱逐桂系统一南方"的军事行动中，朱执信到虎门调解驻军与当地民军的矛盾纠纷，被桂系军阀杀害。遗体运回广州后，安葬于东郊东沙马路驷马岗。1922年建成4000多平方米的墓园，墓亭中的碑文由孙中山亲自题书。1936年秋，因墓地内发现白蚁，原墓遂与执信中学内的朱执信衣冠冢对迁，执信中学内之朱执信墓即成主墓，但面积远小于原墓，占地仅500多平方米。

邓仲元墓。邓仲元早年加入同盟会，曾参加黄花岗起义、指挥惠州之役，在后来的讨伐袁世凯、驱逐龙济光、创建粤军、统一广东的过程中，战功卓著，任粤军总参谋长兼粤军第一师师长，是孙中山得力的军事助手。1922年3月21日，邓仲元在大沙头广九火车站站前遇刺，23日辞世。7月9日，得孙中山特许，邓仲元遗体附葬于黄花岗烈士陵园内。1924年修建邓仲元墓园，1927年增修。墓园有门楼、墓道、八角亭、祭台、乐台、墓冢、墓表，总面积约为3600平方米，是黄花岗烈士陵园中面积最大的附葬墓。

粤军第一师阵亡将士坟场。粤军第一师是孙中山在1920年以原广东省防军20营为基础组建的第一支武装力量，成立后的援闽、驱桂、东征、平定杨刘叛乱等军事行动为南方革命政权的稳固奠定了基础。1925年国民革命军成立后，以粤军第一师为基础扩编的第四军军纪严明，英勇善战，是北伐战争时期有名的"铁军"。自1921年开始，第一师及扩编后的第四军在东征、北伐等历次战役中阵亡的将士陆续被安葬在广州东郊沙河燕塘的牛眠岗，将士墓顺斜坡整齐排列，墓前均竖戎装瓷像，注明个人信息。1937年，国民政府重新整修墓园，并在墓群后面坡顶修建了38米高的"粤军第一师诸先烈纪念碑"。

兴中会坟场。1923年10月，应兴中会会员钟荣光、邓植卿、陈少白、苏焯南等27人之请求，孙中山以大元帅名义令广东省省长廖仲恺在东郊东沙马路大宝岗青龙坊拨地建立兴中会坟场。坟场前面有牌坊式门楼，镌刻有"兴中会坟场"字样，门楼左侧嵌有1937年兴中会理事黄大汉等人所立之《革命元祖兴中会先进坟墓碑记》和 1940 年所立之《兴中甘泉》两块石碑，门楼内竖有"元祖兴中会坟场"石柱，3200 平方米的墓地内有兴中会会员潘嘉、宋绍殷、宋居仁、甄壁、甄吉庭、黄璧华、黄隆生及其夫人、黄桂月、林永伦及其妻何氏、宋少东、林海山及其妻郑氏等人的各式墓葬十余座。

邓荫南墓。邓荫南为兴中会元老，1894 年参加兴中会，次年即参与筹划乙未广州起义，之后在澳门、香港、广州等地继续从事反清革命活动。民国成立后，又参与护法、讨袁、驱莫、伐陈等运动。1923 年，邓荫南病逝于澳门后，孙中山追赠其为陆军上将。1924 年 10 月按照邓荫南生前意愿，将其葬于广州东郊七宝岗，东与兴中会坟场相邻。邓荫南墓园不大，进入大门拾级而上便是长方卧石墓，墓碑上书"陆军上将邓荫南先生之墓"。墓园北边有一座 9 米高的方柱形纪念碑，另有 1929 年胡汉民所书之"邓荫南先生墓表"。

华侨五烈士墓。1922 年 7 月，华侨革命党人谢八尧、邓伯曜、郑行果、谭振雄和范运焜因愤于陈炯明背叛革命而欲谋杀之，未果，被捕牺牲后，华侨革命党人曾将五烈士尸骨秘密安葬，并立石为记。1924 年 10 月 10 日，国民革命政府将五烈士迁至东郊东沙马路中段合葬，并建五烈士墓园。墓园面积近 1000 平方米，牌坊式大门后面是墓道，方形墓建在五级台阶之上，墓碑正面为孙中山所书"五烈士之墓"，背面刻有墓碑记。墓道还有原墓碑和胡汉民撰写的五烈士革命事迹碑。

沙基惨案烈士墓。1925 年 6 月 23 日，广州沙面租界的英法军队开枪扫射对岸沙基路上为声援上海"五卅"运动的游行群众，制造了震惊中外的"沙基惨案"。9 月 23 日，广州国民政府为烈士举行了隆重国葬，将其中 47 具烈士遗骸安葬于东沙马路大宝岗邓荫南墓之侧。1926 年烈士坟场竣工，"头门建围墙及铁闸，其中批假石总碑一座，黑石纪事碑一座，亭一座，及三十尺宽煤屑路数百尺"[①]。1957 年 3 月 30 日迁葬广州银河革命公墓烈士山右侧，立"一九二五年'六·二三'沙基惨案烈士之墓"花岗石墓碑。

---

① 李宗黄：《模范之广州市》，商务印书馆，1929，第 74 页。

东征阵亡烈士墓。1925 年 12 月，广州国民政府在第二次东征陈炯明取得胜利后，专门拨款 65000 余元，在东郊黄埔长洲岛平岗黄埔军校旁的万松岭修建烈士墓园，安葬在 1925 年两次东征及平定杨刘叛乱和沙基惨案中牺牲的黄埔军校师生。1926 年 6 月墓园建成，并于 16 日黄埔军校建校两周年之日举行了盛大的落成典礼。至 1937 年扩建完成的整座墓园依山而建，南高北低，占地面积约 5 万平方米。墓园最前面是高约 10 米宽约 47 米的纪念坊，坊后是宽阔的墓道，墓道两旁各建一凉亭，墓道尽头是约 31 米见方的正方形墓冢，近 2 米高的墓冢中央建有方形墓碑亭，墓碑上书"东江阵亡烈士墓"，墓冢后面是凯旋门式纪功坊，坊内有国民革命军军官学校东征阵亡将士纪念碑和国民革命军军官学校东征阵亡将士题名碑等。整座墓园建筑基本上以花岗岩为主要建材，庄严大气，规制严整，有"小黄花岗"之称。

张民达墓。张民达是马来西亚华侨，辛亥革命前加入同盟会，先是在东南亚地区筹款襄助革命党人，并负责联络事宜。1917 年返回国内参加护法运动，身经百战，所向披靡，成为孙中山领导下的重要军事将领。1925 年 4 月，在率部参加第一次东征时，不幸覆舟遇难于潮州。1926 年 8 月，广州国民政府追记张民达为陆军上将，并在东郊东沙马路修建了张民达墓园。墓园占地面积 2438 平方米，墓门为花岗石牌坊，坊额上书"张民达先生墓道"，墓道两侧有风雨亭、宣讲台，沿墓道拾级而上便是半月形墓堂，墓堂正中嵌有时任广州国民政府代主席谭延闿所题"张民达先生之墓"的石碑，碑前有祭台。墓园内另有张民达先生半身铜像及其夫人邓淑贤之墓。

十九路军淞沪抗日阵亡将士坟园。1932 年 1 月 28 日，日军进犯上海闸北，以粤籍将士为主的国民革命军第十九路军在总指挥蒋光鼐、军长蔡廷锴率领下奋起抵抗，在一个多月的"淞沪抗战"中，十九路军将士共牺牲 1000 多人。3 月，由华侨捐资将广州东郊东沙马路沙河顶原十一军公墓扩建为十九路军淞沪抗日阵亡将士坟园，安葬牺牲的粤籍抗日将士。陵园由著名建筑师杨锡宗仿西方墓园设计，占地面积约为 4 万平方米。墓门是 16 米高的凯旋门式门楼，门额正面为国民政府主席林森所题"十九路军淞沪抗日阵亡将士坟园"，背面为国民政府行政院长宋子文所书"碧血丹心"。陵园的标志性建筑是最北边的圆柱形纪念碑，高约20米，碑前座上有一尊战士铜像，铜像前两侧伏卧一对铜狮，再前两旁的石栏基上有8个铜宝鼎，纪念碑北边环绕着罗马式半圆回廊。正南边的"抗日阵亡将士题名碑"，四周铭刻着1983位先烈英名。陵园的南边有供人们拜祭时歇息的墓庐，最南端有四方形抗日亭。在题名碑的东西两侧则是安葬烈士忠骨的"淞沪抗日阵亡将士墓"和"淞沪抗日阵亡战士墓"，各有蔡廷锴和李济深所题墓碑。

伍汉持墓。伍汉持是中国近代民主革命家。早年学习西医，开办医馆，开创中国红十字会之先河，并积极投身孙中山领导的民主革命活动，参与了广州辛亥革命前后诸多重大事件。1913年4月伍汉持当选为第一届国会众议院议员后，为维护民主共和，坚持与袁世凯的倒行逆施做斗争，遭袁世凯暗害。伍汉持牺牲后，家人几经周折才将其遗体运回广东安葬。1935年，华侨捐资在广州东郊东沙马路与广虎路交界的东北角创办了伍汉持纪念医院，并在院内建伍汉持墓，迁其遗骨入内。由于伍汉持早年接受过基督教洗礼，因此其石棺正面刻有红色十字架图案。墓园内有伍汉持先生纪念碑，碑文由胡汉民撰，陈融书。

陆军新编第一军印缅阵亡将士公墓。抗日战争胜利后，在中国远征军赴印缅作战过程中组建的陆军新编第一军进驻广州。为纪念赴印缅作战为国捐躯的烈士，对日受降结束后，新一军军长孙立人立即着手修建新一军印缅作战阵亡将士公墓的事宜。通过空中观察和实地勘察，孙立人最终选定黄花岗北边白云山东南麓马头岗的一块荒地作为墓址。1945年10月5日，由孙立人亲自参与设计、全体官兵自愿捐资兴建的"陆军新编第一军印缅阵亡将士公墓"动工，1947年9月6日建成。公墓坐北朝南，占地面积100多亩，主要由墓门、纪功亭、纪念塔三部分组成。墓门为三孔水泥牌坊，高4米宽30多米，门额为蒋介石所题"陆军新编第一军印缅阵亡将士公墓"。进入墓门，经过小桥，墓道两旁有东西两座八角攒尖顶黄色琉璃瓦的纪功亭。公墓的核心建筑是与竖井墓冢连体的纪念塔，纪念塔总高38米，其中方形底座高4米多，底座正面上沿安放着一只用空弹壳铸成的千斤铜鹰，底座四角耸立着四根下宽上窄的石柱，底座东西北三面墙上镌刻着27000多名在印缅战场上牺牲的新一军将士的名字。与纪念塔相连的竖井墓冢则安葬着17000多名从印缅战场上收集到的用美军运输机空运回国的阵亡将士的骸骨和骨灰。

五十四军赴印缅作战阵亡将士纪念坟场。抗日战争胜利后，曾作为中国远征军滇西反攻战先头部队的国民革命军第五十四军与国民革命军陆军新编第一军共同接收广州后，在广州东郊黄花岗东北边的二望岗修建了五十四军阵亡将士纪念坟场，安葬除云南腾冲第二十集团军国殇墓园的将士遗骸以外的五十四军阵亡将士遗骸，坟场内还建有纪念亭。

（二）纪念碑

民国时期广州的纪念性墓园一般都附建纪念碑，单独修建的纪念碑主要如下。

廖仲恺先生纪念碑。[①] 位于越秀南路中华全国总工会旧址院内北侧。1925年8月20日，廖仲恺先生在国民党中央党部（原惠州会馆。1925年10月成为中华全国总工会办公处）门口遇刺。9月12日，国民党中央执行委员会第109次会议通过了修建廖仲恺先生纪念碑的决定。1926年5月，中国第三次劳动大会与广东第二次农民代表大会决定在中华全国总工会院内廖仲恺先生遇刺处建纪念碑。纪念碑为4.7米高的方锥尖顶形碑，蒋介石、谭延闿等为纪念碑撰文、题书，中国第三次劳动大会敬志《廖先生纪念碑铭》。

工农运动死难烈士纪念碑。位于越秀南路中华全国总工会旧址院内南侧。1926年5月由中国第三次劳动大会和广东第二次农民代表大会联合兴建，以纪念在反帝反封建的工农运动中的死难烈士。纪念碑为花岗石三级尖顶碑。碑座正面刻有"中国职工运动死难烈士碑记"和历次职工运动死难烈士127人的名字，背面刻有"广东农民运动死难烈士纪念碑"碑文和广东农民运动死难烈士27人的名字。

沙基惨案烈士纪念碑。位于沙面西桥头六二三路东端。为纪念1925年的"6·23"反帝爱国斗争和"沙基惨案"牺牲烈士，1926年1月广州市政府决定将沙基路改名为"六二三路"，并在沙面西桥头六二三路的东端竖立纪念碑。6月23日，沙基惨案烈士纪念碑落成。纪念碑为方锥形，上

---

① 1926年建碑时原名为"廖仲恺先生纪念碑"。1982年重建时才加"牺牲处"三字。

小下大，碑身高 6 米，正面阴刻"毋忘此日"四个大字。整座纪念碑为钢筋混凝土石米批荡建筑。

国民革命军军官学校学生出身北伐阵亡将校纪念碑。位于黄埔长洲岛仑头山。建于 1929 年 2 月，为纪念参加北伐牺牲的黄埔军校出身将校而建。纪念碑为砖砌三级方尖碑，碑高 7.49 米，第二级四面嵌连州青石，刻有碑文和 353 名黄埔军校学生出身的参加北伐牺牲的烈士名单。第三级为方锥体，四面分别刻有碑名、时间和"捐身救国""为民牺牲"的字样。

孙总理纪念碑。位于长洲岛黄埔军校中山公园八卦山上。孙总理纪念碑由黄埔军校师生捐资建成，1928 年 10 月 11 日奠基，1930 年 9 月 26 日落成。纪念碑坐南朝北，总高 43 米，其中底部碑座四周饰以红色花纹，碑身正面为胡汉民所书"孙总理纪念碑"阴刻铭文，背面篆书"总理像赞"，西面楷书孙中山的黄埔军校训词，东面为孙中山临终遗训。纪念碑顶部安放着孙中山先生的日本挚友梅屋庄吉捐资铸造的孙中山铜像，铜像高 2.6 米，座高 0.15 米，重逾千斤。由纪念碑、平台和东西两条登山小路构成的"文"字独具纪念意义。

孙中山先生纪念碑。位于越秀山南面山顶原观音庙旧址处。1926 年 1 月，国民党第二次全国代表大会决定在越秀山南麓和山顶分别修建孙中山纪念堂和接受总理遗嘱纪念碑。1929 年 1 月，两处工程同时动工，纪念碑于 1930 年 1 月竣工。纪念碑坐北朝南，面向山麓的中山纪念堂。花岗岩砌成的纪念碑呈方锥形，总高 37 米。与广州其他纪念碑相比，此碑有三大特点：碑座较高，南面开有一个拱形大门，以进入碑内；碑身非实体而中空，内有盘旋楼梯可达碑顶，第二层外面有平台，四周筑有石栏杆，碑身东西两面每层开窗，可以远眺；碑身未刻碑名，除南面刻有李济深隶书《总理遗嘱》及遗嘱之上的石刻国民党党徽外，其余三面均无字，故此碑实无碑名。

孙先生读书治事处纪念碑。位于越秀山南面百步梯的半山坡。1921 年孙中山在广州就任非常大总统时，曾和宋庆龄居住在越秀山南面半山坡的粤秀楼。1922 年 6 月 16 日陈炯明兵变时，粤秀楼被毁。1930 年 6 月 16 日，中山纪念堂建筑管理委员会在粤秀楼旧址修建孙先生读书治事处纪念碑。纪念碑坐北向南，碑身约 5.5 米高，碑身正面书"孙先生读书治事处"。

十九路军淞沪抗日残废军人教养院纪念碑。位于广州的河南下渡。1932年淞沪战役中，十九路军将士伤亡众多。1933年，在蒋光鼐、蔡廷锴的请求下和广东省政府的大力支持下，由广东省政府和所属机关捐助20000元，在河南下渡开设了十九路军淞沪抗日残废军人教养院，并立碑永资纪念。

孙逸仙博士开始学医及革命运动策源地纪念碑。位于珠江北岸的仁济路博济医院院内。1835年美国传教士在广州开办中国第一家西医医院——博济医院，1886年孙中山入博济医院南华学堂学习。1935年11月岭南大学校董会为纪念博济医院建院100周年和孙中山学医50周年，在博济医院大门内侧院内立一石碑，记录了孙中山早年学医从医的经历。

（三）纪念性亭堂馆校像

光复纪念亭。光复纪念亭位于越秀山镇海楼东侧。辛亥革命胜利后，旅港同胞李煜堂等人组建侨港筹饷局支持新成立的广东军政府。1929年又捐款在越秀山镇海楼东侧修建光复纪念牌坊，以纪念辛亥革命胜利。1938年日军进占广州，牌坊被毁。1948年在原牌坊旧址上改建成纪念亭。纪念亭高约7米，四角攒尖顶，绿色琉璃瓦，四面分别镶嵌原牌坊残存的"光复纪念""脱离帝制""实现共和""还我河山"石额。

海员亭。海员亭位于越秀山镇海楼东侧。1922年香港海员大罢工期间，回穗罢工工人在越秀山修建了一条"海员罢工路"，同时欲建一亭以示纪念，但因经费问题而搁置。直到1933年，在广东海员支部委员梁国英等人的努力下，筹款建成。纪念亭为八角亭，高约5米，重檐八角攒尖顶，绿色琉璃瓦，亭内地面绘有中华海员工业联合总会会徽。

中山纪念堂。中山纪念堂位于越秀山南麓德宣西路。原址为清代抚标箭道，辛亥革命后作广东军政府督军衙门。1921年孙中山在广州就任非常大总统时曾在此办公。1922年陈炯明兵变时被毁。1926年1月中国国民党第二次全国代表大会议决在此兴建中山纪念堂。中山纪念堂由广州民众和海外华侨集资捐建，1929年1月奠基，1931年10月建成。纪念堂为八角形仿古宫殿式建筑，蓝色琉璃瓦，乳黄色墙砖，红色门窗及立柱。内部宽绰，北面墙上有石刻的孙中山头像和"总理遗嘱"。此外，纪念堂的南边有门楼，东西两边各有耳楼，中间还有孙中山铜像，占地共6万平方米。中山纪念堂不仅是建筑艺术上的杰作，更是民国时期广州的一张政治名片。

仲元图书馆。仲元图书馆位于越秀山镇海楼旁边。1927 年国民党元老李济深提议兴建仲元图书馆，以纪念辛亥革命将领邓仲元，并邀请广东建筑设计大师杨锡宗仿故宫文渊阁设计。1929 年奠基，1930 年建成。图书馆主楼坐北朝南，面积 250 多平方米，基座有宫廷式石雕围栏，花岗石墙裙，水磨青砖墙，绿色琉璃瓦，红色水泥斗拱，内有转曲式楼梯，外有巴洛克式门楼，整个建筑富丽典雅，被誉为"广州的文渊阁"。

中山图书馆。中山图书馆位于文德路。1927 年 6 月，经广州市市政委员长林云陔提议，广州市第 105 次市政会议决定筹建广州市立图书馆，为纪念孙中山，特命名为"中山图书馆"。为筹集建馆资金，中山图书馆筹备委员会常务委员伍智梅等人前往美国、加拿大、墨西哥、古巴四国募款，两年时间内得 15000 多名华侨襄助，募得美金 20 多万元。1929 年 12 月 10 日中山图书馆在原广府学宫旧址破土动工，1933 年 10 月 15 日建成。中山图书馆坐西朝东，为正方形宫殿式建筑，台基四周有水泥栏杆，红墙绿瓦，花岗岩石墙基座，大门为圆拱形，花岗岩石镶边。大门两侧分别有陈融和古应芬撰书的《广州市立中山图书馆碑记》青石碑，室内地面以大理石拼花铺就。馆前院内还有原广府学宫翰墨池改建的荷花池。

执信学校。执信学校是孙中山采纳廖仲恺等人的建议，为纪念中国近代著名民主革命家朱执信而亲自创办的一所纪念性学校。1921 年执信学校初创时在应元路原应元书院旧址，1923 年迁至东沙路竹丝岗新校区，其校舍仿照中国宫殿式建筑，"红墙绿瓦，辉映在山色绿野之间，特别显得堂皇而美丽"①。学校创办初期属私立性质，实行董事会制度，廖仲恺、胡汉民、林森等人都曾担任过董事。大革命时期执信中学曾是宣传民主和革命的阵地。

仲恺农工学校。仲恺农工学校是 1927 年 3 月由何香凝女士提议、经国民党中央讨论决定专为纪念廖仲恺先生爱护农工的意愿而创办的学校。学校位于珠江河南原陆海军大元帅府和岭南大学之间，面积大约 250 亩。学校采取董事会制度，何香凝任首任校长。创办初期国民政府曾拨付经费，1929 年以后经费基本上靠何香凝筹集，广州各界人士与港澳及海外侨胞给

---

① 倪锡英：《广州》，中华书局，1936，第 88 页。

予了大力支持。学校注重理论联系实际，培养实业人才，尤以蚕桑科为重，在当时"我国寥寥可数的农业专门学校中，此校是一所很值得称赞的"① 学校。抗日战争期间仲恺农工学校几经迁徙，濒于破产，广州校区亦遭严重破坏。

仲元中学。为纪念邓仲元，1934 年春广东当局在文德路广雅书局内创办仲元中学，初为私立性质，采取董事会制度，胡汉民、蒋介石等人先后任董事长。1942 年转为省立性质。1946 年学校迁往番禺市桥。

孙中山铜像。孙中山先生逝世后，其日本友人梅屋庄吉花重金铸造了四尊孙中山等高铜像，其中呈演讲姿势的一尊赠予中山大学。1931 年 1 月 14 日，铜像运抵广州。1933 年 11 月 11 日，中山大学成立九周年典礼暨石牌新校奠基时，孙中山铜像被安放在新校前正中的石基之上，四周有石栏杆环护。

邓仲元铜像。1931 年 4 月 2 日，邓仲元旧部陈济棠电请国民政府为邓仲元树立铜像，以示纪念。得蒋介石应允后，广东当局即聘请上海著名雕塑家为邓仲元雕刻铜像。1933 年 5 月 5 日，一身戎装手握军刀的邓仲元铜像被安放在大沙头广九车站前邓仲元遇害处，底座为 4 米左右高的石台。

伍汉持纪念医院。1930 年代，在美洲华侨的资助下，伍汉持夫人及其子女创办了伍汉持纪念医院（前身为伍汉持夫妇在广州旧仓巷创办的图强医院），由其女伍智梅主持。1932 年淞沪抗战期间，伍汉持纪念医院除组织募捐、提供军需外，还组织战地救护队亲赴前线。

三 纪念性建筑对广州的影响

（一）城市空间的政治利用

建造纪念性建筑以纪念先辈是人类历史上共有的文化现象，在封建社会多修建祠堂牌坊等。民国以后广州所修建的纪念性建筑明显承载着深刻的政治象征意义。

1926 年 1 月，国民党第二次全国代表大会议决修建中山纪念堂和"接受总理遗嘱纪念碑"，以表达对孙中山的缅怀和崇敬。全国最早建成的广州中

---

① 倪锡英：《广州》，中华书局，1936，第 36 页。

山纪念堂作为一种政治空间，注重开放性，便于广大民众参观游览。为保证有足够大的场地举办纪念、集会等政治活动，中山纪念堂内外的空间设计得均较大。大堂内无一柱遮挡视线，"座位以能容纳五千人为最低限度"①。大堂外有开阔的广场，可用于举办大型集会等活动。中山纪念堂结构简单，整体性强，神圣庄严，"为广州纪念建筑物中之最宏伟者"②，也是广州市政治集会和社会活动举办最多的地方，或可说是广州的政治活动中心。

与中山纪念堂遥相呼应的中山纪念碑，修建在中山纪念堂后的越秀山最高处，与山下的中山纪念堂形成前堂后碑的格局。早在1926年国民党第二次全国代表大会议决修建纪念碑时就"主张碑宜高，表示庄严"。③ 在向社会各界征集纪念碑图案的说明书里，再次强调"碑须高峻而坚固耐久"④。因此，广州中山纪念碑成为全国最高的中山纪念碑，从山下望去，巍峨壮观，直插云霄，仰视效果突出。长洲岛黄埔军校旧址内的孙总理纪念碑也具有高大的特点。长洲岛的纪念碑选址时同样考虑了长洲岛的地理位置，纪念碑造型又极为独特，碑身高达40余米，碑顶还加有一尊孙中山铜像，格外引人注目。

黄花岗烈士墓园是广州民众纪念先烈的又一个开放性政治空间，可供游览，民众随时可以前往凭吊。沙基惨案纪念碑更是直接建在了马路中央，与所在的有特定含义的"六二三路"形成双重影响。此外，民国时期每逢元旦、五一、孙中山纪念日等特殊日子，国民党当局都会利用纪念性建筑这些公共的政治空间，持续性地开展一系列近乎仪式化的纪念活动。通过纪念活动，向民众传输其意识形态，以达到其政治目的。

（二）增强城市的政治记忆

城市街道的名称反映了这个城市的历史文化印迹，是社会历史记忆的载体，对民众日常生活及其观念会产生一定影响，其政治文化特点不言而喻。因此，民国时期广州市对道路名称的政治象征意义颇为重视，希望通

---

① 《悬赏征求建筑孙中山先生纪念堂及纪念碑图案》，《广州民国日报》1926年2月23日。
② 郑祖良：《广州的建筑》，《中国建设》第5期，1934年，第109页。
③ 《全国代表大会之第二日》，《广州民国日报》1926年1月6日。
④ 《国民政府悬赏征求中国国民党总理孙先生纪念碑图案》，《广州民国日报》1926年1月6日。

过具有革命性、纪念性的道路名称，"以资表彰先烈，而志不忘"①，从而增强民众的政治记忆。

早在 1919 年广州市刚开始拆城墙建马路时，市政公所就将市内一条南北走向的内街扩建为穿过原抚台前空地、按察司等前清衙门的新式马路，取名为"维新路"，即取其维新变革之意。1925 年 6 月 23 日 "沙基惨案"发生，为纪念死难烈士，将发生惨案的沙基路改名为"六二三"路。同年，广州市为安置省港大罢工回穗工人，以工代赈，修筑了东郊至黄埔的一段公路，为纪念孙中山而将其命名为中山公路。西关第三、四、五甫路扩建，为纪念推翻清朝光复河山而将其命名"光复路"，1930 年 7 月广州市行政会议在议定市内新辟马路名称时，又以"打铜街太平街拟名光复南路，第六、七、八甫路拟名光复中路"。②

1929 年广州市财政、公用、教育三局联合提出"拟将未成马路改以先烈名号"③，此举得到市政府批复。随即，"工务局于开辟东郊六岗马路，即取诸烈士之名，冠于马路，以资纪念"④，如坚如路，由永胜寺北经乌龙岗、红花岗至史坚如墓；生才路，由永胜寺北经乌龙岗至东沙路；执信路，由百子桥经马彭岗、竹丝岗、大眼岗至东沙路；皓东路，由农林学校前经螺岗至东沙路；荫南路，沿竹丝岗之北，东西接皓东路和冠慈路；仲元路，沿大眼岗与竹丝岗之东，接皓东路；逸仙路，由皓东路至广九铁路；冠慈路，沿马彭岗之东、接生才路，汉持路，沿乌龙岗之西至东沙路；明光路，沿红花岗之南至东沙路；敬岳路，沿红花岗之东至旧圣三一学校前。这十余条新筑马路，大多连接东沙路，这个区域因有大量的先烈坟茔，故新筑马路多以烈士名冠之。1933 年，十九路军坟场建成后，其东边的一条路也就被命名为"十九路军坟场路"。

广州有一条著名的"先烈路"，其前身是 1906 年广州商人集资在东郊一条西南至东北走向的乡间小路基础上扩建的东沙马路。自 1910 年广州新军起义烈士遗骸被丛葬于东沙马路的牛王庙附近至抗日战争胜利后，30 多

---

① 《拟将四牌楼等路线定名为中山路》，广州市档案馆藏，档号：资 - 政 - 585 - 351 - 49。
② 《本市新辟马路确定名称》，《广州市市政公报》第 359 期，1930 年，第 57 页。
③ 《未成马路改称先烈名号》，《广州市市政公报》第 321 期，1929 年，第 50 页。
④ 李宗黄：《模范之广州市》，商务印书馆，1929，第 72 页。

年间，从红花岗到沙河顶，东沙马路的两侧由南向北先后出现了红花岗四烈士墓、邓荫南墓、兴中会坟场、黄花岗烈士墓园、庚戌新军起义烈士墓园、华侨五烈士墓、五十四军赴印缅作战阵亡将士纪念坟场、张民达墓、朱执信墓、十九路军淞沪抗日阵亡将士坟园、陆军新编第一军印缅阵亡将士公墓等数十座个人或集体墓园，埋葬着为推翻清王朝而献身的志士、跟随孙中山从事民主革命活动而牺牲的先烈、在淞沪战场和印缅战场为国捐躯的抗日将士。1946 年 1 月，广州行营主任张发奎采纳 "沿沙河路先烈坟场林立，为纪念革命先烈功勋，以垂永久，应将沙河路（东沙马路）改为先烈路" 的建议，训令广州市警察局，将沙河路（东沙马路）改名为先烈路①，使其成为广州名副其实的缅怀先烈的圣地。

和全国其他城市一样，广州也有中山路，而且广州的中山路是广州当时的东西主干道。1948 年广州市政府将中山公路一段改名为中山一路，将百子路改名为中山二路，将大东路改名为中山三路，将惠爱东路改名为中山四路，将惠爱中路改名为中山五路，将惠爱西路改名为中山六路。

（三）增加市民休闲娱乐新场所

公园是民众日常休闲的场所，既可为人们提供休憩之处，又可以为民众活动提供场地，与其他纪念性建筑相比，纪念性公园兼具实用性与政治意义双重特性。

早在孙中山逝世不久，国民党内就有 "在北京、上海、汉口、广州及各大都市创立中山公园"② 的建议，以表示对孙中山先生的纪念。随后各地陆续兴起中山公园建设热潮。广州市政建设进行得较早，在此之前已有多个公园，因此广州首先是通过修改公园名称的方式来纪念孙中山。孙中山逝世 20 天后，经林森提议，"请政府指拨观音山公园（越秀山公园）为孙总理纪念公园"③，原观音山公园遂改名为中山公园。④ 1926 年 9 月，黄埔军校为纪念军校总理孙中山、校长蒋介石、党代表廖仲恺，在长洲岛筹建中山公园、中正公园、仲恺公园三大公园，其中中山公园位于黄埔

---

① 《本市沙河路改为先烈路》，广州市档案馆藏，档号：4 - 02 - 239 - 41。
② 《北京市党部致各地同志函》，《广州民国日报》1925 年 3 月 27 日。
③ 《观音山改为中山公园之省令》，《广州民国日报》1925 年 4 月 1 日。
④ 《为改观音山为中山公园事胡汉民函复革命纪念会》，《广州民国日报》1925 年 4 月 2 日。

军校校本部西边、孙中山纪念碑北边，园内有绿色琉璃瓦凉亭，十几座题名碑刻有黄埔军校开办以来教官和学员的姓名。1931 年 5 月，广州市政府在第 30 次市行政会议上又议决将新开辟的石牌公园"改为中山公园，以示尊崇之意"①。

1926 年 9 月筹建的仲恺公园是在原黄埔军校坪岗疗养花园的基础上改建而成的，北面是珠江，南面是东江阵亡烈士墓园。1936 年东江阵亡烈士墓园扩建时，仲恺公园被划入扩建范围，广州市政府又重新选址筹建新的仲恺公园，"指定中山路旁地段为园址。本厅前奉市长督促，早日落成，以彰先烈而便息游"②。遗憾的是，公园尚未完工即因抗日战争爆发而被迫搁置。此外，广州市政府还在一些公园内树立革命先烈铜像等纪念性文物，如中央公园内当年史坚如谋炸巡抚德寿处，竖有史坚如烈士之纪念碑；海珠公园内有海军总长程璧光的铜像。

广州市政府倡导的纪念性公园建设以及对公园进行的纪念性更名或命名，是政府意志在城市空间重构中的体现，也反映了政府对原有公园意义的重构和对公园新生意义的强调和诠释。通过在纪念性公园举办社会活动，人们在休闲娱乐的同时也能感受到广州浓浓的政治气息，从而强化自身对政治符号的认同与建构。

（四）外地人向往的游览胜地

广州"自辛亥以还，革命事业炳耀全球，其间元勋烈士之所遗留，群众纪念之所建筑，固现代所瞻仰亦愈久而弥殷"③。如孙中山纪念堂、黄花岗烈士墓园以及有众多纪念性建筑的越秀公园等地都成为民国时期广州"游客所当留足而景仰"④ 的旅游景点，其特殊的魅力吸引着全国各地的游客慕名而来。

黄花岗作为辛亥革命烈士安葬地，游览者更是终年络绎不绝。"黄花岗天空中自由女神像便是指向千万中国革命青年们的灯塔，年年岁岁有无数的男女青年信徒们，远从四方来到顶礼这革命的圣地。他们不仅是凭吊

---

① 《石牌公园改称中山公园》，《广州市市政公报》第 389～390 期，1931 年，第 53 页。
② 《提议建筑仲凯公园案》，广州市档案馆藏，档号：资－政－585－349－9。
③ 《广州市名胜略说》，《广州市市政公报》第 284 期，1928 年，第 1 页。
④ 《广州市名胜略说》，《广州市市政公报》第 284 期，1928 年，第 1 页。

已去的英雄，洒几点伤时的眼泪，并且要带回满腔革命的种子，归散给全国的民众，这是黄花岗最可骄矜之处，在民族解放革命史上有永远不磨灭的价值。"① 当时在广州召开的各种全国性会议，大多都有"恭谒黄花岗"的内容，而且还有固定的仪式流程："恭献花圈、行三鞠躬礼、植树、摄影、立碑。"② 1931 年国民党广东省党部为彰显隆重，还特定黄花岗游览规则："一、严禁坟场附近酒店各项赌博。二、客游入场，一律脱帽致敬。三、严禁游客在场唱歌及其他一切不庄严之行动。四、派特警常川纠察。"③

1922 年，在刚从云南赴广州任大总统府参议兼军政府交通部次长的李宗黄出版的《新广东观察记》正文之前的八张照片中就有五张是广州纪念性建筑："七十二烈士坟""程故总裁璧光铜像""滇军将士阵亡墓地""史坚如先生像""红花岗四烈士墓"。每张照片下面还配有文字说明，与"珠江夜月""沙面风景"一起介绍④。1929 年李宗黄在《模范之广州市》一书中，再次将五张广州纪念性建筑的照片放在书首加以宣传，进一步扩大广州纪念性建筑的对外影响。还有游人游览了黄花岗之后，将其与香港做这样的对比介绍："香港山上繁密的灯火，黄花岗下夕阳里的烈士坟墓。"⑤ 广州众多的纪念性建筑不仅引起了国人对广州的倾慕，甚至连美国著名的《泰晤士报》也予以关注和报道。

纪念性建筑的修建，街道的改造及命名等使广州城市的空间形象为之一变，使人们感受到了强烈的政治氛围，给每位参观者留下了深刻的印象，逐渐为全国民众所熟知，全国民众也进而对这座城市寄予了厚望。"今年的广州政府是继辛亥以来的革命政府，现在的北京政府是继续前清以来的军阀官僚政府。"⑥ 有一位美国人到中国的很多城市考察后，回去发表了一篇文章，认为"我们在北京所看见的是过去的中国，我们在上海所看见的是现在的中

---

① 《广州一周记》，《中国青年》第 5 卷第 101～125 期，1926 年，第 652～653 页。
② 高语罕：《广州纪游》，亚东图书馆，1922，第 67 页。
③ 《黄花岗游览规则》，《广州市市政公报》第 376 期，1931 年，第 24 页。
④ 李宗黄：《新广东观察记》，商务印书馆，1922，第 3～7 页。
⑤ 《广州》，《语丝》第 126 期，1927 年，第 13 页。
⑥ 《今年双十节中广州政府》，《向导》总第 133 期，1925 年，第 1215 页。

国，在广州所看见的是将来的中国"①。

　　作为中国民主革命的发祥地，广州在民国时期，尤其是在 20 世纪二三十年代修建的大量的纪念性建筑，高度集中地介绍了中国近代史上名垂千古的历史人物，称得上是中国近代历史的教科书，其历史地位无可替代。同时，这些纪念性建筑作为广州城市空间的政治痕迹，具有鲜明的时代特征，使广州成为中国近现代时期政治记忆最为深刻的一座城市。

---

① 龙冠海：《广州一瞥（通信）》，《现代评论》第 4 卷第 97 期，1926 年，第 18 页。

第五章

政府对公共卫生的干预

公共卫生是与公众健康相关的卫生问题，主要包括食品卫生、环境卫生、劳动卫生、传染病防治、免疫接种、卫生监管、健康宣教等内容，与一个国家或地区的文明程度有关。近代之前，广州就已经有了官方与民间共同参与的不定期的壕渠清理、街坊等民间组织对粪溺的治理等公共卫生实践，环境卫生方面也有一套处理废弃物的办法，城内基本能够保持自然经济状态下的相对清洁。但作为近代概念的公共卫生，其立足点在于国家卫生行政，即国家权力逐步介入公共卫生领域，成为负责公共卫生事务服务公众健康的主导力量。肇始于清末的广州公共卫生事业在民国时期得到了较大的发展，尤其是1921年广州市政厅成立后，专门的卫生行政机构较为有力地介入公共卫生的管理，政府的干预对广州公共卫生事业的发展起了推动作用。

一 卫生管理机构的设置

（一）清末民初的警察兼管

步入近代以后，广州作为通商口岸，城市人口迅速增加，近代工业陆续出现，至清末，城市公共卫生已成为一大社会问题。但是由于传统的国家政权机构中没有专门的卫生管理机构，因此广州也同全国大多数地方一样，由新设置的警察机构兼管公共卫生事宜。1905 年 9 月，广东省按照清廷警察机构的设置情况设立警察机构，下辖卫生科掌管食品卫生检查、传染病预防、精神病患者监治、娼妓性病检查等公共卫生事宜及警察健康体检、拘留所医务等事务。

1907 年，广东巡警总局"参照日本东京警视厅及京城南北洋现行章程"①，分科治事，设总务、警政、警法、卫生四科。卫生科下又分清洁、医务、医学三科，其职责分别是清扫街道，疏浚壕渠，污水处理，食物检查；警察体检，急病及灾难救护，精神病患的监护，公共卫生的稽查；公立私立医院的设立、检查与考核，各种疾病发生的调查研究，卫生检验等。

1908 年，广东巡警总局改为广东警务公所后，改设总务、行政、司法、卫生四科，其中卫生科掌卫生警察之事，负责清道、防疫检查、食物、屠宰等各事项。卫生科下又分保健、医务、清洁三股，其中保健股主要负责检查市面贩卖的各种食物，禁止贩卖病死的畜禽等。清洁股主要负责街道及公共场所的清洁事项，雇清秽夫打扫街道、清运垃圾，督促粪夫按时倾倒粪便，并要求住户各自放置、使用垃圾桶。

民国建立之初，广东都督府曾于 1912 年 2 月设立了卫生司，李树芬任司长，卫生司下设总务课、医务课、检验局、洁净局，并配有 15 名卫生稽查员。但不久即因体制调整而被裁撤，复于广东省警察厅内设置卫生科，按照警区分片管理公共卫生事宜。

总之，在清末民初的这段时间里，虽然官方开始介入广州城市公共卫生的管理，但由于管理机构的变更不定、人力财力的不足、相关卫生管理条例的缺乏、警察的不专业和不尽职、民众积习难改等，广州城市公共卫生缺乏有效管理，卫生状况没有多大改善。直到 1921 年广州市政厅成立后，为配合大规模的市政建设，政府加大了对城市公共卫生的管理力度，设置专业的机构，厘定相关的制度，配备相应的人员，筹拨一定的经费，对广州城市公共卫生进行了较为有效的治理，推动了广州城市文明的

---

① 《广东巡警总局章程》（1907 年），载《巡警章程汇编》第 1 册，广东省立中山图书馆特藏部藏，第 1 页。

发展。

（二）专职专业的卫生局

1921 年 2 月 15 日成立的广州市政厅按照西方市政管理模式创设了财政、公安、教育、卫生、工务、公用六局，市长与 6 位留学回国的首任局长共同行使市政管理职能。显然，卫生事务作为新型市政的重要内容被高度重视，卫生局成为中国第一个市级独立的卫生行政机构，局长胡宣明是美国约翰·霍普金斯大学公共卫生专业的博士。而在全国范围内要求各市设卫生局则直到 1928 年才有统一规定。

最初，卫生局下设洁净、防疫、统计、卫生教育四课。随后不久，"为搏节计"[①]，统计、卫生教育两课改设为专股，直隶于局长，卫生行政规模初具。洁净课主要负责环境卫生事宜，具体负责管理清理垃圾，扫除内街马路积秽，疏浚沟渠，淋洒马路，取缔厕所，捡埋死鼠以及管理穗义、保安两公所提抽粪租等事务。课内设课长 1 人、课员 3 人、稽查 13 人、督察 2 人、稽核 2 人、助理员 6 人、清秽员（管理清秽夫）12 人、征收洁净费司事 28 人、管票员 1 人、雇员 6 人。[②] 防疫课的主要职责是监管食品饮料；检查茶楼、酒肆、旅馆、戏院、浴场、妓院、洗衣理发等店铺及庄房停柩；严禁屠宰死病牲畜、售卖吹水吹气之肉、售卖花柳药；收解癫病患者及精神病人并送往惠爱医院石龙疯院安置；化验药品；制造牛痘浆等防疫针剂分给各善堂医院布种；检查疫症，派人员熏洗疫症多发地等。课内设课长 1 人、课员 3 人、检查员 11 人、市营禺山市场和南益市场管理员各 1 人、化验员 3 人、雇员 1 人。从防疫课的主要职责规定中，可以看到当时卫生局的主要职责是防止疫病的传播，"食品卫生"并没有获得应有的重视而单列设置。统计股主要负责中西医生、牙科、产科、药剂师、配药生、司药生、护士等的注册以及调查市内出生、死亡、疾病、婚嫁的人数，设主任 1 人、课员 2 人、雇员 1 人。卫生教育股主要负责宣传卫生知识，编撰卫生刊物，举办卫生展览会等事项，设主任 1 人、课员 2

① 伍榜：《广州市卫生局十三年进行概况》，《广州市市政公报》第 165 期，1925 年，第 1 页。

② 《广州市卫生局办事状况报告书（十四年七月份报告）》，《广州市市政公报》第 203 期，1925 年，第 691 页。

人、宣讲员 3 人、雇员 1 人。

1927 年 9 月，广州市卫生局依照《广州市暂行条例》的规定进行了改组，分设保健、防疫、医务三课。局长、秘书、课长、股主任、课员等专业职位"均以医科药科大学或专门毕业及公众卫生学毕业者充任"。[①] 其中保健课的掌理事项为"关于一切饮食品之取缔及检验事项；关于一切药品营业之取缔事项；关于旅馆、屠场、剧场、工场、浴场、公园之公益卫生事项；关于街衢及沟渠之不合卫生事项；关于民房、理发所、洗衣店及其他商店不合卫生之取缔事项；关于厕所之建设及取缔事项"[②]。

同时，由于很多洁净取缔事项需要警察的协助，为便于办理，1927 年 9 月 9 日广州市政府第八十次市政委员会议决"将洁净课拨交公安局管辖，但卫生局仍得设置助理员分验各区，以资助理"[③]。具体来说，即"将原卫生局洁净课所管的关于清除垃圾、掩埋死婴死鼠、当街便溺及妨碍洁净之取缔及其他洁净事项划归公安局管理。而淋洒马路、厕所建设及取缔事项和旅馆、民房、商店、猪牛栏不合卫生须取缔等事项仍由卫生局管理"[④]。但由于"卫生局卫生助理员所司职务不仅关于洁净事项，还有食品之调查、公众场所不合卫生之取缔、传染病及出生死亡之报告，分别受卫生局各课之指挥办理，因此并没有拨归公安局管理"[⑤]，只是在兼办洁净事项时，受公安局署长指挥。[⑥]

1935 年 6 月，广州市卫生局按照国民政府内政部的模式改组，除秘书处外，第一、二、三课之下再分防疫、取缔、检疫、保健、卫生警察、医务、卫生教育等各股，具体办理各项业务。其中第二课的检疫股主要负责

---

① 《修改广州市卫生局章程草案》，《广州市市政公报补编》第 270～279 期，1928 年，第 10 页。

② 《修改广州市卫生局章程草案》，《广州市市政公报补编》第 270～279 期，1928 年，第 9 页。

③ 《洁净课改隶案》，《广州市市政公报》第 269 期，1927 年，第 30～31 页。

④ 《令公安卫生局关于洁净课事务分隶卫生公安两局办理》，广州市档案馆藏，档号：资－政－580－270/279－53。

⑤ 《公安卫生局查复公安局提议各区洁净助理员拨归本局管理案》，广州市档案馆藏，档号：4－01－1－201－103。

⑥ 《卫生局提议改编卫生区添设区主任案》，广州市档案馆藏，档号：全宗－4－01－1－201－107。

饮食物品之检验及取缔事项、药品之检验及药品营业之取缔事项、屠场市场之卫生管理及取缔事项。保健股主要负责工场、剧场、娱乐场、浴场、旅馆、理发馆及其他一切公共场所之卫生取缔事项,街衢卫生及环境卫生事项。卫生警察股主要负责卫生行政之强制执行事项,精神病人、疯症人及其他特种病人之护送事项。同时附设了六个卫生区事务所、海港检疫所、卫生检验所、清理粪溺专员办事处、市立医院、传染病院、精神病院、麻风病院。这次改组,将洁净课所负责事项重新划归卫生局管理,而且还专门设置了清理粪溺专员办事处。同时,卫生警察设专股管理,既体现了卫生警察不同于普通警察的专业性,又突出了卫生警察在处理事务中的强制性。

1936 年,时任卫生局局长欧阳慧聪认为"广州市以频年政治混沌,卫生设施尤其落后"[①],卫生局职权划分不清,事务责任混淆,且组织过于简略,许多现代卫生业务并未施行,难以应对现代城市发展的社会需求,故参照上海市卫生局的组织机构设置,再次进行改组。一方面继续推行已施行卫生事务,划清职责,提高行政效率;另一方面将卫生局内部事务重新分配,将尚未开展的如妇婴卫生、工厂卫生、学校卫生等行政卫生事务加以计划和实施。

改组后的卫生局机构设置更为细化和完善,职责更为分明。局长之下分设四个部门:秘书处、第一课、第二课、第三课。其中秘书处下设文书、会计、庶务、卫生警察四股;第一课下设防疫、医药管理、卫生教育及生命统计三股;第二课下设产妇婴儿卫生、学校卫生、劳工卫生三股;第三课下设环境卫生、肉品检验二股。环境卫生股之主要任务为管理监督饮食店的卫生事务;肉品检验股则负责全市肉食品卫生,如屠场牲畜屠宰前后的检验、进市肉品的检验、瘟病畜肉熬油厂的筹设和管理等。此外还有五个附属机构:市立医院、市立精神病院、市立麻风病院、市立六区卫生事务所、卫生检验所。

抗日战争全面爆发后,广州市政府为节省行政开支,全面精简机构、

---

① 《呈报本局从新改订组织章程请核准施行》(1936 年 10 月),广州市档案藏,档号:4-01-10-73。

缩减人员。精简后的卫生局仅设防疫课、救护课及总务课。防疫课之下设宣传统计股、防疫股、环境卫生股，将此前卫生局的主要行政事务浓缩于防疫课一课之下，其中宣传统计股的任务除向市民宣传卫生常识外，更重要的是借助卫生之名向民众灌输抗战意识。专为抗战救护工作而新增的救护课，下设训练股、储备股、救护股等。在此民不聊生、国难当头之际，食品卫生显然不是紧迫事项，因此在政府日常事务中地位下降。1938 年 10 月，广州市政府撤离广州，广州市卫生局的工作就此暂告一段落。

抗日战争胜利以后，广州市卫生局重新成立。但城市环境卫生事项则由广州市警察局接管日伪广州垃圾事务所后于行政处内所设的洁净股负责。全市恢复设置 24 个警察分局，每分局设一个洁净队。1947 年 5 月广州市警察局改设洁净科，专门负责全市清洁卫生事项。按警察分局所辖区域，分为 24 个清洁区，每区设一个清洁队；与警察岗段相同，分为若干段，每段设一清洁组。

1947 年 7 月 1 日，广州正式改为行政院直辖市。市卫生局也按照中央编制进行了调整，局长之下设三课，课下设医政、药事、生命统计、保健、防疫、卫生教育、环境卫生、洁净、卫生工程、文书、出纳、庶务等十二股，另设秘书、技术、会计、统计、人事等室。[1] 其中第二课的卫生教育股主管全市卫生教育活动，如卫生展览、卫生教材的搜集、文字宣传资料的编撰、卫生人员和卫生体育师资的训练及卫生图标模型的制造等。第三课的环境卫生股除负责管理房屋住宅卫生外，还负责"垃圾粪溺以及有关卫生商店、市场、屠场暨公共场所之管理及取缔，卫生警察队工作之督导等事项"[2]。而在食品卫生方面，广州食品卫生的管理只侧重于对食品出售场所的卫生检查，对于食品本身及食品制作过程的卫生状况，广州市卫生局并没有设置专门的机构进行管理和监督，这与抗战胜利后广州城市百废待兴的现实状况相关。

（三）卫生区事务所

卫生局初成立时，将全市划分为六大卫生区，遴选专业的医务人员以

---

[1] 《广州市卫生局及附属机关沿革调查表》，广州市档案馆藏，档号：全宗－18－2－84－184。

[2] 《广州市政府卫生局组织规程》，广州市档案馆藏，档号：2－8－1。

主其事，每区设主任 1 人，由医师担任；课（区）员 2～4 人，由医师护士担任，所取得成绩可观。1925 年，因经费困难撤销各卫生区，改由 36 名卫生助理员分驻于各警区内，"会同各区署长员监督管理一切卫生洁净事项，另以一员管理马路而专责成"①。同时规定："卫生局洁净区助理员应受所驻之警署署长监督。该助理员如有失职，该署长可请卫生局撤换。而该区警察须受助理员之指挥，各洁净夫役又须受警察指挥。"②

到 1928 年 3 月，鉴于卫生助理员非专业医务人员，且"分区过多，难于管理，设立日久，殊鲜成绩"③，因此卫生局决定废止 1925 年所设卫生助理员制，恢复六大卫生区制，每区各设主任一人，仍遴选医学专门人才充任主任，区员四人（后改为三人），办理区内卫生行政事务。各卫生区署驻所不尽相同。第一区在禺山市场内，第二区在川龙口马路七十号，第三区在警察第六区署内，第四区在西来初地华林寺内，第五区在多宝桥源和街，第六区在河南海镜寺。

1935 年 3 月，广州市卫生局将六大卫生区事务所加以改组，重新制定《广州市卫生区事务所组织章程》和《广州市卫生区事务所办事细则》。《广州市卫生区事务所组织章程》规定各卫生区事务所设主任一人，医师一人，护士二人，配药生一人，事务员一人，调查员二人，特约助产士若干人。④ 上述人员除助产士外，均为固定职员。特约助产士由各卫生区地段内开业的医师或助产士担任，由各卫生区事务所拨发薪金。《广州市卫生区事务所办事细则》规定主任应遵照卫生局事务所规定例行工作，按月向卫生局局长汇报工作情形；事务所之兴革事宜、特别要务、违反卫生法规事宜、属员失职等，均须呈报卫生局局长察核定夺；办理公务时，如需岗警协助，主任得请主管警察机关协调；执行任务时，须携带凭证以防假冒；事务所办公时间及假期按照市政府统一规定；每天上午为赠医施药时

---

① 《卫生局呈报改组卫生区裁撤稽查洁净等员改设助理员于预算数目尚无抵触缘由请核示备案由》，广州市档案馆藏，档号：4－01－1－201－66。
② 《广州市公安局卫生局提议办理洁净联警合作规定权限意见书》，广州市档案馆藏，档号：4－01－1－201－85。
③ 《改组卫生区开办费案》，《广州市市政公报》第 288 期，1928 年，第 55 页。
④ 《广州市卫生区事务所组织章程》，《广州市市政公报》第 495 期，1935 年，第 18 页。

间，下午为接产挂号时间。①

改组后的卫生区事务所不仅作为市卫生局的分支机构分别办理各卫生区卫生行政事务，而且为了便利贫民，使更多的市民获得公共卫生之益，卫生区事务所还附设诊所，赠医施药，成为基层医疗机构。按照《广州市卫生区事务所赠医章程》，"挂号费诊金及药费，概予免收"②。《广州市卫生区事务所接生章程》规定"凡欲请求接生者，须于产期前来本区事务所挂号，并缴纳接生费一元，惟赤贫者，得酌予豁免"③。至 1935 年 8 月底，"各区附设赠诊所赠医施药，平均每一区所每月到诊者，约两三千人，各区综计约有万余人之谱，每月赠出各种药品之数量颇巨，市民称便"④。此后，"市民前往求医人数，月有增加"⑤。为满足广大市民的需求，卫生局又在南石头、小港、芳村、沙河增设了 4 个卫生区事务所，以扩大公共卫生的范围和卫生区事务所的影响。

（四）综合整治的洁净督导委员会

1947 年南京国民政府卫生部颁布《各大城市洁净竞赛办法》，要求各大城市开展卫生竞赛，促进城市的洁净，改善市容，恢复被战争破坏的城市面貌。为此，广州市政府成立了由市设计委员会、卫生局、民政局、工务局、市党部、新生活运动会等有关机构共同派人员组成的广州市洁净督导委员会，各区还设立分会，协助警察局和卫生局进行环境卫生的监督工作。

该会初成立时仅负责督导事务，是一个纯粹的督导机构。后来因为金融动荡，货币贬值，洁净夫不能维持基本的生活，夫役离队现象日众，市容大受影响，各区分会乃自行筹捐洁净费，补助洁净夫生活。⑥ 由此洁净督导委员会的职能由督导劝说逐渐向筹款征费转变。由于各分会筹款数目

---

① 《广州市卫生区事务所办事细则》，《广州市市政公报》第 495 期，1935 年，第 19 页。

② 《广州市卫生区事务所赠医章程》，《广州市市政公报》第 504 期，1935 年，第 25 页。

③ 《广州市卫生区事务所接生章程》，《广州市市政公报》第 504 期，1935 年，第 24 页。

④ 《卫生局各卫生区举办施赠接生》，《广州市市政公报》第 510 期，1935 年，第 180 页。

⑤ 《卫生局公布市卫生局十月份诊症人数统计》，《广州市市政公报》第 517 期，1935 年，第 133 页。

⑥ 《令饬七月份起代本市洁净督导委员会征收洁净费仍将办理情形具报由》，广州市档案馆藏，档号：全宗 - 7 - 5 - 280。

有限，且各区贫富不一，收费标准也不一样，所以产生极大差别。各区分会自行筹款，又极易滋生流弊，会严重影响洁净工作，为此洁净督导委员会决定扩大组织，以市参议会、市商会、市总工会、市工业会、市记者公会、市警察局、民政局、财政局、社会局、卫生局、税捐处、市医师公会、中医师公会等 13 个单位充实自身，并实行改组。1949 年 5 月 26 日洁净督导委员会举行扩大成立会时，即席选举决定以市警察局为主任委员，市参议会、市商会、卫生局、民政局为常务委员，负责处理会务。起初广州市洁净督导委员会委托税捐处代为征收洁净费，后改为委托市警察局代为征收。但警察局 8 月 16 日刚开始征收，就遭到广州市临时参议会的否定，理由为"洁净督导委员会依法无权设定增加人民负担之规则，且与财政收支系统不符，碍难同意"，① 因此市警察局不得不停止代收洁净费。

由于洁净督导委员会统一征收洁净费的方案被广州市临时参议会否定，所以警察局各分局又策动热心公益的人士另组清洁委员会，筹措洁净费。1949 年 9 月 17 日广州市民众清洁委员会成立，推选警察局副局长何名泽、警察局督察长冯尚卫、警察局洁净科科长陈璞白、警察局小北分局局长杨汝东、黄沙首席保长卫祥、太平区区民会主席毕镜波、德宣区区民代表会主席黄希等 15 人为委员，委员会下设总干事 1 人，干事 5 人，各委员均为无给职。会址设于广州市警察局内，成立当日即开始办公。各区设民众清洁委员会分会，由警察分局、区公所或区民代表会领导及区民代表组成。区分会设置委员三人至五人，以警察分局局长、区长、区民代表会主席为当然委员，其余委员从地方热心卫生公益人士中推选，并由各委员互推正副主任委员各一人，各委员也均为无给职。同时区分会也设专任干事一人。根据各区面积广狭、人口多寡、洁净事务繁简而招募征收洁净费员若干人。

虽然民众清洁委员会及各分会均有各警察分局人员及区长等政府职员参与，但因为委员会中有相当数量的社会人士，所以民众洁净委员会与洁净督导委员会不同，具有明显的民办性质。因此其筹措洁净费的活动就不

---

① 《谨将令饬各分局停止代洁督会征洁净费并策动该区热心公益人士另组清洁委员会自筹洁费情形呈请察核》，广州市档案馆藏，档号：4 - 02 - 3527。

受临时参议会及财政制度的限制，具有较大的灵活性，属于民众自愿支持政府维持环境卫生的活动。这样，既满足了征收洁净费的需要，又不与当时的制度发生冲突，较好地解决了征收洁净费的问题。但由于实际征收的数额有限，常出现入不敷出的情况，因此，民众洁净委员会的成立对广州城市环境卫生事业的发展所起的作用仍然有限。

二 卫生行政人员的选配

（一）卫生局行政人员

广州市卫生局自 1921 年成立后，从上至下设有局长、秘书、课长、股主任、课员、稽查员、助理员、特务调查员、事务员等。"局长综理局内一切事务，秘书秉承局长掌理机要事务，课长秉承局长办理各该课事务，股主任秉承局长、课长办理各该股事务，课员、稽查员、助理员、特务调查员及事务员秉承长官办理各项特定事务。"①

作为中国第一个市级卫生行政机构，广州市卫生局对行政人员的专业素质也有相当严格的要求。根据《广州市卫生局修正章程》，"局长、秘书、课长、股主任（会计股主任除外）、课员均以医科药科大学或专门毕业及公众卫生学毕业者充任之"②。历任卫生局局长不仅是医学或卫生方面的专门人才，而且多为留学归国人士。如胡宣明，留美公共卫生学博士；李奉藻，留学美国；司徒朝，留美医学博士；史逸，留学日本千叶医科大学；何炽昌，留日医学博士；朱广陶，留美医学博士。

卫生局的卫生行政人员必须通过考试选拔才能被录用。根据南京国民政府考试院 1935 年公布的考试规则要求，参加普通考试者首先必须符合下列资格之一："一、公立或经立案之私立高级中学、旧制中学或其他同等学校毕业得有证书者；二、有前款所列学校毕业之同等学力经检定考试及格者；三、有高等考试应考资格者；四、曾在医药卫生机关服务三年以上

---

① 《广州市卫生局修正章程》，载广州市卫生局医务课教育股编刊《广州市卫生局规程汇编》（1928 年），广东省立中山图书馆特藏部藏，第 3 页。

② 《广州市卫生局修正章程》，载广州市卫生局医务课教育股编刊《广州市卫生局规程汇编》（1928 年），广东省立中山图书馆特藏部藏，第 3 页。

有证明文件者。"① 参加高等考试者则要求："一、公立或经立案之私立大学、独立学院或专科学校医药卫生各科毕业，得有证书者；二、教育部承认之国外大学、独立学院或专科学校医药卫生各科毕业，得有证书者；三、有大学或专科学校医药卫生各科毕业之同等学力，经高等检定考试及格者；四、有医药卫生专门著作或技能，经审查及格者；五、经同类之普通考试及格满四年者；六、曾任医药卫生机关委任官及与委任官相当职务三年以上，有证明文件者。"② 考试资格的限定有效地保证了考试人员及卫生行政人员的专业素质，改变了此前仅任用资历相当人员的状况，有利于卫生局业务水平的提高。

卫生行政人员考试分为两试。第一试有必考科目和选考科目，又因普通考试和高等考试而有所不同。普通考试必考科目为生理学、公共卫生学、传染病学、卫生法规，高等考试必考科目为生理学、卫生学、公共卫生学、卫生法规、细菌学及免疫学、传染病学。普通考试选考科目为卫生教育学、细菌学及免疫学、救急法、消毒法，高等考试选考科目为生命统计学、卫生工程学、卫生教育学、学校卫生学、职业卫生学、卫生化学，选试均任选选考科目中的一科即可。第二试分为笔试及口试，笔试内容包括总理遗教（三民主义及建国方略）、中国历史及地理、宪法。从考试科目来看，近代卫生行政用人的选拔已经比较注重考生的综合素质，除懂得专业知识外，还需了解中国当时的政治形势，了解中国历史地理等常识性知识。

1935 年 5 月 5 日，广州市卫生局举行卫生事务员考试，参加考试者 200 余人。市政府专门派人到场监考，卫生局局长亲任考试主席，另有考试委员若干人以及负责考场布置、试卷管理等事项的职员 10 余人。考试临时命题，上午考党义及卫生常识，下午考国文及公牍。各科试题如下。"（一）党义题，试详述我国民生问题解决之方法。（二）卫生常识题，试详述个人卫生与公共卫生之区别，及其相互关系。（三）国文题，卫生行政愈臻严密，则社会愈进化说。（四）公牍题，卫生局拟设卫生警察教练

---

① 蔡鸿源主编《民国法规集成》第 68 册，黄山书社，1999，第 34 页。
② 蔡鸿源主编《民国法规集成》第 68 册，黄山书社，1999，第 2 页。

所，试拟呈请市政府核示文。"① 初试结束后，由卫生局局长亲自评定成绩，张榜公布，同时公布复试日期，最后核定录取十名事务员。

此外，防疫课之下原设有总检查员及检查员，卫生警察设置后卫生局将总检查员及检查员一律裁撤，改为遴选富有卫生学识的医生带领卫生警察办理食品、药品、鼠疫等检验事项。1926 年卫生局选派的四名检验员皆毕业于正规医学院，且有多年的行医经验。其中刘柏枝是美国医学博士，广州市立医院主任医师；叶菁华从广州博济医学校毕业，曾任广州博济医学堂教员和博济医院住院医生；潘翰苹在广东公立医科专门学校毕业；张楷在广东光华医学专门学校毕业，任光华医院医生。②

广州市卫生局自成立时便确定清晰的上下级关系和明确的分工。通过考试选拔专业人员，是近代政府机构用人制度的显著特征。此外，关于限定职员所学专业的条例体现了卫生局事务的专业性。严格的考选，杜绝了不学无术之徒滥竽充数，从而保证公共卫生工作顺利有效地开展。

（二）卫生警察

清末民初，广州城内卫生事宜由警察监管。1921 年广州市卫生局成立之后，各警察区署派拨数十名特务警察襄助卫生局，除了运送疯癫病人外，还与防疫课的检查员一起对全市的卫生事务进行巡查，解决各种卫生问题。由于缺乏卫生常识及专业救护技能，这些卫生警察在管理全市卫生工作方面作用有限。鉴于此，广州市卫生局于 1925 年 9 月 "将前项特警改组，编为卫生警察队，并增加名额"③，每星期由卫生教育股职员讲授卫生知识及救护方法。经培训后，卫生警察被分配到各区巡查。卫生警察的日常工作主要是协助卫生局及其他机构完成管理广州市公共卫生的工作，而遇灾害时，卫生警察亦需负责救护工作。如遇火灾时，卫生警察长将偕同数名卫生警察前往，在市立医院医生的指导下对伤员进行救护；疫病蔓延时，卫生警察将在卫生局防疫课及医院医生的指挥下对广州全市尤其是疫

---

① 《卫生局考试事务员情形》，《广州市市政公报》第 499 期，1935 年，第 142～143 页。
② 《卫生局呈报遵令改组检查委任检验员缘由请备案由》，广州市档案馆藏，档号：4-01-1-89-2。
③ 司徒朝：《广州市卫生局十四年来进行概况》，《广州市市政公报》第 210 期，1926 年，第 1081 页。

症严重的地区进行全面的检查和熏洗。

1926 年时，卫生警察队设队长 1 名、班长 4 名、一级警察 10 名、二级警察 10 名、三级警察 10 名、四级警察 15 名。另有石龙疯院卫生警察游击队小队长 1 名、队目 3 名、警兵 18 名。[1] 队长职责为"承卫生局长之命综理队务，督率所属长警依照卫生法令执行勤务"[2]。警员主要由局内原有的特务警察和向社会重新招募的人员组成。因工作需要及借鉴此前的工作经验教训，卫生警察的招募要求有所提高。新招募的成员必须在三十五岁以下，十八岁以上，并须经过卫生局人员验明身体条件，只有体魄强健者才为合格。此外，应聘者还必须是"具有普通学识者"[3]，并无不良嗜好。随着卫生事业的发展，卫生警察招募条件越来越严格，要求必须为从高等警校毕业的毕业生，或是教练所的学警，或是已执行警务多年并富有卫生常识的人员。可见，当时卫生警察必须接受过正规学校教育，具有更高的业务水平。

对招聘卫生警察的要求的提高反映了时代的进步，这一点主要体现在对应聘者的文化素质要求的提高上，这改变了传统社会中下层劳动者仅依靠出卖体力便能满足工作需求的情况，体现了文化知识在近现代社会发展中越来越重要的地位。卫生局重视卫生警察的品行和素质，除了因为这关乎管理工作能否高质量完成之外，还因为卫生警察的一项重要职能是教导市民遵守卫生条例，督促市民和商家自觉养成良好卫生习惯，所以他们自身就要成为市民学习的模范，只有品行和素质俱备者才能履行以上职责。

对于卫生警察这个群体，广州市卫生局除了注重应聘者的素质外，还注重招聘后的教育培训。"训练卫生警察具备卫生常识，以期执行职务之利便。"[4] 卫生警察的培训由卫生教育股负责，培训内容主要包括卫生、学术两科。教授学科有救护、裹扎、洁净、卫生常识、勤务须知、体操等六

① 《卫生局警察及伕目伕役名额薪饷表》，《广州市市政公报》第 222 期，1926 年，第 13～14 页。
② 《广州市卫生警察队组织规程》，广州市档案馆藏，档号：7－13－939－30－39。
③ 《卫生局训练卫生警察》，广州市档案馆藏，档号：资－政－604－520－114。
④ 《刘市长在联合纪念周中报告二十三年市政概况》，《广州市市政公报》第 489 期，1935 年，第 161 页。

项。每一科的主讲人和教授时间在卫生章程中都有详细规定：救护和裹扎，由教育股主任亲自选摘要点进行讲授，洁净和卫生常识则由教育股课员讲授，勤务须知由公安局派驻卫生局之委员讲授，而体操由本队警长代授。前四项每星期授课时间两个小时，后两项则分别每周一小时。为不妨碍日常上班，卫生局规定学员每星期上课六小时，分三天完成。培训之后卫生局会对施行救护及训练情形进行考核，每个月卫生警长都须将卫生警察的培训情况进行记录并报告教育股，再由教育股进行整理编列呈报给卫生局局长查核。专业知识的培训与考核对于在短时期内提高刚成立的卫生警察队的业务素养具有重要作用。

卫生警察的内部分工非常明确，分为外勤警察和内勤警察。外勤警察共分四班，每班为一队，每队设班长一名，警察六名。每班每日出队巡查市内各街道六小时，出巡时间为上午六点至下午六点，每次派两班出巡。外勤警察出外巡查，主要是取缔市面上贩卖吹水吹气肉类及腐坏食物和其他一切有碍健康的饮料食品的商贩；取缔无证经营的贩牛场、屠牛场；检查酒楼、茶室、冰室、市场、屠场、酱园等食品制造及销售场所的卫生。当发现街道上有不符卫生规范之行为则及时纠正。内勤警察主要在队内特设的勤务处值班，每天由四人以上负责，以备临时调遣需要。

卫生警察在外出巡查时，佩有专用标识。该标识由相关人员向公安局咨准使用后，再由卫生局知照市内消防队、各区署、商会、救火会等机构，其作用是为方便在巡查过程中表明卫生警察职责。对于实习卫生警察，卫生局亦规定卫生警察在执行任务时必须带有专门制作的用以识别的旗号标贴。另外，如果有卫生警察在外借用职务之便勒索或收取贿赂，包庇违纪行为，经人们告发或被发现并查明确有违法行为则按法律规定惩治，若被同事发现举报，除依法惩治外，还要将被告人一个月薪饷充赏原告，或将原告升职。这种监督机制，对于预防卫生警察的腐败、维护市民和商家的权益有一定作用。

1935 年 6 月，广州市卫生局按照国民政府内政部的模式改组，卫生警察队改组为卫生警察股。卫生警察组织机构由附设的队发展成为业务股，这说明卫生警察的专业性较之前有所提高，因此也要求警察股及其所属员警，均以高等警校毕业及教练所学警补充，或以曾充警务有年兼有卫生常识者补充。升格后的卫生警察股对于卫生警察的工作有了更明确的职责分工和更高的要求。如对被拘留者的态度、执行任务时需要遵守的程序、如何处理特殊情况等，在修改后的卫生局章程中都有详尽的规定。这一切说明了卫生警察组织具有了现代市政组织的形态，这是中国市政管理进步的重要表现。

三　公共卫生的宣教活动

（一）广泛的舆论引导

1921年广州市卫生局成立时便设立卫生教育股，主要职责是在民众中宣传卫生常识，提高市民的卫生素养。最初，卫生教育股除了博采名医著述出版相关图书外，还编撰有《卫生月刊》，借更专业的文字宣传卫生知识。另有《卫生年报》，这是卫生局向市民提供卫生资讯的主要平台，汇总卫生局一年来的卫生行政概况，为市民介绍广州市卫生局年度性卫生行政的详细情形。就连《广州市市政公报》都辟有卫生专栏，刊登《个人防疫方法》《霉雨后公众之卫生》等有关公共卫生常识的文章。内容包括起居要有时；饮食要有节；身体要运动；空气要清新；水未沸不宜饮；肉未熟不宜食；烟酒要节制；痰涎鼻涕切勿随地乱吐；横街曲巷不可任意溲溺；衣物宜常换洗；商店住户须每日清扫卫生；食品储藏须用纱柜或玻璃器皿遮盖，以杜绝老鼠蟑螂苍蝇等各类虫害；传染病流行时尤其要注重个人卫生；所有衣物被褥等物品最好经常暴晒等。

1925年，停刊后的《卫生月刊》改为《卫生年刊》，主要介绍卫生局各课情况，公布卫生局制定的各项卫生管理条例，介绍国外最新的卫生研究成果，宣传卫生常识。卫生教育股将其"分赠行政机关及大小学校"，各机构"莫不先睹为快，其余省外国外，纷纷函索"[1]，由此可见其影响。1927年市卫生局改组后，在医务课下设教育股，继续负责所有卫生宣传事

---

[1]　伍榜：《广州市卫生局十三年进行概况》，《广州市市政公报》第165期，1925年，第3页。

项。1935 年 10 月，卫生局呈请市政府印行《广州卫生》一书，举凡医药学术之论著、卫生建设之计划、行政报告、法规章则、统计图表等皆被收录书中。同时，为使广州公共卫生及卫生行政之历史沿革得有概括的记载，以便检索，卫生局刊行了《广州市卫生行政之检讨》小册子，内容分为过去、现在及将来三大类，并附刊历年卫生行政经费增减及收支情形，以广宣传。

此外，卫生局还经常根据疫情和季节的变化，刊印一些有针对性的日常卫生小册子分发给市民，或绘制一些通俗易懂的图画、标语广为张贴。例如 1927 年 4 月，卫生局为配合全市的预防天花种痘大运动，特"绘备种痘图画标语传单多种，分别张贴散派，多方宣传"[1]。7 月，又因"霍乱痢症发生颇为剧烈，卫生局为防范传染病及保障市民健康起见，饬由教育股制备预防霍乱标语警告多种，分别张贴以资宣传而收实效"[2]，同时，"将人生日用有关卫生者，编成白话文字，刊印小册派送"[3]。1932 年 6 月，因夏季时症流行，"故卫生局曾制书疬疫宣传画一种，遍贴本市各繁盛马路及公共场所。并检送三百张函请教育局通令各市辖学校，将附发之此种宣传画，遍贴校内，以广宣传"[4]。公安局也会配合公布夏季卫生要点，如"扑灭苍蝇""罩盖食物""勿吃切开的瓜果""勿吃生水"[5] 等。

除创办刊物和出版相关书籍图册外，卫生局还借助新闻媒体的力量，向全社会进行广泛的卫生宣传，《广州民国日报》《越华报》《公评报》《中山日报》等当时的主要报纸经常刊登大量的关于公共卫生的报道，以及各种卫生取缔规则，便于民众及时了解卫生局的卫生最新行政动态及施行的各项条例。例如 1930 年《广州民国日报》社会常识版连续向市民介绍卫生尤其是公共卫生的定义，传授各种保健知识，如《怎样达到健康的

---

① 《呈省政府报告十六年三月份行政情形由》，《广州市市政公报》第 257 期，1927 年，第 58 页。

② 《呈省政府报告十六年七月份行政情形由》，《广州市市政公报》第 268 期，1927 年，第 56 页。

③ 《广州市卫生局十六年份行政经过概况》，《广州市市政公报》新年增刊，1928 年，第 86 页。

④ 《教育局令各校张贴防疫宣传画》，《广州市市政公报》第 396 期，1932 年，第 81 页。

⑤ 《公安局公布夏季卫生要点》，《广州市市政公报》第 329～330 期，1929 年，第 94 页。

目的》《保存食物方法》《关于食之卫生》《冷饮生啖为致病之原》《食物防腐法》等。每逢夏季传染病高发期，卫生局就借助报纸向市民宣传防疫知识，其中以注意食品卫生为最基础的防疫手段，特别提醒市民要注意食品卫生。

此外，1937年夏季，《广州民国日报》专门设置了"卫生周刊"版，介绍各种卫生常识，发表各种有关卫生的文章。如《夏季卫生要点》一文，专门教导市民在夏季如何鉴别食品是否卫生，哪种食品对人体有害不能食用，如何保持食品的卫生安全等。再如《卫生局注意食物卫生》则清楚地列出了哪些食物不符合卫生局所制定的卫生标准，提醒市民注意不要选购和食用。《越华报》也曾有专门的《夏令卫生专号》，每天连续刊登出版，其内容主要是介绍西方各种卫生知识，向民众介绍各种饮食卫生常识、传染病防治知识等。此外，许多报刊还设有卫生常识专栏，每期设置不同的主题向市民普及卫生常识。

（二）卫生演讲与卫生展览

民国时期"市民卫生知识尚在幼榠，教育之道首在宣传，宣传之功莫如演讲"①，因此卫生教育股设置专职卫生宣讲员三人。1927年，为提高卫生宣讲水平，进行宣讲员招生考试，择优录取。宣讲员经常被派到公共场所、中小学校及广播电台等处进行卫生演讲，使有关卫生知识的宣传深入到各阶层民众的日常生活当中，让民众逐渐熟悉并自觉运用卫生知识，唤起民众对公共卫生的关注，改变公民卫生意识薄弱的状况。

卫生演讲活动的宗旨是"以演讲得其道，市民随时知所以防其疾而卫其生"②。其主要做法是因时、因地制宜，根据不同时期的不同情况选择不同的演讲主题。例如霍乱流行时，就以防治霍乱症为演讲主题；苍蝇之害较为严重的地区，则以如何灭蝇为主题；夏季易患肠炎痢疾，就劝告市民勿饮生水，勿食切开售卖的西瓜菠萝等水果。这样每次演讲都有明确的针对性，为市民解决当时发生的卫生问题提供了有力的帮助。由于每次演讲的主题不一，所以卫生教育股常设有宣讲员三人，分辖区演讲，他们每日

① 《广州市卫生局十五年度一年来行政概况》，广州市档案馆藏，档号：资 - 政 - 579 - 244。
② 《广州市卫生局十五年度一年来行政概况》，广州市档案馆藏，档号：资 - 政 - 579 - 244。

到卫生局领取各自辖区的讲题，"偕同卫生警察，携带响钟旗帜，巡行市区，露天演讲"①。1927 年春天，卫生局每天派出宣讲员分赴各繁盛地点以春季之卫生及防患春瘟、节制饮食等为主题进行演讲，并刊印《日常卫生常识》交各宣讲员沿路散发。"据宣讲员报告，每次演讲计听讲者约有百余人。"② 1930 年夏天，卫生局又延聘了广州医学界名流举行防疫演讲大会，同时指派宣传员到各区巡回演讲③。

码头、工厂及贫民教养院的演讲对象主要是缺乏教育背景的底层劳动者。为使更多的民众都能对卫生常识有所了解，这些演讲一般都采用最通俗易懂的语言，演讲内容专业性不强，但是贴近普通民众日常生活，容易被民众理解和接受。虽然这样的演讲受场地的限制，每次听众人数并不多，但通过各种各样的卫生演讲，卫生知识的传播基本上仍能够覆盖到社会各个层面，这对于增强全民的公共卫生意识，提高全社会的卫生素养有着一定的意义。

为使中小学生从小接触了解卫生知识，培养公共卫生意识，卫生局派医务人员到市立各中小学演讲，同时派宣讲员赴各私塾演讲卫生常识。将演讲活动安排在各中小学的另外一个目的，是通过中小学生来影响他们各自的家庭。尤其是中学生，由于他们处于好学而又善于学以致用的年龄，常常会主动将在卫生演讲中学到的卫生常识传授给父母家人，还会主动为家人养成卫生习惯做出榜样，这样就不自觉地对其家人产生潜移默化的影响。

每逢寒暑假，卫生局还会举行中小学演讲大会，聘请当时颇富卫生知识的医生或卫生局职员担任主讲人，为全市的中小学学生及教员宣讲卫生知识，其内容涵盖饮食卫生、用水卫生、防疫常识等。有时还会举办专门针对中小学教员的"暑期卫生教育演讲会"。卫生局通过培养中小学教员，在中小学开设卫生常识课程，向学生传授卫生知识。由此可见，当时政府对于学校的卫生教育甚为重视。1930 年 6 月市立平民学校缺乏卫生常识课

---

① 《广州市卫生局十五年度一年来行政概况》，广州市档案馆藏，档号：资－政－579－244。
② 《呈省政府报告十六年三月份行政情形由》，《广州市市政公报》第 257 期，1927 年，第 58 页。
③ 《卫生局举行防疫运动》（1930 年），广州市档案馆藏，档号：4－02－4352。

本，教育局立即斟酌编写教材并油印成书，分发给学生使用。①

为使市民对公共卫生有一个更为直观、感性的认识，广州市政府曾举办过两次卫生展览会。1927 年 6 月 1 日，广州市卫生局借长堤青年会场地，第一次开办了为期七天的卫生展览会，除陈列展览各种卫生成绩、图画、标本以外，"并函请当代名流担任演讲"②。1936 年 2 月 15 日，时值广州市政府成立纪念日，卫生局再次举办卫生展览会。会场设于中华北路净慧公园省立民众教育馆，展览内容异常丰富，分防疫、保健、医务、医院、救护、海港检疫、救护常识、卫生区等各组，陈列品有医科仪器、模型、标本、图画、统计表等，共六千余件。同时刊行《卫生展览会特刊》《育儿须知》《卫生概况》等刊物。会期原定三天，因各方请求延期，故延至 2 月 19 日闭幕，"市民到会参观者，前后达十余万人"③。展览期内，所有卫生局直辖各医务卫生机关，如广州市市立医院、广州市市立精神病疗养院、卫生检验所、海港检疫所及六个卫生区事务所均开放，任由市民参观。

此外，广州市政府还充分利用广播电台的资源，专设卫生常识演讲的节目。"逢星期四六下午六时半，派出宣讲员在中央公园播音台演讲。"④从 1930 年 8 月开始，广播电台更是每天下午七点二十分至七点五十分播出卫生常识节目，主讲人由卫生局派人员担任，或是聘请医学界名流演讲。⑤这样的演讲为卫生知识的传播提供了新的方式，此种方式更为便捷，受众更为广泛，对于提高市民的卫生意识有重要意义。

（三）筹办各种卫生运动

1928 年 5 月，南京国民政府内政部颁布《污物扫除条例》，6 月又颁布《污物扫除条例施行细则》，规定每年 5 月 15 日和 12 月 15 日为全国洁净运动之日。12 月，按照国民政府内政部通令，广州市卫生局会同公安局筹划组织了第一次全民卫生运动，并得广州市市政委员长林云陔特批 5000

---

① 《注意平校学生卫生常识》（1930 年），广州市档案馆藏，档号：资-政-586-355。
② 《呈省政府报告十六年五月份行政情形由》，《广州市市政公报》第 259、260、261 期合刊，1927 年，第 70 页。
③ 《刘市长在联合纪念周中之市政报告》，《广州市市政公报》第 531 期，1936 年，第 144 页。
④ 《卫生局派员宣传夏令卫生》，《广州市市政公报》第 333～334 期，1929 年，第 65 页。
⑤ 《教育局组播音台演讲会》，《广州民国日报》1930 年 8 月 3 日。

元经费的支持。① 26 日卫生运动正式拉开帷幕。开幕仪式相当隆重，参加者多达千余人，广东省政府主席陈铭枢、广州市委员长代表张镜辉、广州市卫生局局长何炽昌等亲自参加了开幕仪式，公安局、教育局、青年会等各机关社团均派代表出席。② 相关部门准备了众多宣传材料，制作了大会宣传标语，送到各卫生区张贴。组织者印刷了大量的传单请航空处用飞机散发，同时请公安局交警区各处分派。为保证宣传材料能有效地发挥宣传作用，卫生局特函请公安局出示布告，禁止市民撕毁遮盖一切标语宣传物品。

卫生运动期间，组织者还举办了为期三天的卫生展览，放映卫生电影，生动形象地宣传卫生知识。③ 27 日广州市举行了声势浩大的各界卫生大巡行活动，全市各学校团体是这次运动的主要力量。如培正学校承担了东山地区卫生宣传任务，宣传者中有中学生及教职员千余人，该校还组织了演讲队，赴东关一带演讲。这次卫生运动重在宣传，虽行扫除礼，但没有实际进行大扫除。

广州气候多炎热潮湿，蚊蝇鼠菌滋生极繁，传染病最易流行。因此，广州市卫生局"每年春夏之交，必举行灭鼠灭蚊灭蝇运动一次"④。1929年夏，根据国民政府卫生部颁发的《灭蚊防疟宣传大纲》，广州市卫生局再次组织开展灭蚊防疟运动。"鉴于前次清洁大运动之表面宣传，不甚切于实际，故此次务必实事求是"，"不注重虚张声势之宣传"⑤。在经费减少的情况下，除了一些必要的演讲、传单、布告外，这次运动更注重实际效果。卫生局率各医院会同各社团组织灭蚊团，"将市内各沟渠及各处积水地方灌以煤油，以杀灭孑孓"⑥。并"特函请工务局同时清浚两濠，以资协助"⑦。1930 年 7 月 13 日至 19 日，为预防鼠疫、霍乱、肠热、恶疟，广州

---

① 《举行卫生运动大会》，《广州市市政公报》第 300 期，1928 年，第 48 页。
② 《卫生大运动开幕布告》，《公评报》1928 年 12 月 27 日。
③ 《卫生大运动开幕详情》，《公评报》1928 年 12 月 27 日。
④ 《卫生局切实举行灭鼠灭蚊灭蝇运动》，《广州市市政公报》第 326～327 期，1929 年，第 120 页。
⑤ 《卫生局切实举行灭鼠灭蚊灭蝇运动》，《广州市市政公报》第 326～327 期，1929 年，第 120 页。
⑥ 《卫生局切实举行灭鼠灭蚊灭蝇运动》，《广州市市政公报》第 326～327 期，1929 年，第 120 页。
⑦ 《卫生局将举行灭蚊防疟大运动》，《广州市市政公报》第 326～327 期，1929 年，第 85 页。

市卫生局又举行灭鼠灭蚊灭蝇的防疫运动，照例有四言布告、宣传画贴、名流讲座、巡回演讲等。还有全市商店住户统一大扫除。其中四言布告虽每年不同，但总体上朗朗上口，浅显易懂，宣传效果尤佳。

1937 年夏季，广州市政府再次举办夏令卫生运动。此次工作因有此前每年卫生宣传工作的经验，统筹得更为具体成熟。为方便开展工作，市政府联合广东省政府、市卫生局、市社会局、市警察局、市交通管理处、市商会、中华医学院、光华医学院及广州市新生活运动委员会等组织机构，共同组成广州夏令卫生运动委员会，具体指导这次卫生运动。

此次卫生运动的主体活动之一是举行夏令卫生宣传周。活动期间共分为十二个宣传周，每周所选宣传的主题均有不同，如第四周关于食品店清洁，第六周关于茶楼清洁，第七周关于酒楼餐室清洁，第八周关于冰室茶室清洁，第十周关于市场肉店清洁。由此可见，相对于之前举办的卫生运动，此次卫生运动在食品卫生监管方面投入了更多的时间和资源，食品卫生在公共卫生中更为突出，政府对食品卫生问题关注度有所提高。

另外，宣传的手段除了散发传单和卫生书报、运用报纸编辑特刊、张贴标语、利用广播进行演讲、举办卫生展览外，还采用时尚的电影幻灯片及化妆宣传。[①] 宣传的内容则多结合当地人的饮食习惯，有针对性地加以劝导，如民众多好生食马蹄果，但因马蹄果为水生植物，皮多含吸血虫虫卵，不慎入口吸血虫则会寄生于人体内，对健康造成威胁；当地人好吃的鱼虾多有寄生虫，不宜生食；市面贱价售卖的破禽蛋，内部实已多腐坏，含有对人体有害的细菌病毒；生葱、生芫荽、生菜、生菊花等，多附着寄生虫虫卵及霍乱病菌等，生食则易感染疾病；路旁小贩所销售的云吞，有的用死病禽畜之肉做馅，食之对人体危害甚大；红饼、南乳等多用颜料上色，此等颜料多有毒，常吃则会损害人体肾脏，引发肾病；月饼内含肥猪肉、熟蛋黄、豆沙等营养丰富之食料，易滋生细菌，故不宜放置过久等。

至于食物器皿，由于部分商人为赚取更多的利润，在锡制器皿中加入重金属铅，若用此类器皿盛载食物，对人体伤害极大，容易中毒，市民应注意勿用锡铜器皿。此外，针对大多数民众对食品卫生存在忽视及侥幸心

---

① 《广州市夏令卫生运动》，《中山日报》1937 年 5 月 15 日。

理，认为食用不洁食物与疾病、死亡之间只是存在可能关系而并非必然关系的情况，医学界名流还在报刊上撰文告诫民众不应对此抱有侥幸心理。[1]

夏令卫生运动的主要活动是进行卫生大检查，检查由警察局主持办理，由广州市新生活运动委员会商同各机关劳动服务团分派队员，协助检查工作。重点检查对象是饮食业，范围包括雪糕店、凉品店、茶楼、酒馆、饭店。为保证检查能覆盖全市的食品店，委员会规定每分队每日至少须检查五十家，并认真填写检查单。若发现有不符合卫生要求的，则责令商家改过，之后由各警察分局派人员跟进检查。[2] 7 月，卫生局将全市 160 余家清凉饮料店的各种饮品送往卫生检验所化验，化验结果虽然均符合卫生局所规定的标准，但是"绝无微菌者，殆未之有"[3]，故仍建议市民不食生冷之物。

在夏令卫生运动期间，为提高宣传和检查的工作效率，卫生局特别增加了对工作人员的培训，其培训的科目主要包括传染病学、公共卫生、环境卫生；培训的行业范围包括生冷饮食品销售业、肉店豆腐酱园等食品制造销售业；其培训对象除了政府工作人员、学校师生，还有各食品行业所有的从业人员。培训开始之前，各商家须将店员名册送交市新生活运动委员会，以作训练依据。

抗日战争胜利之后，广州每年都会举行夏令卫生运动，其目的是使民众普遍注意卫生，预防霍乱、伤寒、赤痢等传染病，保护国民的健康。与战前卫生运动多为响应国民政府要求而匆忙举办不同，战后的卫生运动一般都会经过政府各部门长时间的筹备，制定具体的实施纲要。如 1946 年的卫生运动开始前夕，卫生运动委员会组织相关人员进行简易培训。对消毒人员的培训包括讲解水与霍乱、伤寒、赤痢等疾病的关系，饮水消毒，环境卫生等内容；对食品店员的培训则包括对霍乱、伤寒、赤痢的预防，苍蝇与疾病的关系，卫生法规及卫生常识。

卫生运动期间还进行全民免费防疫注射、清理水源、饮水消毒、清洁大扫除、清渠、饮食店摊管理、灭蝇运动、公厕管理及宣传等活动。其中

---

[1] 《食物卫生谈》，《中山日报》1937 年 5 月 31 日。
[2] 《夏令卫生二次检查今日举行》，《中山日报》1937 年 6 月 25 日。
[3] 《卫生局检验市售凉品结果》，《中山日报》1937 年 7 月 29 日。

饮食店摊管理除规定必须按照饮食店卫生管理规则实行外，为有效防疫起见，还新增了一些管理要求：饮用水必须消毒；不得用生水浇洒瓜果及食物；食物用器具必须经常用沸水洗涤，故饮食店必须常备沸水以供顾客洗涤茶杯碗筷；不得剖售瓜果及生冷食物；店内设污水处理设备及纱橱、纱罩储藏食物以免苍蝇污染；厕所设防蝇设备并要远离厨房。①

市民亲身参与卫生运动，对于快速提高全民卫生素质有积极意义。民国时期，广州市政府及卫生局多次举办声势浩大的卫生运动，其重点在于向普通市民普及卫生常识，灌输先进的卫生理念，动员全民讲究卫生，尤其是直接关乎市民健康的食品卫生。这说明城市近代化不只是政府的一种行为，更需要全民的配合与进步，只有民众真正能响应政府的号召，从行动上除旧迎新，才能最大限度地促进城市的发展与进步。

---

① 《广州市三十五年度夏令卫生运动会实施纲要》（1946 年 3 月），广州市档案馆藏，档号：4－02－4352。

第六章

政府对环境卫生的治理

环境卫生作为公共卫生和市政管理的重要内容，广州建市伊始政府就对其加大了治理力度，如设置专门机构对环境卫生予以管理，制定相关条例对环境卫生予以规范，创办卫生警察机构对环境卫生予以监督，通过宣传普及环境卫生知识，初步建立了近代城市环境卫生机制。这些治理措施对改变市民卫生习惯、增强市民卫生意识、改善城市环境面貌、推进广州城市的近代化起到了很大作用。

一 环境卫生治理的经费来源

环境卫生属于社会公益事业，其经费的常规来源应该是财政拨款。然而民国时期广州市政府的行政经费一直都不充裕，且政局不稳，军费开支巨大，用于市政建设的经费相对较少，环境卫生拨款更是不足。因此，广州市环境卫生事业的维持和发展主要是依靠专项筹集的经费。

（一）粪溺捐

清末时广州就已征收粪溺捐，由巡警局谕饬田料行及穗义公所负责办理，提抽各街埠租五成，拨充洁净经费，以地方之财办地方公益。民国时期广州市政府援引前清成例，提抽各街埠租。1922年3月，广州市政府核准改由商人承办市内粪溺处理工作，专收专卖，后此事因陈炯明叛乱而被搁置。1923 年 10 月，粪溺捐重新由商人承办，卫生局令"穗义公所总协理温心如、保安堂总理黄东初等，依照清末的办法办理，分别按照租额提税"①，提抽广州街坊粪溺埠租五成，市区干粪厕租三成。广州市区及河南、花地等凡属警察管辖内之铺户民居，均一律提抽，规定每年饷额 8 万元，以银毫缴纳。

粪溺捐的收入被市政府指定为卫生局的洁净经费和模范公厕的建筑费，无论时局如何变化，不得挪作他用。全市各埠商承租者依照总承商穗义公所规定，将承批粪溺租批约及干粪厕租批约送交穗义公所验明，加盖印章，登记并列入总册。由穗义公所"核计全年租银若干，划出五成提抽，并分十二个月，平均每月交纳若干到穗义公所，由穗义公所每月按三期解缴到卫生局"②。卫生局再将提抽到的款项的十分之二发还穗义公所，作为该公所的薪金及办公费。为慎重起见，卫生局还派了一个监督员驻扎穗义公所以监督一切。其余五成埠租发还街坊留作他用。干粪厕租的七成也归还原主。粪溺埠租的征收由公安局及各分局协同办理。

1928 年，因穗义公所"收缴款项填写单照种种弊混叠出不穷"③，严重影响了市库财政收入，卫生局决定临时委派专员经营，各粪商直接到局缴纳粪溺捐。不久，卫生局将全市粪溺交由商人承办，清理运销，改为商人自理。由卫生局设立的粪溺捐征收专员向商人征收粪溺捐，除按厕所租值发还业主的费用及拨付街坊的公益费用外，所有盈余都解缴到市库。

1930 年 3 月，市内粪溺捐再次被批商承办，由宏丰公司以年饷 10 万元的价格投得。后因宏丰公司办理不善，积欠税款，卫生局撤销其承办资格。1935 年 2 月 5 日粪溺捐改由大生公司接办，"所有全市厕所租金，照章由该公司发给"。④ 1936 年 11 月 6 日，粪溺捐又由裕利公司投得，承租期为三年。1938 年 10 月因日军侵犯广州，广州市政府撤退，裕利公司承

---

① 邓真德：《广州市卫生行政之检讨》（1935 年），广东省立中山图书馆特藏部藏，第 12 页。
② 《提抽全市粪溺埠租章程》，《卫生局规程汇编》，广州市档案馆藏，档号：资 - 政 - 2131 - 42。
③ 《暂将全市粪溺埠五成租捐收回办理案》，《广州市市政公报》第 289 期，1928 年，第 44 页。
④ 《卫生局发给全市厕所租金》，《广州市市政公报》第 509 期，1935 年，第 144 页。

办期限未满而终。①

抗日战争胜利后，广州市政府分别设置粪溺和垃圾管理处，1945 年 10 ～ 12 月粪溺营业收入就盈余 400 万元（法币，下同）。1946 年，撤销管理处改为招商承办，并于 5 月 1 日由协成行以每月 3165 万元投得，承租期为一年。1947 年 5 月，卫生局再次招商承办，由三泰行以每月 3 亿元投得，承租期为两年。三泰行承租还不到半月，广州即发生大水灾，大量农田被毁，粪溺的运输不畅，销路断绝，承包商的损失也颇大。1948 年，粪溺捐与垃圾捐一起由市政府再次招商承办，广东肥料公司投得，但因为办理不善，违背和约，于 1949 年 7 月被卫生局取消承销权。卫生局另行招商承办时无人应投，于是卫生局改变办法，成立粪溺管理处。粪溺管理处负责清理粪溺，并将清得的粪溺招商承销，承销权由大丰公司投得，承租期为五年。又因通货膨胀，物价上涨，卫生局因此不再以货币为租金，将租金条件改为"每月雪谷三万市斤"。② 但实际上，政治局势很快就发生了变化，大丰公司的承销也很快终结。

（二）垃圾捐

征收垃圾捐也是广州市环境卫生机构自行筹集经费的一个重要渠道。1905 年，广州城内即由商人承办征收垃圾捐，收入被拨作巡警薪费。广州建市后，垃圾捐由市卫生局开投，商人认饷承办，卫生局将所获收益作为洁净课办理洁净事务的经费。但承办饷标价太低，以致"全年之饷项，不敷一月之支销"③。因此卫生局于 1924 年 6 月制定《广州市卫生局招商投承垃圾章程》，以 12000 元为底价，大幅度提高垃圾承办价格，重新招商投承，规定："认缴之饷，每年分四次上期缴纳，即三个月缴纳一次，此外并无别项费用"；承办以三年为期；"投得后，交清按柜，由本局订立合同，即缴三个月上期饷银，方得开办"④。

1926 年 6 月，承办两年的鸿安公司因承饷太高无力支撑而退办垃圾

---

① 《广州市政府招商投承粪溺垃圾记录册》，广州市档案馆藏，档号：全宗 - 4 - 02 - 4984。

② 《广州市政府大丰公司批商承办全市粪溺办法》，广州市档案馆藏，档号：全宗 - 7 - 5 - 501 - 26。

③ 《市区洁净之困难问题》，《广州民国日报》1923 年 8 月 20 日。

④ 《广州市卫生局招商投承垃圾章程》，广州市档案馆藏，档号：资 - 政 - 577 - 156 - 18。

捐。卫生局洁净课在暂时无人投承的情况下，自办垃圾运销所运销垃圾，试图借此增加办理洁净事务的经费。但是由于洁净课所管理的事情本来就多，而垃圾的运销过程又颇为复杂，因此，垃圾运销所开办时间不长便无力维持。1928 年，垃圾捐仍旧由政府招商承办，同年 4 月，承办不久的宏益公司突然倒闭，欠发各垃圾艇户运费、伙食费，致使垃圾船停止运输，长堤一带垃圾严重堆积，臭气熏天。

1945 年，市卫生局曾设垃圾管理处，不久裁撤，垃圾捐仍由商人承办，每月缴捐 25 万元（法币，下同）。1946 年 5 月承办权由裕强公司以每月 80 万元投得，期限为一年。1947 年 5 月重新招商投承时，协益号以每月 2115 万元投得，期限为两年。但协益号没有依时签约，遂自动放弃。继由和生号替补，每月 1852 万元，期限为两年。1948 年垃圾捐与粪溺捐一起，由市卫生局再次招商投承，由广东肥料公司投得。1949 年 7 月，广东肥料公司因办理不善，违背和约，被卫生局取消承销权，另行招商承办。

总体上来说，粪溺捐和垃圾捐的招商承办及征收并不顺利，承包商或欠饷，或退办，或倒闭，或放弃，或违约，因此这两项收入也相对有限。洁净费的征收就成了广州市环境卫生机构自己筹集经费最主要的一个渠道。

（三）洁净费

1921 年卫生局成立之初，洁净课负责办理全市洁净事务。然而广州市地方广大，街巷纷歧，铺户比连，居民辐辏，已有的一千多名清秽夫不敷使用，欲增加夫额，又碍于经费短缺难以实现。至于垃圾车辆之配置，清洁工具之补充，就更难以应付。因此，卫生局仿照汕头香山和佛山等地征收洁净费的做法，制定了《广州市征收店铺住户洁净费规则》，该规则在 1923 年 6 月 20 日市行政会议第 108 次会议上获得通过。该规则规定洁净费指定为本市洁净事项之用，不得挪作他用；洁净费征收额按铺户大小、生产垃圾多少，分为五等十级；洁净费按月直接征收，逾期加倍；如有迁移需先完纳洁净费。具体等级："一等一级每月征收三元，二级二元；二等一级一元，二级七毫；三等一级六毫，二级四毫；四等一级三毫，二级二毫；五等一级二毫，二级一毫。其贫民小户不入等级只收半毫以上。"①

---

① 《征收洁净费之办法》，《广州民国日报》1923 年 8 月 17 日。

1923 年 8 月 15 日，卫生局开始对全市铺户编订等级牌，征收洁净费。依此，"洁净既有专项，时局纵有变迁，不至影响停顿，公家得轻负担，而地方借以清洁，一举两得"①，但实际征收的状况并不尽如人意，征收专员玩忽职守不负责任，店铺住户设法逃避，"每日收入，仅足支给洁净夫伙食之半，其余尚需设法张罗"②。

1925 年卫生局预算每月洁净捐、垃圾捐、粪溺捐三项收入共约 14000元，③ 但 1925 年 7 月 8 日广州国民政府成立后的第二次市行政会议就提出卫生局清秽经费尚有两万缺额④。鉴于之前捐税繁杂，征收混乱，8 月 29日第 11 次市行政会议议决："设立市政厅收捐处，将公安局警捐司事、卫生局洁净费司事及工务局收费事宜，统归收捐处办理。"⑤ 后来因为各种原因，收捐处迟迟未能成立。

卫生局为了调动收费司事的积极性，增加洁净费收入，又提出改变征收洁净费办法，将原来所设 28 名收费司事"每名月支薪额四十五元"⑥ 的固定薪资改为浮动薪资，以"各该司事收票之多寡为衡，拟定每票一张，给薪银二分计算，多少类推"⑦，这样算来，全市铺户 11 万户，即每月票数 11 万张，月给薪银应为 2200 元，全年薪银共计 26400 元，仅收费员薪水一项就约占洁净费总收入的百分之十五，因此，这项规定最后被市行政会议予以否决。

1925 年 12 月，市财政局会计科科长黄仕强从节流的角度提出征收洁净费办法，即裁去 28 名收费司事，"将洁净费交由警捐处，在警捐单内附带征收，市民即可免零碎纳捐之繁，市库可减轻征收洁净费二万四千余元

---

① 《呈省署委员会议决卫生局提议征收结净费规则案请备案由》，《广州市市政公报》第 84期，1923 年，第 23 页。
② 《局费支绌》，《广州民国日报》1923 年 11 月 23 日。
③ 《广州市市政委员会议事录》，《广州市市政公报》第 210 期，1926 年，第 927 页。
④ 《广州市市行政会议事录》，《广州市市政公报》第 210 期，1926 年，第 965 页。
⑤ 《广州市市行政会议事录》，《广州市市政公报》第 210 期，1926 年，第 995 页。
⑥ 《黄仕强条陈征收洁净费方法》（1926 年 1 月 20 日），广州市档案馆藏，档号：资 - 政 -577 - 211 - 9。
⑦ 《财政局审查卫生局变更征收洁净费办法报告书》，广州市档案馆藏，档号：资 - 政 -577 -223 - 35。

之担负"①。具体操作可由公安局派 1 人主持，卫生局派 1 人协助，市政厅或财政局派 1 人帮办，三人形成委员制，收入之款由主管各局分别上报。

在此基础上，在 1926 年 2 月 23 日第 38 次市行政会议上，公安、财政、卫生三局联合提议统一征收警捐和洁净费，"某户应纳警捐若干，洁净费若干，由区书面通知各该户，以后即由各该户按月依期赴局，一并缴纳"②。3 月 17 日，广州市公安局制定了《人民到区缴纳警捐洁净费办法细则》，并"先在九区一分署、七区一分署实行"③。7 月，广州市政府正式公布《广州市财政公安局征收房捐警费洁净费专章》，规定赋税权属财政局，全市洁净费由卫生局移交公安局接管，房捐、警费由公安局统一征收。

1927 年 9 月洁净课业务划归公安局办理后，洁净费之开销一并移交公安局办理。1930 年 8 月，广州市公安局改为省会警察局，直接隶属广东省政府。警察局对房捐、警费、洁净费照旧征收，但其收入不交给广州市财政局，只将征收总数列送市财政局，广州市政府财政权力进一步被削弱，可支配的资金数量减少，这对经费本身就很紧缺的环境卫生事业来说无疑是雪上加霜。

1936 年 6 月，广州市公安局认为施行十年的洁净费征收办法"虽有等级之分，而征额可多可少，住宅征额，且无规定，以故参差不齐，散漫无度。种类既未群尽，等级复不平均"，加之"年来物业凋零，商务衰落，生活日趋于窘迫，穷困者十居泰半"，因此，"为适应市民环境需要及办事手续简明作一劳永逸之计，拟援照征收警捐办法，以租额为定征收洁净费之标准"④，重新制定《征收洁净费章程》，规定：租屋洁净费由租客负担；自用铺屋洁净费由业主负担；租地自建者，除按地租额缴纳洁净费外，还

---

① 《黄仕强条陈征收洁净费方法》（1926 年 1 月 20 日），广州市档案馆藏，档号：资 - 政 - 577 - 211 - 11。
② 《公安财政卫生三局提议划一征收警捐洁净费意见书》，《广州市市政公报》第 216 期，1926 年，第 2 页。
③ 《批公安局据呈报办理人民自行到区缴警捐洁净费并拟办法细则请核由》，《广州市市政公报》第 222 期，1926 年，第 55 页。
④ 《训令财政卫生局奉省府令抄发公安局征收洁净费章程及审查意见书仰知照由》，《广州市市政公报》第 502 期，1935 年，第 77 页。

须照自建物契价另征洁净费；住宅兼营工商业者，已领营业执照或资本在200元以上者均照商业标准征收。

洁净费征收标准由原来的铺户大小及产生垃圾多少改为屋宇产价和租额，并划分不同等级：住户分9级，月征半毫至1元，月租未满一元或产价未满一百二十五元者免征；普通商店分10级，月征1毫至1.6元；特种商店分17级，月征2毫至7.4元；祠堂、书院、寺院、会馆分9级，月征0.5毫至1元，产价不满250元者免征。[①] 洁净费仍由公安局征收警捐时带收。如有瞒报短缴者，"其短缴之洁净费额，应照十倍处罚"[②]，明显加大了处罚力度。

抗日战争胜利后，广州市从1945年10月起再度按月征收洁净费，改由市财政局办理，规定出租房屋，照租额的3%征收，由租客负担；自用房屋，全年按照产价的3%征收，由业主负担；机关、学校、团体及无人居住的房屋免征；租额未满100元（法币，下同）或产价未满1000元以及居住草屋的贫民免征。

后来由于金融动荡，币值日贬，1947年财政局改变征收标准，"依住户、商店、工厂的大小分为七个级别，分别为500元、1000元、1500元、2000元、3000元、4000元、5000元，机关、学校、赤贫住户及空屋免征。加强惩罚力度，延期一个月以上未缴纳的铺户加倍罚征。为减少支出负担，由税捐处代为征收，征收的款项交市行储备，由警察局按月领支"[③]。但是这仍然不能满足环境卫生事业的需求，为此，抗战胜利后成立的洁净督导委员会还出面向社会劝捐洁净费。

但是，由于各区劝捐没有统一的标准，流弊滋生，广州市政府于1949年5月令广州市洁净督导委员会改组，将所有洁净费交由改组后的洁净督导委员会统筹办理。洁净督导委员会随即制定了洁净费征收章程，并委托市警察局代收。规定"凡在本市之商店、住户、银行、工厂及公共场所等俱在征费之列，政府机关及学校免征。征费等级分甲、乙、丙、丁、戊、

---

① 《广东省会公安局征收洁净费章程》，广州市档案馆藏，档号：资-政-138-309-42~48。

② 《广东省会公安局征收洁净费章程》，广州市档案馆藏，档号：资-政-138-309-31。

③ 《广州市民国三十六年洁净费征收预定办法》，广州市档案馆藏，档号：全宗-18-1-18-51。

己六级，甲等三元，乙等二元，丙等一元，丁等六角，戊等四角，己等二角。其中甲等指戏院、剧院、工场、茶楼、酒家、酒店、旅馆、公寓、生药行、京果海味行、糖果酱园及类似制造坊场、公共娱乐场所。其中茶楼、旅馆、公寓雇员在一百人以下者按甲等收费，五十人以下者照乙等收费。乙等包括银行、钱庄、银楼、公司等。丙等：普通商店店员在五人以上者。丁等：商店店员不及五人者及十人以下住户。戊等：六人以上未满十人之住户。己等；五人以下之住户。洁净费每月征收一次，均以银元为本位征费"①。但警察局尚未开始征收，广州市临时参议会即以洁净督导委员会依法无权设定增加人民负担之规则为由加以反对，迫使其停止征收洁净费。

不得已，广州市警察局又策动热心卫生公益的人士组织民众清洁委员会，从民间征收洁净费。"其征收等级分甲、乙、丙、丁、戊、己六等。其中甲等月收银元三元，包括戏院、工场、茶楼、酒家、酒店、旅馆、公寓、生药行、京果海味行、糖果酱园及类似制造坊场等。其中茶楼、旅馆雇员在一百人以下者按甲等收费，在五十人以下者照乙等收费。乙等：月收银元二元，银行、钱庄、银楼、公司等属之。丙等：月收银元一元，针对店员在五人以下的普通商店。丁等：月收银元六角，包括店员不及五人的商店及十人以上之住户。戊等：月收银元四角，指六人以上未满十人的住户。己等：月收银元二角，指五人以下的住户等。但是实际征收仍要按照营业状况及产生垃圾数量由区分会核定，赤贫住户确无纳费能力者免于征收。"②

民众清洁委员会征收的洁净费主要用于警察局环卫汽车员工的薪饷费和燃油费、直属洁净队工饷、全市洁净器具费和修理费，以及民众清洁委员会各区分会的办公费。但在通货膨胀民生凋敝的情况下，征收的洁净费对于整个环境卫生事业的维持和发展来说仍是杯水车薪。

① 《广州市洁净督导委员会委托警察局征收洁净费办法》，广州市档案馆藏，档号：全宗 - 7 - 5 - 280。
② 《广州市各区民众自筹洁净费改进街道环境卫生实施办法草案》，广州市档案馆藏，档号：全宗 - 12 - 2 - 53。

二 环境卫生治理的从业群体

（一）洁净夫

广州有专职的清秽夫（伕）①始于清末新政时期，兼管公共卫生的警察机构雇用清秽夫打扫街道、清运垃圾。至民国初年，广州有清秽夫1200多人，后来因为经费不足，政府减少了清秽夫数目。到1921年卫生局成立时，全市清秽夫、垃圾车夫、鼠夫共有953人，②相对于广州市区的面积而言，清秽夫严重不足，不能保证城区的环境质量。1925年9月卫生局以"内街清秽伕，现有九百余名，责以清除十余万户之垃圾，是每人占百余户矣，力实有所未逮"，③复添雇清秽夫500名。1926年1月，卫生局认为"清秽员清秽伕，名称似欠妥适，兹拟一律改为洁净员洁净伕"，④不过事后仍有清秽夫的习惯叫法。1926年至1937年，广州市洁净夫维持在1500人左右。1945年后，广州市按警区分为二十四个洁净区，每区一个洁净队，共有"洁净夫1004人"⑤。1947年广州市警察局改设洁净科后，洁净夫有所增加，全市按警察分局所辖区域分为24个清洁区，每区与警察岗段相同又分为若干段，每段设一清洁组，每组有洁净夫10~12人。至1949年，全市仍有洁净夫两千多人，基本保证了市区环境卫生的需求。

早期洁净夫并无工作时长的规定，"每天日出便肩箩而去，沿街清道，无论死畜等物，也要扫除"⑥。基本上分为上午下午两班，先是上午六点至八点半，下午十二点至两点。后又改为上午六点至十点，下午一点至五

---

① "伕"是当时广州对特定人群的称谓。清秽夫（伕），又称洁净伕（偶称洁净夫），文中照历史不同时期使用对应的称谓。
② 广州市市政厅总务科编辑股编《卫生局报告书》，《广州市市政概要》（1922年），广东省立中山图书馆特藏部藏，第4页。
③ 《广州市卫生局为提议增加清秽夫及添置清秽器具议案》，《广州市市政公报》第210期，1926年，第983页。
④ 《批卫生局据呈报将清秽员伕名称改为洁净伕准备案由》，《广州市市政公报》第215期，1926年，第48页。
⑤ 《呈为遵逾两星期内清理积污计划五项请核示》，广州市档案馆藏，档号：全宗-临-2-1927-53。
⑥ 《清道夫》，《广州民国日报》1925年12月2日。

点。洁净夫的工作既脏且累，而且没有休息日。1926 年广州市洁净工会成立后，经过努力争取，虽争得"本国阳历阴历元旦日，及该会成立纪念日，准可放假一天"① 的福利，但实际上并未维持多久。到抗日战争胜利后，洁净夫的工作时间才有了明确的规定，"每日以八小时为原则，其作息规定由警察局按季节及天候另定之，必要时，得按实际需要酌予延长"②。同时，"夫目及清洁夫队除特许外，所有例假概不休息，但得由队长酌量情形另定轮流休息日期，列表呈请警察局备查，前项休息名额每组每日不得超过二人"③。洁净夫实行轮流休息的制度，符合环境清扫工作的性质，不至于因为洁净夫节假日集体休息而使环境卫生无人过问，造成垃圾堆积。

作为城市环境卫生从业人员的主体，洁净夫每天日出而作，工作繁重，但是工薪却十分低微，"若辈月薪甚微，所获只足一饱"④，且常不按期发放。1912 年，广州市洁净夫每月工饷仅 8 ~ 10 元，1922 年减至 6 元。后因物价昂贵，生活穷困，经洁净夫联名请求，每月增加一元。洁净夫在职死亡，仅发一月的工饷作为抚恤金。1923 年卫生行政经费短缺，改为每 5 天发伙食费一次，亦常不依期发放。故此，广州洁净夫于 1924 ~ 1927 年先后 3 次举行罢工，后稍微增加了工资。1926 年，夫目每月 11 元，夫役每月 8 元。⑤ 抗日战争胜利后，洁净夫每天工饷 80 元（法币，下同），同年 12 月 16 日起增至 160 元⑥，1946 年 4 月 1 日起每天 400 元，但因通货膨胀，币值狂跌，洁净夫生活仍极端困难。1947 年"洁净夫每月工饷 55000 元，夫目每月工饷 66000 元，队长每月工饷 147500 元"⑦，而此时物价持续上涨，以广东所产齐眉米价格为例，1947 年 1 月每担为 5.9 万元，洁净

---

① 《洁净工会加薪办法议决》，《广州民国日报》1926 年 12 月 18 日。

② 《广州市清洁队服务规则》，广州市档案馆藏，档号：全宗 - 18 - 1 - 18 - 58。

③ 《广州市清洁队服务规则》，广州市档案馆藏，档号：全宗 - 18 - 1 - 18 - 58。

④ 《清道夫》，《广州民国日报》1925 年 12 月 2 日。

⑤ 《卫生局警察及伕目伕役名额薪饷表》，《广州市市政公报》第 222 期，1926 年，第 14 ~ 15 页。

⑥ 《呈为遵逾两星期内清理积污计划五项请核示》，广州市档案馆藏，档号：全宗 - 临 - 2 - 1927 - 53。

⑦ 《广州市警察局洁净业务支出经常费预算节要》，广州市档案馆藏，档号：全宗 - 18 - 1 - 18 - 58。

夫每月的工饷还不足购买一担米。到 12 月，齐眉米的价格涨到了 65 万元一担，洁净夫就连自己的基本生活都很难维持，更不要说养家糊口。夫目作为低层管理者其状况虽然比一般洁净夫好一些，但是也很难维持生计。

整个民国时期，广州全市共设夫场三十五处①，供洁净夫住宿，并有伙夫负责提供伙食，便于对洁净夫实行集中管理。"队长、夫目、洁夫一律在指定之住所集中住宿，实施层级管理。"② 不过供洁净夫集中住宿的夫场尽是"低矮潮湿，破旧不堪的棚屋"，"若辈十数人居一室，空气既不充足，地方又多污秽不堪"③。洁净夫用自己辛勤的劳动，换来了城市的卫生洁净，但自己却生活在十分恶劣的环境中，洁净夫不仅要处理各种各样的生活垃圾，还要负责捡拾死鼠、死畜、死尸、死婴等。在没有现代的消毒和防疫措施的情况下，从事洁净工作的洁净夫绝大多数都染有各种疾病，而且一旦生病，根本没有能力医治。1926 年广州洁净工会成立后，经过多次的斗争，最终为洁净夫争取到了一些医疗保障的待遇："工人有病，不能开工者，工金照给一节，可以照办，惟必觅人代理该段工作，以免垃圾堆积；如关于工人疾病，及因公受伤者，医药费由卫生局担任支给，及须指定医院，以备工人留医一节，准可照办；凡本会工人，如有死亡，每名由卫生局照公安局警察死亡丧费例发给。"④ 不过，在此后的实际操作中，章程并没有有效实施，洁净夫的权益依然没有得到根本的保障。

（二）粪夫

从事粪溺清运的粪夫是广州城市环境卫生从业人员的又一大群体，包括深入内街上楼入室收集粪溺清洗粪桶的倒粪夫、负责将粪溺挑运至集中点的挑粪夫、专门负责粪溺装卸车的车面夫、将粪溺运至郊外的粪艇船夫、看管清扫厕所的厕夫等，其人数不亚于洁净夫，甚至更多。1930 年，仅倒粪夫、挑粪夫就有 3000 多人，其中还有相当一部分女性。另外，1930 年广州市公共厕所约有 600 多所，以每厕至少一个厕夫计算，全市约有厕夫数百人。1935 年开始有女厕以后，还专门雇用了女厕夫。

---

① 《洁净夫场保留》，《广州民国日报》1923 年 8 月 3 日。
② 《广州市清洁队服务规则》，广州市档案馆藏，档号：全宗 - 18 - 1 - 18 - 58。
③ 《清道夫》，《广州民国日报》1925 年 12 月 2 日。
④ 《洁净工会加薪办法之议决》，《广州民国日报》1926 年 12 月 18 日。

由于粪溺清倒、运输过程中有臭味溢出，因此倒粪夫和挑粪夫的工作时间都较早，必须在清晨人们尚未频繁活动之前，但每天的工作时间并不长。厕夫则被要求早晚清扫，同时为方便看守粪溺，厕夫基本上都住宿在厕所。厕所的大小不同，供厕夫住宿的面积也不等。1930年的改建厕所图式规定工人房"宽五尺、深七尺"①，仅能容身，但有的却要容纳夫妻两人。

民国时期广州市的粪夫主要是由200多家粪商分别招募，固定的少，临时的多，官方也只在特殊时期临时招募，因此就这个庞大群体而言，没有更多的文献资料留存，对其具体的生活状况相对缺乏了解。

三 街道的清扫与垃圾的倾倒

（一）清秽夫的日常清扫

1921年广州市政府成立，市长孙科认为现代城市环境卫生以垃圾和粪溺的处理最为重要。因此，卫生局成立后，接管城市洁净工作，将全市划分为6个洁净区，由清秽夫分区按段清扫。

清秽夫对市区的清扫对象分为马路和内街两种。清扫马路相对轻松，因为能使用垃圾车沿路清扫、收取垃圾，然后运送到指定地点。而内街因街道狭窄路面不平，无法行驶垃圾车辆，清秽伕清扫后，只能将垃圾用竹箩挑运到指定地点。所有垃圾运至各指定码头后，装入承包商所备之垃圾船，其中"以六十只载垃圾，以十只载沙泥秽物"②。垃圾运至郊外卖给农民沤肥，而瓦砾渣土另外用船装运到滩涂洼地做填平处理。

1924年，广州市有居民18万多户，平均每户月积垃圾90多斤。其时，全市有清秽夫1000人，每月需清运的垃圾至少在16万担以上。实际上"计由夫役挑运者九十余万担，用车辆装运者亦二十四万担有奇"③，平均每月约95000担，大约能清运市内60%的垃圾。

---

① 《改建厕所近况》，《广州市市政公报》第348期，1930年，第44页。
② 《卫生局招商投承垃圾》，《广州民国日报》1924年11月14日。
③ 伍榜：《广州市卫生局十三年进行概况》，《广州市市政公报》第165期，1925年，第1页。

1925 年因经费困难裁撤卫生区后，卫生局在各警区共设 36 名洁净助理员，各警区区署分别负责管理。每区清秽夫 20 人，每天上下午各清扫一次街道并收运垃圾。全市马路分为 25 段，每段 10 人左右，共有清秽夫 240 人，由洁净管理员率领，每天分上午下午两次出勤清扫马路，收马路垃圾。另外，还设立特别班夫役 40 人，负责清理堆积的垃圾或临时的清扫工作。

卫生区裁撤后的 1925 年 4 月，一个月内各警区共清运垃圾 116328 担，瓦渣淤泥 7062 担。[①] 6 月，广州城内发生杨刘叛乱，又因卫生局欠发夫饷，清秽夫相率罢工，致使"各街道垃圾堆积，如岗如陵，秽气蒸腾"[②]。新任卫生局局长只好采取临时措施，自 7 月 6 日至 30 日，添雇临时夫役 7184 名，[③] 连夜开工，用时近一个月方清理完毕。从 7 月至 12 月，共清运垃圾 1312933 担，瓦渣淤泥 94856 担，月均清理垃圾约 218822 担，清理瓦渣淤泥约 15809 担。[④] 1927 年 1 至 9 月，各警区共清运垃圾 1300543 担，瓦渣淤泥 106487 担，平均每月清理垃圾约 144504 担，清理瓦渣淤泥 11831 担。[⑤]

1927 年 9 月，公安局认为各区清秽夫每日工作勤怠及有无缺额向难稽考，因此特制定清秽夫竹筹工作考勤细则，规定制发竹筹给各清秽夫出勤携带，轮回收发已资查考；所发竹筹由各该管区署分署将夫役姓名及襟章号数填注竹筹上；每天各区夫目提前将全体清秽夫竹筹领回分派，各自携带出勤，于头班工作完毕时，将所携竹筹交于本段岗警收回，由署员核收，每日轮回办理；各段警于接收清秽夫所派竹筹时，确认各夫役所清理地段已清洁方可接收竹筹，否则不予接收，但不得挟嫌拒收；各区段内街道如有不洁，该段警长清秽夫同受记过处分；各区警长署员对于竹筹发缴须立即查明分别究办；清秽夫如欠缴竹筹，当以缺勤论，须按名扣除半天或一天工时费；清秽夫不按规定携带竹筹出勤者，作缺勤论，扣饷充公；

---

① 《广州市卫生局四月份办事成绩总表》，《广州市市政公报》第 185 期，1925 年，第 9 页。

② 司徒朝：《广州市卫生局十四年进行概况》，《广州市市政公报》第 210 期，1926 年，第 1079 页。

③ 《广州市市政公报》，广州市档案馆藏，档号：资－政－577－223－27。

④ 司徒朝：《广州市卫生局十四年进行概况》，《广州市市政公报》第 210 期，1926 年，第 1080 页。

⑤ 《广州市卫生局十六年行政经过概况》，《广州市市政公报》新年特刊，1928 年，第 81 页。

清秽夫如因所扫地段未洁段警不接收竹筹或出勤忘记携带，各该管区长员须分别按名记过以示告诫。

1928 年 12 月，为唤起国民的卫生意识，南京国民政府内政部曾通令各省举行卫生清洁大运动。广州市卫生清洁大运动由卫生局和公安局会同办理，公安局要求须在"大会期前，各铺户自己将积污扫除干净，不留余秽。不依期扫除者，从严处罚"①。筹备会还制定了全市大扫除的详细办法：扫除队两大队共 202 名人员，办理扫除全市马路一切事项；各区街道由各管区署依照规定的雇夫人数组织扫除队一队，清扫本区段内各街；马路扫除队，派股员督导扫除队进行清扫；各区扫除队，由该管区区长负责办理，并由该区派警察及警长各一名进行督导，并加派当日休班警察四名随队出发，遇有不洁净的住户及公共场所，由警长、警察入内检查，妥善劝导；各区在大扫除时，应先饬令洁净夫先将段内积秽清除，其他障碍物等应由区派警察预先扫除；各街厕所应于大扫除日之前，传知各厕所业主或粪溺夫认真打扫；各区须于大扫除日之前两日，派人到公安局领取器具及临时雇役的工饷；每区除由本区区长、警长、警察负责督导扫除外，并由扫除股派一人参加办理清除事务；各区扫除队于举行扫除运动之日上午十一时在各区署集合出发，沿街扫除，至下午六时才能收工；关于清洁事项，各区根据地方情形，按照所发布的扫除条例，酌量执行，以洁净为宗旨。卫生运动大会的第二天，广州市政委员长林云陔、卫生局局长何炽昌亲自参加扫除典礼，与各部门领导先后持扫把象征性清扫马路，随后再由洁净夫继续清扫。但实际上"各马路、内街，各家店户及住宅，举行洗地扫屋者极少，所有家私器具，也很少有搬出街外洗涤的，横街小巷仍有很多垃圾堆积"②，卫生大扫除徒具形式，效果不明显。

日伪时期广州市虽也设置了垃圾事务所，但 300 名洁净夫，只轮流清扫马路和清运垃圾，而内街则无人清扫。当时市区到处是废墟，马路破烂不堪，垃圾堆积如山，淤泥瓦砾遍地，沟渠淤塞，污水横流，蚊蝇群集，臭气熏天。抗战胜利后，警察局恢复内街清扫工作，同时在全市举行整饬

---

① 《卫生运动大会近日全市举行》，《广州民国日报》1928 年 12 月 26 日。
② 《昨日全市大扫除巡行情形》，《广州民国日报》1928 年 12 月 28 日。

市容运动，动员市民清除自己住宅的日伪遗留标语，进行大扫除，集中清运日伪统治时期堆积的垃圾。1945 年 10 月，国民政府军第二方面军和第五十师先后调拨日军俘虏 1200 名，派往各警区清扫街道，清运垃圾粪便。另外调集日俘 2000 名交工务局，由工务局派遣他们清除市内淤泥瓦砾，疏浚沟渠及下水道，修复公厕。1947 年 7 月 6 日，广州市还成立了街巷洁净督导委员会，负责督导洁净夫的清扫工作及市民的卫生行为，但街道清扫保洁状况仍无根本好转。

20 世纪 20 年代初，广州市有 16 辆垃圾车。随着市区的拓展，马路的延伸，人口的增加，垃圾车明显不敷使用，僻静马路缺少垃圾车，从离垃圾码头较远的内街深处挑运垃圾太过费时。因此，1926 年卫生局又添置十辆垃圾车，"以五辆补助现有马路之不逮，以五辆分驻盘福路、太平路一带，俾内街清秽伕挑垃圾至车，联合拖至艇埠"①。1929 年 7 月 25 日原长堤垃圾船码头分别向西迁移至黄沙义恒街口、向东迁移到老龙桥口后，公安局为运输垃圾添购了 8 辆垃圾车，但由于垃圾船码头远离市区，"各运卸垃圾路比前有远多一倍，又因各车系属胶轮，行动迟缓，八辆驳车仍觉不敷分配"②，又批准再购置 5 辆。到 20 世纪 30 年代初，广州市垃圾车增加至 30 多辆，且遵市政府训令，为免"辗坏马路，妨碍交通"③，将原有铁镶木轮全部换装成胶轮，客观上也增加了运送垃圾的效率。1945 年 11 月，在战后大规模的清扫过程中，洁净工具的短缺较大地限制了清扫进度，此时市政府经费困难，没有能力购买新的工具，因此各警察分局发动市民捐献洁净车，共得 106 辆，解了燃眉之急。④

1921 年广州市政府成立前，市区的马路均为花沙路面，下雨时道路泥泞，刮风时及车马过后沙尘滚滚，当时市政公所从德国购进两台洒水车，交由警察局分段淋洒马路。因马路日渐增多，两台洒水车不敷使用，1923

①《广州市卫生局为提议增加清秽夫及添置清秽器具议案》，《广州市市政公报》第 210 期，1926 年，第 983 页。
②《垃圾船迁后之添车问题》，《广州市市政公报》第 328 期，1929 年，第 57 页。
③《公安局改换垃圾车胶轮之意见》，《广州市市政公报》第 329～330 期，1929 年，第 80 页。
④《此次发动市民捐献垃圾车辆共捐得 106 辆编配各分局车辆数目表》，广州市档案馆藏，档号：全宗－8－4－246－39。

年 9 月卫生局又向德商礼和洋行定购洒水车两台，由于受战乱的影响，所购洒水车直至 1926 年 2 月才从香港起运回市，彼时洒水车增至 4 台。由于洒水车少，加上有的年久失修，不能使用，因此马路上仍是尘土飞扬。当时第九区三条街（西堤二马路、同兴街、十三行）的坊众曾自行组织坊众洒水会，自制人力洒水车 2 架，试办洒水，[①] 但作用不是很大。广州沦陷后，马路洒水完全停止。1945 年后，市警察局又增加配备 4 辆洒水车，分警区进行马路洒水，一定程度上改善了尘土飞扬的状况。

（二）鼠箱的设置

清末民初，广州曾发生过几次鼠疫，其中 1897 年的鼠疫尤为严重，10 天内死亡 4 万多人，当时官方曾通谕加强死鼠的搜集掩埋。1921 年，广州市卫生局成立后，一方面劝谕市民堵塞鼠穴，清理垃圾，"多设捕鼠器，或畜猫严捕"[②]。一方面，在各街道设置鼠箱，内储消毒药粉，收纳死鼠，但大街小巷仍然时常有死鼠以及遗弃的死婴、死畜。因此，清秽夫中设有专门的鼠夫，每天负责将鼠箱的死鼠运至郊外指定地点焚化，同时，将捡拾的死婴死畜运至郊外掩埋。

1925 年 7 月，卫生局在制定改良整顿计划时，鉴于市内鼠箱多已破烂，决定"调查全市应用若干，一律补设，分区编列号数，制定图表，每日捡收死鼠，按照鼠箱号数填报，以便查考，将来如有毁烂，亦易于添补"[③]。7 月至 12 月，6 个月内共捡拾死鼠 186613 只，死婴 658 具，死畜 82 头。1927 年 1 月至 9 月，9 个月内共捡拾死鼠 185323 只，死婴 742 具，死畜 139 头。

1929 年卫生局以原有 2000 多个旧鼠箱历时已久，多有废烂，赶制了一批新鼠箱更换，又在"马路之飞班车（垃圾车）上附挂鼠箱一个，以备清除马路垃圾时，如遇有死鼠发现即投入箱内，运往郊外焚化"[④]。同时，

---

① 《批工务局据呈复颜德刚等发起九区三街坊众洒水会自可准予照办应如议并候行卫生局知照由》，广州市档案馆藏，档号：资 - 政 - 577 - 224 ~ 225。
② 《个人防疫方法》，《广州市市政公报》第 83 期，1923 年，第 15 页。
③ 《广州市卫生局办事状况报告书》（续），《广州市市政公报》第 204 期，1925 年，第 726 页。
④ 《公安局整理本市洁净事业之计划》，《广州市市政公报》第 331 ~ 332 期，1929 年，第 94 页。

卫生局专门制定了《取缔任意抛弃死鼠罚法》，呈准市政府布告施行，对任意抛弃死鼠者严加处罚。"初犯者罚银二毫，再犯者罚四毫，连犯三次者罚金八毫，三次以上屡戒不悛者罚银一元。无论何人发觉举报，将罚款五成充赏，即罚即交，以示鼓励"①，各区专职鼠夫"毋得疏忽，否则一经查出，即为该区署长是问"②。

沦陷时期，广州市的鼠箱像其他卫生设施一样都遭到严重破坏。抗战胜利后，根据警察局的调查，鼠箱"现存完好者110个，待修110个，应增682个"③，根本不敷使用，街上死鼠遍地。1945年9月，广州紧急救济会成立掩埋队，专门从事死鼠、死畜和路尸的收拾掩埋工作，1946年2月该会撤销，掩埋队由卫生局接管。7月，广州市警察局根据广州市政府鼠箱设置实施办法，在经费不足的情况下，要求"各保甲区召集区内各保长组织成立筹制鼠箱委员会，向辖内殷商富户募捐，然后招商承制鼠箱。制妥后送该管分局择适当地点悬挂"④。"鼠箱每两甲设置一个，运储鼠箱每区购置两个以作收集各处鼠箱死鼠运储之用。"⑤ 此外警察局还规定对鼠箱每星期清洗一次，死鼠每星期三和星期日各运送一次。各分局派能力较优之洁净夫一名充当鼠夫，专门负责收运死鼠及洗换鼠箱。鼠夫需要将收运的死鼠清点数目，然后送往小北门外七星岗挖穴掩埋。

1947年，广州市政府又训令警察局在所有有垃圾箱的地点设鼠箱，并由鼠夫收集送交专门的掩埋队，其余死畜由自己送至掩埋队，再由掩埋队运至郊外掩埋。鼠箱的设置是广州市环境卫生事业的一个特色，这种集中处理死鼠的方法较为有效地保证了环境卫生，防止了鼠疫的发生与传播，改善了市民的生存环境，保障了市民的身体健康。

---

① 《注重本市公共卫生》，《广州市市政公报》第329～330期，1929年，第83页。
② 《注重本市公共卫生》，《广州市市政公报》第329～330期，1929年，第83～84页。
③ 《广州市警察局发动各保甲区筹制鼠箱及办理收运死鼠暂行办法》，广州市档案馆藏，档号：全宗－7－5－244－96。
④ 《广州市警察局发动各保甲区筹制鼠箱及办理收运死鼠暂行办法》，广州市档案馆藏，档号：全宗－7－5－244－97。
⑤ 《广州市鼠箱设置实施办法》，广州市档案馆藏，档号：全宗－7－5－244－100。

(三) 垃圾箱的复设复拆

垃圾的清扫需要洁净夫的劳动,而环境卫生的保持则需要全体市民的配合。然而民国时期市民的公共卫生意识薄弱,乱扔垃圾的陋习久积难改,因此,相关部门不断制定禁戒条规加以约束,采取强制措施予以纠正。

卫生局成立伊始就发布公告,公共场所随地乱扔垃圾者罚银 0.5 元或处以五天以下拘留,再犯加倍。1925 年 7 月,卫生局办事状况报告书中特别提出:"各街垃圾箱日久多有废烂,现拟从新添置,指定安放地点,加以标志。所有居民必须将垃圾倒在箱内,不得随地倾倒。并布告市民,各家自置箱桶,储蓄垃圾,听候清秽伕摇铃经过到收。"① 1926 年 2 月 11 日,广州市政委员会议决通过的《修正广州市取缔垃圾规则》规定"市内铺户居民须自设垃圾器具,装载垃圾,置诸户内,每日上午六时至十时,下午一时至五时,由洁净垃圾车摇铃到收,不得将垃圾放置户外或堆置空地","铺户居民修建屋宇时,如有瓦渣余泥,须随时挑运清除,不得久置路旁","果摊菜摊,须将果皮菜屑等物,用箩箱装载,交由洁净伕挑运,不得抛弃路上"②。

1928 年,接办洁净事宜的广州市公安局根据国民政府内政部颁布的《污物扫除条例施行细则》,督促洁净夫认真清扫,"先后制发垃圾箱约两千一百余个,分给各区安置适宜地点"③,方便没有自备垃圾桶的市民投放垃圾。但之后不久,公安局又认为"本市各繁盛马路,放置垃圾箱,殊于观瞻有碍"④。"若各铺户均能自置垃圾容器,则路旁之垃圾箱,即可废除。"⑤ 遂从 1928 年 11 月 1 日起,首先撤去西关一带的公共垃圾箱。1929 年 4 月 1 日起,又将长堤、财政厅、永汉路、大南路、大德路、惠福路等

---

① 《广州市卫生局办事状况报告书》(续),《广州市市政公报》第 204 期,1925 年,第 726 页。
② 《修正广州市取缔垃圾规则》,《广州市市政公报》第 214 期,1926 年,第 10 页。
③ 《批公安卫生局据呈复遵令办理扫除污物各情形转呈省府察核由》,《广州市市政公报》第 301 期,1928 年,第 43 页。
④ 《公安局整理本市洁净事业之计划》,《广州市市政公报》第 331~332 期,1929 年,第 94 页。
⑤ 《公安局取缔在马路旁倾弃垃圾》,《广州市市政公报》第 323~324 期,1929 年,第 144 页。

市中心各马路之垃圾箱悉数撤去。但是，"东关及各内街，则以贫户稍多，未能自行置备小垃圾箱，将垃圾存储，以待清道夫到收，故须俟筹有法，方能取消"①。

公共垃圾箱撤除后，公安局要求各铺户限期购置箩桶，置于户内储放垃圾，待垃圾车摇铃到收时，再拎出倾倒于垃圾车内，平时不得随时任意将垃圾扔弃在街边路旁。卫生警察从 4 月 1 号也开始切实巡查，如故意违反规定，则从严处罚。但是由于垃圾箱拆除后市民无处倾倒垃圾，洁净夫收运垃圾又不及时，市民到处丢弃垃圾的现象又普遍起来，为此市政府于 1930 年重新拨款设置水泥垃圾箱 100 个，分置于东山及各街繁华地点。

1946 年 5 月，广州市政府为在清洁大扫除后能继续保持全市的整洁，特发起"一保两箱"运动，即将全市街区划分为 359 保②，每保必须在内街适宜地点按统一规定的图式尺寸，建造两个水泥垃圾箱，供全保店铺住户使用。各保长如较富裕，愿意多建造垃圾箱，任其自建。"一保两箱"运动在一定程度上改善了垃圾箱分布不均的状况，较好地处置了内街铺户的垃圾。

然而与广州毗邻的香港，当时"大街小巷均不设垃圾箱，每户自备垃圾桶一个，每日于规定时间（上午七时至八时，下午一时至二时）派汽车前往按站收集。车到甲站时，先派洁夫一名到乙站段内摇铃，使居民知道并有所准备。不但不准居民将垃圾倾于街上，而未设备垃圾桶者，亦即作犯规论，故街道随时洁净。较之广州市内街随处设置垃圾箱池，任令市民随时倾倒，狼藉满地，只有洁夫到扫之时间片时洁净，扫后又复污秽，实有天渊之别"③。因此，广州市警察局参考香港的做法，于 1947 年 5 月 12 日，再次训令撤销原有垃圾箱池，要求每户自备垃圾桶或垃圾筐装贮垃圾，每日由洁净夫以摇铃为信号，按时收运，然后运至码头倾卸，不准再将垃圾倒于箱池内。

---

① 《公安局整理本市洁净事业之计划》，《广州市市政公报》第 331～332 期，1929 年，第 94 页。
② 《修正广州市推行整洁一保两厢运动实施办法》，广州市档案馆藏，档号：全宗 - 12 - 6 - 30。
③ 《报告》，广州市档案馆藏，档号：全宗 - 7 - 5 - 232。

垃圾箱的设置较之于以前随处乱倒垃圾是一大进步,而各户自备垃圾桶定时倾倒,较之设置垃圾箱又是一进步。垃圾箱的复设复拆,说明广州市在不断地吸取经验,摸索发展环境卫生事业。

四 粪溺的处理与厕所的整改

近代以来,随着城市化的发展,城市粪溺的处理成为城市环境卫生的衡量标准。传统的粪溺处理方式逐渐被改变,政府也越来越多地介入其中,加强管控,既为城市公共卫生负责,也为增加政府财政收入。

(一)政府介入粪溺的处理

民国初期,广州城市粪溺处理基本上沿袭清代旧例。城内市民家中自备马桶,供老、弱、幼以及女眷使用,一般男性则多到屋外的公共厕所如厕,除了富家大户,平常人家建有厕所的极少。由于粪溺在民国时期依然是农村最主要的肥料,因此,作为一种有重要经济价值的特殊商品,其收集、运销也有一套较为完善的机制。作为城市中的专门行业,广州分别有主理干粪的保安公所和主理水粪的穗义公所。各公所之下有若干粪商,各粪商分别雇用粪夫粪妇,其中,粪妇主要是上门入室清倒马桶,清理厕粪和挑运粪溺则主要由粪夫负责。

粪夫粪妇每天将粪溺分别从住户和公共厕所中清运至指定的粪池储存,不定时地再从粪池运至指定的埠头,由专门的粪艇经水路运到农村卖给农民做肥料。民国初期,广州城内有大小不等的粪池百余口,三大粪埠分别位于西关的荷溪、东门的北横街和中部的归德门。另据 1921 年的统计,广州的粪艇共有 333 艘,尿艇共有 166 艘。

广州传统的粪溺处理机制,因自身的诸多缺陷,在一定程度上阻碍着城市的近代化发展,因而广州市政府成立后,通过各种取缔手段加以完善。按广州"市内惯例,倒粪要利市,逢节要打赏,否则怠工,予人难堪"[①]。粪夫粪妇这种索诈行为和不按时清理的现象,常常被市民投诉。1927 年 1 月份,全市"责令粪商约束粪妇依期清理及不得勒索经遵

---

① 《论清理粪溺与卫生行政》,《广州市市政公报》第 366 期,1930 年,第 1 页。

办者九起"①。此后每月均有数起，禁而不止。直到 1935 年，卫生局仍在为此事布告："重申禁令，倘本部各段清粪工役，有敢向住户索取各种小费者，一经查确，当严惩不贷。"②

另一方面，住户清粪时间由每天清晨改为三日轮回一次且在夜间清理，也有一些市民不守时间，以致清粪工役叩门时迟迟未开门，清粪工役不得不大声呼叫或猛拍叩门，这样既耽误了清粪时间，又影响了周边市民休息。为此，卫生局要求洁净科"定期召集担任清粪工作员役，面加训导，着令晚间办理清粪工作时，慎勿妨扰市民安睡"③，同时布告劝谕市民："凡楼居或屋深而距离门口较远者，嗣后对于清粪轮回日期，务宜注意，按期预为等候，一遇清粪工人敲门，立即启户，以利工作，而免耽延。"④

又因旧日广州百余口粪池散布城内，既不卫生，又有碍观瞻。1928年，市卫生局、公安局选定珠江北岸司马涌和珠江南岸小港桥附近建设粪池，限令城内各粪池迁往该处。1931 年，市政府又择定在郊外靠近珠江的地方租地 10 亩，建筑粪池 10 个，粪屋 5 间。每个粪池约容纳粪溺 1000担，用于贮存水粪，每间粪屋约 600 平方米，用于贮存干粪。遂"将市内的粪池一律填塞"，并"购备汽车将市内的水粪运出郊外"⑤，为此还专门修建了运粪汽车房。1946 年，市卫生局又在大沙头建粪溺码头，从此，所有粪溺车船均在此卸粪。

虽然广州市工务局对于配有水厕的新建楼宇均要求建筑化粪池，但这些普通化粪池容量不大，且粪溺因由管道流入沟渠而影响了环境卫生。1935 年，工务局特设计出一种超大的双层新式化粪池，不仅能满足数百人的工厂、学校、机关之需求，而且"粪溺分化后，化水流出，可作肥料，

---

① 《呈省政府呈报十六年一月份市行政情形请察核由》，《广州市市政公报》第 253 期，1927年，第 65 页。

② 《卫生局查禁粪役索取赏封》，《广州市市政公报》第 494 期，1935 年，第 119 页。

③ 《指令卫生局设计委员会据卫生局呈复奉令酌办改良清粪时间情形仰设计会知照由》，《广州市市政公报》第 487 期，1935 年，第 51 页。

④ 《卫生局劝谕市民守候清粪时间》，《广州市市政公报》第 487 期，1935 年，第 97 页。

⑤ 《林市长在省政府纪念周中之市政工作报告》，《广州市市政公报》第 382 期，1931 年，第 1 页。

且无臭味"①。不过，由于种种原因，这种化粪池最终并没有在广州普及。

同时，随着城市的扩展和人口密度的增加，原来停泊粪艇的粪埠附近也渐成冲繁之地，粪埠的存在不仅"于市民卫生最为有碍"，且"行人来往磊炽，尤失市政观瞻"②。因此，卫生局会同工务局、公安局将湛塘、南胜里等处粪埠迁往河南大冲口的小港桥附近，将第四甫水脚、带河基等处的粪埠迁往西关司马涌的新桥西。这些地方"均属涌边禾田，距离市区而交通便利"③。至于经常停泊在长堤开滦煤矿粤局对开码头的粪艇，卫生局与公安局协商，将其"一律迁往东堤旧妓寨前之码头"④。但实际上，仍有一些粪商不愿远距离运粪，为图便捷，常偷偷就近停泊粪艇，装运粪溺。

（二）公共厕所的整改

民国初年，广州市内有厕所六七百间，均为私有，只是有的产权属于业主，有的产权属于街坊大众。1918年广州大举拆城墙修马路，地价随之上涨，私有厕所业主不断将厕所填毁，利用原有地界改建店铺房屋以增加租值，市内厕所因此锐减至400余间。但这些厕所"建筑简陋，设备不完，污秽不堪，甚至粪溺流出厕门附近，街道数丈外犹闻臭气"⑤，既不符合公共卫生的要求，也有损于广州城市的形象。因此，1921年广州市卫生局成立后，开始对全市厕所进行整顿和改良。

1922年卫生局规定公厕每晚大洗一次后用来苏水洒厕所；厕内尿缸、尿槽、沟渠必须每天洗擦，不得有污物垃圾堆积；公厕粪便限三天清理一次，并在早上六点至八点挑运，粪桶必须加盖盖好。1923年，市行政委员会又颁布《取缔厕所清洁规则十六条》，要求业主与厕夫均须报备，各厕一律添设电灯，安置弹簧门，尿槽尿缸随时清洗，厕内每晚大洗一次，所有粪溺每天上午八点前下午四点后用有盖木桶挑运完毕，厕内墙壁每半年刷石灰水一次，随时扫除蜘蛛网。如有违反，处以罚款，"如屡犯至三次

---

① 《工务局计划最新式化粪池》，《广州市市政公报》第488期，1935年，第117页。
② 《卫生局择地湾泊长堤粪艇》，《广州市市政公报》第344期，1930年，第50页。
③ 《粪埠迁移案》，《广州市市政公报》第298期，1928年，第59页。
④ 《长堤垃圾粪艇另择地点湾泊》，《广州市市政公报》第333～334期，1929年，第64页。
⑤ 《广州市政府施政计划书》，《广州市市政公报》第333～334期，1929年，第6页。

以上者，即行查封充公"①。

但是，粪商厕主只顾图利，忽视公厕清洁卫生，厕夫亦疏于打扫，而且旧习相沿，积重难返，以致厕内污秽不堪，臭气熏天，路人需掩鼻而过。附近居民更是苦不堪言，常常投诉。洁净课检查市内各厕所堆积粪溺、限令厕夫清运洗涤也就成了工作常态，几乎每个月都有几十起。如1927 年一月份 37 起、三月份 43 起、五月份 33 起、六月份 38 起、七月份 43 起、八月份 25 起。1929 年 8 月，市公安局训令各警区，责令所有厕主在 10 天内"将厕内积污务须扫除净尽，并将全厕墙壁饰白灰水，地台修补完好，洗涤清洁"②。1936 年 3 月，市卫生局还曾令清粪专员督率夫役，对全市 400 余间公厕进行大扫除，一连 7 天，公厕卫生状况才有所改善。

早在 1923 年广州市行政委员会就讨论通过了卫生局拟定的《改良建筑厕所取缔规则》，市内公私厕所一律准予保留，但厕主必须依照卫生局勘测后所绘制的图纸，对内容、间格、光线、坑位等方面限期进行整改。如逾期不改或不按规定改，视为自愿放弃产权，由卫生局招商承建，将建筑费清偿后，产权即收归市政府所有。然言者谆谆，而听者藐藐，直到 1925 年，"间有一二因改建工程，为职工务局取缔，迫得前赴职卫生局呈请领图，余则未经拆毁之厕，率皆因循观望"③，始终没有取得满意效果。

1928 年 2 月，广州市政委员长林云陔向工务局和卫生局提出了改良厕所的三项建议：对于构造简单、除臭不符合要求的厕所，应限期依照式样改建；应调查全市厕所分布情况，毋使远近疏密不匀，对内街过于密集的厕所予以废除；遍及全市的新建马路，应选择地点添建厕所。最后强调："以上三项亟待进行，用保清洁而重卫生。"④ 4 月 18 日在第 143 次市行政会议上，林云陔将工务局和卫生局拟定的改建办法和图式提出，获得通过，议决交工务局和卫生局办理。

---

① 《取缔厕所清洁规则十六条》，广州市档案馆藏，档号：资 - 政 - 571 - 69 - 54。
② 《公安局严令整洁全市厕所》，《广州市市政公报》第 329～330 期，1929 年，第 87 页。
③ 《指令工务卫生两局据会同呈复拟议整理厕所办法应准照办由》，《广州市市政公报》第 163 期，1925 年，第 24 页。
④ 《改良厕所并规定清粪时间案》，《广州市市政公报》第 284 期，1928 年，第 52 页。

5 月 29 日，林云陔再次饬令要求尽快择定适宜地点建筑水厕。提出改良水厕之事，应采取强制性措施查明全市厕所租额等差，租额较高者一个月内动工改建，并限期一个月竣工；租额较低者三个月内动工，也限一个月竣工。按期完成改建的，政府将豁免三成提抽租金，以示奖励。逾期者加倍提抽租金，逾期一年者该厕收归公有，酌量补回地价。卫生局补充为一个月后业主无钱改建，则准承租粪埠商人出钱改建，建筑完工后，从公厕租值中扣除五成作为建筑费，直到扣完为止。如业主与承租人均不按规定改建，则将厕所收归公有，酌量补回地价，另行招商改建。6 月 7 日，林云陔在批复卫生局关于实施改良厕所办法请示时再改为"定限两个月内，如业主与承租人均未能改建，即将该厕收归公有，酌量补回地价，由政府招商建筑"①。

最终，经卫生局再行修正，形成了《改良厕所建筑章程》，规定凡建筑改良厕所须照规定图式；各厕改良须遵章呈报，经核定后方可动工；地面须铺三寸厚水泥，以防粪溺渗入地下；坑间用水泥隔挡，厕门用铁或木材质，坑下用海沙；储粪室排气管需高于邻里最高屋顶；小便槽须用瓷片或打磨水泥板，一管连接埋入地下加盖铁板之水泥储尿器；墙壁距地面四尺以上的部分刷白灰水，以下的墙壁须做水泥批荡，再刷油漆；改造后须安装电灯和自来水。

1928 年 6 月 9 日，南京国民政府内政部颁布《污物扫除条例施行细则》，规定："私人营业便所之设置一律禁止；公共便所之设备本细则施行后一年以内须完成。"② 此后，广州市加快了厕所改良步伐，一方面敦促业主限期改建，对改建图式不符合要求者，积极地予以修正指导。对依期按规定完成改良的厕所，"派员勘明属实后，批饬照准免业主三成租捐"③。对未按规定改造者，收归市政府所有，改建模范公厕。另一方面，广州马路开辟后，路边公厕极少，往往数条马路没有一间厕所。因此市政府"饬令卫生局会同工务局从速规划，拟在各马路旁边择适中地点兴工建筑，以

---

① 《实施改良厕所办法案》，《广州市市政公报》第 295 期，1928 年，第 55 页。
② 《污物扫除条例施行细则》，《广州市市政公报》第 328 期，1929 年，第 16～17 页。
③ 《市政工作统计》，《广州市市政公报》第 316～317 期，1929 年，第 72 页。

期利便市民"[①]。

1931年2月，广州市政府通令卫生局，准许厕所业主代表何生莲以联益堂名义，筹资60万元，改建全市400余间厕所，但未有下文，不了了之。后来，卫生局通过租赁形式，将全市所有厕所经办权收归市政府所有，另雇厕夫打扫管理厕所，厕主只遵章报领厕租。然而，全市400多间厕所需要修葺者不在少数，改建费用巨大，办理极为困难。卫生局认为，租用之厕所为民业，产权仍在厕主，修葺费用理应由厕主负担，故欲向各厕主收缴。但是一些厕主自厕所被政府租用后，一直未到领厕租，连姓名住址都不知晓，因此无从追缴。即便是按期领取厕租者，也都不愿负担此项费用，宁愿将厕所废除，改作他用。面对"请准将厕所废除改业者，纷至沓来，甚至有托情介绍，希达目的"的情况。1933年9月，卫生局拟定了《改良沙厕办法》，将其作为厕所存废的标准，文件规定附近还有其他厕所、废除之后不影响市民日常需要的，可改他业；但在改业之前需将附近厕所修葺完竣，其修葺工程须由卫生局审定；如果厕主施工有困难，可将工程费交给卫生局代办。这对厕所业主滥请废除改业的现象有所限制。

经过努力，到1935年，全市厕所基本上修葺完毕。随后，卫生局向社会公开招投全市厕所内墙的广告承办权，最终黄德安的国华广告行以每月认饷400元获得一年的承办权。根据承办章程，承包商招登广告得收相当一部分广告费；所登广告须遵照广告取缔规则纳捐，医药广告还须经卫生局审查；承包商须于每厕内指定的两处免费张贴卫生标语；承办期满或中途退办，承包商须将各厕全部广告拆除净；如承包商办理良好，期满后可优先承办。从1925年的"厕内外之墙壁不得标贴字纸街招致碍洁净"[②]，到1935年的招标承办全市厕所内墙广告，广州市的厕所经整顿改良，面貌已有很大改变。

广州市在旧厕改良过程中，还改建了27所新式公用厕所。所谓新式厕所，即水厕，系仿照西方的冲水式厕所而建。广州的传统厕所为一种干厕，广州人亦称"沙厕"，即小便有专门的尿缸尿槽，大便入坑，"坑下用

① 《举办市内路旁厕所》，《广州市市政公报》第338期，1929年，第18页。

② 《卫生局取缔厕所清洁规则十六条》，《广州市市政公报》第163期，1925年，第27页。

海沙，每大便后及时清理"① 入粪室，粪溺均较长时间积存于厕所。而水厕则在厕所上方设置蓄水池或蓄水箱，每便溺后用水冲入化粪池，不致久留坑中。

1928年4月18日第143次市行政会议上，卫生局提出的"拟在东西堤等处择地建筑水厕"② 的提案经议决通过后，便被积极推行。首先要求"所有市内各游艺场、戏院、旅店、大饭店等，应一律先行建设水厕，以资改良，而免积秽"③。改建之费用由业主承担，铺客先行垫资，竣工后"准向业主租项妥议分期扣还，但业主方面亦准按照所增水厕费以一分周息计算加租"④。随后，明星影画院、先施百货公司、大新百货公司、东屠场等陆续报建水厕。1930年，工务局计划在中央公园、东堤、西堤二马路联兴街口、永汉南路万福路口、惠爱西路等地兴建水厕。又拟定章程，"凡新建屋宇若千元以上之工程者，须建水厕一所"，因这种住宅水厕的图式"系模仿爪哇，故名为爪哇式厕所"。⑤

但广州早期的水厕数量不多，规模不大，所以市工务局的建筑章程仅规定"水厕须造化粪池一个并须造渠筒接驳马路旁渠"⑥，直接把水厕粪溺排入了城市排污渠，既污染了环境，又浪费了肥料。1935年工务局虽然设计了一种适用于大工厂、大学校、大机关足敷500人使用的新化粪池，但由于水厕并没有在广州普及，工厂、学校、机关也大多没有遵令将厕所改建为水冲式，所以这种大型新式化粪池实际上并没有派上用场。

抗日战争胜利后，卫生局对市内公厕进行调查，共有公厕248间，其中稍合卫生原则而堪用者只有18间，不合卫生原则而堪用者30间，不合卫生原则而破坏者77间，荡为平地者112间，被改为房屋者11间。同时，市政当局调用有建筑工程学识的日俘修建公厕。1947年8月广州市卫生局分组招商承建公厕，分别由建华成营造厂及永泰源号按底价投得。这次招商承建的公厕有改良和新建两种类型，共建有公厕11间，分别分布在"靖海的小

---

① 《改良厕所建筑章程之修正》，《广州市市政公报》第297期，1928年，第11页。
② 《实施改良本市厕所各办法案》，《广州市市政公报》第294期，1928年，第49页。
③ 《卫生局饬游艺场旅店建筑水厕》，《广州市市政公报》第295期，1928年，第9页。
④ 《卫生局批定水厕建筑费垫支办法》，《广州市市政公报》第302期，1928年，第6页。
⑤ 《兴筑新式公厕》，《广州市市政公报》第360期，1930年，第84页。
⑥ 《修正取缔建筑章程》，《广州市市政公报》第367期，1930年，第40页。

新街、中华南路及靖海一巷，惠福区惠福路的营房巷、烟皮巷，东堤的长塘街，小北的仓边路及黄玉巷，长寿区的文昌路及长寿大街，大东区的三株树"①。此后经修建者陆续修建，逐渐恢复了被战争破坏的公厕。

随着广州妇女运动的不断发展，女子职业越来越普遍，原来足不出户的女性，走出家门走入社会的人数不断增多。在这种情况下，广州市只有男公厕的现实已不符合社会发展的形势，增设女公厕也就被提上市政府的议事日程。1933 年 1 月，经市参议会第二次会议讨论通过，市政府令卫生局分区增建女公厕。1934 年，广州工务局选址建设女公厕，但因市内铺户稠密，择地建筑十分困难，于是拟将原有部分男公厕适当改建。6 月 2 日，第 105 次市政会议议决通过。1935 年 2 月，市卫生局会同工务局筹划先将十六甫西二巷第二号及怀远北第三十八号原来的公厕改建为女公厕，6 月 6 日女公厕竣工开放，并配"有女清粪工役料理"②。

为进一步满足市民需求，11 月，卫生局又与全信号订立合约，将惠福东路清源巷十八号及河南南华中路士荣巷第九号原来的公厕改建为女厕，1936 年 2 月，"工程经已完竣，女厕伕亦已雇定，因现值卫生展览会开会，该两女厕同时公开参观"③，两女厕成为广州市公共卫生建设的成果。同时，1935 年落成的中央公园水厕亦分男女两间。女厕共七格，瓷砖铺地，瓷片贴墙，瓷坐便器，还有安装水龙头的瓷面洗手盆，可谓广州女厕之冠。但是广州市女公厕的发展总体上来说极为缓慢，从 1933 年正式提请建设至 1949 年，全市仅有女公厕 12 间，均为公有公厕，约占全市公有公厕的 10%，占所有公厕的 3.4%。广州市女公厕的建设说明了民国时期随着妇女运动的发展和新风尚的形成，妇女的社会地位有所提高，妇女的权利得到一定重视。但女公厕发展缓慢又说明由于旧观念的束缚，男女平等体现得不够。

---

① 《建筑公厕工程地点表》，广州市档案馆藏，档号：8 - 1 - 191 - 92。
② 《卫生局布告两女厕定期开放》，《广州市市政公报》第 502 期，1935 年，第 164 页。
③ 《卫生局局长出席市府纪念周报告》，《广州市市政公报》第 527 期，1936 年，第 168 页。

第七章

政府对食品卫生的监管

随着近代广州商品经济的发展，城市中的食品加工业和饮食业日益发达，打破了传统农业社会食品大多自给自足的局面，食品卫生已不再是家庭内部的问题，而是带有广泛性特征的社会问题。食品卫生作为近代公共卫生的重要组成部分，其监管也被正式纳入政府日常工作范围。为此，广州市卫生局设立了检验所，配备了专业技术人员，制定了一系列有关食品卫生的法规条例，通过报刊、电台、演讲等形式宣传食品卫生知识，加强日常食品卫生监管。所有这些措施使广州市民食品卫生意识有所加强，市面食品卫生状况有所改善，流行病疫情得到了一定的控制。

一　营业执照的发放与监管

（一）营业执照的相关规定

在食品卫生监管的实际操作过程中，卫生部门对食品生产和销售商家营业执照办理情况的监督是保证食品公共卫生安全的重要环节。

早在 1923 年广州市卫生局先后颁布的《取缔贩售清凉饮料规则》《取缔茶居规则》《取缔酒楼饭店规则》中就有关于营业执照的相关规定。自此，广州市的食品生产和销售逐步进入规范化、制度化、统一化的管理阶段。根据相关条例规定，所有新开张的营业者，无论是食品加工商还是食品销售商，"凡中西药商、屠牛商、腌肉商、汽水商、雪糕凉品商、牛乳商、泡水馆等，以及制售特种药品商人来局请领或换领执照时，由主管课派员查明或送卫生检验所化验合格者，由课长签呈局长核准发照"，在开业前"领有卫生局执照，并按期到财政局缴纳牌照费，领有财政局牌照，始准营业，若有变更或歇业时，须先期五日内，呈报卫生局，将执照缴销"①。且规定营业执照必须"每年换照一次"②，如有违反，"该贩售者受五日以下之拘留，或五元以下罚金之处分"③。同时，"执照需常时悬挂于营业场所显著地方，以便随时稽查"④，为识别责任人，业主还需上缴照片贴在执照之上。

至于执照费用，则因时因业而有不同。清凉饮料类执照，1923年"每次缴纳照费一元"⑤。1928年换照费用有所降低，"店摊执照缴纳照费五毫，肩挑小贩缴纳照费二毫"⑥。1929年樽装汽水经营商换领执照时，"除由商店遵章贴足印花外，毋须缴纳费用"⑦。1932年，执照费恢复至一元。至1945年，随着战后物价的上涨，执照费涨至200元。雪糕执照分两种，"摆摊贩卖者，每牌照收费四角，另贴四角印花；肩挑贩卖者，每牌照收费两角，及贴印花四角"⑧。牛奶经营执照因涉及乳牛养殖问题，因此，不仅"须在卫生局填具申请书，听候查明该店户所用工人牛只地方器具方法等项，确合卫生原理，方给予执照"，而且"领取执照时，依乳牛多寡，缴纳照费，十只以上十元，二十只以上二十元，每增十只，递加十元，不满十只，五元"⑨。对腌制猪牛羊肉类的商家执照则要求"每年于十月一日换，每照缴费二元"⑩，饮食行业也有所区别，"酒楼饭店照费两元，其他

① 《广州市卫生局取缔茶居规则》，《广州市市政公报》第87期，1923年，第17页。
② 《广州市卫生局二十一年份行政经过概况》，广州市档案馆藏，档号：资－政－593－415。
③ 《广州市卫生局取缔贩售清凉饮料规则》，《广州市市政公报》第84期，1923年，第17页。
④ 《广州市卫生局修正取缔牛乳营业规则》，《广州市市政公报》第166期，1925年，第8页。
⑤ 《广州市卫生局取缔贩售清凉饮料规则》，《广州市市政公报》第84期，1923年，第16页。
⑥ 《广州市卫生局修正取缔售卖雪糕及清凉饮料规则》，《广州市市政公报》第301期，1928年，第17页。
⑦ 《广州市卫生局取缔汽水条例》，《广州市市政公报》第326~327期，1929年，第29页。
⑧ 《卫生局连日大检雪糕贩》，《广州市市政公报》第333~334期，1929年，第63页。
⑨ 《广州市卫生局修正取缔牛乳营业规则》，《广州市市政公报》第166期，1925年，第8页。
⑩ 《取缔广州市腌制猪牛羊肉类章程》，《广州市市政公报》第365期，1930年，第19页。

饮食店照费一元"①。

（二）营业执照的核发

每年春夏之交，市场上开始有雪糕汽水等清凉饮料售卖时，卫生局都会及时布告，要求各汽水厂及售卖雪糕、清凉饮料的商人，"如以前领有本局营业执照者，务须遵章来局换领，其有新张营业，亦须来局申请注册核准给照，方准开业，慎勿违章售卖，致干究罚"②。在核发换领营业执照之前，卫生局需派员到申请方的营业场所进行卫生检查，只有合格者才有资格获得营业执照。没有通过检查者则须依照卫生检查人员提出的意见，对本店的卫生状况进行改良后方能获得营业执照。商家若想取得合法经营权，受到法律的保护，获得客户的信任，都必须按照卫生局的规定申请营业执照。

在实际操作过程中，卫生局还会根据具体情况做一些特殊规定。如对于雪糕及清凉饮料这些极易引发食品卫生安全事故而又多以流动小摊形式贩卖的食品，卫生局对其经营者营业执照的颁发和经营的合法性有特殊的要求。按照原来制定的《取缔雪糕营业规则》，无论是固定店摊还是肩挑小贩，都必须申请营业执照之后方能营业。由于肩挑小贩是当时雪糕的主要销售群体，个体营业占多数，且流动性很大，卫生局很难在固定的地段对肩挑小贩进行集中而严密的监管。有鉴于此，卫生局改规定为"至肩挑小贩及雪糕摊，暂不发照"③，免费登记。这样不但降低了小商户的成本负担，还免去了摊主到卫生局申领执照的烦琐，对于提高商贩的营业积极性有一定的作用。但是雪糕、清凉饮料等又是属于极易引发肠胃病和卫生安全问题的食品，为避免不法商家利用肩挑小贩免领营业执照的空子，制造不合卫生标准的产品，危害市民的身体健康，卫生局对雪糕售卖又做出特别规定："如有传染病发生，即行禁止售卖。"④

---

① 《广州市酒楼饭店及其它饮食店卫生取缔规则》，《广州市市政公报》第 512 期，1935 年，第 31 页。

② 《卫生局布告换领售卖凉品执照》，《广州市市政公报》第 498 期，1935 年，第 270 页。

③ 《广州市卫生局修正取缔售卖雪糕及清凉饮料规则》，《广州市市政公报》第 396 期，1932 年，第 13 页。

④ 《广州市卫生局二十一年份行政经过概况》，广州市档案馆藏，档号：资－政－593－415。

广州是传统的消费城市，饮食行业非常发达，商家店铺众多，卫生局每年办理营业执照的工作量非常大。以 1925 年为例，广州市仅腌制肉类食品的商店，到卫生局申请换领并通过核准获得执照的营业者就有 1010 家，"发给鲜牛奶营业执照四十一张"①。1927 年，全市牛奶店申请注册换照者共 38 家，四乡贩运牛奶商申请注册换照者共 21 家，汽水经营商遵章到局注册领取凭证者共 12 家。1932 年，根据《取缔牛乳营业》的规定，须换领执照的牛奶经营商户就有 47 家，新开张的牛奶店申领执照的商户还有 6 家。1937 年，根据相关管理条例和规则，经卫生局审查合格并发给卫生执照的共有饮食店 379 家，肉类腌制商店 5 家，牛乳店 4 家，酱料店 5 家，汽水店 15 家，冰室 76 家。

在信息尚未发展到数字化管理的民国时期，卫生局每年颁发核准营业执照的数据统计工作，只能依靠原始人力完成，在卫生局人力不足的情况下颁发核准大量营业执照，工作难度可想而知。发放营业执照可以方便卫生局掌握全市制售冻品商店及摊档的概况，如营业规模、分布密度、设备购置状况等，并且由于只有符合卫生局制定的卫生条件的商家才有资格领取营业执照，食品卫生安全在一定程度上得到了保障。

二　对清凉饮料的监管

广州夏季时间较长且气候炎热，因此，雪糕、汽水等清凉饮料颇受市民欢迎，成为夏令消暑的畅销品，市内大小冰室门庭若市，街头也到处充斥着雪糕凉品的叫卖声。虽然雪糕厂和汽水厂基本上都是机器生产，但设备简陋，产量不高。又因雪糕凉品等制作工艺简单，用料取材方便，小摊小贩皆可私自在家制作出售。这些自制的雪糕凉品质量差，产品没有经过严格的卫生检验。雪糕、汽水等是直接入口的食品，如果取用不洁净的生水制作，使用不洁净的器皿盛装，很容易致人生病。尤其是在夏天和大规模传染病流行期，不符合卫生标准的清凉饮料更是成为传播疾病的罪魁祸

---

① 司徒朝：《广州市卫生局十四年进行概况》，《广州市市政公报》第 210 期，1926 年，第 1080 页。

首，直接关系到市民的健康。因此，广州市卫生局对雪糕及冰水、汽水、凉水、果子汁等日常清凉饮料的卫生状况历来较为重视，1923 年就专门针对雪糕及清凉饮料制定了《广州市雪糕及清凉饮料营业取缔规则》，该规则虽经过多次修订，但核心内容基本上没有变化。

（一）日常的监管取缔

水是制作清凉饮料的主要原料，水的洁净程度直接影响到雪糕、汽水等清凉饮料的卫生质量。因此，卫生局特别规定"凡制造一切清凉饮料须用沸过之自来水，如未有自来水管达到者，须用洁净之山水代之制造，雪糕如须用水时亦应仿此"[1]。对于盛装清凉饮料的容器，亦有相应的规定：除必须每日洗涤干净外，还需有遮蔽之物遮护，以防尘埃和苍蝇的污染。为防铜铅等重金属对人体健康产生危害，规定用以盛装清凉饮料的铜铅器具必须用锡镀之。对于清凉饮料的添加物质及化学物质，卫生局亦严加监管，规定"（甲）浑浊及变坏之饮料（乙）沉淀物及什物之饮料（丙）含有盐酸、硝酸与其他之游离酸质饮料（丁）砒素亚摩尼料铅矿铜等质饮料（戊）有害性颜色饮料（己）含有人工甘味质饮料（庚）有害性芳香质饮料（辛）含有防腐质饮料"[2]，一律不准售卖。对添加物质和化学物质的规定，改变了以往人们仅凭食物的色、味、口感等来判断食物是否卫生安全的原始状况，这种食品卫生安全判断标准的改变是一种飞跃性的进步，也是近代科学在中国发展的反映。

雪糕汽水等清凉饮料不再经过高温消毒，直接饮食，因此无论制作还是售卖，从业人员的身体健康状况对于保障食品卫生安全都有直接影响，因此取缔规则亦规定：肺痨、麻风病、花柳病或疥癞等皮肤传染病患者禁止从事制作或售卖清凉饮料。为时刻提醒商户遵守规章，加深民众对卫生法规的认知及对自身权益的保护，卫生局规定此项取缔规则须悬挂于店摊的醒目地方，如若商家违反以上卫生条例，则须受五日以下之拘留或缴纳二百五十元以下的罚款，违犯三次以上则被勒令停业。

---

[1] 《广州市雪糕及清凉饮料营业取缔规则》（1945 年 10 月），广州市档案馆藏，档号：18 - 1 - 8。

[2] 《广州市雪糕及清凉饮料营业取缔规则》（1945 年 10 月），广州市档案馆藏，档号：18 - 1 - 8。

1927 年，按要求到广州市卫生局注册领取执照的汽水厂商一共 12 家。除了英商开设的屈臣氏汽水厂外，太平、安乐、先施、卫生、国民、六和、大新、中美、永乐、名泉、濂泉等其余 11 家均为国人所开，规模都很小，制作工艺简单，仅用单头灌装机瓶装汽水。1932 年，广州市卫生局"令各中外汽水公司饬将汽字一律改为气字"①，使用蒸馏机制作者除外。由于汽水是直接饮用的饮料，无法再次消毒，如果生产灌装时不严格把关，很容易携带病菌。因此，卫生局专门制定了《取缔汽水条例》，规定"凡制造此项汽水，应用沸过之自来水制成，为最适合，倘未有沸水机炉之设置，得用三重骨炭沙漏滤过之自来水"，而且要求"凡往领有注册凭证之制造汽水商店，每月须缴抽验券四张于本局，以便派员持券往该厂或其代理处，随时抽验"②。这样的检查方法带有很大的随机性，在一定程度上避免了商家弄虚作假。当然，也免不了有不法商家买通抽券的调查员，使其免于被抽查。

（二）疫情期间的严格监管

每年夏季，市内生冷凉品销售火爆，市民因热苦渴，急不暇择，往往饮用随处摆卖的廉价小杯凉水，"其色或红、或绿、或黄，此种凉水，系用不良水质和以糖精制成，异常不洁"③。卫生局一再严禁，"一经查觉，除将凉水及器具没收外，并将制造人或售卖人，拘案究罚"④。如 1927 年，"故违禁令售卖凉水雪水拘案处罚者十起"⑤。而当传染病流行时，卫生局更是格外重视，根据疫情加强监管。1925 年 7 月，广州市内发生霍乱，卫生局会同公安局"临时禁止售卖鱼生雪水凉品等，以杜传染"⑥。1927 年 6 月霍乱发生后，"由卫生公安局会同布告，禁止售卖清凉饮料三个月"⑦。

①　《卫生局批斥中华汽水公司》，《广州市市政公报》第 398 期，1932 年，第 62 页。
②　《广州市卫生局取缔汽水条例》，《广州市市政公报》第 326、327 期合刊，1929 年，第 29 页。
③　《卫生局严禁摆卖小樽凉水》，《广州市市政公报》第 389、390 期合刊，1931 年，第 71 页。
④　《卫生局禁售不洁凉水》，《广州市市政公报》第 496 期，1935 年，第 107 页。
⑤　《广州市卫生局十六年行政经过概况》，《广州市市政公报》新年特刊，1928 年，第 82 页。
⑥　司徒朝：《广州市卫生局十四年进行概况》，《广州市市政公报》第 210 期，1926 年，第 1079 页。
⑦　《呈省政府报告十六年六月份行政情形由》，《广州市市政公报》第 262、263、264 期合刊，1927 年，第 51 页。

1928 年 5 月，因"天气暑热加以暴雨时至，市内常有一种疴呕时行症发生，为害最烈，推其染病之由，大都因误食不洁之物所致"①，广州市市政委员长林云陔令饬卫生局严厉禁售去皮切开之水果和用生水制作的凉粉、凉水及水质不洁之汽水。

1946 年 4 月，为防止霍乱再度流行，卫生局再次公布了禁售清凉饮料条例。但警员巡查时发现第十八甫的名实冰室、加拿大冰室、南山冰室等仍在销售雪糕，警员"遂将名实、南山两店伴郑鸿、江秋，加拿大店伴李伯旗带局，讯问后，雪糕没收，各店伴送卫生局办理"②。6 月 19 日，黄沙分局警员在恩宁路金声戏院附近巡查时发现仍有售卖雪糕凉水的摊档，当即将档主"拘留二小时示儆，雪糕凉水等物没收，倾倒柳波涌中"③。对于小摊贩的违禁销售行为，卫生局则只能采取驱赶的方式加以禁止。

1947 年 7 月，广州市肠热症大流行，"中医院房间，既为此病充满，后来患者已无地收容"④。至 8 月 20 日，"患者共一百五十九宗，死者十人"⑤。于是，市政府采取紧急措施，从 8 月 26 日起，责令全市雪糕厂停止制作，27 日决定停止出售，28 日卫生局开始派员会同警察乘汽车巡查各马路，遇有售卖雪糕及街边凉水摊档即一律没收，内街则由岗警进行巡查，一天之内先后收缴雪糕箱罐 30 多个。至 29 日，卫生局又派出职员"备大型汽车一辆，前往东山区内会同分局派出之员警协同在署前路稻香园、中兴冰室等处施行检查，结果搜获雪条千余条，没收以示处分"⑥，并警告该商家"倘再抗禁，施行查封"⑦。在卫生局的严格监控下，许多小摊小贩为了生计，只得改为"卖凉茶，蔗水"⑧。

鉴于 1947 年夏季肠热症的流行，广州市卫生局于 1948 年 3 月就开始拟定禁绝售卖不合卫生标准雪糕的管理条例，同时向社会进行广泛宣传。

① 《取缔市上妨害卫生各食品案》，《广州市市政公报》第 292、293 期合刊，1928 年，第 102 页。

② 《防霍声中卖雪糕三冰室被查究》，《越华报》1946 年 4 月 24 日。

③ 《贩卖凉品拘留二小时》，《越华报》1946 年 6 月 21 日。

④ 《本市肠热症流行卫生局须作紧急措施》，《越华报》1947 年 8 月 14 日。

⑤ 《本市肠热症流行中，禁止雪批发售，定廿七日执行》，《越华报》1947 年 8 月 20 日。

⑥ 《市卫生局没收雪条》，《中山日报》1947 年 8 月 30 日。

⑦ 《违令售雪批商店，如再抗拒将予查封》，《越华报》1947 年 8 月 30 日。

⑧ 《冻品取缔摆卖，凉茶蔗水抬头》，《公评报》1947 年 8 月 29 日。

5 月 6 日，广州市政府敕令卫生和警察两局对全市不洁之清凉饮食开始进行监管，卫生局还特地拟定了四项具体执行办法，对已经制成的雪糕等并没有一概加以没收，而是令其限期销售后不得再制售，"以示通融"①，较之前更加人性化。为更好地执行此条例，卫生局制定了"有效制裁步骤，先派员调查制造雪条厂商，然后会警查封其器材"②。9 月 17 日，卫生局"以惠爱中路五羊冰室故违禁令，应勒令停业三天以儆效尤"③。

1948 年广州市卫生局颁布的《清凉饮料水营业者取缔规则》除对清凉饮料的制作过程有规定外，还增加了一些责任性条款，如"清凉饮料水制造者应将其姓名、公司名称、营业所在地并制造之年月日记于容器之封缄纸上，含有色素之清凉饮料水制造或输入之者于其容器上须以人工着色字样表明之"，"清凉饮料水营业者不得贴用记载虚伪之封缄纸或改窜之或使人贴用改窜之"④。封缄纸上标明商家名称，既便于卫生局及市民分辨不同商家的产品，又利于责任的追究。以特别字样醒目地向市民说明产品中含有人工化学成分，保障了市民对于商品成分的知情权和对商品的选择权。

三 对乳业及牛奶制品的监管

随着"欧风东渐"，越来越多的广州市民开始饮用牛奶，饮用牛奶逐渐成为一种时尚。广州城内除开设有专门的牛奶店外，许多冷饮店也兼售冷藏牛奶。由于牛奶是一种液态物质，营养价值高，保存不当极易滋生细菌，若不注意消毒，容易传染疾病，妨害健康。因此，牛奶市场的管理对于维护食品卫生安全尤为重要。

（一）对生产销售环节的监管

1924 年 6 月，广州市卫生局颁布了《修正取缔牛乳营业规则》，要求全市所有养牛产奶和贩卖牛奶的商家遵守政府规则，按要求办理执照；养

---

① 《禁售雪批冻品，重订办法四项》，《越华报》1948 年 5 月 15 日。
② 《禁售雪条未施行前，先行查封制造器材》，《越华报》1948 年 5 月 27 日。
③ 《呈复执行五羊冰室停业三天经过情形由》（1948 年 9 月），广州市档案馆藏，档号：7 - 5 - 222。
④ 《清凉饮料水营业者取缔规则》，广州市档案馆藏，档号：18 - 7 - 40。

牛产奶场所必须清洁、宽敞、通风，且有排污渠道；从业工人无传染病、皮肤病等，工人衣服亦须维持洁净；奶牛须经兽医检查确保无疾患，并建立牛畜检查簿，对所有牛只的种类、毛色、年龄、产地、乳量、疾病、死亡等情况详加记录；所养牛只必须每天清洗，"母牛之乳部及周围，常要维持洁净，当取乳之前，取乳者先浣手拭干，复用热水洗涤牛之乳部拭干，然后取乳"[1]；如果养牛产奶商家同时养有水牛、洋牛（黄牛及其他种类牛只），所产之牛奶必须分开售卖，并在容器上标明；牛奶店使用的奶瓶必须用木塞或玻璃塞，再用洁净纸密封瓶口，标明店名、地址、奶类，加盖送奶之容器同样需要写明店名、地址、奶类，循环使用的奶瓶须洗净后用开水煮过；牛奶店不得销售无执照奶场之牛奶，不得销售脱脂、兑水、变色、变味之牛奶，不得加入防腐药，不得超温保存，应设法冷藏；卫生局检查员除随时到各牛奶营业场所照章检查外，每年还对每家牛奶店抽检12次，每次取四两牛奶，分作两份，封固盖印，一份带回卫生局检验，一份留店中备查，随查和抽查中如有违规行为，则处以拘留或罚款。

1927年7月，远东运动会广州女选手邓智豪饮用冷藏牛奶致死，此事引起了广州市卫生局的高度重视。随即"派出检验医官前赴检验，并一面饬令暂行停止营业，由检验医官督率役吏将该冰室地方清洁，并将所有器具熏洗，同时并饬该饮冰室赶速添置装放器具玻璃柜，以杜微菌传入"[2]。对于市内其他冰室，卫生局则饬令商家注意清洁用具。23日，鉴于肠热、霍乱等疫情开始在广州蔓延，卫生局颁令禁止市内冰室兼售冷藏牛奶。

广州市卫生局除了对售卖牛奶的商家实行定期和不定期的检查外，为从源头上保证牛奶的质量和卫生状况，卫生局还经常"分派调查员往各牛乳场，抽取鲜乳，发交检验所检验"[3]。检验结果定期向市民公布周知，以提醒市民注意牛奶的卫生状况。此外，卫生局还派兽医到各牛场检验牛只的健康，检验内容主要包括牛只有无发生各种病症、奶牛的营养状况、牛场牛舍的结构是否合理、光线和空气是否充足、用具场所是否清洁等。牛场的检查结果都会记录在专门的检验表内以作备案。若检查结果不符合卫

---

① 《广州市卫生局修正取缔牛乳营业规则》，《广州市市政公报》第166期，1925年，第10页。

② 《禁止售卖雪藏鲜乳》，《公评报》1927年7月25日。

③ 《卫生局局长出席市府纪念周报告》，广州市档案馆藏，档号：资 - 政 - 604 - 520。

生局制定的卫生标准，卫生调查员会根据各牛场不同的情况分别做出指导，辅助牛场主改善牛场环境，直至符合卫生标准。有时还会"派兽医及高级职员，同往各养牛产乳店户及场所，逐一检验并加以指导"①。

（二）对牛奶品质的要求

为防止牛奶兑水降低质量，广州市卫生局《修正取缔牛乳营业规则》对牛奶出厂时的比重、脂肪量、细菌数也都有明确限定：水牛奶比重不得低于1.035，脂肪量不得低于9%；洋牛奶比重不得低于1.029，脂肪量不得低于35%；10月1日至4月30日细菌量不得超过10万，5月1日至9月30日不得超过15万。② 1929年广州市内制造销售炼乳的商家日益增多，有的依规用纯牛奶做原料，有的则用脱去奶油脂肪的牛奶做原料。这种脱脂炼乳"内含滋养量甚少，比较合法制造之炼乳，相差十数倍。一年以内之婴儿，借该脱脂炼乳而为滋养者，必碍卫生"③，然而市面销售之脱脂炼乳多浑水摸鱼，没有明确标注系纯牛奶或脱脂奶，市民无法辨识，因此卫生局一再严加取缔，"分令各区，饬所属各售卖炼乳商店遵章来局报明，嗣后如售脱脂乳，须用该局规定淡紫色纸条或用大号红字在罐面及包封上书明此系脱脂乳，一岁以内婴儿不合食等字样"④，以保证市民健康。

随着广州市乳业生产的发展和市民对鲜牛奶需求量的增加，广州市卫生局于1932年对前项规则做了补充修订，基本内容保持不变，只是在牛奶的细菌数问题上，根据实际情况，在不影响市民健康的前提下，做了一些灵活的调整，规定："凡牛乳所含细菌超过前项所列数目经以左列方法消毒后，仍可作洁净乳发售，但每立方厘米所含之细菌数不得过五万。甲，凡牛乳所含细菌超过上列数目须经煮过其热度在华氏表一百四十度，历时卅分钟；乙，牛乳经熟之后即放入消毒之奶瓶后置于冷藏器中，然后出市；丙，加热器及冰藏器之制造由卫生局派员指导设置之。"⑤ 这样既保证了市民健康，又维护了商家利益。规则中对牛奶比重与脂肪含量的测量是

---

① 《卫生局检查牛乳场所》，《广州市市政公报》第514期，1935年，第141页。
② 《修正取缔牛乳营业规则》，《广州市市政公报》第166期，1925年，第8~9页。
③ 《卫生局取缔脱脂牛奶》，《广州市市政公报》第333、334期合刊，1929年，第62页。
④ 《卫生局取缔售卖脱脂乳》，《广州市市政公报》第335、336期合刊，1929年，第34页。
⑤ 《广州市牛乳营业取缔规则》（1932年6月），广州市档案馆藏，档号：18-1-8。

为检验牛奶是否掺水,由于当时化工产业还不发达,食品添加剂很少,普通商户对牛奶的掺假主要是掺水,故这样的检验标准足以应付当时的社会需求。比重、脂肪含量、细菌数的规定反映了西方近代科技发展对广州市政府制定食品卫生标准的影响。1936 年 3 月,经对市面检查,"违章炼奶者仍多"[1],卫生局遂派出职员和兽医赴各炼奶厂和养牛场检查指导。这些规定从奶源上保证了牛奶的卫生安全。

四 对肉类食品的监管

(一) 对肉食品市场的严格查处

广州地处珠江三角洲富庶之区,且为历史悠久的通商大埠,市民的生活消费水平相对较高,对鸡鸭鹅、猪牛羊等肉食品需求量也较大。但至清末民初,全市的畜禽屠宰仍一直处于分散作业状态,猪牛羊等家畜的屠宰都由肉商、屠户、食肆自行完成,政府没有相应的机构对屠宰行为进行专门的检疫和监管,死病畜禽之肉充斥市场,肉类吹水吹气等不良现象大量存在。晚清时期广州死病畜禽的宰售还有专门的屠宰点及销售点,且此种场所多在庙堂前等商贸集中之处,如"十二甫湛露医灵庙前有小池,向为一种专卖死鸭者之居奇地"[2]。此外,城西三界庙前的数家屠宰店,专剖死猪,此种猪肉除被各处贩卖外,还被腌制成腊味品,销售至四乡。

1921 年广州市卫生局成立后,针对当时的食品卫生情况先后制定了关于肉类食品卫生的限定条例和法规,并成立卫生检查所,派出卫生纠察员和卫生警察对畜禽屠宰、销售进行检查监管。当时肉类食品卫生检查分两种情况。一是在全市卫生大检查期间,对屠宰店肉铺进行检查,具有定期性和范围广的特点,但效果并不理想,商户多在检查前将不符合卫生要求的肉类销毁或藏匿,故而大检查期间绝大部分商铺表面上都能遵纪守法,而检查过后"吹水吹气如故,宰售死病牲畜又如故"[3],市区各处贩卖死畜

---

[1] 《卫生局派员检查炼奶》,《广州市市政公报》第 531 期,1936 年,第 121 页。

[2] 广东省立中山图书馆编《旧粤百态:广东省立中山图书馆藏晚清画报选辑》,中国人民大学出版社,2008,第 85 页。

[3] 《广州市卫生局布告劝屠店开业由》,广州市档案馆藏,档号:资-政-575-178。

病畜者比比皆是。1923 年，一天之内在河南之地就查获了 8 起对肉类吹水吹气的违法行为，其中三家违法商户对卫生局传召缴纳罚款的命令还视而不见，迟迟不缴，可见，当时商户对卫生局的法令并不具备服从意识，卫生规定的执行状况便可想而知。二是在接到市民举报后，卫生局派员在岗警的协助下，有针对性地对被检举商户进行突击检查。根据检查结果传召屠户到局进行审查，对认罪者进行罚款。如果被告人对检查结果有疑问，则将问题肉类发交给专门的兽医细菌检查专员进行再验，查明属实之后开具证明进行罚款。

为整治肉食品市场混乱的局面，市卫生局也曾做过努力，坚持查处。1924 年 5 月中旬，卫生局将缉获的"宰杀死猪，发卖图利之邓润一名，以其妨害卫生实甚。特送请公安局当场惩戒，旋经判定三个月徒刑，以示惩戒"①，全年查处"吹水肉类，罚款数千"②。1925 年"查获泰昌猪肉店东卢惠良，将猪肉吹水，发交检验室验明属实，处罚银二十元，以示惩儆"③，全年"查获处罚宰售死病猪只六起，吹水猪肉一百二十一起，售卖死鸡鸭二起，擅卖鱼生二十三起"④。1927 年全年查获"肉类吹水，经检验室验明传案处罚者，共五十六起"⑤，至于售卖死病肉类，仅八月份一个月就查获六起⑥。

1929 年，为配合卫生局的工作，广州市公安局根据南京国民政府卫生部和广东省民政厅的训令，颁布了《贩卖肉品保持清洁办法》，规定："（一）设置冰箱存放牛羊猪肉等于箱内，以免因热致生腐坏；（二）如第一项不能做到者，须在室内择定凉爽之一隅置玻璃、铁纱、或白纱布，存放肉只于其内，以免尘土蚊蝇等附集；（三）如第二项亦不能做到者，亦须将肉只悬挂于通气阴凉之处，并裹以洁净湿白布；（四）放于台上之零

---

① 《宰卖死猪监禁三月》，《现象报》1924 年 5 月 17 日。
② 伍榜：《广州市卫生局十三年进行概况》，《广州市市政公报》第 165 期，1925 年，第 2 页。
③ 《广州市卫生局办事状况报告书》，《广州市市政公报》第 204 期，1925 年，第 726 页。
④ 司徒朝：《广州市卫生局十四年进行概况》，《广州市市政公报》第 210 期，1926 年，第 1080 页。
⑤ 《广州市卫生局十六年行政经过概况》，《广州市市政公报》新年特刊，1928 年，第 82 页。
⑥ 《呈广东省政府报告十六年八月份行政情形由》，《广州市市政公报》第 270～279 期，1928 年，第 159 页。

块肉品，须用纱罩严密盖覆之；（五）裹肉只之白布，未用之前须浸以凉开水，并于每日用开水煮沸洗涤一次；（六）床铺及聚谈处，须与悬挂肉只处隔离；（七）经一二日以上未能卖尽之肉块，急宜煮熟，或加以防腐处置，置于纱罩等内贩卖之；（八）肉户不遵守以上各项办法时，应依饮食物及用品取缔条例第一条及第四条处罚之。"①

（二）源头上遏制的难度

为了从源头上遏制死病肉类的泛滥，经过多年酝酿，一波三折，广州市东、西、南三所公共屠场终于在1929年建成。公共屠场建成后，广州市政府颁布了《广州市屠场章程》，要求"所有全市屠猪肉店牛栏等，须将兽畜扛至该附近之屠场内屠宰，违此以私宰论"②。所有待宰牲畜入场后，由卫生局委派的驻场兽医"检验畜类后编定号数仍由屠户以人工依号挨次屠宰"③。即使是"酒馆茶楼腊味卤味等店，以及一切用户，所有大小猪畜，如系自行屠宰者，仍须一律扛至该附近之屠场验明，照缴费照，方能屠宰"④。商家不得私自在场外屠宰，一经发现，除追缴屠宰税外，并予以罚款或没收处理。牲畜屠宰后，兽医需再次检验，确认其符合卫生标准后再为之加盖蓝色印章，作为准许出场的标志。这样的规定，有利于维持场内屠宰秩序，有效地保障市场肉食品的卫生质量，亦能为市民分辨放心肉提供标识。

根据卫生局1932年4月份的屠场检验报告可知，死病兽畜比例极小。其中屠宰水牛三千一百三十五只，禁屠死牛二只，禁用死牛肉六百斤，可用肉九十四万零五百斤；屠黄牛四百八十七只，禁用患寄生虫肉九十一斤，患疾胃肠炎肉八十六斤，患局部肿胀内脏溃疡肉六百三十斤，可用肉九万七千四百斤；屠宰大猪三万零六百三十三只，禁屠死病猪三十八只，禁用死病猪肉四千九百二十八斤，可用肉三百六十七万五千九

---

① 《公安局颁布贩卖肉品保持清洁办法》，《广州市市政公报》第329、330期合刊，1929年，第79页。

② 《广州市屠场章程》，《广州市市政公报》第333、334期合刊，1929年，第21页。

③ 《卫生局呈缴利群公司承办广州市屠场约章并印模各一份请备案由》，广州市档案馆藏，档号：4-01-12-371-1。

④ 《广州市屠场章程》，《广州市市政公报》第333、334期合刊，1929年，第22页。

百六十斤。①

尽管政府加大了惩罚力度，但是市场肉食品卫生的监管工作仍然艰巨，广州市郊存在大量非法屠宰场。这类屠宰场因无登记字号，且地处偏僻之处，卫生局日常检查难以发觉，另因有地痞流氓参与其中，附近居民敢怒而不敢言，成为广州城中肉类食品卫生安全之一大隐患。

送入屠场屠宰的兽畜总体来说情况尚好，但不法商家在屠场外私自宰售病死兽畜的现象仍然难以根除。1929年9月，市内又有肉贩私自宰猪售卖，经卫生局稽查，在东关拿获两人，在警察七区署段内拿获一人，在河南警察十一区署段内拿获一人，"连同私贩猪肉人及证据猪肉，一并带案，由卫生局审讯后，转送公安局究罚"②。1931年2月中旬，屠场稽查发现一起刻伪印私宰病猪"以图冒混"③的案例。不仅如此，甚至还有一些不轨之徒将掩埋于红花岗等郊外的病死兽畜"俟机偷挖盗卖"④，危害尤甚。为杜绝此流弊，1932年市政府核准大来公司在南海泮塘承建焚兽场，集中销毁病死兽畜和问题肉类。然而，卫生局很快又发现不法人员公然将送至焚兽场准备烧毁的死病兽畜偷运出场，转运贩卖。焚兽场"每派员稽查往缉辄被殴至重伤"⑤，这导致焚兽场正式开办仅数月就被迫停办。

当时宰售病死兽畜者主要分为个人作案及团伙作案两类。个人作案主要是一般商人个体"在市郊僻静地方，暗将瘟病死猪发售，附近乡民，贪其价廉多向之购买"⑥。这种作案方式带有很大的随机性和隐秘性，故卫生警察也难以缉查，监管无法到位。团伙作案则通常与社会黑恶势力有关，带有暴力行为，而警察局、卫生局对死病兽畜的管理多集中在零散销售的小摊小贩身上，对于其死病兽畜的来源检查不严，甚至无力管控。1933年黄沙附近的黑恶势力包庇当地无赖，将珠江沿岸死病兽畜运往芳村花埭等地方，

---

① 《卫生局四月份检验屠场报告》，广州市档案馆藏，档号：资-政-589-391。
② 《卫生局严拿私宰出售兽肉》，《广州市市政公报》第333~334期，1929年，第64~65页。
③ 《肉店刻伪印私宰病猪》，《越华报》1931年2月12日。
④ 《广州市政府预定六个月之行政计划》，《广州市市政公报》第402期，1932年，第125页。
⑤ 《呈报据大来公司李寿年呈请准予退办焚兽场并派员接收候令饬遵由》，广州市档案馆藏，档号：4-01-12-372。
⑥ 《卫生局派员查禁私贩瘟病死猪》（1932年），广州市档案馆藏，档号：资-政-592-414。

"制造腊肠腊肉猪肉干牛肉干等食品，运入市内及附近各乡，供给饭店及摆卖腊味摊以充食料，并煎取猪油牛油以供饼店及油炸食品店制造食品之用"①。抗日战争结束之后，社会秩序混乱，各种违法团伙趁机发展势力。在巨额利润的诱惑下，广州的死病兽畜宰售行为更为猖獗，有的不法分子还配备枪支，武装护屠。1946年甚至形成了一个受黑恶势力控制的"死猪团"，专门在广州市北郊屠宰死病猪只，时称"北屠场"，广州死病兽畜贩卖因此盛行，市面充斥私宰畜肉，② 市民肉食品卫生安全得不到切实的保障。

（三）对腌制肉食品的重视

腌制的肉食品是广州市民喜好的食物之一，除了供本地市民食用外，还大量出口欧美国家，其中以美国为最。但1925年10月，美国以广东腌制肉类食品加工过程中不具备公共屠场和检验所的卫生安全保障为由，禁止进口广东的腌制肉类食品，这引起了广州市政府的高度重视，广州市加快了公共屠场的建设，并于1930年9月13日第四次市行政会议议决通过了《取缔广州市腌制猪牛羊肉类章程》。1932年9月5日第29次市政会议上，又因"本市营业腌制肉类者，虽以猪为大宗，至腌制鸡鸭鹅肉类，亦复不少"，故卫生局局长何炽昌提出在前项章程中加入"鸡鸭鹅"三字，改为《取缔腌制猪牛羊鸡鸭鹅肉类章程》。同时还对一些条款做了补充修订，对腌制肉类行业做了详细的规定。

章程要求凡是腌制肉食品者均须按照该章程，依法执照经营。如有改营他业或歇业者须提前呈报卫生局缴销执照。迁移店址亦须报卫生局备案，以便卫生局相关人员随时到腌制场所提取肉食品进行检查。患有各类传染病者不得在腌制场工作。

由于广州地处岭南，物种丰富，市民的饮食范围相当广泛，猫狗鼠以及野生动物等都可成为人们的盘中餐。但吃法、制法或来源不当时，此等肉类往往成为致病的根源。为此，卫生局规定驴、马、猫、狗、猴、鼠等肉类不得宰割腌制，且"凡腌制猪牛羊腊品等所需原料应以经卫生局管核

---

① 《为函知市参议会第五次会议议决请市府函请公安局通令各分局及令饬卫生局严厉查禁私宰死畜以故公共卫生案请查照办理复见》，广州市档案馆藏，档号：4-01-2-8-2。
② 《令查究市内及近郊入市私宰仰转饬严为查缉由》，广州市档案馆藏，档号：7-2-243。

之屠场所宰者为合格,不得私宰(唯鸡鸭鹅飞禽类等未定屠宰办法,以前由各商户自行屠宰)"[①]。

又因为腌制肉食品须添加多种调料,制成后颜色深、味道重,难以分辨原料本身的好坏。为防止不法商人利用腌制肉食品的这一特点,用变质腐烂或病死禽畜之肉进行加工,卫生局除了对原料来源严格限制外,还对使用的调料做了规定,禁止使用化学合成品为食物着色,腌制肉食品不得添加有害颜料。卫生局的规定虽然没有明确指明何种颜料不得添加,但对商家的不法行为也能起到一定的震慑作用。

《取缔广州市腌制猪牛羊鸡鸭鹅肉类章程》还规定,肉食品腌制场所每月购入生肉的数量及制成腌肉的数量都必须详细登记在簿,以备卫生局派员检查。这样的规定不仅可以方便政府掌握全市腌制肉食品的生产情况及出口状况,更重要的是利用登记的肉类数量可从侧面监控腌制肉食品的原料来源,防止商户在卫生局检验之后,从不法途径收购不符合卫生要求的肉类偷偷加工出售。

对于肉食品腌制的场所,卫生局也做了相应的规定。不仅腌制器具必须保持洁净,"贮肉地方亦宜空气适合,不得潮湿污秽,四周墙壁均扫白灰水,墙角批荡三合土高二尺五寸,每年扫白灰水二次",且"腌制场内不得设置厕所尿缸"[②]。在自来水和电灯开通的区域,腌制场内不宜使用火油灯和井水,而应使用自来水和电灯,既保证卫生同时又保证安全。

对于违反以上腌制猪牛羊鸡鸭鹅肉食品卫生管理规定的,卫生局将按照情节轻重,处以十元以上二十元以下的罚金;若违法行为直接关乎腌制成品卫生者则处以五十元以下之罚金;情节较为严重者处以双倍罚金,甚至勒令停业。

五 对餐饮业的监管

(一)关于餐饮业食品卫生的相关规定

广州人酷爱饮茶,又好美食,故市内"饮食物店之多,在国内各都市

---

① 《取缔广州市腌制猪牛羊鸡鸭鹅肉类章程》,广州市档案馆藏,档号:4-01-1-210-2。
② 《取缔广州市腌制猪牛羊肉类章程》,《广州市市政公报》第365期,1930年,第19页。

中，堪称巨擘"①，"全市不下数千间"②，其售卖的食品的卫生安全亦是公共卫生的重要内容。1923 年，广州市卫生局分别制定了《取缔茶居规则》和《取缔酒楼饭店规则》，对全市茶楼酒肆饭店等餐饮行业的食品卫生做了统一的规定。

首先，所有经营茶楼酒肆饮食店等餐饮行业的商家都必须经过卫生局的检验，领取卫生局的营业执照。所有从业人员要求身体健康，"凡患肺痨麻风花柳病，或疥癣等之皮肤传染病，或有危害他人之虞之癫痫病等，均不得在酒楼饭店内操作"③。

其次，餐饮业店堂是人员密集之地，小环境的卫生也非常重要。除了要求店堂地面、桌椅及餐具洁净外，店内还"须多设痰盂，不得任人吐痰于地上"④，此举既可改变民众陋习，亦能维护店面清洁卫生，防止传染病的传播。

再次，厨房卫生是餐饮行业食品卫生安全的源头保障，因此对于厨房卫生，卫生局特别规定："甲、不得设置便溺之所。乙、残余食物及垃圾等物须用有盖之桶或箱存放，不得停留一日以上。丙、沟渠排水，须要流通。丁、贮藏食物之器具，须用盖或罩遮护。戊、载食物之器具，须要清洁。己、调制食物之器具，必须洗洁。"⑤

最后，各茶楼酒肆饮食店制作售卖的食物本身才是各个环节的重中之重，食物直接入口，攸关市民健康，因此卫生局明确划定了禁售食物：病、死、腐、臭之畜禽肉类；腐坏变质之鱼虾蟹等水产品；腐烂之瓜果蔬菜；浊恶之浆酪饮料；含有毒质药料之酒类；隔夜并变色变味之食品。此外煮食、洗涤都必须用自来水或洁净之水，茶楼所用之水必须是煮沸之清水。"茶居食品，非顾客需要，不得任意陈列桌上。"⑥

（二）对餐饮业食品卫生的实际监管

在实际的监管中，卫生局根据所定规则，对茶楼酒肆饮食店等整体的

---

① 《卫生局注意各食物店卫生》，《广州市市政公报》第 487 期，1935 年，第 97 页。
② 《卫生局调查各饮食店》，《广州市市政公报》第 491 期，1935 年，第 148 页。
③ 《广州市卫生局取缔酒楼饭店规则》，《广州市市政公报》第 89 期，1923 年，第 16 页。
④ 《广州市卫生局取缔茶居规则》，《广州市市政公报》第 87 期，1923 年，第 17～18 页。
⑤ 《广州市卫生局取缔酒楼饭店规则》，《广州市市政公报》第 89 期，1923 年，第 16 页。
⑥ 《广州市卫生局取缔茶居规则》，《广州市市政公报》第 87 期，1923 年，第 18 页。

卫生状况进行检查，要求"茶楼酒店，不许水缸与尿桶毗连"①，桌椅板凳须保持清洁，各种盛装食物的器具须清洗干净，店堂内须设有足够的痰盂，从业人员保证没有疾患等。检查结果还会统一登记备案。对于不合格者，检查人员须"当即向各该店办事人婉言劝导"②，之后监督经营者对不合格事项进行改良，改良后再上报备案。对于屡教不改者则强制停业，以保证市民的食品卫生安全。

对于餐饮店摆卖的食品，为防苍蝇尘土，隔绝传染病源，卫生局一再强调"如烧腊饼食糖果等，一律用玻璃瓶纱罩或玻璃箱柜盛载；如马蹄粉绿豆沙粥及其他水碗等，一律以玻璃片遮盖"③。"此后售卖各种现成入口饮食物，务须遵章加盖玻璃罩或铁丝罩，以重卫生，而保健康。"④ 至于戏院、电影院等娱乐场所"所卖各种食品，及所用之茶杯碗箸，尤应注意洁净，如所卖食物中之有渣滓皮壳者，须由售卖人加备小竹筐随同食品派交顾客使用，不得将渣滓皮壳等抛弃地上，以重公共卫生"⑤。

广州的茶楼酒肆还有一种习惯做法，就是"每将客食馂余售卖"⑥，年节期间更甚。一般贫民因其价廉而争相购买，有的甚至再次转卖。这种吃剩下的食物本身已不卫生，搁置时间稍久极易腐坏变质，引起肠胃疾病，传播传染病菌。为保障贫民的健康，广州市卫生局曾于 1935 年 9月 9 日"特发出布告禁卖，以重卫生，如敢故违，即行拘究"⑦。1936 年旧历年节期间，为杜绝各商家摆卖馂余，卫生局再次重申布告，提前加以防范。

每遇传统节日，传统的时令食品大量上市，卫生局也会对此实行卫生监督，如每年中秋节前后，各茶楼饼店制作月饼、胭脂花饼等，为求美观易售，往往使用各种颜料涂饰饼面，然而"此种有害性颜料含有毒质，一

---

① 伍榜：《广州市卫生局十三年进行概况》，《广州市市政公报》第 165 期，1925 年，第 1 页。

② 《广州市卫生局十五年度一年来行政概况》，广州市档案馆藏，档号：资－政－579－244。

③ 《卫生局注意食物卫生》，《广州市市政公报》第 329～330 期，1929 年，第 84 页。

④ 《卫生局取缔贩卖食品》，《广州市市政公报》第 485 期，1934 年，第 109 页。

⑤ 《卫生局积极整顿娱乐场所卫生》，《广州市市政公报》第 492 期，1935 年，第 106 页。

⑥ 《卫生局严禁酒楼售卖馂余》，《广州市市政公报》第 525 期，1936 年，第 130 页。

⑦ 《卫生局禁售馂余》，《广州市市政公报》第 511 期，1935 年，第 130 页。

经误食，贻害匪轻"①，因此，每逢中秋，卫生局都会重申禁令："饬令各茶楼自后制饼，不得掺用颜料，以维市民健康。如敢故违，定必拘究不贷。"②

在食品的包装上，广州的商人贩卖生熟食品向来使用土制草纸包裹。20世纪30年代初，开始有不法奸商从国外廉价购买大量旧报纸包裹物品。此举不仅使国内土制纸业大受打击，本土经济受到影响，而且"舶来之旧纸，既以旧墨印刷已含不少毒质，又经辗转浏览，污垢更极难堪，加以海道封运，长期不受日光，其微菌自必潜生暗长，用以包裹食品，殊属大害卫生"③。因此，广东省建设厅工业试验所所长呈请广东全省各市县长饬令各卫生局取缔舶来旧报纸包裹食物，广州市市长林云陔亦训令市卫生局对此类旧报纸严加取缔，以重卫生。但实际上，直到1936年，这种旧报纸仍源源不断地从国外输入，"仍见各什货、茶楼、海味、腊味等商店取之包裹如故"④。

（三）对餐饮行业的调查与检查

虽然广州市卫生局对于餐饮行业的卫生历来重视，自1923年即制定颁布了各种取缔规则，但未能照章遵循者仍有不少。为了解掌握各餐饮店情况，便于整顿改善，以保障公共卫生和市民健康，1935年1月广州市卫生局决定每月举行一次全市饮食店洁净大调查。先"制表分发各卫生区，令将区内一切饮食物店，详查填报"⑤。2月15日，首次大调查由全市六个卫生区派出卫生警察，依照登记表所填各商家，分别进行调查。其调查事项："（一）茶楼饭店店伙，有无疥癞麻风及其他传染病；（二）所售饮食品原料之内容；（三）饮料水清洁与否及有无煮沸；（四）售卖食品，有无以笼罩等物掩盖；（五）痰盂之放置适当与否；（六）厕所有无设置及清洁与否；（七）所有器具清洁与否；（八）其他。"⑥

---

① 《卫生局严禁月饼涂饰颜料》，《广州市市政公报》第441期，1933年，第71页。
② 《卫生局申禁各茶楼饼店制饼不得掺用颜料》，《广州市市政公报》第440期，1933年，第61页。
③ 《取缔旧洋报纸包裹食物案》，《广州市市政公报》第381期，1931年，第61页。
④ 《卫生局禁用旧报纸包裹食物》，《广州市市政公报》第523期，1936年，第105页。
⑤ 《卫生局注意各食物店卫生》，《广州市市政公报》第487期，1935年，第97页。
⑥ 《卫生局调查各饮食店》，《广州市市政公报》第491期，1935年，第148页。

在对全市餐饮行业大调查的基础上，1935年9月5日第165次市行政会议议决通过了卫生局提出的《广州市酒楼饭店及其他饮食店卫生取缔规则》。新规则除保留之前规则的内容外，增加了一些更为具体的细节要求。如"店役于工作时，须一律穿着整洁衣服，不得裸体"，"所用抹拭食具椅桌之抹布，并每日最少须用梳打洗涤一次"，"厨房地面须用洋灰或其他可冲洗之质料铺造，每日应随时冲洗洁净"①。可见政府对餐饮行业的卫生要求越来越严格，甚至要求茶楼酒肆必须组织员工实施防疫注射，并随时检查注射证明。

在传染病流行期间，针对传染病传播的特性，广州市卫生局对于饮食店还制定了专门的清洁消毒办法："（一）各店须有灭蝇设备，（二）各店一律暂停售卖凉品，（三）食品中不得搀入生食之芫茜葱韭之类，（四）凡经顾客用过之碗箸匙碟必须以沸水冲洗，（五）点心提出叫卖时其蒸笼上面须盖以纱罩，其点心传递须以白铜夹或铲夹送，不得用手抓转，（六）凡与食品接触者均不得以报纸或字纸承包，如包底纸及纸袋等须一律改用洁白纸为之，（七）抹布常吸收汤汁等物最惹苍蝇落集且易疏忽，须时放入沸水煮之，（八）递送顾客之面巾每次用毕必须蒸煮以杜传染，（九）各店司理应即检举店内职工从速举行防疫注射，（十）店内设备之厕所尿坑须与厨房远隔。"②

1945年以后，广州市每年举行全市清洁大运动，对饮食店的检查也具有较强的针对性。如1946年5月，为控制霍乱疫情，卫生局连日派出检查人员，对全市公共场所和茶楼酒肆等处的饮用水进行检验，其中"抽验爱群酒店食水，发现霍乱弧菌，当即令饬该店停止供用，并派技术人员指导消毒"③，随即票传该店经理到局讯询。在清洁卫生运动中，市政府还对其中最清洁的店家进行公开奖励，获得最清洁之称誉又成为商家广告宣传的有力证据。1946年9月的清洁大运动中，爱群酒店、华南酒家、广州酒

---

① 《广州市酒楼饭店及其他饮食店卫生取缔规则》，《广州市市政公报》第512期，1935年，第31~32页。
② 《广州市卫生局规定市内各饮食店应执行之清洁消毒办法》（1942年），广州市档案馆藏，档号：18-1-5。
③ 《食水不洁，爱群经理被传讯》，《中山日报》1946年5月15日。

家、太平馆①四家获得了最清洁之称誉，而"陶陶居、品荣升、天元、冠珍、新桃园、上华、新远来、叙乐园等八家，厨房天阶，堆积污秽，用具不洁"②，被卫生局票传申斥，并饬令其迅速办理改善。

---

① 《最清洁酒家，警局传令嘉奖》，《中山日报》1946 年 9 月 27 日。
② 《检查各食肆洁净，陶陶居等八家被传申斥》，《越华报》1946 年 10 月 23 日。

第八章

公共屠宰场的建设

进入 20 世纪之后，"东西各文明国，为预防不良肉食之贻害人民，莫不规定若干公共屠宰场所，为之监察，而制限之"[①]，欧美各国甚至在公共屠宰场的基础上，建立了相关的食品进出口监管制度。然而，"广州市为（国民）党政府发源文明地，而屠场未设，比之中外商埠，殊为缺憾"[②]。为了适应世界食品卫生的潮流和市政发展的需要，广州市卫生局历经数年努力，最终建成了保障全市肉食品卫生安全的公共屠宰场。公共屠宰场的建设是民国时期广州公共卫生发展的重要步骤。

一 关于设立公共屠宰场的动议和努力

（一）公设屠宰场的初议

1921 年广州市政厅建立之后，广州市政建设进入了新阶段。市长孙科致力于美化市容及改善公共卫生状况，公共屠宰场作为保证食品卫生的重要市政设施，首次被提上广州市政议事日程。是年，政府曾计划"仿照猪

---

① 《议设屠场》，《广州民国日报》1923 年 8 月 27 日。
② 《批卫生局民益公司请办机器屠猪场所拟简章仰核复由》，《广州市市政公报》第 198 期，1925 年，第 534 页。

捐公司分设抽局办法，按东西栏设栏之地点，与各处屠户集中之地域分建五处"① 屠宰场，分别建于西关、东关、城北、河南和花地。虽动荡的政治局势及拮据的财政状况致使屠宰场计划未能实施，但计划的提出是广州市政府开始重视食品卫生的开端，是广州公共屠宰场建设计划的雏形。

1923 年 8 月，市卫生局防疫课长吴景炎针对广州"各屠店均系散处市区，检查因恐未周，取缔亦难期划一"② 的情况，呈请设立公共屠宰场若干所，并初步拟定了屠宰场规则十四条，提请市行政会议讨论。有识之士在关于市政建设研究理论的评论中也有类似的建议，希望政府能借鉴西方市政先进国家，设立公共屠宰场和市场，以达到对市民食品卫生施行全面监察和管理的目的。同时，社会舆论也开始议及此话题。有人还列举出公设屠宰场的种种益处，"屠场既归公设，则屠宰前之牲畜及解体后之畜肉，必经检查员之检查，市民不致食病兽之肉，可杜疫疠之来源。屠场有特定之所，可保市中之清洁。屠具及屠宰方法均极新式，屠兽时不背人道。此外，因检查之结果，知病毒之由来，对于兽疫之蔓延，可设法防治，于农政上亦有利"③。但由于此时正值广州市政伊始，百业待兴，加之政局动荡、战乱频仍、人事更迭，市政府无力顾及公设屠宰场，提案亦被暂时搁置。

1925 年初，时任卫生局局长的伍榜曾议定章程，准备招商承办，但因需款甚巨，无人过问。卫生局在编制本年度的市政预算时，市厅还将公设屠宰场所需经费开列其中，并择定了市内多处适宜地点准备建设，后因"军饷支绌，市厅不得已将市内官市产，及庵庙寺观，变价充饷，即日前指定为屠场之公地，亦多已投变"④。6 月，陈有年的民益公司提出拟仿照上海、汉口等地，办理专门的机器屠猪场，还拟定简章十一条，愿以每月市饷 4500 元承办十年。卫生局以"该商集合资本，创设屠场，仿照上海汉口，用机器屠宰，需费既轻，办法利便，消毒排秽，尤合卫生，查核章

---

① 《广州市工务局拟建广州全市各屠场计划书》，广州市档案馆藏，档号：资－政－569－17。
② 《广州市卫生局布告劝屠店开业由》，广州市档案馆藏，档号：资－政－575－178－32。
③ 《公立屠兽场之必要》，《广州市市政公报》第 89 期，1923 年，第 13 页。
④ 《请承办本市机器屠猪场》，《广州民国日报》1925 年 9 月 5 日。

程，大致亦妥"①，将民益公司的简章转呈广州市市长李福林查核。未几，人事更迭，广州市政府改为委员会制，伍朝枢出任市政委员长，接任后批复交卫生局局长"详加审核，悉心拟议，呈候察夺"②。

同时，于7月再次出任市卫生局局长的司徒朝亦认为广州"屠店散处市中约有数百家，利之所在，甘冒不韪，旋禁旋犯"，欲从根本解决问题，则需"使畜类统归一处屠宰，则狡狯难施其技，而检验较易"③。因而积极推进公共屠宰场的设立，初步拟定了屠宰场建设计划，准备在市中心建屠宰场一所，场内设四部，分别是由卫生局派员负责场内一切卫生洁净事项的卫生监理部、招商承办的猪羊屠宰部、专门的牛只屠宰部及招商承租的牲畜交易部。

（二）美国禁止腊味进口事件的促动

与此同时，美国禁止广东省腊味进口事件进一步促使广州市政当局尽快筹设公共屠宰场。腊味一向是美国华侨的大宗消费品，出口腊味每年都能为广州市增加不少外汇收入。但是随着美国肉类卫生与安全监管制度的日益完善，美国对于进口食物的卫生状况和进口国国内食品生产和制作的卫生状况亦甚为关注，并以此作为颁发进口许可证的考核标准之一。因此，美国新订条例规定，大凡进口食物都必须得到相关部门批准后方可销售，各国进口商品都需遵照此例。因美国食品的进口国都设置有公共屠宰场及检验所，同时还有当地卫生局出具保证书证明出口肉类及肉类制品的卫生安全，因此其食品能继续出口美国。而广州一直没有设置公共屠宰场及专门的检验所，广州市卫生局亦不能出具保证书证明出口肉类及肉类制品的卫生安全。为保障美国民众的食品安全，从1925年秋季开始，美国禁止了广州腊味的进口。

腊味出口受阻，不仅使商界大受困扰，也给农工两界带来损失，影响了整个广州经济界，引起当时广州市政委员长伍朝枢的注意。伍朝枢遂派

---

① 《批卫生局民益公司请办机器屠猪场所拟简章仰核复由》，《广州市市政公报》第198期，1925年，第534页。
② 《批卫生局民益公司请办机器屠猪场所拟简章仰核复由》，《广州市市政公报》第198期，1925年，第533页。
③ 《卫生局呈筹设屠场拟议办法请核夺示遵由》，广州市档案馆藏，档号：4-01-10-65-6。

卫生局局长司徒朝亲自到沙面与美国领事商洽解决方案。10月中旬，司徒朝赴沙面会晤了美国领事，了解情况。美国领事向司徒朝提出了在广州设立公共屠宰场的建议。为使设立之公共屠宰场得到美方认可，从而保证广东腊味能够顺利出口，司徒朝甚至提出在公设屠宰场正式兴工之前，"先将图则交予美领事转请美政府核阅，一经允可，然后筹办"①。

可见，此时的公共屠宰场不仅是广州市政发展的必然结果，也是政府从市民食品卫生安全角度出发而必须兴建的公共设施，而且还成为外汇创收和经济发展的因素。显然，对于公共屠宰场的设置，政府此时更多的是从经济利益的角度考量其建设价值。或许这也是广州市卫生局成立五年之久，肉食品卫生问题一直困扰市民，妨害市民健康，卫生局令行不止，官民矛盾尖锐，卫生管理不顺，而解决方案提出之后，却迟迟未被真正实施的症结所在。

（三）"以工代赈"的建设需求

1925年10月21日第18次市行政会议上，卫生局局长司徒朝再次提出筹办公共屠宰场，由卫生、财政、公安、工务四局局长共同研究，提出报告再议。11月11日第21次市行政会议上，公安局对于筹建公共屠宰场提出了意见。统一意见后，18日第22次市行政会议上，卫生、财政、公安、工务四局再提出关于筹建公共屠宰场意见案，会议议决"交卫生局再议，以政府能筹款自办为主，如不能办到，另拟招商承办办法，但本市至少有屠场二所或三所"②。同时，对于民益公司催促批准创办机器屠猪场一事，市政委员长伍朝枢以"本厅正在核议中"为由，令其"暂毋庸议"③。

自1925年省港大罢工爆发之后，广州市内无业者众多，香港罢工工人回流更造成了广州无业人口的骤增，虽然政府提出了一系列解决罢工工人生活问题的办法，如组织北伐、修建公路、读书进修等，但由于人数过多及政府财政能力有限，且随着"以工代赈"各项任务的完成，罢工工人的生计问题又逐渐加重。1926年10月，省港大罢工宣告结束，但改组后的

---

① 《腊味运美之交涉近况》，《广州民国日报》1925年10月31日。
② 《广州市市行政会议议事录》，《广州市市政公报》第205期，1925年，第732页。
③ 《批陈有年据请行局给予布告开办屠场事暂毋庸议由》，《广州市市政公报》第211期，1926年，第46页。

省港罢工委员会仍然存在。大量的罢工失业工人没有安置到位，仍滞留广州，其生计问题依然是政府的重大负担，建设大型公共设施就成为继修建公路后能给罢工工人提供就业机会和生计来源的良方，它既能稳定社会秩序，也能维持政府在群众中的声望。

1927 年初，建设公设屠宰场计划再次被提上市政议程。因此，1 月 5 日召开的第 85 次市行政会议讨论了来自罢工委员会关于香港街市工业联合会提出的请政府拨款建筑屠宰场以解决罢工工人生计问题的提案，经过讨论后，议决交由财政局审查汇案。鉴于财政拮据的状况，财政局提出了招商承办屠宰场的方法①。但随后政治局势风云突变，公共屠宰场建设计划再次流产。

二 公共屠宰场的最终建成

（一）公设屠宰场再次启动

1928 年是广州市政发展的重要时期，随着政治局势的逐渐稳定，广州市成立了城市设计委员会，还通过了《城市设计委员会组织章程》。这是广州市第一个专门负责城市规划的管理机构，标志着广州城市发展步入制度化时期。公共屠宰场作为城市近代化和市政发展的重要组成部分，同时也是改善城市居民食品卫生安全的重要环节，其设立问题再次引起了市政府和卫生局的重视，被列入市政议事日程，并正式付诸实施。

2 月，市政府决定继续按照 1927 年 1 月第 85 次市行政会议议决之招商承办的办法兴建公共屠宰场，卫生局亦拟定了《屠场管理规则》呈报于市政府。规则强调：屠宰牲畜必先经卫生局所派之兽医员检验许可方可屠宰，屠宰后加以烙印以资识别，屠宰兽畜不得吹水吹气。同时对屠宰场建筑做了详细的规定：屠宰场内必须通风，光线必须充足，全场地面必须以不渗透材质铺陈，地面倾斜度约十度，屠场内须多设明暗沟渠排泄污水，地下五尺深处以不渗水之材料建成秽水血水池覆以铁盖且每日清除一次，屠宰场四周墙壁近地四尺须以不渗水之材料构成，场内墙壁及房舍每季须

----

① 《财局提议招商承办屠场》，《广州民国日报》1927 年 2 月 9 日。

扫白灰水一次。对屠宰场操作时间也有一定的要求：屠宰兽畜每日上午三点、下午两点各一次，屠宰兽畜之后 3 个小时内全场宜洗扫洁净，所有存储之皮骨须于二十四点钟前清除。此外，还要求场内不得养犬，屠场内不得供人住宿，其附近不得设置厕所及尿缸，场内不宜设火水灯及煤气灯，场内须设自来水，贴近河道之屠宰场不得将血水秽物倾泻于河中，屠宰兽畜不得于肉上涂染颜料以混淆肉质之真相。对于屠宰场的日常监督，由卫生局派专员负责，如有违反，处以不等的罚金。

6 月，在派员赴香港考察屠宰场管理的基础上，卫生局对《筹建屠场办法》和《招商承建屠场章程》都做了修改。由于"前定章程投资过巨，是以承商裹足不前"，考虑到商人"承办此事须备建筑费三十万元，十年后完全收归市有，故对于年缴卫生行政费必须大减，以免商人担负过重，不敢承投"[①]，因此卫生局为减轻承商负担，将原定的卫生行政费由每年 7.2 万元底价降为 4.8 万元，由承商出票竞投，出价高者得。按金也由上缴全年卫生行政费的百分之十五降为十二分之一。

同时，由于屠宰场建设费及每年要缴纳的卫生行政费数额较大，为保证工程顺利及以后卫生局收入的稳定，卫生局认为承办商必须是具有雄厚实力的企业或个人。为保证这一点，卫生局为承办商承办设下了高门槛，其表现主要有两点。首先投票承办的手续规定"投票人须于未开投前，将押票银一千元，缴到卫生局庶务处，取回收据，开投后未投得者，即予发还，投得者俟缴卫生行政费时扣回"[②]。获得投票权即须缴纳 1000 元现金，这使资金不足或是经营不善、周转不灵的企业无法参加，这第一道门坎即保证了投票者的实力。

其次，卫生局规定投标成功的商家在中标之后的五天内，到卫生局缴纳卫生行政费的十二分之一，即 4000 元作为按金，并呈示 30 万元的证明，同时还必须有殷实的商店作担保，并且在接到卫生局通知之后的一个月之内必须兴工，若逾期则取消该商的承办权，而且将之前所缴 4000 元卫生行政费充公，并另行招商投标。这些苛刻的条例限定了承办商的能力范围，

① 《修改招商承建屠场章程案》，《广州市市政公报》第 296 期，1928 年，第 75 页。
② 《广州市卫生局招商承办屠场章程》，广州市档案馆藏，档号：4-01-12-371-6-388~389。

为屠宰场建设的顺利完成寻得了丰厚的资金保障，以保证屠宰场工程短期之内便能顺利开展。

在对屠宰场的建筑问题上，卫生局规定在动工后的 8 个月内完工，防止承商蒙骗政府和市民，霸占该项大型工程的承办权，妨碍市政的健康发展。在屠宰场工程的设计方面，要求必须遵照卫生局制定之图式建造，所有一切工程材料、地价概归承商自理。工程监督方面，《招商承投屠场细则》中有详细规定："建筑期间随时由本局派工程师监视，如有未尽妥善处，得由承商互订改善方法，毋得异议，但经遵照改善后，工程师不得再令变更，至更改工程，应由工程师负责。"① 由卫生局所派之建筑师对工程进行监督，可以有效预防承商在建筑过程中不符卫生科学规律而施工，为将来屠宰场投入使用之后能确实起到保障市民食肉卫生的作用做出保障，同时这还能在一定程度上防止承商在建筑期间偷工减料，违法施工，保证屠宰场的质量和使用寿命。卫生局在完成这方面工作的同时，也兼顾到了承商的利益，其主要体现在改善之处经双方谈妥之后，工程师便不能再随意更改，此举保证了承商施工计划的顺利执行，避免了双方之间的矛盾冲突。

在屠宰场的运作管理上，章程规定全市屠店先将猪牛羊等运到屠宰场由兽医验明，方得屠宰，加盖印章后方准运售，其余必须遵照卫生局所订屠宰场管理规则办理。卫生局开办公共屠宰场的主要功能就是保证全市的肉食品卫生安全，这也是与屠宰场建设之前所不同的地方，兽畜被屠宰之前须经过兽医的检验，屠宰之后再次经过兽医的检验，之后才对健康卫生的兽肉加盖蓝色烙印作为放心肉的标志，允许出场销售。

在承商的利润方面，卫生局的招商章程中明确规定承办屠场所有抽收之屠宰费概归承商所得，其抽收之率如下：每一头猪 60 斤以上抽银 5 毫，20 斤以上抽银 4 毫，20 斤以下抽银 2 毫；每一头牛抽银 1 元；每一头羊抽银 5 毫。屠宰场成立后全市所有猪牛羊等须一律在屠宰场内屠宰，如有私自屠宰，准由承商派稽查人员查明，呈请卫生局拘案罚办。

公立屠宰场屠宰需要收取一定的费用，以维持屠宰场的正常运行。对

---

① 《卫生局建筑屠场之急进》，《广州民国日报》1928 年 6 月 30 日。

于不同的兽类及同一种类牲畜的不同个头，屠宰费都有不同的规定。由于猪肉为日常市民最常食之肉，屠宰的猪的数量相对其他兽类来说更多。广州一向有吃乳猪的习俗，市民对乳猪需求量相对其他幼小动物更大，乳猪屠宰是日常屠宰的重要组成部分，因此屠宰场对于猪的屠宰收费制定了更为详细的标准，根据猪的不同重量划分了三个等级，乳猪个头较小，屠宰较为容易，收费相对较低也甚合理，而牛羊的屠宰一般都是在其成年之后，便也无分大小，价格统一。

屠宰场屠宰费归承商所有，这是承商通过向卫生局每月上缴卫生行政费所交换得的经济利益，是承商从屠宰场中获得利润的重要来源。尽管屠宰每头牲畜所收取的费用不高，对比当时的肉价，平均每一只牲畜的屠宰费与市场一斤猪肉的价格相当，甚至更低，但是承商依然能从中获得巨额利润。因为在承商承包屠场的十年内，其经营方式为一个公司单独承办，此时广州屠宰业具有了明显的垄断性质，屠宰行业的利润重新进行了分配，由屠户分散占有变为由承商独占，加上广州为人口繁盛之地，肉食品的需求量甚大，积少成多，公设屠宰场的利润自然相当可观。

在承办期限问题上，章程第六条规定："承办屠场准专利十年，期满后所有各屠场地址及建筑全部收归卫生局所有，如欲赓续承办再行另议。"[1] 十年的承办专利是承商用屠宰场建筑费和每年的卫生行政费从卫生局所交换而来的"商品"，意味着这十年间全广州市的屠宰业成为承商的独门生意，虽带有公办性质，却是完全的私办模式，而且是垄断式的。在这十年间承商将从屠宰业中获取高于屠宰场建设费和多年所缴卫生行政费的利润，而其来源则是广大的肉店屠户。

广州公共屠宰场的承办模式，是民国时期广州市政建设的常见方式之一，也是其重要特点之一。政府在财政拮据的情况下，借助民间的财力建设和发展公共事业，就必须以公共建筑的承办权和专利权作为交换。

章程经过修改之后，并没有增加对商家的吸引力，7月10日卫生局以4.8万元的底价"再行开投，但仍无人投承"[2]。直到8月，也仅有张福民

---

[1] 《广州市卫生局招商承办屠场章程》，广州市档案馆藏，档号：4-01-12-371-6-388~389。

[2] 《市行政会议议事录》，《广州市市政公报》第299期，1928年，第18页。

愿意以利群公司的名义承办，市卫生局"查明该利群公司资本尚属充裕，所择建筑各地点亦堪作屠场之用，自可准由该商承办"①，之后，卫生局与利群公司对承办章程做了进一步的修改。

《承办广州市屠场利群公司修正章程》对原有条款予以细化，尤其体现出对利群公司利益的保障。如在设址问题上，除了东关、西关、河南三处外不再增设，如不敷用，只能由公司在原址上购地扩充，但须增加专利年限。屠宰场由公司购地建筑，但建筑图则由卫生局绘制核定，且派员监督工程。公司承诺按期缴纳卫生行政费和按金，但"此外不另带收附加其他捐费，并予宽免搭销公债库券以及预借经费军费暨一切捐缴之用"②，而且"若因发生工潮及其他事项"③，缴费得酌予延期。八个月工程限期内如果"适遇故障，确非人力所能补救"④，亦能呈明。对于十年的专利期限，期内别商不得加饷揽夺，期满概归市政府所有，但八个月建筑期不在专利期限内，而且因屠户罢市等原因饬令停止屠宰的时间也应计于十年专利期限之外。承办期内，公司按市行政会议议决之数收取的屠宰费用概归公司所有，但每月须付卫生局派驻屠宰场之兽医180元月薪。全市猪牛羊等一律须在屠宰场内屠宰，凡酒馆、茶楼、腊味、卤味等店及一切用户，如系自行屠宰者，仍须一律扛至屠宰场验明，照缴屠宰场费用后始能屠宰；如有擅自屠宰或在市区以外私宰后偷运潜入市内者，得由利群公司侦缉稽查，一经发现，从严惩办。同时，利群公司为自求保障，还特别强调利群公司系照股份有限公司组织而建，承办后应以股份有限公司章程呈请建设厅注册，并由卫生局刊发图记以便启用，所立合约也应"转呈政治会议广州分会暨省政府备案，以坚威信而资保障"⑤。

很明显，《承办广州市屠场利群公司修正章程》对商家自我保护而言相当周全，连发生工潮、屠户罢市等情况都预设其中，提出了相应的保护条件。章程还保证了商家的垄断地位，尽可能地实现商家的利益最大化。

---

① 《准利群公司承办本市屠场案》，《广州市市政公报》第301期，1928年，第51页。
② 《承办广州市屠场利群公司修正章程》，《广州市市政公报》第304期，1928年，第39页。
③ 《承办广州市屠场利群公司修正章程》，《广州市市政公报》第304期，1928年，第40页。
④ 《承办广州市屠场利群公司修正章程》，《广州市市政公报》第304期，1928年，第40页。
⑤ 《承办广州市屠场利群公司修正章程》，《广州市市政公报》第304期，1928年，第41页。

国民政府内政部 1928 年 8 月 15 日颁布《屠宰场规则》，要求"各特别市普通市须筹设公立屠宰场，其成立期至迟不得逾二年"①。广州市屠宰场在无其他人投承的情况下，允许利群公司以较为优惠的条件承办公共屠宰场也就顺理成章。市政府对章程略做修改后，经过广州市政府行政会议审议获得通过，照准承办。10 月 15 日张福民即上缴按金，与卫生局订立合同。② 随后开始确定地址，准备兴工。

（二）屠宰场选址风波

最初，在招商承办章程中，卫生局只规定"在广州市区内先行分设屠场三所：（一）东关，（二）西关，（三）河南。（由承商）于各该处内择其适中地点，呈请卫生局勘定之"③。在具体选址问题上，卫生局并没有明确限定，而是给予了承商很大的自由选择权。正因如此，屠宰场选址问题从一开始就风波不断。利群公司将河南的屠宰场选址定在海幢寺后的乌龙岗，结果遭到了附近居民的激烈反对。民众认为该处为河南最繁华的地段，屠宰场每日所宰杀各兽类之血及各种不洁之物存留在"该附近之街道，倘日积月累，难免无瘴氛发现，且微菌一类亦皆赖此丛生"④，担心屠宰场设置于此会污染他们居住地周遭的环境，并滋生细菌病菌，影响健康。而且所选之址在兰武、洁芳、海幢等学校之间，居民觉得屠宰时嘈杂之声会对学生上课造成不良影响。为此，居民于 10 月 7 日召集了各乡及各学校教职员讨论应对方法，并向卫生局及该段的警察区署呈递了联名意见书，之后又由教育界向省教育厅呈请协助，反对之势相当壮观。

卫生局局长何炽昌接到意见书后，亲自到该地进行勘察。最后屠宰场因太接近学校，未获得省政府批准。利群公司又奉饬另觅得河南鸡鸭滘永兴街东边的一块空地，省、市政府均因"此地与鸡鸭滘涌、均和涌、洪德马路及省河等处距离甚近，所有水陆交通堪称利便，以之建筑屠场，极属

---

① 蔡鸿源主编《民国法规集成》第 40 册，黄山书社，1999，第 243 页。
② 《屠场已缴饷开办》，《广州民国日报》1928 年 10 月 16 日。
③ 《广州市卫生局招商承办屠场章程》，广州市档案馆藏，档号：4 - 01 - 12 - 371 - 6 - 388 ~ 389。
④ 《河南各界反对设立南区屠场地址》，《广州民国日报》1928 年 10 月 8 日。

适宜"① 而予以批准。西屠宰场的选址同样曾遭到附近居民的反对，黄沙商学两界还出面呈请，但政府坚持认为并无不妥，故指令"黄沙成发坊地方建筑屠场毋庸迁移"②。而东屠宰场原定地址"东关川龙口一地，业权未清，已核准改购东鬼基东壕口坦地"。③

关于屠宰场的选址问题，从承商的角度考虑，出发点更多地放在如何更有效地节约成本及创造经济价值之上，甚至不惜以市民的合法权益作为代价。承商对屠宰场建成后对附近居民生活的影响，对周围环境卫生的污染，对送屠商户的方便与否等利害问题考虑较少。从卫生局的角度来说，设置屠宰场出发点之一是为了保障民众的肉食卫生，促进城市公共卫生事业的发展，但卫生局完全放手让承商自行选址，引发了市民与卫生局之间的一系列矛盾，直接影响了屠宰场建设的进程。

（三）公共屠宰场最终建成

屠宰场选址问题暂时解决之后，卫生局为保证屠宰场建筑"筹划完善起见，特派保健课长劳宝诚，带同刘技士赴港调查，以期借助他山"④，再次专门考察香港屠宰场之建筑。卫生局决定根据广州自身情况仿照办理，放弃成本较高技术较严的机器屠宰，采用人工屠宰的办法，用本地土法建筑炉灶，并计划在近郊建筑一座用作焚毁死病牲畜的火炉。

半个月之后，卫生局先将制定的黄沙屠宰场建筑图则交由利群公司按章兴建。随后，东屠宰场、南屠宰场陆续兴工。兴建过程中，卫生局所派工程师罗明燏随时在场监理，并根据实际情况对工程做出调整，"将猪栏铁柱改为钢筋三合土"⑤。经数月建设，三个屠宰场在卫生局规定的时间内基本完工，初步定于1929年5月1日开业。

然而4月份爆发的粤桂战争使广州全市陷入战争的纷乱，正常的市政建设被迫中断。而且随着战争的升级，广州成为粤桂两军必争之地，大批军队入城后，新建成而又未投入使用的公共屠宰场就成为驻军的首选目

① 《河南屠场改设鸡鸭滘永兴街》，《广州市市政公报》第316~317期，1929年，第114页。
② 《黄沙成发坊建筑屠场案》，《广州市市政公报》第316~317期，1929年，第156页。
③ 《承办广州市屠场利群公司修正章程》，《广州市市政公报》第304期，1928年，第39页。
④ 《卫生局再派员调查香港屠场》，《广州市市政公报》第302期，1928年，第11页。
⑤ 《市政工作统计》，《广州市市政公报》第316~317期，1929年，第72页。

标，而靠近黄沙车站的西屠宰场更是理想的驻地之选。5 月 12 日，陈济棠部下第一师第二补充团第一、二两营，擅自进驻黄沙西屠宰场。承商张福民派员与军队进行磋商，劝其迁徙无果。5 月 21 日，政府当局又致函第八路总指挥陈济棠，请其饬令军队迁出。后"经卫生局据理力争，始获让出，继续兴工"①，并将开业日期改为 6 月 1 日。

6 月 1 日将至，开业在即，卫生局局长何炽昌为慎重起见，特派技士刘纪初再次前往屠宰场进行勘查。一切准备就绪之时，又因国民政府定 6 月 1 日为奉安大典举行之日，孙中山先生的遗体将迁葬于南京中山陵，届时全国所有庆典活动都须暂停，屠宰场开业也因此再次改期，最终推迟至 7 月 1 日。自此，广州市才有了公共屠宰场。

三 围绕屠宰场的利益博弈

（一）屠户肉商联合罢市

公共屠宰场的设立，使广州市屠宰行业的运作模式和管理方式都发生了根本的变化，个别屠宰变为统一屠宰，私人经营变为市营商办，偶尔抽查变为日常检查，行业的利润也重新进行了分配，由屠户分散占有变为承商独有，屠商失去了从屠宰中获利的机会。部分自家屠宰出售的肉商则因为需要送牲畜至屠宰场而额外增加屠宰费和运输费，增加了成本。此外，屠户自行屠宰时，除了正当的屠宰行为外，为了增加额外收入，往往会对宰杀后的牲畜吹水吹气以增加重量，甚至还会将死畜病畜加以宰杀处理贩卖。而屠宰场开设后，要求全市所有牲畜都必须送屠宰场统一屠宰，并且由专业的兽医进行两次检验，这样一来，一些屠户的不法行为无法进行，死猪病猪的损失亦从由消费者承担转变为由肉商自身来承担，利益受损的屠户必然会反对。

早在三大屠宰场兴建期间，一些屠户就曾拟另建屠宰场抵制利群公司，② 但无奈于政府的限制而作罢。而对正在兴建的屠宰场又没有直接干

---

① 《三大屠场改期开幕》，《广州市市政公报》第 331 ~ 332 期，1929 年，第 104 页。
② 《河南屠场已开始兴筑》，《广州民国日报》1929 年 4 月 4 日。

预的理由，因此一直没有实际的抵制行动。公共屠宰场正式开业后，意味着全市屠户必须结束自行屠宰，而将牲畜全部送入公共屠宰场接受检验和屠宰，因此，在屠宰场正式开业前一天，商家纷纷将猪栏存放的生猪全部自行屠宰，并停止购买生猪。开业当天的上午，全市的屠户肉商联合罢市。肉行一方面要求各肉商拒绝将牲畜送入屠宰场宰杀，一方面以请愿的方式到市政府进行申诉。肉行提出屠宰场所定之规则对商户有诸多不便之处，"（一）屠场三所，不敷应用；（二）屠宰时间短少；（三）牛羊与猪同场屠宰，地方容积不敷"[①]。希望市府能就此再予考虑，改变规则以利商民。

虽然 7 月 1 日当天市场仍有少部分肉商照常开市，但是其价格比平时高涨不少，猪上肉卖价由每斤六毫半涨价至八毫，牛肉价格亦略有上涨。并且当日所售之肉均屠于市郊外，全属非法屠宰。后在卫生局严行取缔的震慑作用下，当天中午即有三十余家肉店将牲畜送往屠宰场候宰，共屠宰生猪三百头。但此数量远未及平日屠宰数量的一半，全市猪肉供应仍相当紧张。

7 月 2 日，猪肉市场销售量剧降，肉价大涨，"上肉每两半毫、每斤八毫，枚肉每斤一元六毫"[②]。此时猪肉卖价上涨主要有以下原因。首先是因为市场上供求关系严重失衡，买者众而卖者少。其次，因为现时肉店所售猪肉均为公共屠宰场所屠，每猪都需收取一定的屠宰费与运输费，而且部分病猪或死猪在进屠宰场后即遭抛弃，不被销售，从而直接和间接地使肉商成本增加。最后，因为猪肉在屠前与屠后都已经过兽医的检查，为安全放心肉，肉商故借此宣传并提高价格。

7 月 3 日，猪肉价格继续上升，每斤价格已至九毫以上，所售之肉大多是由市外运入，而非猪肉店屠宰之肉，成本上升，使售价更为昂贵。是日，肉行再派陈炽亭等四名代表赴市政府请愿，希望市政府再增设三所屠宰场及屠锅，并调整屠宰时间，以保卫生。其具体申诉理由如下："广州市三大屠场，自七月一日实行屠宰后，市内各肉店，均拟遵章入屠场屠

---

① 《屠商拟今日请愿》，《广州民国日报》1929 年 7 月 1 日。
② 《屠场开办后之第二日》，《广州民国日报》1929 年 7 月 3 日。

宰，惟以一市之大，仅有少数屠场，全市内肉店三百余家，每家每日约须宰牲四头，合共每日宰猪不下千余头，地方实不敷用，且章程内载屠宰时间，每日上午十二时至二时，下午十一时至三时，对于卫生亦多有不合，因上午十二时所宰之猪，留存至早七时始行发沽，存留竟达七八时以上，如遇天气炎热，肉变臭味，实所堪虞。"[1]

随后，市政府饬令请愿代表前往卫生局商量解决。卫生局又派员劝令屠店先行进场屠宰，若屠宰场实在过少，则可减少屠宰量。各代表因不满市政府的回应，继续联合各店转而向省政府请求帮助。几天之后，肉行代表万福堂继续以入场屠宰窒碍难行为由，呈请政府暂缓开办屠宰场。周澡堂则以要维血本为由，要求变通屠宰场征费等。对此，市政府一方面要求卫生局派员实地调查肉行请求是否合理，一方面全部拒绝肉行的要求并对肉行加以训斥。

7月11日，肉行罢市已持续十余天，而政府完全没有让步的迹象，部分商家迫于生计不得不恢复营业，并按照卫生局之规定合法到场屠宰。但复业的猪肉商仅为此前全市的半数，市场上肉食供应依然紧张。部分商家和无牌小贩趁机牟取暴利，他们或是"数人合宰一猪，分份发卖，或以一人出资卖（买）猪屠宰，然后转卖与小贩零售"[2]，无形中使成本增高，致使猪肉价格远高于平常。在老城区，猪肉每斤约七毫至八毫，而在西关，猪肉每斤高涨至一元，明显加重了平常百姓的生活开销和负担。

猪肉销售有其自身的产业链，肉行罢市不可避免地影响其相关产业的发展。广州所用生猪一向由外市或是外省进口，生猪运来之后，先存在广州东、西两猪栏再进行销售。从屠宰场开幕当天，便少有肉商到猪栏选货，而其他省市听闻广州肉行罢市，自知无销路，亦不再大量向广州运货。以梧州为例，在罢市之前，梧州每月运送到广州销售的鸡鸭猪牛等牲口，为数甚巨。罢市之后，广州停止屠宰生猪，生猪的贸易额锐减，相反鸡鸭两项的贸易额则有所增长。在整个7月期间，广州"市内各肉店，闭门者占多数，最近数日来，有少数肉店，则不卖猪肉，只制售烧

---

① 《本市屠商罢业后—坚请增设屠场三所》，《广州民国日报》1929年7月4日。
② 《罢业中之屠店》，《广州民国日报》1929年7月16日。

鸭油鸡应市"，这大大刺激了市场上家禽的需求量。家禽亦开始出现供不应求的状况，故"有日贵一日之势，今视鸭之一项而言，现每担已涨至七十余元之谱"①。

（二）政府的回应与坚持

肉行罢市使市民饱受高价肉食之苦，扰乱了市场经济秩序，同时众多肩挑小贩的出现也为食品卫生监管带来了额外的负担，这与卫生局设立屠宰场以维护公共卫生的本意相悖。为使广大市民和肉商对公设屠宰场一事有更深的了解，解除误会和矛盾，卫生局多次派员到屠宰场针对肉行所请进行调查，并根据调查结果对肉行所提意见进行了驳斥。

关于三所屠宰场不敷应用的问题，卫生局认为，屠宰场筹办计划从1925年便已实际开始进行，经卫生局和市政府的反复规划和考量，审虑周详之后，屠宰场选址最终确定在东关、西关等处，贴近全市屠商购入牲畜的东、西猪栏，因此到场屠宰不仅是就近之事，宰后再运送到店进行发卖，转运方便，运输费用削减，而且在河南亦多设屠宰场一所，已足供全市屠户之需，"如必谓距离内街太远，则本市马路，尚未全辟，街衢栉比，一街一市，遍设屠场，方称利便，事实上恐难办到，此屠场不须增设之理由"②。

对于屠宰时间过短的问题，卫生局反驳道："这全属谬误，查香港全岛，只一屠场，内设屠柜十二张，每日工作三小时，可宰猪牛千头。今广州全市，每日宰猪不过千余，而分设屠场三处，共有屠柜三十八张，规定每日工作六小时，并着屠场如遇特殊情形，准予随时通融屠宰。是时间以及设备器具等，皆预定数倍，断无争先恐后，时间不致之虞。"③

至于牛羊猪同场屠宰以致拥挤的问题，卫生局解释道："各屠场内，猪牛羊屠宰场，及回教屠宰场，均分部为之，地方宽敞，分部工作，秩序井然，而指为拥挤不堪，无凭为据。查广州市每日宰猪，不过千头左右，而连日入场屠宰猪只者，二日有三百余头，三日约四百余头，四日约六百

---

① 《屠业风潮影响鸡鸭价》，《广州民国日报》1929 年 7 月 16 日。
② 《屠场无增设之必要》，《广州民国日报》1929 年 7 月 11 日。
③ 《屠场无增设之必要》，《广州民国日报》1929 年 7 月 11 日。

余头，五日约八百余头，经得平常宰额十份之七八，而所用屠柜屠锅，未及半数，工作时间，仅两点余钟，即已完事。"①

显然，当时肉行所提请求都与屠宰场实际情况不符，说明肉行并没有能够充分说服卫生局和市政府的理由，罢市的最终目的无非是想维持原有的利益分配模式，阻止屠宰场的落成和运营。

相对猪肉商家而言，屠牛商人在此次风波中不但没受影响，反而获得了更多的利益。7月1日请愿的商家虽然也包括屠牛商人，但他们的请求与猪肉商有所不同，他们只是因为屠宰场尚有需改良之处，故希望能够延迟一个星期再进场屠宰。鉴于当时猪肉商行罢市，为缓解市场肉食供不应求的状况，故特准许牛商的请愿。为郑重起见，屠牛商人具结允诺，在7月7日准将牛只送往公立屠宰场屠宰，绝不违抗。但实际上，直至7月15号，牛只仍未被送入屠宰场统一屠宰，依然由牛栏宰卖。另外因受猪肉商罢市的影响，市场猪肉供不应求，部分市民改吃牛肉，促使牛肉需求量突增，牛肉价格大为上涨，牛肉商从中获益不少。

卫生局对猪牛二行分而治之，稳定牛商的中立态度，维持常规的牛只屠宰量，以弥补猪肉供应的不足。有效孤立猪肉行，削弱罢市队伍的力量，使得卫生局和市政府能够集中精力应对猪肉行，是政府应付此次罢市的主要策略。

直至8月，卫生局和市政府所持强硬态度一直未改变，肉行感受到卫生局的威严及屠宰场计划的势在必行。此外，卫生局派员到屠宰场就肉行所提问题进行调查后的情况说明，使社会对屠宰场及罢市事件有了清晰而全面的了解，卫生局有效地赢得社会大众的理解和信任，罢市肉行处于舆论的不利位置，其气焰和斗志被削弱。由于罢市之后，猪肉价格一直较高，"零售猪肉小贩，乘机摆卖，生意无不利市三倍，惯营此业者，以有利可图，遂致市面肉摊及挑担上街卖肉者，日益增多"。而肉店则因罢市停业已久，对自身消耗极大，绝无半点获利，故在8月初，肉店便纷纷复业。8月24日，广州市行政会议议决通过了《广州市取缔屠户私宰私运罚则》，规定"凡屠户不将猪牛羊送入屠场而私擅屠宰查获有据者，初犯每

① 《屠场无增设之必要》，《广州民国日报》1929年7月11日。

头处以二元以上五元以下之罚金，再犯者照额加罚三分之一，三犯者得酌停止五日以上十日以下之营业。凡在市外贩运未经屠场屠宰之肉类入市查获有据者，每十斤处以一元以上三元以下之罚金，再犯者照额加罚三分之一"，① 加大了对私宰私运的处罚力度。到 9 月，广州市场上猪肉价格已恢复之前的水平，罢市至此正式结束。

广州公共屠宰场的建设，从 1921 年提出，到 1925 年基本制定建设方案，再到 1929 年最终落成，前后达八年之久，可谓历经磨难。广州公共屠宰场的建立不仅受制于广州政局的动荡和财政资金的匮乏，还因为市民对屠宰场的不了解和肉商对自身利益的维护而一度受到民众的抵制。

实际上，在城市发展的过程中，市民反对政府兴建大型公共建筑或其他公益性建筑的情况时常发生，因为他们仅能靠自身旧有的经验去判断市政发展过程中出现的新生事物对实际生活的影响，在未能确实感受新事物所带来的益处之前，市民总想维持现状。当时的广州市民对于屠宰场建设及其卫生管理模式都没有相应的认知，他们在短时期内无法理解和证实市政建设的积极意义，因此也无法正确判断工程落成之后对他们日常生活的影响。当然，因为屠宰场建设本身具有先进性和科学性，符合世界卫生发展的潮流，有利于维护市民的健康，对广州市政发展的重要性不言而喻，所以广州的公共屠宰场历经曲折之后最终顺利投入使用。

---

① 《广州市取缔屠户私宰私运罚则》，《广州市市政公报》第 339 期，1929 年，第 5~6 页。

第九章

公共市场的兴建

民国以前，广州民众的日常食料供给主要来自墟市，还有大量的小贩在交通要道及繁华地段设摊档摆卖或沿街叫卖。1918 年广州市政公所成立后，为改善城市交通、公共卫生及市容市貌，对公共市场问题逐渐重视。从 1918 年到 1949 年，广州市共进行了三次全市市场规划，建成了十四座公共市场，并在市场管理方面进行了初步探索。广州市在公共市场方面所做的努力，不仅反映了民国时期广州市政府关注食品卫生安全、注重改善市民生活环境，更体现了其在市政建设和市政管理方面的先进性。

一 公共市场的规划与建设

（一）广州公共市场的起步

民国以前，广州市民日常之蔬菜肉食主要是通过墟市购买。墟市一般占街为市，由个体小贩朝集暮聚形成，无人管理。至清同治年间，广州的老城已有仓边市、二牌楼市、归德门市、清风桥市、大南门市、大北门市、西门市、四牌楼市、迎恩桥市，新城也有新桥市、小新街口市，城外西山有宜民市。另外，还有大量小贩在交通要道及繁华地段设摊档摆卖或沿街叫卖。

进入民国以后，广州作为较早开放的城市，加之毗邻香港，受西方市政建设思想的影响，一些先进的市政设施开始出现，公共市场就是其中之一。据《广州年鉴》记载，1917 年"侨商伍某，抱改良市场之热诚，毅然自备资本，在河南岐兴中约，建筑五和市场一座，架楼一层，楼上营业茶肆，楼下营业市场，全场俱用钢筋士敏三合土造成，摊位六十余，办理亦颇完善"①。这是有史料记载的广州最早的公共市场，但不属于广州市政府的市政建设。

1918 年广州市政公所成立后，开始意识到广州城内"各种鱼鲜肉菜等摊以无市场聚处，杂陈路旁，腥熏秽积，微特于交通、卫生、行政诸多窒碍，即于观瞻上殊不整齐"②，因此，计划由政府出资建设全市公共市场。但由于资金短缺，自 1919 年在禺山关帝庙旧址建成广州第一座官营市场——禺山市场后，政府已无力继续进行市场建设，不得不改由商人在市内指定的 14 处官有空地和没收的庙宇旧址上投建公共市场。这 14 处地址分别是"南关珠光里风炉地（即法场地）、桂香街文昌庙、归德门关帝庙、仓边路华光庙、德宣路旧八旗监狱、小北丁贵坊、西门口西濠桥、卖麻街太岁庙、湛塘空地、大东门斗姆宫、前鉴街三拱庙、下九甫洪圣庙、会仙街龙王庙、濠畔街关帝庙"。③ 然而，计划还未来得及实施，因陈炯明于 1922 年 6 月叛变，广东政局动荡不堪，刚刚起步的广州市政建设停滞。为了筹措军费，1923 年孙科在第二次出任广州市市长时，将市产变卖殆尽，上述原指定建设公共市场的公有庙宇也被悉数变卖，所剩无几。

广东局势稍稳定后，公共市场的问题被重新提上日程。1924 年 2 月，广州市政府将之前指定的公有庙宇变卖后，饬令"投得各市场地点业主，自行照章建筑民有市场，以维市政"④。其中仓边路华光庙、卖麻街太岁庙、濠畔街关帝庙、下九甫洪圣庙、会仙街龙王庙、吉祥路武帝庙被划定

---

① 广州年鉴编纂委员会编《广州年鉴》（1935 年）第 11 卷，广东省立中山图书馆特藏部藏，第 126 页。

② 广州市政府：《训令工务局会同卫生、财政两局拟建各区市场办法提交市行政委员会议决施行》（1922 年 1 月 11 日），广州市档案馆藏，档号：资﹣政﹣511﹣48﹣21。

③ 广州年鉴编纂委员会编《广州年鉴》（1935 年）第 11 卷，广东省立中山图书馆特藏部藏，第 127 页。

④ 《训令工务、卫生局传集各市场地点业主会商建筑市场由》，《广州市市政公报》第 573 期，1924 年，第 27 页。

建设菜市场。然而，随着广州市内马路的修筑，地价飞涨，强制业主利用庙宇修筑市场的办法已经行不通，最终只有南益公司在1925年将投得的会仙街龙王庙的五分之二建为民营南益市场，其余五分之三则建为商店，其他业主均未照章建筑。

（二）抗日战争全面爆发前十年广州公共市场的发展

1928年，广州局势逐步稳定后，市政府重新开始关注市政建设，也认识到"建筑市场为文明都市首当注意之举"，"应选择适中地点分别建筑市场为是"①，故决定由政府出资、市卫生局出面筹建前鉴街、仓边街、第十甫、桨栏街、观莲街、河南南岸大街等六处官营市场。但除了1929年怡隆、源南两公司自主出资建成民营的观莲市场外，由于经费的短缺，其他官营市场一直未能动工兴建。同时，随着广州市内马路的修筑，地价飞涨，强制业主利用庙宇修建市场的办法已经行不通，广州需要规模更大、规划更科学的全市市场计划。

1929年8月，程天固再次出任广州市工务局局长后，为推动公共市场的建设，向市政府提议通过招商承建来实施全市市场计划，并草拟了具体的招商办法：政府出资收用土地，招商建筑缴饷承办，若干年后归还政府；地主出资缴纳承办，若干年后政府以给价成数收回；规定土地价格，地主收地租，商人缴饷承办。此提议在市政会议上被通过后，决定由工务局指定地点，由财政局招商承办。12月，经工务局会同财政、卫生两局，通过考察全市住户情形及旧有街市状况，择定全市市场地点24处，分别是"卖窝巷、四牌楼、观莲市、大北直、仓边市、状元桥、大东门、前鉴街、仓前街、东鬼基、宜民市、新桥市、青紫坊、宝华市、洪圣庙、恩宁市、梯云下街、三角市、北帝庙、河南太平坊、堑口、漱珠市、宝和市、洪德三巷"②。工务局的《广州工务之实施计划》还特别提出"这二十四处市场中，一时实难全数举办，现拟择较紧繁盛之地点，先建七间，

---

① 广州市工务局：《筹建市营市场》（1928年12月8日），广州市档案馆藏，档号：4-01-7-212。

② 《市府计划建设全市市场》，《广州民国日报》1929年12月28日。

即前鉴街、四牌楼、宝华市、漱珠桥、大东门、青紫坊、洪德三巷"①。

然而全市市场计划出台后，市政府的招商一直无人问津。直到1931年12月，广东台山籍旅美侨商陈子桢以联合华侨公司（联侨公司）名义，向市政府请求包揽承办全市24处新式市场，并主动提出了《建设广州市市场与市政府订批简约》（以下简称《简约》）十三条，程天固市长批准全市市场由其承办。

1932年初，联侨公司变更计划，向市政府呈请先行建筑大东门、前鉴街、惠福、锦荣、宝华市、洪德三巷6处公共市场，其余18处随后陆续着手建筑，并请工务局从速划定6处建筑市场的地址。然而当工务局应其请求划定了收用民房范围后，洪德三巷商人李袁氏、惠福路商人江静云、前鉴街商人陈绍等被收用民房的业主"纷纷提起诉愿，争论甚多"②。业主们之所以强烈反对收用铺屋，主要是认为"因筑路停业，经年损失已属甚巨"③，现在市政府又要"贱买民房"④，实在难以承受，因此希望政府改变原议，从其他空地或寺庙旧址"择一开辟为市则可以不必毁及民居"⑤。

最初，新任广州市市长刘纪文对于商民的上诉不予理会，坚持不得"将市行政会议议决案推翻"⑥。但随着上诉增多，市政府的态度开始转变，认为"该商民等所请改变地点并非绝无理由。究竟前定全市市场是否适宜，及此外有无较妥地点，似应交工务局、土地局、财政局会同覆堪具报，以凭核办"⑦。7月，市政府以原定的24处菜市场地址收用民房过多且位置未尽适合为由，决定重新规划全市市场位置。

---

① 广州市工务局：《广州工务之实施计划》（1930年），广东省立中山图书馆特藏部藏，第82页。
② 广州市政府：《分配市场计划书》，广州市档案馆藏，档号：4-01-12-370-87。
③ 江静云：《拟割市场损害商业联请另择适宜地点以维营而恤商艰事》（1932年6月），广州市档案馆藏，档号：33-5-610。
④ 李袁氏：《状为没收民产改建市场申请令行工务局迅速将所定地点撤销另觅适宜场所以工民生而维市政》（1932年7月4日），广州市档案馆藏，档号：33-5-610。
⑤ 东生押陈绍共十八家等：《为呈请另择地址开辟市场以免毁及民居而苏民困事》（1932年5月6日），广州市档案馆藏，档号：33-5-610。
⑥ 广州市工务局：《关于〈为呈请另择地址开辟市场以免毁及民居而苏民困事〉呈为呈复事》，广州市档案馆藏，档号：33-5-610。
⑦ 广州市政府：《关于绘定全市市场图则一案审查意见书》（1932年7月5日），广州市档案馆藏，档号：33-5-610。

1932 年 11 月，广州市设计委员会依照"交通便利、地点适中、利用空地、少收民房"① 的原则对全市市场进行了重新规划。经实地查勘后，设计委员会初步确定了洪德、宝和、漱珠、堑口、太平、前鉴、小北、大东、大塘、小东、仓前、一德、德宣、丰宁、锦荣、聚龙、长寿、陈塘、黄沙、北帝、惠福、逢源、鸿福等 23 个市场的位置。12 月，刘纪文召集主管和各技术人员开会审议，再由工务、卫生、财政、土地四局会同详为复审。一直到 1934 年 4 月，经过四局反复查勘和市行政会议多次讨论，最后按照人口密度、原有市场及摊位数目确定了 23 处市场的具体地址，"东区市场（前鉴市场在东川路）、南区市场（宝和市场地址在宝岗谭公庙附近）、西区市场（黄沙市场地址在黄沙屠宰场后边）、北区市场（德宣市场在德宣东路德宣分局右侧）、中区市场（仓前市场在法场地内）、漱珠市场（在漱珠桥凌沧楼）、堑口市场（在河南南洲局旧址）、太平市场（在河南南华东路太平南路十字路口）、大东市场（在北横街瞽目院对面空地）、小北市场（近平民里青莲里空地）、大塘市场（大塘街空地长塘街李家巷）、小东市场（越秀南路及永曜坊）、一德市场（卖麻街及一德路）、聚龙市场（芦荻西聚龙街兴宁大街）、长寿市场（长寿西路长寿直街洪寿街）、陈塘市场（塘鱼栏内近大巷口马路空地）、北帝市场（原有北帝庙市场改建）、洪德市场（洪德七巷及八巷附近濠涌）、锦荣市场（金花庙空地）、丰宁市场（大兴公司及远兴公司空地）"②，惠福市场最后选定在绒线街附近，鸿福市场在龙津路土兴巷尾空地，逢源市场在宝华中约十二号之二茂园林内之空地。1934 年 4 月 26 日的市政会议议决："除惠福市场再行覆勘外余照审查意见通过"。③

在重新规划市场位置的同时，市政府认为此前陈子桢承办全市市场所订之《简约》存在许多问题，为慎重起见，故"命令该公司来府依照承办

---

① 广州市政府：《分配市场计划书》（1932 年 11 月 28 日），广州市档案馆藏，档号：4 - 01 - 12 - 370 - 87。

② 广州市政府：《广州市政府三年来施政报告书》，1934 年 12 月印行，广东省立中山图书馆特藏部藏，第 55～60 页。

③ 广州市政府：《复选择惠福、鸿福、逢源三市场地址》（1934 年 4 月 26 日），广州市档案馆藏，档号：4 - 01 - 1 - 33 - 1 - 15。

屠场合约原则另行订立新约"①，否则将成案撤销，但陈子桢没有遵办。
1933 年 6 月 24 日广州市政府将此案呈报广东省政府，广东省政府第六届
委员会第 201 次会议议决将该市场承领案撤销。1934 年 1 月 13 日，广州
市政府颁布《广州市招商承办市场章程》，改变了过去独家包揽的做法，
确立了全市市场"分商承办"②的原则。

然而，在政府划定市场所在地的土地业主中，绝大多数并不愿意在自
己的地面上建筑市场，认为建菜市场不如建商店获利多。如第十甫洪圣庙
业主承业堂，虽然一度屈于政府压力绘具了市场图式，但因与市政府有诸
多意见分歧，遂不了了之。最后只有南华中路漱珠桥凌沧楼业主于 1935 年
将其旧址改建成漱珠市场，规模与观莲市场差不多，共有 108 个摊位。

除在政府选定的地址上建筑市场外，也有商人自己选择市场地址主动
报建的。如 1933 年底，联益公司商人龚述之状请自行出资购地在东山东华
东路紫来二巷建筑东华市场。工务局经查看后认为，东华市场拟定的位置
与市政府设置市场的计划相符，建成后与欲建的官营东山市场在地域上能
够互补，"东山西南方向居民可到东华市场趁市，而东北方面及竹丝、马
棚、猫儿各岗居民亦然就近赴东山市场趁市。如是则各得其便，不致有偏
向之嫌，卫生、交通不无裨益"③。1933 年 12 月 7 日第 81 次市政会议批准
联益公司自建民营东华市场。1934 年 4 月东华市场兴筑，1935 年 1 月建成。

此外，1933 年东山模范住宅区建成后，"屋宇日增，居民日众，加以
地方幽静，空气清新，诚本市最优美之住宅区域。独惜市尘远隔，购物惟
艰，附近虽有墟场，然简陋不堪，形同虚设。且附近华洋杂处，观瞻所
紧，市政攸关，虽有美化之住宅区，而无适当之市场，于该处居民诚不利
便"④，故市政府决定在东山地区由政府投资兴建东郊市场和东山市场。东
郊市场又名梅花村市场，工程由合记公司投得，于 1933 年 10 月动工，

---

① 广州市政府：《呈报联侨公司承办广州市场案情形》（1933 年 6 月 24 日），广州市档案馆
藏，档号：4 - 01 - 12 - 370 - 119。

② 广州市政府：《市长提议据参事室审查卫生、财政、工务三局会同拟议招商承办市场章程
请公决案》（1934 年 1 月 16 日），广州市档案馆藏，档号：33 - 5 - 475。

③ 广州市设计委员会：《查勘联益公司呈请准予集资自建东华市场一案意见书》，广州市档
案馆藏，档号：4 - 01 - 1 - 47 - 2 - 89。

④ 《工务局规划东郊新式市场》，《广州市市政公报》第 435 期，1933 年，第 68 页。

1934 年 11 月竣工，但市场规模很小，仅容摊位 30 多个。东山市场是为便利东山东北一带居民购物而建的，但因地址几经变更，直到 1937 年 2 月才最后确定下来，[①] 尚未建成，抗日战争即全面爆发。

总之，在抗日战争全面爆发前，广州共建成 7 座公共市场（见表 12），除了禺山市场和梅花村市场为官营市场之外，其余均为民营市场。

表 12　抗日战争全面爆发前广州的公共市场

市场名称	建成时间	市场地址	市场性质	容纳摊位数
五和市场	1917 年	河南同福西路	民营	60 多个
禺山市场	1919 年	禺山路	官营	100 多个
南益市场	1925 年	一德路	民营	数十个
观莲市场	1929 年	惠爱中路	民营	105 个
梅花村市场	1934 年	梅花村模范住宅区	官营	30 多个
漱珠市场	1935 年	南华中路	民营	108 个
东华市场	1935 年	东华东路	民营	70 多个

资料来源：广州市工务局《广州市原有市场状况调查表》，1946 年 7 月 26 日，广州市档案馆档案，档号：4－02－3565，第 6 页。

（三）抗日战争全面爆发后广州公共市场的恢复和建设

1938 年以后，伪广州市政府强占民业在仓边路和卖麻街修建了仓边市场、海珠市场，在惠福中路修筑了惠福市场。另外，1938 年以前的市场档案中从未被提及过的文昌市场、蒙圣市场和沙河市场，在 1946 年的"广州市原有市场状况调查表"中却屡屡出现，估计也是在广州沦陷时期所建，但由于资料所限，具体建筑情况不详。

1945 年抗日战争胜利后，随着广州人口的恢复和增加，市民生活渐趋稳定，对菜市场的需求也就更加迫切。由于战争，昔日的市场、墟市多受影响，无处集中的摊贩们只好将蔬菜肉类等物摆放在马路两旁售卖或沿街叫卖，这对于公共卫生和交通的影响较抗战以前更为严重。因此，广州市政府决定尽快恢复原有市场，搭建临时市场，并筹划建筑新市场，以早日

---

① 广州市政府：《东山市场仍以广趣园地点为适》（1937 年 2 月 1 日），广州市档案馆藏，档号：4－01－1－49－3。

安置众摊贩，解决市民购买食物的问题。但受时局影响，1945年以后广州的公共菜市场成为收容各类杂货摊贩的场所，不论是临时市场还是新建市场都极其简陋，与抗日战争以前精心打造和严格要求的市场不可同日而语。

1. 恢复原有市场

在1946年2月的广州市临时参议会上，参议员李德轩提议"立即派员调查本市原有菜市场，如系破烂不堪用者应根据调查待报情形拨款修理，尚系完好之菜场应迅速转知警局办理，饬知所在地岗警通知各菜肉摊贩等集中市场摆卖"。① 经工务局调查后得知，全市旧有市场中只有海珠市场、沙河菜市、沙河墟市、梅花村市场可以照常开放，其余公共市场多被占用或空置，具体情况见表13。

表13 广州市原有市场状况调查表

市场名称	市场情形	规划恢复办法
惠福市场	敌人在场内建筑水池多座，现破烂不堪，现有军政部广东特派员公署存贮汽油	函军政部广东特派员公署将汽油迁去、将市场交回、拆去水池、填平地面
观莲市场	场内完好，现为广东侨务处借用	函广东侨务处将市场交回
南益市场	楼下开放，唯二楼楼梯被敌人用砖阻塞，未开放	由靖海分局传市场业主到案，责令拆去二楼阻塞物，开放三楼
漱珠市场	设备完好，现为珠江分局借用为局址	查有南华中路八、十、十二、十四四座洋楼系李逆辅群产业，现有南区宪兵队十余人驻在该处，其余房舍足为珠江分局之用，拟由市府函宪兵队十六团交涉
五和市场	楼下一层现分为四间铺位分租与人，二、三楼向租与洞天茶楼	查该市场附近尚非繁盛地区，可否饬洪德分局传业主到案，着将地下一层开放，按照现在分租与人之处请核示
东华市场	楼下空闲，二、三楼现为军官独立第二中队部驻居	由市府函驻居军队迁出
禺山市场	除场旁四周小铺继续营业外，其余未有小贩迁入	饬汉民分局将珠江路一带渔业贩迁入该市场营业

---

① 广州市政府：《财字第十二号：请政府迅速恢复菜场并安置菜贩摆卖案》（1946年2月），广州市档案馆藏，档号：33－5－811。

续表

市场名称	市场情形	规划恢复办法
文昌市场	建筑及间隔完好，现由故衣摊贩摆卖	拟饬财局撤销故衣摊贩租赁，改为百货摊贩市场，收容上下九路第十甫一带街边小贩

资料来源：广州市工务局《广州市原有市场状况调查表》（1946年7月26日），广州市档案馆藏，档号：4-02-3565，第6页。

虽然工务局根据情况提出了相应的整改措施，但实际上，除禺山市场、海珠市场和文昌市场被市政府招商承租重新营业外，其余市场并未能像工务局规划的那样恢复使用。仓边市场被其业主收回后改为平正高级会计学校，东华市场被改为民房，漱珠市场、观莲市场依旧被占用，惠福市场未进行修缮。到1949年冬，老城区的六个市场中仅剩南益市场首层和海珠市场照常营业。

2. 搭建临时市场

在恢复整改原有市场的同时，警察局许绍勤提议"由市府向省银行贷款建筑十五个小贩市场，将附近所有小贩集中场内统一"[①] 售卖商品。此提议得到了广州市临时参议会的认同后，市政府令工务局派员会同警察局在市内适当地点筹设若干个小贩市场，并于各分局辖地内设立一所临时市场。经两局会同勘定后，决定"设置杂货摆卖场三处，以收容较有固定性之摊贩；另于十二个警察分局各设小贩场一处收容流动性之食物鱼菜小贩"[②]。这三处杂货摆卖场和十二处小贩市场情况见表14、表15。

表14 设置杂货摆卖场情况

市场名称	汉民杂货摆卖场	五仙杂货摆卖场	西堤杂货摆卖场
地点	汉民路李白巷左侧	五仙路左侧	西堤二马路
面积	九十英井	一百五十英井	五百英井

① 广州市政府：《财字第二十二号：改良交通统一小贩管理案》（1946年2月），广州市档案馆藏，档号：33-5-811。
② 广州市工务局：《勘定杂货摆卖场、各分局小贩场、原有市场设置办法》（1946年7月26日），广州市档案馆藏，档号：4-02-3565-1。

续表

市场名称	汉民杂货摆卖场	五仙杂货摆卖场	西堤杂货摆卖场
市场情形	地欠平坦	地欠平坦	前系冬令救济会娱乐场旧地址，已拨平，尚有一部分欠平坦
摊贩数量	一百零三档	一百五十九档	六百档
设置计划	照什货摆卖场办法将汉民路、惠爱中路一带洋杂货摊贩迁入营业	照什货摆卖场办法将一德东路生果摊贩及菜栏菜贩迁入营业	照什货摆卖场办法将一德西路咸甜海味什货摊贩及太平南路及附近洋什货摊及仁济路一带鱼菜摊贩迁入营业
收容标准	汉民、德宣、小北三分局固定摊贩迁入此场	靖海、惠福两分局固定摊贩迁入此场	太平、陈塘、黄沙三分局固定摊贩迁入此场

资料来源：广州市工务局《拟设置市场摆卖场地点表》（1946 年 7 月 26 日），广州市档案馆藏，档号：4 - 02 - 3565，第 9 页。

表15　拟设置各分局小贩场地点

分局别	地点	面积	地势形状	可容小贩数
惠福	惠爱西路旧玄妙观空地	一百二十英井	平坦	一百五十档
德宣	中华北机巷巷口灾区	五十英井	断砖碎瓦高低不齐	七十档
小北	法政路口与小北交界处	四十英井	平坦	五十档
陈塘	调源街口灾区	六十英井	碎砖堆积不甚平坦	八十档
长寿	汇源通津灾区	一百五十英井	砖瓦嶙峋，高低不平	八十档
黄沙	梯云西路灾区	一百五十英井	灾区广阔，不甚平坦	二百档
海幢	南洲前街灾区	九十英井	碎砖堆积，高低不平	一百档
洪德	洪德二巷灾区	一百英井	碎砖颇多，地欠平坦	一百二十档
西禅	柴来里灾区	一百英井	碎砖颇多，地欠平坦	一百二十档
东堤	东堤五马路未完成马路	九十英井	平坦	一百档
大塘	长塘街第七八号、第八〇号、第八六号、第八八号各灾区	七十英井	平坦	九十档
逢源	宝华路中约两旁灾区	一百英井	碎砖堆积，地欠平坦	一百档

资料来源：广州市工务局《拟设置各分局小贩场地点表》（1946 年 7 月 26 日），广州市档案馆藏，档号：4 - 02 - 3565，第 7 页。

　　到 1946 年 11 月，随着河南海幢分局段内之南洲前街及洪德分局之洪德二巷等战后废墟的整理工作结束，全市十二处小贩市场先后建设完成。

"小贩场内除留必要之行人路，不另编列地段号数以省手续；场内不得架设固定位置，务于每日开市时先到先摆，以广收容。"① 三处杂货摆卖场除五仙市场外，其余两处完工开业，另又增加南堤海军俱乐部后之市场。杂货摆卖场的设置则是在"指定设场之地区先由工务局派工将地敷平，并将地段分划若干，用白灰水淋划地面为界编列号数，竖立竹签以资区分；场内摊贩较有固定性，可由各摊位自行在界内遮盖布篷或锌铁篷，唯不得兴动土木建筑及盖搭葵篷，如违督拆"②。虽然这些临时市场极为简陋，但因为建成快、数量多，分布也较为合理，所以在减少摊贩乱摆乱卖现象、方便市民生活方面起到了一定作用。

3. 投建新的市场

抗日战争结束后，建筑全市市场计划被再次提上日程。1946 年 4 月，工务局提出"今国土重光，整理市场观瞻所紧似应援照原案招商投承"③。经工务局、警察局、财政局、卫生局、地政局会同商议后，将本市各市场分为东南西北中五区，现有的市场不敷应用，亟须增设，应"依照以前成案在前定建设市场共二十四处地点之内，就东南西北中各区内每区暂行选择二处以为建设市场地点"，初步选定的十处拟建市场地点分别是"前鉴市（东川路粤光公司对面）、长寿市（长寿西长寿直街）、东山市（农林路）、德宣市（德宣分局右侧）、洪德市（河南洪德七、八巷尾）、小北市（法政路平民里）、堑口市（河南南洲局前街）、大塘市（长塘街李家巷）、锦荣市（龙津路铎巷金花庙前）、仓前市（仓前街原日法场地旧址）"④，之后又增加至二十处。至于菜市场的承建办法，直到 1948 年 4 月经五局会同座谈后，才提出了三条途径："（1）限期业主自建；（2）限期经营鱼肉菜等类商人合作承建；（3）开投招商承建。"承建期限分别如下："（1）业

---

① 广州市工务局：《拟设各分局小贩场设置办法》（1946 年 7 月 26 日），广州市档案馆藏，档号：4 - 02 - 3565 - 4。

② 广州市工务局：《杂货摆卖场设置办法》（1946 年 7 月 26 日），广州市档案馆藏，档号：4 - 02 - 3565 - 3。

③ 广州市工务局：《钧谕审查本市各市场位置及开投办法》（1946 年 4 月 28 日），广州市档案馆藏，档号：33 - 5 - 811。

④ 广州市工务局：《建设市场共二十四处地点之内，现就东西南北中各区选择两处为建设市场地点》（1946 年 8 月 6 日），广州市档案馆藏，档号：33 - 5 - 595。

主自建——由四月十五日到三十日为登记期限，一个月内报建；（2）合作承建——由五月一日至十五日为登记日期，限一个半月内报建；（3）开投承建——由五月十六日起至三十一日为开投时间。"[①] 但由于时局等原因，最终并未付诸实施，直到 1949 年底，偌大的广州只有十四个公共市场。

二 公共市场的管理

与传统集市相比，公共市场的先进之处在于统一管理。民国时期广州的公共市场分为市营和商营两种，但无论市营市场还是商营市场，其管理都基本相似，即摊位管理由财政局负责，卫生事宜由卫生局负责。

（一）市场管理规则的制定

1925 年 12 月 29 日广州市第三十次市行政会议上，卫生局提出了《修正禺山市场管理规则》。在此基础上，广州市政府于 1935 年又颁布了《广州市市营市场管理规则》《广州市商营市场管理规则》，1937 年再次修订出台了《广州市市场管理规则》。此外还有《修正南益市场执行简章》《禺山市场摊位简章》《修正观莲市场商办简章》等。各菜市场管理规则的主要内容如下。

管理人员的配备。各市场由卫生局委派市场管理员一名，委派特务警察和清洁夫若干名，"管理员管理场内一切事宜及征收事项，对于场内警察、洁净夫有督率之权"[②]。后改为商营市场之特务警察及清洁夫由场主自行雇用，但管理员仍有权"督率警察夫役维持秩序办理清洁及其他一切场内事务"[③]。通过市场管理员的督管，广州市的公共市场都处于政府的统一指导、监督之下。

营业时间和经营种类的规定。广州各公共市场的营业时间基本上都规定在早上六点至下午七点。而经营种类方面，各市场的规定虽不完全相

---

① 广州市政府：《二十个市场招商承办座谈会》（1948 年 4 月 6 日），广州市档案馆藏，档号：33-5-595。

② 《修正禺山市场管理规则》，《广州市市政公报》第 212 期，1926 年，第 16 页。

③ 广州市政府：《广州市市场管理规则》（1937 年 9 月 15 日），广州市档案馆藏，档号：10-4-820-2。

同，但大致限于猪牛羊肉、家禽、水产、鲜蛋、蔬菜、豆制品、水果等十至十二类食物，要求应标明每种商品的物价，市场门口还设有标准公称。到1937年修订《广州市市场管理规则》时，鉴于之前跨类经营纠纷不断，市政府对此不再做统一规定，故取消了营业类别的设置。

场内卫生的要求。由于公共市场内售卖的食物与市民饮食卫生直接相关，为保证市民食品卫生安全，市场管理规则特别规定："凡死病牲禽、朽腐肉食及变坏菜蔬果类以及一切有碍卫生之物品，不得在场内贩卖。"[1]对市场内的环境卫生也有严格要求，"每日上午十时及下午七时，场之内外均须清扫一次，但各摊位内部各摊主须自行清扫"；每逢礼拜六正午全场大清扫一次，但各摊位内部各摊主每月须自行大清扫一次；"各摊范围外之余地不得摆设什物及萝笠等件，致碍交通"；"各摊位垃圾秽物，须自行设置箩桶收藏，不得任意抛弃"[2]。"市场内外墙壁应于每年冬季各刷灰水一次。"[3]另外，每座市场内都建有厕所，"场内不得任意便溺"[4]，"场内厨房浴室水池厕所等均有指定，不得随便混用"[5]。

市场安全的强调。除公共卫生外，市场对公共安全也比较重视，为防止失火，规定"场内不得任意烹饪"，"每日下午十时，除场内电灯外，所有各摊位私用火水灯及油灯一律熄灭"[6]，"惟肉商午夜由屠场运回市场料理时，得开用灯火，但大油灯一律禁用"[7]。另外，市场规定"场内不得吸食洋烟及聚赌"[8]。

市场摊位的租赁。官营市场主要是通过招商投标确定承租权。招商投标工作由财政局负责，先公布摊位招投简章，将招投的摊位、时间及方法

---

[1] 广州市政府：《广州市市场管理规则》（1937年9月15日），广州市档案馆藏，档号：10-4-820-2。

[2] 《修正禺山市场管理规则》，《广州市市政公报》第212期，1926年，第16页。

[3] 《核准广州市市营及商营市场管理规则》，《广东省政府公报》第57期，1930年，第112页。

[4] 《修正禺山市场管理规则》，《广州市市政公报》第212期，1926年，第17页。

[5] 广州市政府：《广州市市场管理规则》（1937年9月15日），广州市档案馆藏，档号：10-4-820-2。

[6] 《修正禺山市场管理规则》，《广州市市政公报》第212期，1926年，第17页。

[7] 广州市政府：《广州市市场管理规则》（1937年9月15日），广州市档案馆藏，档号：10-4-820-2。

[8] 《修正禺山市场管理规则》，《广州市市政公报》第212期，1926年，第16页。

公之于众。投承人赴财政局庶务处报名并缴纳相当于财政局核定的该摊位每月租额底价的押票银，未投得者退回，投得者留抵租项。投承人数上，至少需三人以上开投方为有效，开投时每次加租至少五毫，如无人加租即以超过底价最高者投得，并由投得人每月代缴电灯费二毫；投得者投得后限三日内，到财政局先缴纳一个月租金、两张四寸半照片及本市殷实商店的担保证明。财政局派员查明属实后发给营业执照，若逾期不交即将押票银充公，另行开投。

与官营市场不同，民营市场则是直接将摊位租给商贩。商贩欲租摊位，先向市场业主报名，议定租值，并以殷实商店作为担保；承租商贩需事先标明欲营业种类，并保证在租期内不得改营他类生意，不得改易字号及加某记等字样，并不得将摊位转租或承顶与别人；摊位之租赁时期以三年为期，如期满再行续租须向业主商妥租值，换立新批，但所增租值应照商场习惯；"承租人如有中途退租须先一月通告以便招租，期至租银须纳至交回摊位之月止"①。

（二）勒令场外商贩迁移

广州市政府在规划各市场地点时，大多考察了住户情形及旧有街市状况，为各市场划分了所属街道范围，要求所属范围内相关商户及小贩均入场经营，并规定"肩挑鱼肉菜蔬者不得在市场所属街道内摆设"②。但是对于商贩来说，一时难以接受这种新生事物，况且一旦迁入场内，就得按月缴纳租金，售卖品种与行为也要受到约束。而在市场外摆卖则较为自由，且不用交场租，这对小本生意的摊贩来说更为实惠。因此在市场建成初期，商贩们大都拒绝迁入场内。勒令市场外商贩迁移也就成为长期困扰政府和市场的问题。

1925 年 6 月，南益市场开业，但商贩们以市场章程不够完善、市场租金过于昂贵以及部分店主已有铺底等为借口拒绝迁入，南益市场开业数月

---

① 广州市政府：《修正南益市场执行简章》（1926 年 11 月 20 日），广州市档案馆藏，档号：4 - 01 - 1 - 47 - 2 - 91~92。
② 广州市政府：《广州市市场管理规则》（1937 年 9 月 15 日），广州市档案馆藏，档号：10 - 4 - 820 - 2。

而"形同虚设"①。8月，南益市场代表呈请市政府饬令干涉场外商贩摆卖，以维护市场利益。公安局与卫生局介入后，会同调处南益市场与各街商贩的争执，但双方各走极端，调处无果。在此情况下，市政府只得复令公安、卫生两局重新改订南益市场简章。《修正南益市场简章》除了将"场内每月租金三十元之摊位减为十六元"外，还特别强调凡肩挑摆卖南益市场所规定经营种类物品的商贩，不得在本市场所属之街道内摆卖，免碍市场营业。尽管如此，南益市场于1928年6月1日重新开市后，仍有一些商贩以各种借口拒绝迁入，市政府不得不强令"未迁入各商贩克日迁入，如敢违抗着即拘究，毋稍瞻循"②。

观莲市场开放时也遇到了同样的问题。1932年观莲市场建成后，因租金太高、摊位不尽合理，历时两月，"至今都未有商人到该市场营业"③。各街小贩呈请公安局调整观莲市场的摊位，并"请市政府体恤小贩，将摊位规定一平允租值，不能任商自订租价"。观莲市场承商则认为"摊位之执阄认租，未免窒碍难行；租价系由财政局核定，碍难变更"④。为平息纠纷，财政、公安两局召集双方开会解决，将摊位进行调整，将租值调整得更为合理，双方才表示服从，观莲市场于10月1日开业。

鉴于南益市场和观莲市场受到的抵制，1934年梅花村官营市场落成后，为了将摊位顺利招投出去，财政局许诺"准予免租三个月，以便各摊商踊跃承租，实行营业"，"至三个月期满后，体察情形酌定租值"⑤。

在市场开业之后，仍有大量商贩在市场所属街道范围或市场附近贩售商品，抢夺市场生意，这引起市场内商人抗议，甚至退出市场营业。如1928年初，禺山市场全场商人曾联合反映有肩挑小贩在禺山市场前空地摆卖，妨碍了市场营业，请市政府照章维持市场生意。公安局派员调查后认为小贩们摆卖的地点与市场相距三丈余，贩卖的物品与市场内经营的种类有别，双方营业各有不同。现该处既然没有合适地点安置小贩，自然不能

---

① 《南益市场虚设》，《广州民国日报》1925年8月25日。
② 《南益市场纠纷案》，《广州市市政公报》第298期，1928年，第52页。
③ 《观莲市场十月一日开幕》，《广州民国日报》1932年9月17日。
④ 《请制止观莲市场纠纷》，《现象报》1931年9月2日。
⑤ 《财政局布告招投梅花村市场贩物摊位》，《广州市市政公报》第480期，1934年，第117页。

将此摆卖地点撤销，令小贩流离失所。但小贩在市场外无租摆卖，必然影响市场内生意，随后市场内陆续有人退出到场外重当流动小贩。因此，市政府再次训令公安局"迅将禺山市场外小贩一律勒令迁移，以维市场制度"①。但直到一年后，禺山市场外仍有小贩流动经营。

（三）场内商贩违规行为的处理

尽管公共市场设立之初，广州市政府已制定了一系列的规章制度，但在实际经营过程中，仍有诸多违规行为。

广州市公共市场内的摊位设置原本是按经营种类划分区域的，某一区域专营某一类食物，不得混卖。但实际上摊主常常根据售卖情况改营或兼营他类食物，打破了原有市场摊位分类格局，影响其他摊位的生意，引发摊位间的矛盾冲突。1926 年禺山市场一生果摊位久经歇业，被后来承租人改营蔬菜生意，引发其他蔬菜摊位不满，联名要求财政局吊销其牌照，险致"聚众滋事"②。1930 年，禺山市场又因一些摊位兼营他类食物而被举报，财政局在屡次警告无效后，将六个违规摊位的"原有租案撤销，收回摊位另行招投"③。

还有一些承租商因生意冷淡，"亦只有将之改作住家"④，另有一些摊主甚至"歇业私逃"⑤。对于这些明显的违规行为，财政局多是将违规摊位一律收回，撤销租案及营业执照，另行开投。对没有将摊位改为住家并已恢复经营的摊位则较为宽容，准予继续租用，以示体恤商艰。

公共市场作为新生事物，一开始并未得到商贩和民众的认同，经营状态不佳，场内摊位经常租不出去，尤其是一些位置僻静的摊位，顾客甚少，空置率更高。即便缴租领照，亦多处于歇业状态。以一向被认为是各市场之冠的禺山市场为例，1933 年时"各歇业摊位共三十间，前经一再定期开投，均以票数不足或无人落票，尚未投成"⑥。至 1935 年卫生局会同

---

① 《勒迁禺山市场外小贩》，《广州市市政公报》第 295 期，1928 年，第 47 页。
② 《批财政局据陈全等请将禺山市场内徐良记瓜菜牌照撤销未便率准各缘由准如议办理由》，《广州市市政公报》第 226 期，1926 年，第 43 页。
③ 《派员监投禺山市场摊位案》，《广州市市政公报》第 374 期，1930 年，第 78 页。
④ 《财政卫生两局整理禺山市场》，《广州市市政公报》第 411 期，1932 年，第 89 页。
⑤ 《禺山市场鸡鸭摊位定开投》，《广州市市政公报》第 369 期，1930 年，第 85 页。
⑥ 《财政局布告招投禺山市场摊位》，《广州市市政公报》第 421 期，1933 年，第 71 页。

财政局整理禺山市场时，发现市场内仍有歇业摊位 20 间，其他摊位也"每有转顶或另租与别人，间有改营别业，甚或作为住宅，与原领营业执照多不相符者"①。经过整理，财政局对歇业的 20 家摊位中依期恢复经营的 15 家准予继续承租，对于退租的 5 间摊位重新开投；而卫生局则依据自己的职权范围，对场内改营及兼营别业的摊位及场外街道范围内的违章营业项目执行取缔。事实上，直到 1936 年，有些摊位即使降低了租额，招投结果仍然不理想，财政局不得不改变方式将这些摊位"由局招商承租"②，结果依然无人问津。禺山市场的营业状况尚且如此，其他商营市场就可想而知了。

1945 年抗日战争结束后，广州市政府把尚能营业的市场作为市产招商承租，如禺山市场承租给复兴公司，沦陷时期建成的海珠市场经市政府接收后承租给汉利公司。市政府对这些市场的管理极为松散，只由市场所属管区内的警察分局给予协助保护。对于各杂货摆卖场和临时小贩场，市政府只在开业之日饬令"该管警察分局加派休班警察到场维持秩序，以杜争扰"③ 而已。

总体而言，公共市场是民国时期广州市政府较早引入并大力倡导的新型市政设施，它体现了广州市政府在市政建设和市政管理方面的先进理念，在一定程度上完善了城市市政设施规划，促进了城市环境和食品公共卫生的改善，便利了市民日常生活，保证了市民消费利益，改变了市民传统的生活方式，也为广州市政府增加了税收。但是，广州政局长期处于动荡中，市政建设缺乏稳定的政治环境；军费支出过多财政紧张，市场建设缺乏足够的经费支持；受广东政潮影响，广州市人事更迭频繁，市场建设缺乏连贯的政策。最终，在公共市场的建设方面，规划有余，实施不足。

从 1918 年到抗日战争全面爆发，广州市先后做过三次全市公共市场规划，1932 年第三次规划还是由专业的广州市设计委员会制定。但第一次规

---

① 《指令财政局呈报开投禺山市场歇业摊位已派员赴局监投由》，《广州市市政公报》第 521 期，1935 年，第 62 页。
② 《财政局招商承租禺山市场摊位》，《广州市市政公报》第 532 期，1936 年，第 116 页。
③ 广州市工务局：《拟设各分局小贩场设置办法》（1946 年 7 月 26 日），广州市档案馆藏，档号：4 - 02 - 3565 - 5。

划 14 座仅建成 3 座，第二次规划 24 座无一座建成，第三次规划 23 座仅建成 2 座，再加上商人自己择址出资建成的五和市场和东华市场，7 座公共市场对于市区辽阔人口繁多的广州来说，根本不敷使用。因为有需求，所以流动商贩随处摆卖的现象也就无法杜绝。在公共市场的管理方面，规定有余，落实不足。尽管广州市政府制定了一系列较为完善的规章制度，但在实际经营过程中，"各商贩多不遵循定章"①，而管理方处罚力度又有限，不足以警戒。对于市场内懒于扫除的清洁夫，管理员也常失督率之责。政府虽然规定不准售卖死病牲禽及腐烂变质的肉食、蔬菜和水果，但未设专职稽查员对市场内售卖的食物进行监督检查，规定往往流于形式，而无法真正保证市场内食品卫生安全。民国时期广州公共市场所产生的实际效应与市政府当初的设想相去甚远，与广州"华南第一都市"的称谓极不相称。

---

① 《三局会审禺山市场之呈复》，《广州民国日报》1925 年 9 月 28 日。

第十章

生活给排水的改善

城市生活的给水与排水好比人体的动脉与静脉，其通畅与否，不仅关系着居民的生活质量，而且对城市能否"健康"发展有着重要意义。民国时期，广州市政建设取得了较大的成就，作为市政建设标志之一的城市给水系统与排水系统，都在原有基础上获得了新的发展。自来水的出现与改善，原有排水系统的治理及新型排水管道的铺设对居民生活及城市发展产生了一定的积极影响，市民的生活方式随之有所改变，生活质量有所提高。同时，生活给排水系统的优化，完善了城市基础设施，改善了市容市貌，给市民营造了一个良好的居住空间。生活给排水问题，还涉及水源水质等，下文以"生活给排水"笼统言之。

一 传统的给排水系统

（一）主要的生活用水来源

自古以来广州的居民生活用水来源主要有珠江水、河涌水和井水。

广州地处珠江三角洲的河口丰水区，客水资源丰富，加之本身雨量充沛，故河网密布，住在珠江附近的居民及水上人家直接取水于珠江，用水十分方便。但珠江连着南海，每到秋冬季节河水干涸，珠江流量不足，海水倒灌，致使水体变咸，影响居民饮用。宋代以后，随着珠江三角洲淤泥日增，广州距海日远，咸潮对广州城的影响才逐渐减少。到明末清初，咸潮上溯已达不到广州城内，珠江江水日益淡化，常年可供取用。直到民国时期，虽然由于西村化学工业区和河南纺织工业区的形成，珠江水质受到严重影响，但珠江仍是广州沿江居民主要的生活用水来源。尤其是民国时期新划归广州市区的珠江南岸之河南地区，因珠江广州河段前后航道环绕，四面临水，取水方便。民国时期河南地区因各种原因，一直未能安装自来水，居民除使用河涌水和井水外，多选择取用珠江水。

广州古城北有白云、越秀二山，南面珠江，总体地势北高南低，因此城内外遍布纵横交错的河涌水道，这些河涌水道为沿岸居民提供了日常生活用水。尤其是宋代以后，广州城内河道如巷，其中较大的河涌主要有甘溪、东濠涌、西濠涌、玉带濠等。这些大小河涌直到民国时期仍不同程度地为广州部分居民提供生活用水来源。

甘溪发源于白云山东麓，原为一南向自然山涧。三国时期在交州刺史陆胤的主持下，将山涧水从越秀山东侧引入城内。因水味甘甜，故被称为甘溪，其一支向西南经大石街、华宁里流入西湖，另一支从小北南向穿城而过注入珠江，是广州居民重要的饮用水源。此后历代对甘溪多有疏浚改造，拓宽加深后的甘溪还能通舟行船，成为广州城内重要的运输水道。北宋时，广州太守采纳苏轼的建议，沿北高南低的地势直接从白云山用竹管将山泉水引入城内各处，供更多居民饮用。宋代之后，随着广州城内淡水井的增加，甘溪提供饮用水的功能虽然明显下降，但仍能在一定程度上满足沿溪民众的用水需求。至明代中期，由于水患原因，东支甘溪被并入城外的东濠涌，故道渐涸。

东濠涌原为广州古老河涌，源自白云山长腰岭西麓，东、北、西分别接纳长腰岭、旗山百步梯、马鞍岭等多处流水，汇流南下经下塘等村至小北门，绕蟹山转东，接入淘金坑水流后，向南经大东门至东水关与玉带濠相汇继续南流，在万福街再接入竺横沙涌水后流入珠江，至民国时期全程7公里有余。明朝洪武年间，出镇广东的永嘉侯朱亮祖拓建广州城时，曾对东濠涌下游段进行过疏浚，"于东门之北城下置小水闸，防以柱石，疏成渠道"[①]。

---

① （清）仇巨川纂《羊城古钞》，广东人民出版社，1993，第100页。

东濠涌水面最宽处十米有余，水量为全城各濠之冠，是当时广州城东的水上交通要道，也是城东居民主要的生活用水来源。直到民国时期，东濠涌在城内的流域面积仍有 6000 多亩[①]，东濠涌供沿濠居民取用生活用水。

西濠涌位于城西，是南宋时期经略使陈岘在北宋所建广州西城城墙外古水道基础上疏浚而成的一条河涌，源出象岗山下的芝兰湖，沿城墙外侧向南蜿蜒流入珠江。西濠涌初时建有东西二闸，经过历代的疏浚治理，宋元时期最宽处达 70 多米。明朝成化年间，提督两广军务的都御史韩雍主持将濠涌内壁改为石砌，不仅改善了水质，为居民提供更好的水源，而且使西濠涌成为避风港，每遇大风，舟楫即入内避患。随着广州城的南扩，到清中期，西濠涌已成为城西贯穿第一津、第二甫、三甫、四甫、五甫水脚、六甫水脚、七甫、八甫水脚至太平街南流入珠江的主要商贸水道，沿途多有码头，既可通行舟楫，也可供居民取用水源，为西关商业区的繁荣起到了重要的作用。民国时期，西濠涌时常停留着许多货船、竹排、粪船等，致使河道狭小，水流缓慢，沿濠涌住户所扔垃圾难以靠潮汐排除，堆积濠中，臭气熏蒸，尤其是春夏之交疠疫发生，危险滋甚，水质已不宜饮用，仅供洗涤等他用。1921 年，广州市将西濠涌下游段改为石拱式马路暗渠，虽然仍可行驶小船，但下游居民也就无法取用水源了。

玉带濠是北宋中期在广州城南开凿的一条东西走向的人工濠涌。宋代的广州是东方最大的国际贸易中心，当时与外海相连被称为"小海"的珠江河面广阔，受外海风浪影响很大，停泊珠江的外国商船常受台风侵袭。1011 年，广州知州邵晔一到任就主持开凿了南城墙外的玉带濠，北接城内六脉渠中之四脉渠水，东西两端与东濠涌、西濠涌相连，再分别从东濠口、西濠口注入珠江。此后经数位宋代名臣多次疏浚拓展，濠宽达到 60 多米，来广州的外国商船顺着东、西濠口即可进入玉带濠停泊。玉带濠既使外国商船免遭了台风之灾，繁华了广州城南的商业贸易，又起到了护城拱卫的作用，还能供沿濠居民取用水。明朝中后期筑广州新南城后，玉带濠变窄，外国商船无法驶入，仅为城内濠涌，不再起护城河作用。至清乾隆

---

① 《广州市城市设计概要草案》（1932 年），广州市档案馆藏，档号：资－政－590－402－118。

时期，由于玉带濠两岸过渡进行商业开发，濠畔被商民侵占，濠身日益狭窄，小船也需借助潮水才能行驶。民国时期的玉带濠因水量逐渐减少，垃圾日益堆积，慢慢变成了一条名副其实的臭水沟。

此外，在城外西关地区有众多的天然河涌水道由东向西流入珠江，其中主要有荔湾涌，上、下西关涌，驷马涌，柳波涌及四大涌的支流，这些水道虽说主要用于航运和排水，但由于是天然水道，水质清澈优良，也可供居民汲用。如发源于白云山的驷马涌，古代与芝兰湖相连，水面宽广，是从西北方向进入广州的主要水道，民国时期水面虽已大为缩窄，但水质清澈，至20世纪60年代仍可饮用。河南西北部的漱珠涌，首尾分别与珠江前航道和后航道相连，属于受潮水影响的"潮道"，因在清代是广州城物资运输的主干道，故又有"运粮河"之称。同时由于环境优美水质优良，直到20世纪20年代以前，一直都是附近居民饮用水的主要来源。事实上，广州绝大部分河涌在开辟马路和受到工业污染之前，都是附近居民生活用水的主要来源。

1932年到1937年为民国时期广州最为稳定的时期，广东省政府制定了以发展经济为中心的《广东三年施政计划》。广州作为广东省省会，许多项目都投建于此，从而形成了西村化学工业区和河南纺织工业区。西村工业区是基本工业原料供应基地，建设有水泥厂、硫酸厂、电解厂、肥料厂、电力厂等；河南独特的水文地理环境为纺织业和印染业提供了充足的生产用水。这些企业规模大，设备先进，机械化程度高，但由于生产过程中缺乏污水处理设施及制度，化学工业及纺织工业迅速发展带来的大量含有铅、碱、硫的废水直接注入珠江，与珠江相连的河涌被严重污染，水质的恶化对居民饮水产生了很大的影响。

广州不仅地表水系发达，地下水资源也非常丰富。秦始皇统一岭南后，中原先进的凿井技术传入岭南，从此广州地区开启了人工凿井取水的历史。西汉初南越王赵佗在位时期所凿的越王井是有史可考的广州地区最古老的水井。越王井属于活水深井，水量充沛，水质极优。但直到唐代，由于凿井技术低下且不普及，广州居民仍更多使用简易的南粤土井。按照粤俗，"水之不成沟渎者，通谓之井"①，故这种土井普遍很浅，与北方深

---

① （清）清桂等纂修《嘉庆平乐府志》卷四《水利部》，清嘉庆十年刻本。

水井不同，这种土井海水极易渗透，水质偏咸。而广州深水井的数量十分有限，且多为官府所开凿并被官府把持。宋代以后，随着广州城的扩大，居民人口的增加，在距离珠江和河涌较远的地方人工所凿之井越来越多。同时，由于凿井技术的提高，城内深水井数量大增，到明清时，不受海水影响的淡水井几乎遍布广州全城。因支护井壁的材料不同，广州地区古代开凿修建的水井有陶圈井、竹圈井、木井、砖井、石井、瓦圈井等，著名的优质水井如越王井、杨孚井、达摩井、吊碑井、烟雨井、状元井等大多数直到民国时期仍能汲用，且水质甘冽。不过，井水易受自然环境的影响，遇天旱不雨时往往会干涸枯竭。1921年秋，广州天气干旱，数月不雨，各街井水多有不足，光孝街湖洞内居民到附近新街水井取水，而"该街居民以井内水浅，自用犹恐不足，召集街众抵抗，以致彼此号召相争"[①]，井水的不足可见一斑。

据1928年不完全调查统计，广州全市约有公用水井558口[②]，几乎每个街口都有一口公用水井。大户人家一般凿有私井。这次调查，政府并没有成立一个专门的调查队，也没有制定一个明确的调查指导规则，主要是由广州六大卫生区自主调查。尽管1932年进行了复查，但各区调查的项目、内容等都不尽相同，记载也不完全统一规范。

不过透过这些信息，我们大致可知这些公用水井井壁建筑材料分别有砖、石、泥、灰沙、青冈、水泥，绝大部分井壁用砖砌成。水源质量参差不齐。有的水井标明"饮料""食料""用料"，也有的标明"供洗涤""废井""水涸""无人汲食"。使用水井的户数，第五、六两区没有记载，从其余四区来看，一口水井供给十余户、数十户的比例最大，最多的甚至有供五百户、千余户的。

从各区水井数量的分布来看，第五卫生区户数最多，井数最少，该地为西关最繁盛区域，最早通自来水，富户可用自来水，贫户又能依地理优势取用河水、涌水；第六卫生区井数也很少，该地为珠江泥沙冲积而成，四面环水，区内河网密布，人们获取河水、涌水相当便利；第二卫生区户

---

① 《广州市之食水荒》，上海《民国日报》1921年11月14日。

② 《本市食井调查》（1928年），广州市档案馆藏，档号：资－政－590－400，第128～144页；档号：资－政－590－401－93～113。

数不算多，但井数最多，该地为广州东郊，民国时期许多华侨在此投资建房，后成为广州的模范住宅区域。应华侨的要求，模范住宅区的房屋在设计时设计有完备的给排水系统，但此地是丘陵地带，地势较高，离水厂较远，常常无水。1929 年东山自来水厂竣工，但该厂规模很小，供给有限，不能满足全区的用水需求，一般居民只能依靠井水。总之，到 1932 年，全市至少有一万多户居民饮用水质难以得到保障的井水。

1937 年，广州市第六卫生区对所辖范围内的水井再次进行调查，调查结果与 1928 年的调查数据相比有了很大差别，全区公用水井计 182 口，私家水井约有 3800 口。[①] 从数量上来看，1928 年普查时全市约有水井 558 口，其中第六卫生区仅有 28 口，从 28 口到 182 口，增长了 5.5 倍。河南水井数量增加如此之快的原因，除了原属南海、番禺两县的许多地方划归广州，区属范围的面积增大之外，还有一个重要的原因就是河南这时已成为新的工业区及商业区，人口增加，生活用水需求随之增加，而处于西村工业区下游的河南地区，河涌水污染严重，不得不大量凿井取水。实际上，整个广州市在民国时期都存在这种情况，珠江水和河涌水的污染越来越严重，自来水又因价昂而得不到普及，所以传统的井水仍是广州居民主要的生活用水来源。

（二）庞大的城市排水系统

广州建城，选择在粤中低山与珠江三角洲的过渡地带，地势由东北向西南倾斜，广州传统的排水系统也就依自然地势形成。除了部分住户屋内的污水靠渗井排泄外，老城内的雨水、污水主要由住户排水小沟、内街渠流入干渠，再流入六脉渠，然后排至濠涌，注入珠江；西关地区、河南地区和芳村地区则通过天然河涌排入珠江，整个排水系统十分庞大。

对于住户屋内的污水排泄，有天井的广州住户历来自设渗井。即在屋内天井挖一个土坑，下垫砂石，上盖以镂空的石板，污水从石板孔眼流入，渗入地下土层，依靠土层吸水。这是一种立式地下排水设施，符合自然渗水规律。民国前期广州仍有大量的居民使用屋内渗井。但由于广州处

---

① 《广州市卫生局卫生实验区民国二十六年夏季防疫井水消毒训练队之组织及经费概算书》，广州市档案馆藏，档号：4 - 01 - 10 - 78 - 18。

在珠江三角洲冲积平原，土壤含水量程度本身就高，再加上渗井渗水，易造成房屋地基松软。底层潮湿，不仅容易滋生蚊虫，遇上下雨天气，污水还会溢上地面，使满屋污臭。也有的居民自挖一条小明沟，直接通向屋外内街渠或马路渠，有的甚至直接让污水流向街面。

广州市小街小巷内的居民住户一般都自挖一条排水小沟直接通向屋外的街渠。而大量的街渠则是由居民自行筹款铺设的石板明渠，即在街面挖一土沟，两边砌以砖石，上盖石板，有的连石板也没有，只是明土沟。直到民国时期，广州老城约有内街渠46620米，均流入六脉渠达于城濠，新城与南关内街渠约41290米，东关内街渠13650米，西关内街渠约107230米，河南内街渠约31300米，合共约240000米。[1]虽然数字很大，但街渠仍没有遍布广州各个角落，如西关宝义三巷长30多米，并无街渠；小北马路至葛安桥长500多米，渠长仅120多米。[2]且这些石板明渠因建设无规划、无设计，高低阔窄不一，无一定的水流坡度，又无合理的出水口，渠水常无法排泄而污垢堆积，臭气四溢。

六脉渠是广州城内的排水干渠，在天然水道的基础上加以改造而成，承担着城内排水蓄洪的任务，历经千年发展变化，至明代基本定型。前人称之为六脉渠，"大抵以地面之有沟渠，犹人身之有脉络，必须流通乃少疾病，渠有六，故谓之六脉渠"[3]。它由左三脉和右三脉组成，总体上各脉渠皆为南北流向，左三脉之东为东濠涌，右三脉之西为西濠涌，南面为玉带濠，渠濠相通。史书载"渠通于濠，濠通于海，六脉通而城中无水患"[4]。据1922年勘查结果，六脉渠干渠共长约13000米[5]，其位置及流向如下。

左三脉。第一渠由华宁里左边起，经七块石、流水井、教育会，出九曜桥、龙藏街、劳安巷、南胜里而至玉带濠，长约800米。第二渠分南流、

[1] 《清理渠道计划》，广州市档案馆藏，档号：4-01-7-98（1）-32~35。
[2] 《开辟新街三渠》，广州市档案馆藏，档号：资-政-585-347-67。
[3] （清）陈坤：《六脉渠图说》，宣统《番禺县续志》卷3《置建一》，载《中国地方志集成·广东府县志辑》第7册，世纪出版集团、上海书店出版社，2003，第78页。
[4] （清）仇巨川纂《羊城古钞》，广东人民出版社，1993，第65页。
[5] 《修理广州市六脉渠工程专员呈报办理经过情形由》，广州市档案馆藏，档号：资-政-571-54-8-11~14。

东北流、东南流、东流，向南者经旧仓巷、长塘街，过文明路而入玉带濠，向东北者经仓边街、天官里豪贤街过铜关而入东濠涌，向东南者由康公庙道经洪桂新街、小石街、小北直街、局前街再向东流经铜关入东濠涌，向东者由莲塘街、宜居里与向东南者汇流达于东濠涌，长约 4650 米。第三渠由豪贤街东首起经芳草后街出东华里，沿越秀路边，至腾茂南入东濠涌，长 1100 多米。

右三脉。第一渠分南北流向，南段由连新路经雨帽街、桂香街、马鞍街、孚通街，经淘沙巷入玉带濠，北段由莲花井经芒果树街折向西，经清泉街、西华一巷，转南复转西，横过盘福马路入西濠涌，长 1670 多米。第二渠分南北流向，南段由官塘街经窦富街、擢甲里、杏花巷、西濠街、安宁里而至玉带濠，北段由官塘街过兴隆西一巷、兴隆西二巷横过盘福马路达于西濠涌，长 3280 多米。第三渠从光孝街经纸行街、诗书街转官禄路折向西，经丰宁下街入西濠涌，长 1450 多米。

广州城内外排水系统最终与珠江相连的还是天然河涌。民国时期，广州市内连通珠江起着排水作用的天然河涌除了前述的东濠涌、西濠涌外，主要的还有西关地区的上西关涌、下西关涌、荔湾涌、驷马涌、柳波涌，城东的沙河涌，河南的漱珠涌等，这些河涌构成广州主要的排水河涌网络。

西关涌主干分为上西关涌和下西关涌。其源流众多，上西关涌的源流之一即永安围、高基一带的围田排水涌。上、下西关涌合流后经荔湾涌入珠江，下西关涌的另一支经柳波涌向南流入珠江白鹅潭。民国时期的荔湾涌是指西关泮塘附近纵横交错的水道，主涌道两头承接上、下西关涌和珠江，成为上、下西关涌流入珠江的通道。驷马涌是西关北部的古老河道，其支涌原本为围田排水渠南入上西关涌的人工河涌。柳波涌北接荔枝湾南入白鹅潭，是广州粪便运出、蔬菜瓜果运入的水上运输通道，也是西关地区重要的排水河涌。沙河涌是广州城东的一条较大的天然河涌，起源于白云山麓，由北至南流经燕塘、沙河圩、杨箕村，在二沙岛北入珠江，是民国时期东濠涌以东主要的排水通道，东山周边的水涌大多与此有关联。河南的漱珠涌在 20 世纪 20 年代以后，因水质逐渐变差，慢慢成为一条臭水沟，后渐为暗渠，仅存排水功能。

然而民国时期的广州，由于城市的发展，人口的剧增，自明清以来就被私人侵占的河涌两岸进一步被人为挤占，河道逐渐变窄，严重影响排水泄洪。沿河涌的商家、住户为图方便随意往河涌内倾倒垃圾，久而久之河床增高，河涌堵塞，致使排水不畅，河涌成为臭水沟。一些河涌或部分被覆盖成暗渠，或全部被覆盖成暗渠，继续排污泄洪。部分河段和更多的支涌则被直接填埋，或被开辟成马路，或被改建成街道。因此，民国时期广州河涌的排水功能已大不如前，一旦"落雨大"，必定"水浸街"。

二 对旧有系统的改造和治理

（一）水井的改建与饮用水的消毒

1928 年南京国民政府内政部颁布了《管理饮水井规则》，对居民饮用水井的选址、建筑等做了严格的规定：第一，井壁应以坚密不透水物质建筑，以防污水渗入；第二，井深至少为 30 尺，深井应达 200 尺以上；第三，井口须加盖以防污物入井；第四，井栏须高出地面二尺以上以防地面污水入井；第五，应离厕所、沟渠 150 尺以外。对于不符合标准的饮用水井，规则要求各该管区卫生局或警察局对其进行修改，无法修改时严令封闭，并规定以后凿井应先将地点、方法、图样呈报各该管区卫生局或警察局核准，竣工后应报此两局检查并化验水质。广州市于 1929 年 6 月 4 日正式颁行此规则。

然而就广州市 1928 年调查 1932 年复查的 558 口水井情况来看，渗水和井深当时不在调查范围内，没有记录，大多数水井或无井盖，或无井栏，或离厕所沟渠太近，基本上均不符合卫生要求。558 口水井仅第一卫生区 12 口井有盖，虽然未列井栏高度，但它们距沟渠全部在 150 尺以内，其他卫生区未列加盖情形；井栏高出地面二尺以上的只有 2 口，绝大多数小于二尺或没有井栏；离厕所小于 150 尺的有 35 口，离沟渠 150 尺以内的 375 口，超过水井总数的三分之二。

因此，1932 年 8 月的《广州市修正取缔建筑章程》对凿井做了新的规定：有自来水到达的地方今后不许开凿食井，但用作灌溉洗擦者不在此项；邻近濠涌 15 公尺之内不许新凿井，旧有的应填埋，用作灌溉洗擦者可以暂不填埋；井口须有凸缘，如系公共街井，应有井栏，附近水井，应有小沟将给水引往别处。但与内政部的规则相比，广州的标准明显降低，对建筑材料、水井深度、井盖、与厕所的距离未做要求，距离濠涌仅为15公尺，只对公共街井的井栏做了要求，且没有限定高度。即便如此，广州不论是对旧井的改造还是新井的修建都没有严格遵守新的规则。

此外，广州还有大量的马路井，即广州市最初开辟马路时马路边的原有水井。居民在马路井打水时，常将水倾洒在路上，致路面湿滑，打完水亦不盖好井盖，这样既不卫生又妨碍行人及车辆的正常通行，极不安全。1923年工务局曾派员调查各马路井，要求一律填塞，铺回路面，以利行人。如果该井确实必须留存，须由该处坊众将理由上报工务局，用半寸厚铁板遮盖井面，并规定汲用时间，过时即行关闭，不准擅开。但据1932年对第一卫生区的调查结果，全区共82口水井，位于马路上的仍有16口，其中加铁盖的仅有10口，占马路井的62.5%。直到抗日战争胜利后广州市再次颁行《管理饮水井规则》时，还在强调"每井应设置生铁或熟铁盖一个加铁链维系，稳扣于井栏，汲水完毕即须盖回井盖"①。1947年7月，市政府仍要求各区公所设法安装马路横街的公用水井铁盖。这说明马路井加盖的问题一直存在。

民国时期广州的水井不仅在选址、建材、建筑等方面存在诸多问题，井水水质也多不符合卫生要求。除了离厕所沟渠太近、没有井栏井盖易使污水污物落入外，工业污染致地下水变质也是一个原因。1930年7月广州市卫生局因"各处铺户之井多数逼近街渠，而且未经消毒"，"井水均多积油"②，为消除疠疫，允许市民到局申请检验食井，如无毒即给予证明书。但此举仅限于检验，对于水质不良的饮用井也没有相应的改善措施。

河南不通自来水，市民饮用水完全取自河涌及水井，而河南又是工业污染的重灾区，因此广州市卫生局于1932年7月制备杀菌液，印发"市民须知"，在河南设点发放，并在指定地点设置标准缸，向居民演示杀菌液的使用方法，指导居民消毒。居民初次领用杀菌液只收樽价5铜圆，再次

---

① 《拟具改善公共水井井栏及井盖办法二项呈请转行民政科分饬各区保甲长会同保民妥为改善由》，广州市档案馆藏，档号：4-02-5398-2。

② 《卫生局准市民请派员检验食井》，广州市档案馆藏，档号：资-政-586-358-52。

领用免费。虽然须知中写明药性平和，稍有过量对人体无害，领药点也设有标准缸，但居民很难把握这个尺度，因此这种方法操作性不强，取得的效果很有限。1934年7月河南发生了霍乱，卫生局再次发起施赠杀菌药水活动，并由河南扩大到整个广州市，及时有效地控制了疫病的蔓延。1937年为了预防传染病，河南的卫生实验区组织夏季防疫井水消毒队，对全区公共水井逐个进行消毒。因私井数量众多，经费有限，故只能将井水消毒方法及消毒药剂配制法印成传单分发于区内有私井之住户，引导其消毒。

1938年2月，卫生局再次举办全市井水消毒活动。由于这次活动事先组织了井水消毒训练队，制定了详细的科目时间表，并进行了4天的培训，因此取得效果明显。从2月初到3月底，全市消毒公共水井计有1442口，市民自愿前往听讲消毒方法者计14682人，晚间市民在民教实验区听讲消毒方法者计3240人，合17922人。[①] 抗日战争结束后，针对日伪在战时曾投毒于战区附近公用水井的情况，联合国救济总署广东办事处发放漂白粉，并附使用方法，对广东战区范围内的公用水井进行消毒。广州市政府责令公用局严格按照规定办法办理，由于有联合国救济总署的帮助，此项工作执行得较好。

总体而言，民国时期广州市政府在对饮用水的消毒问题上有一定的作为，但没有形成长期的制度，临时性的消毒具有短暂性、有限性的特点。再加上没有保护水源的意识，没有将水质的改善与治理污染联系起来，河涌水及井水水质不断恶化，尤其是河南地区，疫病传染时，死亡人数往往超过他处。因此市民传统的饮用水源仍存在水质安全隐患。

（二）对住户排水的整治

1923年的《广州市限制建筑渠道章程》对屋内外渠道的连接方式做了限制，住户通出马路之渠道，不得直驳总渠或留砂井，必须用6寸直径以上的渠筒通出人行路底外，然后用12寸直径的渠筒转驳至留砂井，如马路有明渠可直驳至明渠，所有一切排水渠管不得直接经过人行路面或街面，"如系屋内渠道接驳马路渠道，亦必须于该渠未通出屋外以前设一留砂井，

---

① 《呈报办理井水消毒训练队经过情形及结果日期请察核准予备案由》，广州市档案馆藏，档号：4-01-10-80-6。

内窾宽十八寸丁方以上，井盖用熟铁板二分厚以上为之"[1]。

1928 年的《广州市工务局增修取缔建筑章程》对屋内的排水设施做出新规定，要求原有渗井必须拆除。屋内排水渠道，每一百尺必须低斜一尺以上，并于附近接驳屋外内街渠处设一留砂井，井底须低于渠底一尺六寸以上，在留砂井出口处用铁网栏闸渠道。污水经留砂井阻隔泥沙后再由混凝土圆形管内街渠排入马路渠。

1932 年《广州市修正取缔建筑章程》又增加了住宅檐前滴水和水槽的内容，要求住户自接水筒或水槽，将水由墙底引入内街渠，不准径向人行路面或街面倾泻，"临街墙壁外之水槽，其形式有碍街道或建筑观瞻者，得令其安设他处"[2]。经过整治后，住户屋内排水不再依靠土层，而是依靠较为合理的排水渠道，过去屋外下雨屋内渗井污水反溢的现象得到改变。

（三）濠涌的疏浚

历代政府都曾对广州市内濠涌进行过清疏，只是由于种种原因屡清屡塞，成效不大。1921 年广州市政厅成立后，疏浚濠涌被列为市政建设的内容之一，以保证城市排水的通畅。

西濠涌位于城西，自北向南流出珠江，原是北宋时开凿的一条小运河，因此沿濠商民多借以运输货物。涌内时常停留着许多货船、竹杉排、粪船等，致使渠道狭小，水流缓慢。由于河道流速迂缓及船只的阻挡，垃圾难以靠潮汐排除，堆积濠中，臭气熏蒸，春夏之交疬疫发生，危险滋甚。1921 年，工务局决定将西濠涌改建为马路暗渠，以改善运输和卫生。其中和平路至西濠口一段改建为石拱式暗渠，然后在暗渠上端筑一水闸，潮涨则开，潮退则闭，潮半退时又开，使一切污物可以随潮流走。又在玉带濠和西濠涌会流处设一泥基以防潮水所挟污物。改建后的西濠涌下建暗渠上筑马路，变水运为陆运，既防止了垃圾倒入，又方便了陆路运输。但设水闸时事先没有通知市民，又没有设法另开水道，习惯于水运的商民因

---

① 广州市市政厅总务科编辑股编《广州市市政例规章程汇编》（1924 年），广东省立中山图书馆特藏部藏，第 49 页。

② 广州市工务局编《广州市修正取缔建筑章程》（1932 年），广东省立中山图书馆特藏部藏，第 37～38 页。

而感觉不便，事后上书市政府，要求"规复西濠，以利市民"①。

东濠涌上游三面环山，山水灌下，势如万马奔腾，下游却水势迟缓，濠底之高度又在最低水面之下数尺，涨潮时潮水侵占濠道，且潮之流向与水之流向相反，更加降低了濠水流速。东濠涌下游的五座桥梁桥孔皆过于狭窄，加上淘金坑、法政路脉渠、玉带濠与东濠涌交接处几成直角，而南北线之马路渠渠水均须经玉带濠而入东濠涌，再加上一些人为因素，每当雨水、山水、潮水来临时，极易给小北一带带来水患。1932 年 7 月 29 日的暴雨就曾使广州城东北一带遭受了严重的水灾，房塌人亡，损失惨重。市政府决定清理全市的濠涌渠道，挖出淤泥，遇狭则改宽，遇弯则改直，遇高低不合者则改顺，遇渠墙有坏烂者则修理，遇有建筑物阻碍者则酌量拆除。计划 6 个月完工，经费约 182000 元，由"马路余款及建筑附加费各拨半数"②。10 月动工，"雇工人五十队，每队二十人，共一千人，每队派一监工，划定范围，限日清理"③。后因故延期两个月，于 1933 年 6 月完工。但此次清理工作实际上仅限于挖淤泥和修补渠道。

1934 年 5 月 12 日的暴雨再次使东濠涌所经之小北一带被淹浸，市政府遂痛下决心对其进行改造，几经讨论，决定疏通东濠涌濠身，加深濠床，修筑堤岸及人行道，改建桥梁。具体措施如下。第一，拆除侵占濠涌之建筑，加设人行道。第二，改造弯道，划定中线。将法政路脉渠、淘金坑与东濠相交成直角处改弯，使支流方向不致与濠流抵触。第三，缓冲水势，加固濠床。在地势高、水流急的地方建阶梯，以减水势，梯级附近铺置石块以护濠床。第四，改建桥梁。东濠下游桥梁有五座：竺横沙桥、小东门桥、东华路桥、大东门桥、越秀桥。桥孔皆太窄，只 5 米余，水流常排泄不及。工务局将竺横沙桥与东华路桥桥孔辟阔，将桥面加长，增建桥梁两端护壁，其余 3 座全部拆除重建。

---

① 《训令工务局据广东地方自治研究社等呈请规复西濠令局勘复核办由》，广州市档案馆藏，档号：资 - 政 - 569 - 6 - 7。
② 《工务局提议清理渠道濠涌办法意见案》，广州市档案馆藏，档号：资 - 政 - 590 - 402 - 26～27。
③ 《全市濠涌渠道业已完全清浚》，广州市档案馆藏，档号：资 - 政 - 594 - 431 - 80。

从上述情况我们可以看出，对东濠涌的改建，市工务局与广州工程设计委员会事先经过了充分准备，详细勘测地形，计算绘制图式，在操作上既遵守理论又考虑民情，体恤民艰，不致遭民反对。在反复商讨时又能从经济角度出发，力图实用省钱，吸取以前整理其他排水设施中常因经费困难而治标不治本的教训。东濠涌的改造可以说是民国时期广州整修的排水系统中最有成效的部分。

广州沦陷期间，濠涌多被日军填塞。抗日战争胜利后在联合国善后救济总署的帮助下，广州市政府对市内的东濠涌、西濠涌、玉带濠等重要濠涌做过清理。1948年夏，广州市工务局又专门组织清理濠渠组，计划全面疏通市内濠涌，并于9月开始了第一期工作，但由于人力和财力所限，加之政局的动荡，最终未能完成计划。

（四）六脉渠的清理

至民国时期，作为广州城内主干渠的六脉渠，其排泄污水的功能明显减弱。淤塞成实地者比比皆是，如贤思街安怀里，因渠面石块折断跌入渠中，上游流下之泥块日积月累竟高达数尺；又如教育会操场一段，渠道被大榕树根侵入，全渠毁烂，闭塞成实地者数十丈。更有甚者，作为排洪泄污的六脉渠被居民窃填盗占，甚至被骑盖建筑。窃填盗占者最初为水上居民，后来随着渠濠两岸经济的发展，地价的攀升，许多商人也来抢占。据1921年的调查，约13000米的六脉渠被占3600多米，[①] 渠上共有房屋500多栋。[②] 严重影响了六脉渠排泄功能的发挥。

1921年4月至7月，广州市工务局联合卫生局用新式街沟法首先对126条六脉渠支沟进行了清理、整治，整治渠道共长5512英尺。[③] 同时，两局拟定了三种治理六脉渠的办法。第一种为"派工程人员将全市街道铺户及各街平水实行测量，俾知其地势，并将前占盖铺屋厨厕均须先行拆卸，将所有侵占公地收回，然后计划各种图形，按路面及地点地形而

---

① 《训令工务局从速议复修理六脉渠道以凭核办由》，广州市档案馆藏，档号：资－政－570－25－16。

② 广州市地方志编纂委员会办公室、广州海关志编纂委员会编译《近代广州口岸经济社会概况——粤海关报告汇集》，暨南大学出版社，1995，第1046页。

③ 《广州市政实况》，《申报》1922年1月1日。

详细筹划重建"①。第二、三种都为清理法，第二种重在清理因修马路而被截断的六脉渠，第三种则只针对六脉渠闭塞之处。第三种办法因工程量小花费较少最终被采纳。1922年修整六脉渠闭塞之处5658米。1926年，广州市政府在财政局内设立清理六脉渠股，专门负责管理六脉渠，但因北伐开始后经费不足，对六脉渠的清理中断。

1932年7月29日，广州市遭受了一场大暴雨的袭击，城内水深盈尺，特别是东门、北门一带，一片汪洋。舆论皆认为是沟渠不通、濠涌淤塞所致，广东省政府训令广州市政府责令工务局将全市渠道规划整理。"在未有具体新计划及新计划未能实现以前，应将疏浚六脉渠及东西濠玉带濠先行规复，每年冬令，修浚一次"②。因此，工务局再次对六脉渠进行治理：对已堵塞的渠道，即行修通；建筑物骑占渠道的，酌情拆除；渠身过于狭窄或弯曲的，改直拓宽；渠道高低不接的，予以接顺。并结合城市开辟马路，将六脉渠中的右二脉渠、右三脉渠的一部分改建为马路干渠，将原流入脉渠的各内街渠直接驳入大渠。虽然此后工务局又进行多次疏浚，但六脉渠毕竟年代久远，加上每次都是分段清理，不能整体疏通，所以民国时期的六脉渠屡清屡塞。

（五）内街渠的治理

内街渠是城市排水的初端，通过六脉渠和马路渠与濠涌连接起来，无论那一部分堵塞都会影响到整个排水的畅通，因此工务局曾多次提出进行综合治理的建议。1926年在改良马路渠时，工务局注意到因马路路基高于内街路基，马路渠也就高于内街渠，每遇大雨，与马路渠接驳的内街渠不仅不能正常排水，反而会出现倒灌，致使内街常成"泽国"。工务局就此制定了相应的治理办法：内街路面与马路路面相差不远者，则提高其渠底，使之与马路渠相接；内街路面与马路路面相差太远者，则接驳附近濠涌；如该街四面被马路包围而地势低者，则将该处渠道汇合于适宜地点，在该地点筑一总渠，接驳马路渠道，或直通珠江，或直通附近濠涌。然该

---

① 《训令工务局从速议复修理六脉渠道以凭核办由》，广州市档案馆藏，档号：资－政－570－25－12。

② 《训令设计委员会、工务局奉省府令饬规复修浚六脉渠以杜后患仰遵照并案妥速办理由》，广州市档案馆藏，档号：资－政－590－402－54。

规划终因工程浩大，工程款项短缺而未能实施。1927年工务局再次向市政府提议同时清理脉渠、街渠，未得到支持。5月，光孝街的坊众因为渠道淤塞日久，恐雨季来临遭遇水浸，只得从该街铺户每月租额中抽捐二成作为清理费，自己雇工清理。1928年工务局又制定了统一清理脉渠、内街渠、濠涌的计划，最终依然落空。

1930年，工务局局长程天固再次提出"自非统筹兼顾，将全市濠涌街渠大举清理，无以便交通而卫民生"。由于马路渠多高于未改良的内街石板明渠，遇雨内街仍难排泄水流。为了配合当时对马路渠的改造，其中内街部分的清理被市政当局接受。工务局计划将内街渠道划分支干，并配以适合之斜度，使各渠能容纳该街之水量；同时要求内街砌至与马路相平，这样内街渠道就可以尽量提高，而不被马路截塞；如旧渠适合者则用旧渠或加以修改。计划分3年完成，每年9段，共27段，预算323万元。[①]

由于西关整体地势较低，且内街多而马路少，渠道全是旧式，淤塞程度较他处严重，工务局计划从西关入手，然后在各区分期分段进行。这次的改造一律用12寸三合土圆形渠管取代原来的石板街渠，使渠身抬高接入马路渠。但因人力不敷、经费不足，从1931年到1937年仅完成了10段。尚未进行内街渠改造的街区的市民通过警察分局或自己联合请求工务局继续清理本街渠道。为了迅速推进工程，1937年工务局改订计划，重划区段，提高征费率，限定日期，计划两年内完成所有内街渠的改造工程。不久抗日战争的全面爆发再一次中断了内街渠改造工程。

政府在疏通、改造原有内街渠的同时，对原来无渠的街道及住户也新修了一些排水渠。如1928年加建镇海楼明渠。梅花村、福音村等模范住宅区以前排污靠各个小渠将污水引流到中山路旁边的大泥坑中，但泥坑淤积，排污就成了问题。1932年工务局沿中山路旁的水沟修建了长约540米的水泥大渠，并在福音村内修建了260多米的暗渠，使模范住宅区内的排污状况得到很大改善。

1946年5月，善救分署以工代赈，拨300名工人协助广州市清理内街

---

① 《工务局提议改建全市渠道濠涌办法及征费预算案》，广州市档案馆藏，档号：4-01-7-98（2）-80。

渠，面对数量庞大的内街渠，人手远远不够，只能随查随清，不能全部同时进行，因此效果不明显。随后工务局发动保甲长率领民众清理，各街坊保甲先调查淤塞渠道并上报，工务局复核后根据渠道长度发给善救分署配给的赈米，"每公尺七磅，包括工资、工具、运输等费在内"[①]，工务局派员监督指导。为避免清出的污泥被任意弃置，工务局特指定了8处卸泥地点，短期内将全市的内街渠基本清理了一遍。

（六） 马路渠的修建

随着1918年广州市政公所大规模拆墙筑路，广州开始修建马路渠，并取代了部分六脉渠，与六脉渠共同构成整个排水系统的主干。初期马路渠的渠道均为矩形，渠壁用拆除的城墙砖砌成，上盖城基红石。但渠道缺乏规划设计，宽窄不一，高低不平，不合流水坡度，又不设置进人检查井，只在数百英尺间设一细小留砂井，亦无支渠接入两旁铺户来水，致使马路遇雨即被浸。直到1926年，全市马路渠共有110余个进人检查井，而按照最少每250尺应设一进人检查井的规定，则共需设440余个，实际仅修建了四分之一。[②]

留砂井的设置是为了过滤污水中的杂质，防止渠道堵塞，如果留砂井井口直径过小也不方便对其过滤后的杂质进行清理。1926年工务局从方便清理的角度出发，先在惠福路、吉祥路改良马路渠，增设进人检查井，以便工人进入渠道清疏；扩大留砂井至二方尺，内可容人，井底至渠底留一尺，使留砂井容量加大以容纳雨后积泥。随后对进人检查井和留砂井的改良逐渐扩大到市内所有马路渠。

马路渠初建时的另一个重大缺陷在于一些接驳内街渠的马路渠反倒比内街渠还高，因此这些内街渠的水仍然只能靠原有六脉渠排泄，而初期所建东西向的马路渠又截断了南北向的六脉渠，最终致内街污水横流，遇雨即被浸。直到1931年以后，市政府才制定了较为科学的马路渠排水改造计划，如采用雨污合流制系统规划，其中以用水泥混凝土圆管取代红石暗沟

---

① 《清理全市内街淤塞渠道工作计划》，广州市档案馆藏，档号：4-02-4105-70~71。
② 《工务局呈请将清理马路渠道增加进人井工料费再行提交市行政会议议决并请批示由》，广州市档案馆藏，档号：4-01-7-98（1）-14。

为最大的特点，也是现代工业的成功应用。工务局又先后建造了海珠路、诗书路直出西濠涌的大渠，豪贤路、法政路直出东濠涌的暗沟，白云路接出筑横沙的大渠，清平路直出沙基涌的蛋形大渠，以替代原六脉渠的主干渠，将原来流入六脉渠的各内街渠直接驳入改造后的水泥大渠。同时，在西关地区敷设了第十甫、上下九、杨巷、德星、十八甫、多宝、宝源、逢源、龙津、华贵、宝华、大同、梯云、抗日路（今和平路）等马路渠；在河南敷设了南华、同福、洪德等马路渠。这些新建的马路渠，大多采用一路三渠的形式，即在马路中央下方敷设大渠，两边人行道上设旁渠，并用留砂井接纳住户污水及路面雨水。

水泥下水管道，不仅铺设起来方便快捷，经久耐用，能够充分体现近代工业的优越性，而且其形状更有利于水的流动，水流动时产生的冲击力也更大，更容易使水中的杂质流走而不致沉积下来，因此这些利用水泥混凝土圆管改造及新建的马路沟渠排污效果明显好于旧式的土明沟和用石板铺设的渠道。

三 自来水的兴起与政府的管理

（一）从官商合办到完全商办

广州早在1882年就有设自来水厂的动议，但绅士们认为设水厂会破坏风水，再加上筹款困难，其后的一些计划也因种种困难被否定。岑春煊任两广总督时，鉴于广州的鼠疫、火灾两害，认为"一则由于井泉不洁，一则由于取水艰难，欲救二端，非速办自来水不可"[①]，故于1906年在广州市区西北部，采北江支流之增陂河水为水源，以官商合办形式成立了第一家自来水公司。

最初的自来水公司兴建了9600平方英尺的滤水池和一座110英尺高、容量为200万加仑的水塔，安装了日抽水量为875万加仑的抽水机。三条主管道分别向西关的逢源路、宝源路、长寿路、光复路、十三行、太平南地区，南关的西华路、第一津、大新路、高第街、永汉南路地区，惠爱西

---

① 中国第一历史档案馆编《光绪朝朱批奏折》第102辑，中华书局，1996，第476页。

路至永汉北一带等旧城区输送自来水。1908 年 8 月，自来水公司正式营业，约有 6000 户居民获得供水。此后，自来水用户呈逐年增加的趋势，1908 年底用户增至 7500 户。1909 年，市内主要街道都铺设了自来水管道，全长约 25 万英尺。1910 年，自来水用户发展到 16474 户，用水人数 11.5 万余人。1911 年，又增设自来水管道 139 条，全长 1250 英尺，并增设支管 2338 条，全长 30398 英尺。短短几年，广州市自来水事业发展迅速。

但 1913 年龙济光督粤后，为加强其统治，大肆扩充军队，并通过横征暴敛应付庞大的军费开支，1915 年将自来水公司的官股出卖，使自来水厂完全成为商办企业，且给专利 30 年。商人重利，不从发展公用事业的角度努力扩展业务，而是偷工减料以谋私利。公司在所用燃料上常与供料商勾结，以次充好，以致燃点不够，机器动力不足，影响出水量。为图省事省钱，对水塔、蓄水池及滤水池减少清洗次数，致污质沉积，严重影响水质。广州自来水事业的发展严重受阻。

（二）政府对商办自来水厂的管理

1921 年广州市政厅成立后，公用局督促商办自来水公司先后制定了《安装水表水管章程细则》《安表驳管供水章程》《承接安装自来水管章程》《惩罚违章接驳自来水管章程》《特种用户用水优待办法》等一系列规章制度，明确其权利义务，"以改良食水，辅助卫生、消防为宗旨"[1]，对消防、马路洒水车、公园喷水池、清洗暗渠等必须保证充分供水，在规定的地点设置水龙头，政府各机关及公立学校水价折半。这些要求对商办自来水公司重新进行了定位，强调了自来水的公用性，并规定市政府有权监督公司，随时可以给价收回。

同时，市政府对自来水公司的生产管理也陆续做了一些具体规定。第一，规定机器压力率度。为使机器压力充足以达到最大工作能力而提高出水量，公司所用燃料必须公开招标。1928 年 9 月，公用局又制定《取缔本市自来水公司蒸汽煤炉所发压力不及率度罚则》，规定水厂煤炉总表压力至少以 105 磅为度，唯夜间 11 时至 3 时，不在此限，但仍不得低过 90 磅；

---

① 广州市市政厅总务科编辑股编《广州市市政例规章程汇编》（1924 年），广东省立中山图书馆特藏部藏，第 22 页。

每日每时须记录公司蒸汽总表的度数，并将记录缴局审核，根据记录或派员赴厂查察时，发现不合格者首次罚 100 元，同月再犯第二次者罚 200 元，第三次罚 300 元，余照此类推；特殊情况如清炉时总表压力或有不及，仍不得低过 100 磅，但清炉后至迟 30 分钟内，即须复回 105 磅。

第二，分时分区限制供水。由于机器压力不足影响出水量，故当出水量一定时，不同地区自然地理环境带来的不同压力也会影响用水，如楼之高层和离水厂较远的东北关就时常发生水荒，为了解决此问题，市政府要求自来水公司分时分区供水。1922 年 3 月 1 日起，规定水量充足的西关地区每天 8 点至 12 点、18 点至 21 点关闭水制开关以调节水量，1925 年 11 月又将时间调整为 12 点至 13 点、22 点至凌晨 2 点。到 1928 年 11 月，经试验发现"时间短促，实未足调剂城内一带市民食水"，"多处水源短绌，除东山地方外，亦均要每日余二时后水量才能达到三楼"，故延长关闭时间，即每日 10 点到 15 点、22 点到凌晨 4 点。[①]

第三，抽海水洒路面。自来水公司最初的章程明确规定自来水公司对市内洒水车负有供水义务。1921 年 12 月，公司经理声称机器压力达到要求后仍缺水是各马路和电车路取水淋街洗街所致，"淋洗之处有如大雨初过"，"浪耗清泉不知几许"[②]，在其要求下政府曾改令日后只准用自来水洒街，不得淋洗。为进一步节流，1928 年 9 月，公用局要求自来水公司在长堤沿岸的福民公司第十一号码头和十二号码头间、官码头、无线电局码头之西安置 3 台抽水机抽取海水洒路。

第四，规定清洗时间。自来水公司供水的正常程序为水厂抽河水入蓄水池至少停留 12 小时让其沉淀，然后经滤水池过滤后输往水塔，由水塔向各水管供水。如果各水池及水塔积污过重，污质会随水流出而影响水质，因此工务局规定每月清洗一次蓄水池，每隔 12 日将滤水池铲沙一次，每年 1 月、5 月、9 月清洗水塔各一次。

政府新的规定对商人的利益有影响，因此自来水公司对政府的规定敷衍了事，阳奉阴违。政府虽多次介入整顿，但收效甚微，市政府与自来水

---

① 《公用局最近调剂自来水量办法》，广州市档案馆藏，档号：资 - 政 - 581 - 303 - 9。
② 《训令六局奉省长令据自来水公司呈请通饬毋得浪耗清泉仰遵照由》，广州市档案馆藏，档号：资 - 政 - 571 - 45 - 9。

公司之间的矛盾日益加深。1926 年 11 月,广州市政府以本市自来水问题积弊太深,非彻底整理不可,令财政、土地、工务三局会同拟定整理办法,并组织"整理广州自来水公司委员会",欲接管自来水公司。

此事一经公布立即引起了轩然大波,公司认为政府背约,突然变更 30 年专利权,因此政府派员接收时,总经理、董事据不交付,且组织股东维持会,分请各机关团体支持,并呈请中央政治会议饬广州市政当局暂行缓办。在接管无效的情况下,市政府派警强行接收,但后果更加严重,商人惶恐,各界不平,工商性质的团体请愿不断,香港报纸大肆进行反动宣传,蛊惑人心。市政府陷入被动,忙于应付从上到下的质疑,一再解释"为谋群众公益起见,不得不起而整理,并未有将水公司没收之意,况为期甚暂,不过六阅月"①,并表示"将来整理就绪,自仍归公司主持"②。这种僵局一直持续到市政府答应重定整理计划、调整机构方才被打破。

(三) 自来水公司收归市营

自来水属于公用事业,具有社会公用性质。但广州自来水公司既然是商办性质,必然要追求利润的最大化。公众利益与商人利益的矛盾不可避免,虽经政府多次整顿但收效甚微。1929 年 1 月 10 日,广州市政府依据南京国民政府内政部《自来水规则》第十六条"凡私人或私法人设立之自来水公司如不履行本规则所规定之事项时,市县政府得限期令其切实奉行,逾期者由市县政府直接办理"③ 的规定,经政治会议广州分会核准,组成市政府直辖的"广州市政府自来水管理委员会",接管了商办自来水公司。接管时由省市政府、总商会、前自来水公司共同组织评价委员会,将公司资产进行清厘,评定价格,规定分 3 年 12 期偿还完毕,以保证股东的利益,避免社会上指责政府不顾商办企业利益。

市政府接管自来水公司后开始进行全面整顿。首先,改造原有供水设施,添设了双桶机、螺旋机、新式锅炉、杀菌机等新设备。双桶机每日供水 250 万加仑,可使供水量增加 40%;螺旋机每日供水 900 万加仑,供水

---

① 《市政委员会覆水公司函》,《广州民国日报》1926 年 12 月 7 日。
② 《市厅对于整理水公司宣言》,《广州民国日报》1926 年 12 月 16 日。
③ 《自来水规则》,《广州市政法规》(1936 年) 第 3 编,广东省立中山图书馆特藏部藏,第 157 页。

量可增50%以上；原有锅炉已超过使用年限，既不安全又不经济，使用新式锅炉后"半年已节省了四万余元"①；商办时期曾有使用杀菌机的决议，但却始终没有购买，政府接管后立即购买使用，不仅使水质清洁，而且杀菌效果甚佳，"生饮亦无可虞"②；原来规定每隔12日将滤水池铲沙一次，但此规定既没有什么科学依据，在实践中也没有得到遵守。政府接管后决定每6日抽各池细沙试验泥质，并让管理人员逐日报告出水情形、水质浊度，然后根据数据决定何时小洗、何时大洗。

其次，扩建新的供水系统。旧系统被初步改造后，出水量仍不能满足公用需求。因此，政府于1932年3月建成投产第二套供水系统，所有设施均为最新设备。以滤水池为例，采用气压式急速滤水池，比旧池约快20倍至30倍。旧池每年每池洗涤一次，所需人工过百，费时数十日，花费约1万元，且须每星期铲沙皮一次，花费30元，每池每年约11560元，六池约69360元；而新池采用气压及水力，每天洗涤一次约1小时，耗费不过6元，全年需款2000余元而已，则洗池一项每池每年可省近万元。随着新系统的建立，自来水公司在越秀山建一新水塔调剂水力，该塔塔顶距路面约180尺，用30寸大管由自来水厂直达水塔，专门向地势稍高的老城区供水，而旧系统则专供西关。不久，公司又在高压抽水机部分装设一个足力电压器，在低压抽水机部分增加进水管，这样每天至少可充足供水1500万加仑。1937年市政府投资扩建第三套供水系统，设计供水能力为日供水量3000万加仑，工程于7月动工，后因抗日战争爆发而停工。

再次，完成东山水塔及水厂的建设，彻底解决了东山地区的用水问题。西关、老城、东山地势依次渐高，距自来水厂越来越远，因此东山地区时常水量不足。为了调剂水量曾采取过分时分区供水的办法，但顾此失彼。在自来水收归市营前，市政府就有过在东山设新水塔、水厂的考虑。1927年公用局恢复后决定在东山梅花村茶岗仲恺公园之侧建一水塔，并于10月21日举行了奠基礼，后因局势动荡而停止，到1928年2月再次兴工。同时在杨箕村北沙河坑上游竹园之内增建水厂，用水闸拦截沙河坑

---

① 《自来水特刊》，广州市档案馆藏，档号；资－政－588－347－98。
② 《卫生局化验自来水，水质异常清洁》，《广州民国日报》1929年11月21日。

水,将其引入水厂。1929 年 7 月竣工通水,每日供水量 40 万加仑。但以沙河为水源也存在许多问题,附近居民常将污秽物倒入沙河坑坡坝,每当春夏雨水过多时,上游溢水,污物随流而下,导致水质异常浑浊,天旱时则水量不足。为此,公用局将水源附近的野树蔓草一律铲除,清除涌内的泥污,禁止居民将污物倾入河坑,禁止沙河坑粪溺垃圾船只通行,又在东山水坝闸内尾喉贯街之处加筑格水木围一个,内外放置炭芯,过滤水中污物。最后还在水厂外加设新式白矾沉淀池,经过多重处理后,基本保证了东山居民的用水质量。另外,东山自来水厂改变先运水上塔,再由水塔向各水管输送的供水方法,直接将水输送给用户,使较高或较远之住户,得水较快捷,水量亦大增,抽水机力亦可节省过半。自来水问题的解决还加快了东山地区的发展,东移人口越来越多,东山地区也越来越繁华。

最后,增换新水管。自来水厂初建时铺设了三条主管道,后来各户装管多由承装点代为安设,未考虑地势、水量、人口等因素,用户只图价廉而安装小管,承装者为图方便而乱接支管,无视工程学原理。于是同一街巷,有因一户装设不善而全巷无水或此有彼无的现象,甚至位于西关水塔附近的长寿街也时有水荒。政府接管自来水公司后,欲对供水管道加以改造,然而全市旧有管道十分混乱,原公司对管道之大小、位置又无记录,全凭老工匠之记忆,要全部改造相当困难。至 1933 年,全市仍有十余万英尺街道未安装大管,自来水公司根据工务局马路开辟计划制定了三期装管计划,决定在新辟马路的同时铺设大管以方便附近住户用水,并详细规定装设地点及水管大小,其中 6 寸管共长 25850 尺,4 寸管共长 9880 尺。对于老用户自行安装的小管则加设横驳管使其与大管接通。马路水管经此改造后,再无错乱之感,供给水量亦无不均之感。

1929 年至抗日战争全面爆发前是广州自来水事业发展的黄金时期,广州市形成了新的供水格局:丰宁路太平路以西一带(西关)用户用水由旧系统供应,每日平均可供水 1200 万至 1400 万加仑;丰宁路太平路以东,东川路以西之城(老城)内用户用水由新系统供应,每日平均约供水 1000 万至 1200 万加仑;东山一带由东山水厂供应,每日约供 100 万加仑,三部分合起来在 2300 万到 2700 万加仑之间,总体供水量充足,各地也互不干扰,水荒问题基本解决。根据每周的水务报告,河水的浊度平均值在 40 度以上，有时甚至高达 665 度，而自来水浊度平均值基本上为零度，物理、化学、细菌各项检测结果基本上都合格。用户逐年增加，公司营业额大增，获利较多，而且供求矛盾日益化解，用户不满越来越少。

然而，1938 年 10 月 21 日至 1945 年 9 月 16 日广州被日军占领，经济、教育、社会等各项事业都受到严重破坏，自来水事业也不例外。日军控制了自来水公司，交由"台湾拓植株式分社广东分店"接管，供水设施遭到严重破坏。增埗水厂第三套供水系统未能完成；东山水厂被炸，水塔被日军拆除运走，高压水泵迁往百子路，另建加压站，由增埗水厂直接供水，东山水厂不复存在；自来水漏耗日趋严重。这一切使广州市区供水量严重不足，平均日供水量为 420 万加仑，这与之前的 2300 万到 2700 万加仑相差甚巨，[①] 自来水公司只好分区定时供水，居民用水大受限制，用户也缩减为一万多户。

1945 年 10 月 16 日，政府从日军手中接管自来水公司后，自来水管理处积极购买修整机械设备、水管，购买燃料，使水厂尽快恢复了正常运行。每日申请装表供水者百数十户，而水管处库存水表多被损坏，必须逐个修理经试验准确后才能安装，但又缺乏试验仪器。为了能够迅速给申请者供水，1945 年 12 月广州市自来水管理处制定了《临时驳管供水暂行办法》，先供水给用户再补安水表，短期内用户大增，迅速恢复到战前水平。为了解决东山供水问题，自来水管理处在东华东路至东川路街管间加装 6 寸及 8 寸来去水管各一条，驳通百子路泵房，并加设抽水机及电动机，增加水量及压力，同时加装新河浦 4 寸大管以贯通输水。经此整理后，东山住户已有充足水量可供使用。但由于各种原因自来水漏耗严重，据调查，1945 年 10 月 16 日到 11 月 15 日与 1945 年 11 月 16 日到 12 月 15 日两个时间段的漏耗率分别为 64.5% 和 61.9%，如此严重的漏耗在很大程度上制约了自来水的使用效率。

民国时期广州市的自来水主要供给省河以北地区，而河南地区由于各种条件的限制，一直未能使用自来水。广州市政厅成立后，公用局曾于当年的 10 月份以"公司章程规定，将来业务发达时，经市政府核准得设分

---

① 《广州市自来水管理处》，广州市档案馆藏，档号：28 - 1 - 136 - 168。

所于河南地方"① 为由，训令商办自来水公司筹设分所供给河南地区自来水，并在一个月内将商议结果上报。最初自来水公司无反应，在公用局的催促下，股东大会最后回复无力筹设，公用局只好将此事改由官厅办理。此后，工务局及公用局多次考虑在河南地区装设自来水，但每次提议都因巨款难筹而告终。

1933 年，工务局考虑到河南设厂的实际困难，认为"不如扩充增步水厂，增加出水量"②，然后由河北接管至河南。这个方案的关键是解决好工程上的问题，如接管的位置、珠江河底水管的安装等。自来水管理处和工务局多次规划，1936 年提出了较为完备的计划，决定从大新路、维新路接管，经海珠桥直达河南，桥上用 6 寸管，桥下用 12 寸管，河南堤岸另建一泵房以增加水压，预算需 10 余万元，但随后的战争又使计划搁浅。虽然战后再次提出在河南安装自来水，然东山水厂被炸，增步水厂也很难恢复到战前水平，此提议因供水量有限而没能实现，直到 1950 年河南装设过河水管，居民才用上自来水。

自来水作为公用事业，应最大限度地服务于大众。为了体现公用事业的公共性和基础性，广州市政府除加强管理、扩大规模、提高服务质量，最大限度地增加用户外，还曾在 1924 年督促自来水公司在贫民聚居的街道安装公用自来水龙头，最初选定 3 处，"每天下午三时至四时由消防队派警监视开放，听任贫民取用"③。次年春天，因消防队声称春令已至，雨水调和，井泉不会干枯混浊，应暂停开放各街水制，这样既可保证一般用户有充足的用水，又可使救火时水力不致薄弱，建议被采纳，3 处公用自来水龙头停止供水。年底，贫民用水的问题再次被提出，重选地址后，从 12 月 10 日起继续开放。到政府收归市营前，全市共开放 4 处免费公共自来水龙头：上西关西山庙前、下西关黄沙直街、东关前鉴街、小北天香街。前三处上午 8 点到 9 点，下午 4 点到 5 点开，后一处为上午 7 点到 8 点，下午 1 点到 3 点开。

---

① 《公用局训令自来水公司赶装河南自来水由》，广州市档案馆藏，档号：资－政－570－40－19。
② 《扩充增步水厂并安设河南水管计划草案》，广州市档案馆藏，档号：4－01－1－75－44。
③ 《批工务局呈复查议水公司常年设备街喉一案情形如议办理由》，广州市档案馆藏，档号：资－政－576－209－906。

自来水公司收归市营后，市政府积极对其进行整顿，决定选择合适地点增设自来水龙头 60 处。[①] 到 1934 年春，全市共有公共自来水龙头 36 处，当年夏令炎热，政府为救济贫民设有临时避暑棚，又装设 8 处，共 44 处。抗日战争结束后，广州市政府在以前的基础上增设公共给水站，并重定管理办法。由自来水管理处委托街坊或当地商店代为管理，因此取水者虽不收水费，但每担需加管理费 2 元。尽管如此，还是有许多市民通过水站取用自来水，以 1946 年 5 月为例，全市 16 个水站销售水量为 144000 担，平均每个水站每天销售水约 290 担。截至 1948 年 6 月全市共有 28 个水站，享用自来水的市民越来越多。

与天津等城市相比，尽管广州公共水站的数量十分有限，不能保证所有贫民都能用上自来水，但广州市政府始终掌握着水站的经营管理权，避免了划分地盘实行垄断、任意掺假、擅自提价等弊端，使相当一部分贫困市民能低价甚至免费使用自来水，体现了社会公用事业的公共性。

民国时期广州市自来水事业有一定的发展，但居民住户普及率并不高，自来水管直接接入家中的用户未超过 5 万户。究其原因，有因自来水公司服务不到位而不愿意接管者，有因自来水公司装设的管线有限无法接水者，有的受传统习惯的影响，还有的是因水费太贵无力承受。另外，广州地区河网密布，河涌众多，井水易取，大多数居民有水可用。加上民国时期居民对用水的卫生安全意识并不十分强烈，因此对自来水的依赖较小。

---

① 《自来水管委会自制自动笼头》，《广州民国日报》1928 年 11 月 21 日。

第十一章

通俗教育的发展

通俗教育属于社会教育范畴，是一种以政府推动为主导、民间团体相协助，采用通俗易懂的方式义务为广大群众提供的旨在提升民众道德、生活常识和生存技能的有目的、有计划、有组织的教育活动。通俗教育理论在清末开始传入中国。民国成立后，因建设民国之需要，政府提倡和推动通俗教育，在全国范围内一度掀起了发展通俗教育的热潮。广州因受民国初期政局动荡之影响，通俗教育起步较晚且举步维艰，至20世纪30年代才进入蓬勃发展的黄金时期。民国时期广州的通俗教育对于启迪民智、改变风尚、推动社会发展起到了较好的作用。尤其在抗日战争全面爆发前夕，通俗教育对于动员民众支持抗战，投身抗战洪流，提高民族凝聚力也起着不可低估的作用。

一 通俗教育在广州的发展

（一）通俗教育在广州的初兴

1911年广州光复后，革命党人掌握了广东政权。新成立的军政府下设教育部，1912年5月遵制改称教育司。钟荣光任广东省教育司司长时，认为广东失学人数过多，欲剔除旧习"非大行社会教育不可"，故在教育司下专设社会教育科"主管风教礼俗科学美术及通俗教育各事项"①，并开办了宣讲所、阅报书社和公共演说场。教育司还颁布了《开办宣讲员练习所简章》《宣讲所简章》《阅报社简章》等法规，指导广东各地通俗教育的发展。其中，宣讲事业最受钟荣光的重视，他认为"宣讲为改良社会之先锋"②，《宣讲所简章》规定"凡有督学局之处，即需设一宣讲所，依次进行，各乡愈多愈妙"，宣讲时"全用白话，简质明白"，内容须"与改良社会宗旨不相违背"③。教育司亦着手编印和刊发通俗教育讲义，并鼓励社会组织编订。据 1913 年 8 月北京政府教育部视察广东时所做的统计，广州地区有图书馆 1 所，设在督学局内的阅报社 1 处，分别设在老城关帝庙、西门内玄庙和河南海幢寺的宣讲所 3 所。广州市督学局"聘请高贤逐晚演讲，或民国常识，或现今大势，或先贤言行，或乡土事迹"④，并派员在人流密集处巡回演讲，"每次听讲者数百人"⑤。

　　广东省教育司和广州市督学局经过努力，制定了一些发展通俗教育的计划，开启了广州市的通俗教育事业。但总的来说，时人对于通俗教育的理论并未形成清晰的认识，加之国家尚未出台办理通俗教育的政策和细则，且大多办学者尚未重视通俗教育的社会作用，因此时人对于通俗教育事业多未尽心。民国初年广州的教育经费多维持在 200 余万元，还"不如前清"⑥，且这些经费绝大部分用在学校教育方面，对于通俗教育少有涉及。1913 年 5 月广东各地督学局相继裁撤，通俗演讲所大部分停办，通俗教育事业也渐趋停滞。

　　二次革命失败后，龙济光统治广东，对于广东之教育非但无所建树，反而大肆破坏，使教育事业损失十分严重。广东省立图书馆被龙济光用作驻

---

① 全国图书馆文献缩微复制中心编《中国近代教育史料汇编·民国卷》第 8 册，全国图书馆文献缩微复制中心，2006，第 231 页。
② 《商借八邑会馆为宣讲所》，《民生日报》1912 年 7 月 4 日。
③ 《教育司拟订宣讲所章程》，《民生日报》1912 年 9 月 12 日。
④ 《广州市督学局布告》，《民生日报》1912 年 7 月 4 日。
⑤ 辛亥革命史研究会、武昌辛亥革命研究中心编《辛亥革命史丛刊》第 13 辑，湖北长江出版集团、湖北人民出版社，2007，第 432 页。
⑥ 全国图书馆文献缩微复制中心《中国近代教育史料汇编·民国卷》第 8 册，全国图书馆文献缩微复制中心，第 219 页。

军之地，"楼宇毁坏，图书辄遭损失"①。1916 年 10 月，桂系军阀督粤，其贪墨风气较龙济光时有过之而无不及。军阀各方争相扩充势力，为一己私利不择手段，侵占教育经费，学校教育尚不能发展，通俗教育更是举步维艰。

直到 1921 年 2 月 15 日广州成立市政厅，下设公安、教育、卫生、财政、公用、工务六局，广州的教育行政机构才逐渐完善，通俗教育的机构组织也随之增加。教育局由原督学局改组而成，以许崇清为局长，局内设"学校教育、社会教育、慈善事业三课"②，后来再增设督学处。许崇清任广州市教育局局长期间，对教育事业尽心尽力，励志经营，使广州的教育事业日见起色。

1921 年 3 月，时任广东省省长陈炯明邀请陈独秀来广东办理教育，并设立广东省教育委员会。陈独秀在主管广东教育期间，采取了多项革新教育的措施，包括增加教育经费和大力开办社会教育。如 1921 年，陈独秀将全省的教育经费增加至 150 多万元，为原来的 4 倍多。陈独秀还将社会教育置于和学校教育同等重要的地位，举办了宣讲员养成所、工人夜校，开办了注音字母教导团等，成绩斐然。陈独秀大力发展社会教育的目的是宣传马克思主义，这样的行为触及了军政府的利益，遭到国民党右派的强烈反对，1923 年陈独秀被迫离职，其所办社会教育大部分被审查或禁止。广东省教育委员会被裁撤，改在省长公署政务厅内设教育科。同年 12 月，教育科升格为教育厅，许崇清任厅长。

廖仲恺任广东省省长时对教育也极其重视，努力筹措教育经费。在廖仲恺的支持下，许崇清的教育思想得以践行。除教育制度、学校教育外，通俗教育也得到发展。广州市立第一通俗图书馆正是在这个时候设立的，此前停办的通俗演讲所、巡回文库等也重新投入使用。此外，广州市政纪念图书馆、公众娱乐场所等的建设也在普及教育计划之内。许崇清还认为教师要有服务社会的精神，学校不能脱离社会孤立地发展。因此他积极调动学校和教师的力量来发展广州的通俗教育，成立了各校学生宣传队。这种形式一直被沿用下来，尤其在抗日战争初期，在校学生的参与，极大地

① 《广东省立图书馆史略》，广州市档案馆藏，档号：8-7-312-5。
② 《市教育行政概要》，《广州市市政公报》第 165 期，1925 年，第 571 页。

弥补了通俗教育人员的不足，对动员民众支持和参与抗战起了重要作用。

大革命时期，国共合作的革命形势推动了通俗教育的发展。广州当局一方面改善原有通俗教育设施，使通俗教育更加制度化、规范化。如巡回演讲员的选用采用"考试办法"，聘任及格者四人"专任演讲工作"[①]；改变定期演讲的模式，周末在人流密集的公园进行演讲，"除演放幻灯画片以增加听众兴趣外，有时还有音乐队演奏"[②]，以吸引更多的民众；整顿第一通俗图书馆，重新修葺装潢，并增加书籍数十种；对戏剧、图书及讲演稿进行审查，并于1926年成立戏剧审查委员会，以期能够"有裨风化"[③]。另一方面继续增建通俗教育设施，至1927年，广州市已建成通俗图书馆2间，建成巡回文库8个。

经过十余年的发展，广州市的通俗教育事业初具规模。但由于此时广州当局办理通俗教育的经验不足，一些决策显得不够科学、合理。市政当局在筹建第一通俗图书馆时，选址未经过调研，所选南关石基里"僻处城南"[④]，极为不便，且书籍种类较少，影响了使用效果；巡回演讲因讲演者没有经过专业训练，讲演内容也不够通俗、有趣，"成绩尚未大著"[⑤]，巡回讲演一度暂停。与学校教育相比，广州市政当局对于通俗教育的重视程度仍然不够，从各年教育经费的支出来看，学校教育经费的支出通常达到总教育支出的95%以上，社会教育经费则少有超过5%的情况。不过值得肯定的是，广州市通俗教育的基本格局在这一时期被大致确定下来，后期的发展正是在此基础上的不断补充与丰富。

（二）广州通俗教育的蓬勃发展

20世纪30年代前后，通俗教育这一名词出现频率降低，"平民教育""民众教育"等词逐渐占据主导地位，很多时候，通俗教育的内容包含在民众教育之中。1928年5月，第一次全国教育会议就议决通过了《实施民

---

① 《广州市教育局十六年份行政经过概况》，《广州市市政公报》新年特刊，1927年，第75页。
② 潘世荣：《1927年广州市教育概况》，载广州市政协学习和文史资料委员会编《广州文史资料存稿选编》第7辑，中国文史出版社，2008，第273页。
③ 《广州市教育局民国十五年进行概况》，广州市档案馆藏，档号：资 - 政 - 579 - 244 - 95。
④ 《广州市教育局办事状况报告》，《广州市市政公报》第200期，1925年，第597页。
⑤ 《广州市教育局办事状况报告》，《广州市市政公报》第200期，1925年，第598页。

众教育及确定社会教育案》，将民众教育列为"训政"的重要措施，推动了社会教育的发展。

南京国民政府教育部出台了一系列促进和规范社会教育的细则、办法，并于 1928 年 10 月明令规定"自十八年预算年度起，社会教育经费在全部教育经费中，应占百分之十至百分之二十"①。广州市教育局自 1929 年起，在教育预算中也加大了对社会教育的投入，虽然离教育部的规定尚有一定距离，但也已经极大地改善了此前各项教育活动常常"以市库支绌""因而中辍"② 的状况。在此背景下，广州市通俗教育发展进入了黄金时期。

在广州市政当局的积极筹办和经费有所保障的情况下，多项通俗教育设施得以落实。在各学校门口和其他人流密集处设立了 50 处阅报板。教育局在改良第一、第二通俗图书馆的同时，于河南开设第三通俗图书馆。同时还通过了多项建设社会教育设施的决议，如筹建中山图书馆，建立博物院、植物园、儿童游乐场、公共运动场等。

自 1931 年开始，广东进入了一个相对稳定的时期，工、农、商发展全面推进，社会较为安定，私人办学增多，特别是海外华侨纷纷捐款办学。主政广东的陈济棠认为，要进行新的建设，不但依赖众多专业人才，更需要充足的财力，如果教育与财政不足以适应建设的需要，那么建设的进展必然会迟缓，因此应把教育和财政放在头等重要的位置。在他主政期间，大量增加教育经费，最多的时候省里拨教育经费达到 503 万元，各县自筹经费达到 1551 万元。同时，陈济棠还非常重视社会教育，认为社会教育可以提高普通民众的知识水平，对学校教育是一个很好的补充，这为广州通俗教育的发展提供了良好的环境。

1932 年南京国民政府教育部出台《民众教育馆暂行规程》，要求将全国各地的通俗教育馆改为民众教育馆，并再次提高社会教育经费的比重，要求"在省市（属于行政院之市）至少应为百分之三十，在各县市应为百分之三十至五十"③。1934 年广州市教育局将 3 所通俗图书馆整改为市立民众教育馆，并成立民众教育委员会，作为施行民众教育的指导机关，通俗

---

① 邰爽秋、黄振祺等编《中国普及教育问题》，商务印书馆，1938，第 42 页。
② 《广州市教育局第四期报告书》，广州市档案馆藏，档号：资 - 政 - 2126 - 23。
③ 《转令饬增筹社会教育经费》，广州市档案馆藏，档号：资 - 政 - 128 - 206 - 89。

教育事业由民众教育委员会和民众教育馆负责。广州市教育局还参考江苏吴县的民众教育经验，将广州市分为 6 个民众教育区，"设置以来，成效颇著"，"市民交相赞许"①。

这一时期广州的通俗教育得到了很好的发展，除原有设施不断被改进完善外，还出现了民众喜闻乐见的施教手段。如采用辐射范围大、具有易接受性的无线电广播施教，不识字者亦能受教，即便市民没有专心致志地听讲，也能潜移默化地受到影响。广州市政府采用无线电播音进行讲演，能迎合各种文化程度的受众，更大范围地施教于市民。1928 年 10 月，广州市教育局决议在人流密集之公园设立播音台，启动广播播音教育。为此，市政当局还成立了广州市播音台宣传指导委员会，由委员会制订播音节目时间表。播音台播放音乐、卫生和科学常识、世界语、国语、公民道德等方面的讲演内容，市民受益匪浅。此外还在公园、民众教育馆采用诸如幻灯、戏剧、电影等形式传播知识。可以看出，这一阶段通俗教育在内容上，主要是"职业教育之注重、科学教育之提倡、体育之促进"②；在形式的设置上，更加通俗化、合理化，也更有感染力。通俗教育逐渐成为广州市民生活的重要内容，对丰富市民生活，改变社会风气发挥了积极的作用。

1936 年夏陈济棠下台后，广东政局变动。8 月，教育局并入社会局，并由社会局第五课负责通俗教育。虽然机构被合并，但包括通俗教育在内的社会教育的地位并没有被降低，社会教育反而更加受到重视。因为随着日本对华侵略的日益加剧，国难当前，欲"唤起民众抗敌救亡，则社会教育，万难忽视"③。为此，广州市政当局"对于原有各种社会教育之固定，及活动事业继续举办促进"④，并改组广州市民众教育委员会以期更有效地推进民众教育。为适应抗战的需要，广州的通俗教育进入了以战争动员为核心的发展阶段。

（三）以战争动员为核心的广州通俗教育

抗日战争全面爆发前夕，有识之士已经意识到战争不可避免，呼吁政

---

① 《教育局计划推广社会教育》，广州市档案馆藏，档号：资－政－605－527－138。
② 《教育特刊》，广州市档案馆藏，档号：资－政－585－349－87。
③ 《市立社会教育统计》，广州市档案馆藏，档号：30－3－35－15～16。
④ 《教育局局长出席市府纪念周报告》，广州市档案馆藏，档号：资－政－605－526－165。

府利用教育培养国民的民族意识，激发民众的爱国热情。广州市政府欲利
用通俗教育，使广大民众深知国难当前须众志成城，努力"把中国失去了
的民族主义，恢复起来"①。各种与抗战相关的书籍、报纸、演讲、戏剧等
不断增加，成为团结民众、抗战建国的利器。

抗日战争全面爆发后，广州市政府停办了部分小学，不久又停办部分
中学，对教师采取停薪留职的办法。在学校教育已无法正常进行的情况
下，通俗教育成为教育民众、凝聚力量的有效和便利的形式。教育部于
1937 年 8 月 27 日颁布了《总动员时督导教育工作办法纲领》及《战时各
级教育实施方案纲要》，规定了九大方针、十七要点，要求各级政府"对
于社会教育与家庭教育，力求有计划之实施"，"制定并颁布社会教育制
度，健全并充实社教行政机构，宽筹经费，培植社教人员，编印民众读
物，普及民众学校、民教馆、图书馆、科学馆等并积极推进电化教育"②。
同时，教育部 9 月 30 日出台的《社会教育机关临时工作大纲》也规定了
社会教育应全面为抗战服务。

1937 年 8 月 21 日，社会局和学校、机关人员组成广州市社会局非常
时期服务团，负责推进广州市的救亡御侮工作，动员和训练民众加入抗战
救国的洪流。采用壁报、杂志、歌咏、戏剧电影等形式向市民传授战时基
本的自救自保知识，激发民众为抗战救国"有钱出钱有力出力"的热情，
坚定民众抗战必胜的决心。

至 1938 年，广州市的中小学校已经难以为继，失学儿童数量剧增，普
通大众的教育成为显著的社会问题。广东省教育厅要求各级学校兼办社会
教育，充分发挥知识分子的作用，"以适应抗战建国的需要"③。各校师生，
尤其是大学的师生成为歌咏队、戏剧队、壁报等通俗教育工作的生力军。
其中，中山大学围绕"国内外时事及前方将士抗战之英勇后方群众宜努力

---

① 《教育局出席市府纪念周报告》，广州市档案馆藏，档号：资 - 政 - 606 - 536 - 134。
② 教育年鉴编纂委员会编《第二次中国教育年鉴》，载沈云龙主编《近代中国史料丛刊》
第 103 册，（台湾）文海出版社，1986，第 11～13 页。
③ 《社会教育改进案之督促各级学校兼办社会教育》，广东省档案馆藏，档号：020 - 001 -
25 - 091 - 91。

输捐及敌人残暴行为"① 的主题举办通俗演讲、歌唱演出、戏剧表演、民众夜校，并出版壁报。各学院还根据自身特长，分别负责相应的教育工作，如医学院负责"救护训练、公共卫生指导、医药巡回事业"，理学院负责"防空防毒知能传习"等②，学生几乎全部出动，通俗教育成为学生课外实践的重要形式。除国立中山大学外，还有国民大学、广州大学、岭南大学等，大多数中小学教职员工亦加入通俗教育的队伍。通过发动在校师生参与社会教育的实施，极大地改善了通俗教育人员不足的状况，也对更大范围地动员民众参与和支持抗战起了重要作用。

　　除政府在努力维持通俗教育外，社会各界也担当起救国之重任，成为举办通俗教育的重要力量。抗日战争全面爆发后，广东当局实行较为开放的文化政策，"凡拥护三民主义，拥护中央政府，拥护最高领袖，集中抗战力量之一切言论、出版、集会、结社，一律开放"③，广州文化界空前团结，各种剧团、宣传队、下乡工作队、诗歌文学社团、抗战教育班等如雨后春笋般诞生。这些团体或在街头、乡下进行救亡宣传演讲，或创作绘画、诗歌刊载于报纸杂志和街头壁报，或举行歌舞表演赞颂前方将士的牺牲精神。为了协调文化界的救亡行动，更好地发挥文化救国的力量，建立起文化国防，1937 年 12 月广州文化界联合组成了广东文化界救亡协会。广东文化界救亡协会想尽办法动员一切文化人和文化团体"站在自己的岗位上"④ 进行抗战教育工作，在撤离广州前的一年多的时间里，举办了许多有影响力的文化活动，如经常性的街头演讲、出版小型报刊、编辑抗战问题通俗小册、联络电影界向群众放映各种符合时局需要之影片等。广州文化界也纷纷行动，组成众多的抗日文化团体向群众宣教，《总动员》《武装保卫大广东》《保卫华南》等歌曲，《狂欢之夜》《春风秋雨》等戏剧，以及各种抗日救亡的文艺作品都是这个时期广州地区家喻户晓的文化结晶。这些文化团体在宣传抗战、教化民众、唤起民众爱国意识方面起了很

---

① 《国立中山大学关于本校一九三七年度办理社会教育事业的文》，广东省档案馆藏，档号：020 - 002 - 53 - 033 - 33。
② 《国立中山大学兼办社会教育办法》，广东省档案馆藏，档号：020 - 001 - 55 - 067 - 67。
③ 法政研究社编辑《最新标准公文程式》，新亚书店，1940，第 225 页。
④ 《广东文化界抗敌协会》，广州市档案馆藏，档号：10 - 2 - 1155 - 29。

大的作用。

这一时期广州的通俗教育也是围绕抗日救亡展开的。在内容上，除政府举办的通俗教育中包含一定的职业教育外，绝大部分通俗教育是向民众灌输抗战救国知识，培育民族情感。与前期相比，沦陷前夕广州通俗教育的一个明显特征是举办主体具有多元广泛性。国家兴亡，匹夫有责。社会各界以救国为己任，各文化团体或个人纷纷承担起宣传抗战、教化大众的重任，促进了文化的大众化，弥补了政府力量的不足。但是，沦陷前通俗教育举办的条件非常艰苦，1938年前后，广州的局势异常紧张，教育经费紧缩，各文化团体的经费也有限，加之环境危险，一些举措被迫停止或中断。政府机关的工作时断时续，各机关团体也只能尽力维持其工作，广州的通俗教育发展日益困难。

1938年10月21日广州沦陷后，市政府迁到韶关一带，教育工作受到极大的影响，通俗教育也难以为继。而自发形成的救亡团体，或受局势和人力物力的限制导致工作断断续续而解散，或退到临近城市继续开展工作。除了被保护迁走的一批资料、图书、文物、器械外，广州通俗教育的成果在沦陷后遭到极大的破坏，原有的民众教育设施，如博物馆、图书馆、体育馆、民众教育馆、讲演所、公园等或遭日军查封，或被停用，或成为日军驻地，广州的通俗教育暂告一段落。抗日战争结束后，百废待兴，加上政治、经济形势的急剧变化，广州逐渐恢复的通俗教育也大不如前。

二 通俗教育在广州的实施

（一）行政管理机构

虽然清末官方已开始提倡通俗教育，但当时还未有专门管理通俗教育的机构，而是由普通司郎中兼管，"凡通俗教育、家庭教育及教育博物馆等事务均隶之"①。辛亥革命后，国体变更，要求全体国民的思想意识乃至风俗习惯都应符合建设新国家的需要，而学校教育不甚发达，无法完成普及国民教育的目标。因此，民国政府对社会教育给予了足够的重视，通俗

---

① 商务印书馆编译所编《大清光绪新法令》第3册，商务印书馆，1909，第39页。

教育的管理机构在民国期间逐渐完善。

中华民国成立后，教育总长蔡元培"眼见各国社会教育事业之发达"，故主持教育建制时"坚决主张于普通、专门二司外特设社会教育司"①。加上社会上提倡发展通俗教育的呼声很高，民间自发的通俗教育组织不断涌现，国家教育建制的变革不断被推动发展。在教育部社会教育司的领导和全国社会教育浪潮的推动下，广州相应的责任机构开始建立。

辛亥革命后，广东宣布独立，成立军政府，下设教育部。同年 5 月，广东教育部遵制改称为教育司。教育司分三科，第一科主办宗教礼俗，第二科主办科学美术，第三科主办通俗教育。1914 年 5 月，裁撤教育司，改为教育科，隶属政务厅。教育行政机关的地位越来越低，社会教育机关形同虚设。再加上龙济光和桂系军阀主政期间，穷兵黩武，教育得不到应有的重视，社会教育因缺乏相应的责任机构而停滞不前。

1920 年 11 月，孙中山回粤任大元帅，陈炯明任粤军总司令兼广东省省长时，将教育科改组为广东省教育委员会。此时，委员会下设立了社会教育事务委员，社会教育行政机构在教育行政系统中成为一个独立单位，地位得到很大提高。加上先后主持广东教育的陈独秀、许崇清等重视社会教育的作用，通俗教育得到一定的发展，如设立宣讲员养成所、国语传习班、利用壁报宣传注音字母等，增加了市民学习的机会。

1921 年 2 月广州市政厅成立后，原督学局改组成教育局，内设"学校教育课、社会教育、慈善事业三课"②。1923 年，广东省教育委员会被裁撤，再次改由省长公署政务厅内设教育科。同年 12 月，教育科升格为教育厅，此后教育厅制一直被沿用。随着社会教育越来越受重视，改制后教育厅下各部门的职责虽时有变动，但通俗教育都有相应的责任机构负责。1928 年前后教育厅第二科负责"关于通俗教育及演讲所之设立管理事项""关于省立博物院图书馆美术馆之计划管理促进事项""其他关于普通教育及社会教育诸事项"③。1932 年由第四科主管社会教育、电化教育等，社

① 朱有瓛、戚名琇、朱曼倩、霍益平编《中国近代教育史资料汇编·教育行政机构及教育团体》，上海教育出版社，1993，第 165 页。
② 《市教育行政概要》，《广州市市政公报》第 165 期，1925 年，第 571 页。
③ 《广东省政府教育厅组织法》，广州市档案馆藏，档号：4－01－1－481－53。

会教育机构的不断完善，保障了通俗教育的发展。省级通俗教育机构对广州的通俗教育也起到了一定的指导作用。

1930年广州被划作特别市，市教育局扩大组织，增设总务课。社会局负责市民福利和救济，同时也设立文化课，负责"社会教化及风俗之调查研究改良事项"①，如改良婚丧嫁娶的礼仪风俗、推广通俗读物、编制新日历、审查电影等。此外，还有专门负责各项通俗教育的单位，如播音指导委员会、戏剧审查委员会、改良风俗委员会等。

1932年广州市教育局设立民众教育馆，将其作为广州市民众教育实施的中心机关，负责开展"各种民众教育事业"②，并由民众教育委员会对其进行理论指导。民众教育可举办之活动甚广，"举凡一切社会教育事业，均可于馆内设置完备"③。除了研究通俗教育的发展理论外，民众教育馆还能够举办各种展览、演讲等文化活动。抗日战争全面爆发前夕，民众教育馆还免费教市民写书信，甚至提供代写书信服务。在广州沦陷前，民众教育馆在提升民智、丰富民众生活方面发挥了重要的作用。

民众常识指导会成立于1934年，由广州当地军、政、警、实业及教育机关和社会公益文化团体各派一名代表组成，并由党部代表担任主席。指导会教授的知识面极广，包括农、商、工等职业知识，自然社会科学知识，交通生活常识，政治军事知识。指导会采取了多种多样的形式，除前面已累述的壁报、演讲、表演、展览外，还组织民众游览参观，以增加民众见闻，是实施通俗教育的有力机关。

1936年8月，广州市教育局被裁撤，并入社会局。改组后的社会局除负责原有事务外，还在第五科下设民众教育、康乐教育和社会文化三股，承担起了部分学校教育和通俗教育的职责，负责管理广州市立民众教育馆和博物馆。

抗日战争全面爆发后，社会教育成为动员民众、凝聚力量的重要形式。因此，广州市社会局成立非常时期服务团专门负责推行社会教育，各区设立分团，各分团下设立"非常时期民众教育委员会""街坊教育股"

---

① 《广州市政府社会局视察室设置暂行办法》，广州市档案馆藏，档号：10－1－27－39。
② 《广州市社会局办事细则》，广州市档案馆藏，档号：10－3－74－2－15。
③ 《广州市教育局二十一年份行政经过概况》，广州市档案馆藏，档号：资－政－593－415－61。

"学生军训队"等。作为服务团主体机构的"非常时期民众教育委员会"，内设美术、歌咏、戏剧、出版四股，向群众宣传战争形势和有关知识，激发群众的爱国热情。由于经费限制，社会局于 1938 年 1 月 15 日裁撤了服务团，改组为"街坊教育及民众教育"①，处理原来之事务。1938 年 10 月广州沦陷后，撤至粤北的广州市政府为了继续推进通俗教育的发展，除了由行政机构负责通俗教育外，还设立了一些附属机构对具体的通俗教育事业进行研究和指导。

（二）经费来源及使用

民国时期的广州市教育经费主要有 4 个来源，包括旧儒学租、学宫田产、赋税等官款，办学单位团体的公款、公产收益，学费及社会捐款。通俗教育和学校教育不同，通俗教育是免费对市民提供教育的活动，不以营利为目的，所需经费需由主办方全力筹措。因此，通俗教育的经费多由市库收入及社会募捐而来。

广州通俗教育没有专门经费，其经费也没有相关政策保障，通俗教育的发展建设经费只能由教育部门解决。因此，广州市政当局有志于发展通俗教育时，经费相对充足，而在军阀统治期间，广州的通俗教育经费则被随意侵占。如 1917~1920 年陆荣廷主政两广期间，军费开支高达 1000 多万，而每年的教育经费预算仅有 30 万至 40 万元，远少于军费预算，通俗教育经费就更无从谈起。时任广东省教育委员会政务委员的陈宗岳就曾呼吁"为教育建万全之基"，应"使教育经费与其他经费分离而独立"②。

广州军政府时期虽然较为重视教育发展，规定广州市教育经费由广东省库每月补助 2 万元，不足之数由广州市财政局照实支额凑足，但"市府对于财源方面绝无头绪"③，各项建设费用均需教育相关方自筹。1923 年 3 月，广州市政府从税收中划定一定额度的费用支付各类教育费用，并将厘捐税收指定为市教育经费。此后，又将向部分行业增收的附加捐税作为教育经费。陈济棠主政期间，广州政局相对稳定，经济发展，财政充裕，教

---

① 刘石心：《广州市抗战期内教育行政工作概况报告》，广州市档案馆藏，档号：24 - 4 - 417 - 12。

② 陈宗岳：《广东教育行政改良刍议》，《新教育》第 5 卷第 5 期，1922 年。

③ 程天固：《程天固回忆录》，（台北）龙文出版社，1993，第 112 页。

育经费大幅增长，因此，广州的通俗教育经费也有了一定的保障。

社会募捐是广州通俗教育经费的重要来源途径。由于总体上教育经费有限，财政系统紊乱，没有保障，而且经费多向学校教育倾斜，通俗教育常面临经费支绌的窘况。因此，通俗教育每逢建设重要项目，都需要向社会募集资金。1929 年 8 月，广东省政府颁布了《广东省捐资兴学褒奖规程》，鼓励各地捐资助学。同时广州市教育局也派人远赴各地募捐。如广州市立中山图书馆建设费由市财政局拨款 50 万元，其余费用由相关人员"赴南洋各埠募捐"①，共募得资金 82799.21 美元。此外，广州市博物院、植物园等的建设费用和物资也多通过社会筹集。

民国初年，广东军政府较为重视教育，故对教育的建设比较积极，教育经费基本能按期支出。1912 年全省教育经费支出甚至超出预算的 61 万元，达到 90 万元。但由于当时百业待兴，经济尚未恢复，这笔经费对于新式教育的建设来说远远不足。且广东当局对于通俗教育还没有足够的认识，因此，教育经费多用于学校教育的建设和教育部门日常费用的支付，通俗教育方面只零星地发展了通俗讲演和阅报社。龙济光和桂系军阀盘踞广东期间，穷兵黩武，教育经费被大量削减，通俗教育的经费更是严重不足。

1921 年广州市政府成立后，在教育局局长许崇清的重视下，社会教育经费有所增加。这一年广州的教育经费共 543671.3 元，社会教育经费占教育经费支出的 13.89%，而用于通俗教育之经费，主要是通俗演讲和巡回演讲的费用。1922 年陈炯明兵变后，为扩充实力，侵占了大量教育经费，导致"省库补助费只发至十一年十月止，此后已不能继续发给"②。驱逐陈炯明后，广州市市长孙科努力维持教育经费稳定，并补发所欠教育经费。但此后几年一方面由于政权更迭频繁，行政费用开支增加，另一方面财政开源困难，市库收支不尽如人意。因此通俗教育的建设，常因经费短缺而受影响，如 1924 年 11 月广州通俗教育经费支出仅 446 元，占教育经费的 1.2%。通俗教育的设施建设，或无法改进，或被迫暂停。市立第一通俗图书馆"限于经费，未能以时增购新版图书"③，巡回文库因"该库工人薪

---

① 《广州市教育近况》，广州市档案馆藏，档号：资－政－587－368－83。
② 《广州市教育局办事状况报告书》，《广州市市政公报》，第 199 期，1925 年，第 571 页。
③ 《广州市教育局办事状况报告书》，《广州市市政公报》，第 200 期，1925 年，第 597 页。

资欠发数月，且补充新书亦无的款"① 而停止出巡，教育局提议建立阅书报社的计划也因"市库支绌"② 而一度被搁置。到 1925 年，广东的财政渐归统一，但因北伐，军费开支极大，教育经费欠缺的状况并无多大改善。

1928 年 10 月，国民政府明令规定"自十八年预算年度起，社会教育经费在全教育经费中，应占百分之十至百分之二十"③。但实际上各地绝大多数达不到规定比例，而且相差甚远者为数甚多。从教育部 1929 年的统计数据看，只有湖南、西康两省和天津、汉口两市的社会教育经费预算比例达到了 20%，达到 10% 的也仅有福建省和南京市。虽然广东省教育厅和广州市教育局自 1929 年起，在教育预算中加大了对社会教育的投入，并规范了教育经费的财政统计，但社会教育经费的落实离国民政府之规定仍相差甚远。

在陈济棠治粤期间，经济和教育的发展最为人称道。1932～1936 年广东省平均每年课税收入 8960 万元，经费支出 8320 万元，尚有结余，与以往入不敷出的情况相比大有改善。为保证教育的稳定发展，广东省政府决定自 1931 年起，各地政府从新增税收中"提留若干成，作为地方教育经费"④，并禁止军队随意侵占教育经费。

在当局的大力支持下，广州的社会教育经费比例有了很大提高。1933 年，教育部认为"时局严重，非积极发展社会教育，唤起大多数失学民众，不足以救危亡"，要求社会教育经费比重"在省市至少应为百分之三十，在各县市应为百分之三十至五十"⑤，要求各地切实保障社会教育经费，不得以任何理由挪用，如经费被挪用，必须想办法抵补。1934 年广州市教育局开始建设民众学校，经费纳入社会教育经费，但所占比例并不高，除 1935 年个别月份支出数额为 1620 元，1936 年 3 月投入 5508 元外，其余费用依旧用于通俗教育。

---

① 《广州市教育局办事状况报告书》，《广州市市政公报》第 200 期，1925 年，第 598 页。
② 《一〇五次市行政会议推广通俗演讲所及阅书报社案已议决》，广州市档案馆藏，档号：4 - 01 - 1 - 184 - 128。
③ 邰爽秋、黄振祺等编《中国普及教育问题》，商务印书馆，1938，第 42 页。
④ 广东省政府：《令发地方教育经费保障办法》，广州市档案馆藏，档号：资 - 政 - 122 - 153 - 69。
⑤ 教育部：《转令饬增筹社会教育经费》，广州市档案馆藏，档号：资 - 政 - 128 - 206 - 89。

陈济棠治粤期间，广州市教育局对于通俗教育的投入与以往相比有所增加，资金投入较为稳定，通俗教育经费的比例基本维持在 5% 左右，虽然有的月份经费支出超过 10%，但并非是因为增加了通俗教育经费的支出，而是因为教育经费总额减少。陈济棠治粤时期可算是广州通俗教育发展的黄金时期，但即便这样，通俗教育经费仍难达到国民政府之规定，教育经费主要还是向学校教育倾斜。

（三）通俗教育的实施者

广州市通俗教育的实施人员主要包括政府机关职员、专职人员、其他人员。

广州市教育局第三科和社会局文化科的机关人员主要负责统筹规划各项通俗教育事业并进行跟进监督，同时承担一些人力物力上可以兼顾的通俗教育工作，包括播音台的讲演、阅报板报纸的订购、民众教育委员会的工作等。为了加快通俗教育发展的步伐，1933 年广东省教育厅要求政府人员支持当地社会教育事业，对需要各部门提供便利的应尽力协助。因此，相关政府部门的工作人员以不同的形式参与通俗教育，如播音台每周有关卫生常识的讲演由卫生局负责，警察局配合教育局对酒馆茶楼、戏院影院中淫秽低俗的歌曲、小说、画片、影片进行监管，对书店之腐朽落后书籍进行没收焚毁。

对于政府机关人员无力兼顾、需要专人负责的部分事业则聘用专职人员负责，如通俗图书馆、博物院、民众教育馆、巡回演讲等，并根据实际需要增聘雇员。民国初年，教育部对社会教育设施的人员配置和薪酬待遇并没有明确的规定，由各省市根据实际需要自行决定。20 世纪 30 年代广州市通俗教育机构的专业职员情况大致如表 16 所示。

表 16 广州市通俗教育机构职员情况

单位：人

机关	市立中山图书馆	通俗图书馆	巡回文库	巡回演讲	民众教育馆
职员数	约 30	6	12	4	约 15

资料来源：中华民国《广州市政法规》、《广州市市政公报》（广州市政厅印行）第 200 期、《民国史料丛刊》第 1051 册、《广州文史资料存稿选编》第 7 辑第 272 页。

起初，广州通俗教育机构职员的薪资普遍比学校教师低，随着通俗教育地位的提高和政府对通俗教育的规范，通俗教育机构职员待遇逐渐提升。1936 年广州市立中山图书馆馆长月薪为 240 元，干事月薪 120 元，助理最高的达到 100 元，与同时期广州市小学校长的工薪水平不相上下。

与学校教育相比，通俗教育人员的专业化发展起步要晚一些。通俗教育缺乏专门的职员培训机构和成熟的培训系统，人才不足成为限制广州通俗教育发展的重要因素之一。限于当时的条件，学校教师质量参差不齐，通俗教育施教人员在数量上虽能勉强凑足，但教学水平较差，而且相关机构很少对通俗教育人员进行定期职业技能培训。民国初期，广东虽有宣讲练习所负责选拔和培养演讲员，但因兵乱款绌，选拔培训时断时续，效果不大。20 世纪 30 年代中后期，教育部开始重视对社会教育人才的培养，并开展全国性社会教育人才训练。广东各地亦逐步规范通俗教育职员的招聘标准，陆续出现培养通俗教育人员的机构，如 1932 年秋广东省教育厅在罗岗举办广东省立民众教育人员训练所，规定各县市保送人员进行培训，毕业后返回县市工作。

广州市通俗教育的实施者除了政府相关部门工作人员和各通俗教育机构的专职人员外，还有临时邀请的专家学者、各学校教职人员、学生，以及热心社会教育的知识分子。

广州市教育局曾邀请社会知名学者和一些专家教授负责通俗演讲所、播音台的讲演工作和民众教育馆的讲座。许崇清任广州市教育局局长和广东省教育厅厅长时，曾动员各校教职人员参与通俗教育的工作，利用自己的空闲时间去参加社会事业，利用自己所掌握的知识去服务社会。同时，由于广州市财政的限制，无法聘用大量人员来负责通俗教育工作，学校教职人员就成为通俗教育实施者的重要组成部分。教师主要承担通俗演讲、学校宣传队的通俗教育工作。"教育局十五年度所设立通俗演讲所所有所长及演讲员均由学校教职员兼任，不另支薪"，此办法使教育局以较低的费用大量开办通俗演讲所，一年只需"经费三千三百六十元"①。但由于没

---

① 《十六年七月二十日第一〇九次市行政会议议事录》，广州市档案馆藏，档号：4 - 01 - 1 - 184 - 127。

有额外支付薪资给教职员，教职员的积极性受挫，进而影响了演讲的效果。经费较为充足后，教育局便增聘专门的演讲员。20 世纪 30 年代中后期，由于形势紧迫，南京国民政府教育部要求各校兼办社会教育，教师和学生被动员起来，参与社会教育工作成为学生获得奖励的重要参考指标之一，各校师生，尤其是大学的师生成为歌咏队、戏剧队、壁报等通俗教育工作的生力军。

此外，还有一些热心教育的知识分子主动参与通俗教育。广东曾出现 4 所由私人创办的通俗教育会，但经营困难，不久便倒闭。此后亦有广州戏剧改良社，沿街进行戏剧表演，宣传革命精神。20 世纪 30 年代后，国难当头，广东文化界的知识分子更是众志成城，组织起广东文化界抗敌协会、广州文化界抗敌协会、广州市妇女抗敌同志会等组织，纷纷承担起宣传教育、动员民众的责任，到各地进行演讲、办壁报，宣传抗日，通过歌咏戏剧表演鼓舞士气，为抗战救国贡献自己的力量。

三 通俗教育的形式与内容

（一）通俗教育的多种形式

清末民初，不少提倡通俗教育的有识之士提出了发展通俗教育之方法，如留日学生贾寄瀛指出通俗教育应注意发展"新闻、图书、剧场、公园、博物馆、图书馆、动物园、植物园等"[1]形式。也有学者认为实行通俗教育"所应行之方法大概可分为三类：甲曰保存其所已有，乙曰改良其所固有，丙曰组织起所未有"[2]，即保存我国固有之寺庙，改良说书、小说、歌谣、绘画等，建设阅报社、道路旁的教育资源、图书馆、公园等新设施。这些言论对我国通俗教育建设提供了借鉴作用。

广州通俗教育的发展虽滞后于全国平均水平，但经过长期的努力，广州亦陆续建立起形式多样、规模可观的通俗教育设施。从民国时期广州教育部门的档案资料来看，通俗教育的设施包括民众教育馆、中山图书馆、

---

[1] 贾寄瀛：《论中国之急救法当注意通俗教育》，《申报》1909 年 11 月 1 日。
[2] 顾晟：《对于通俗教育研究会之意见》，《申报》1912 年 6 月 1 日。

通俗图书馆、巡回文库、阅报板等。同时通俗教育是"偏于知识的教育"①，是对民众传授较为通俗易懂的知识的教育，博物馆、植物园、展览馆等通过浅显直观、寓教于乐的方式拓展民众知识，亦应属于通俗教育形式。总体而言，广州通俗教育的形式主要有以下几种。

1. 民众教育馆

民国初年，各地纷纷建立起通俗教育馆。1929 年，南京国民政府教育部通令全国，要求原有通俗教育馆统一改名为民众教育馆。广州此前并未设立通俗教育馆，只有私立的通俗教育会，但由于发展困难，不久便倒闭了。为响应教育部的要求及适应社会教育发展的需要，1932 年广州市教育局设立民众教育馆作为民众教育的中心机关，同时停办了 3 所通俗图书馆，将原通俗图书馆的图书、设备转移到民众教育馆。民众教育馆馆址最初选在当时的海幢公园，至 1935 年，"原日馆址，只舍利殿一所，不足敷用，现特将大雄宝殿全部收回，经于日昨修葺完妥，增辟礼堂及成人图书阅览室、娱乐室、社会科学室、陈列室等"②。

广州市立民众教育馆设馆长 1 人，馆内分两个事务部，各设主任 1 人。特务委员会事务部下设会计股、文书组、庶务组，各设干事若干。编辑委员会事务部下设阅览、演讲、仪器、陈列、游艺、教导六组，各设干事若干，凡有关历史、地理、自然、科学及其他一切关于伦理、道德、修身、娱乐、生计等含有教化作用的内容，都汇集罗列其中。馆长及各职员在经费允许的条件下筹办各类教育活动，内容涉及壁报、展览会、演讲、音乐、电影等，不断拓展馆务，极大地丰富了市民生活。至 1937 年，民众教育馆已经发展成为功能多样、设施齐全、活动丰富的社会教育机构，在实施通俗教育、民众教育，研究和组织相关事宜方面发挥着重要作用。

为推行民众教育事务，广州市按区域划分为 5 个民众教育区。每个区委派 1 名主席委员，再聘若干委员，组成区民众教育委员会，具体推行各项民众教育事务。第一区民众教育委员会最先在河南设立，借海幢公园内民众教育馆馆址办公，成效颇著。其他各区民众教育委员会随后相继

①　李蒸：《全国社会教育概况》，《大公报》1931 年 3 月 9 日。
②　《市立民众教育馆增辟娱乐图书各室》，《广州市市政公报》第 506 期，1935 年，第 130 页。

成立。

2. 图书馆

广州的图书馆事业发展较为滞后，民国初期广州虽有广东省省立图书馆一座，但该馆并未对市民开放，直到 1921 年省立图书馆才改为"现代图书馆式，采用公开阅览制"①。广州市政府在 20 世纪 20 年代陆续建立了 3 所通俗图书馆和中山图书馆，并在第一通俗图书馆下设巡回文库。此外，还在儿童游乐园内设立儿童图书阅览室，使儿童可以浏览学习。

第一通俗图书馆在广州市石基里，设立于 1923 年，每日到馆阅读的多是附近的街坊群众及部分学生，只是"该馆僻处南隅，远地人民到阅书籍，殊形不便"②。于是 1927 年广州市政府在"人烟稠密"之西关十七甫爱育堂另设一所图书馆。"惟两所规模狭小，都藏书不多，阅读人数亦非十分踊跃。"③ 从 1928 年的统计数据来看，第一通俗图书馆平均每日到馆人数为 60 人，第二通俗图书馆平均每日到馆人数不足 30 人。之后两所通俗图书馆馆长积极改良，增购图书，完善管理，"自改善后，馆务此前已日有起色"④。为了满足更多人学习的需要，1928 年 10 月，广州市政府又在人口较为繁密的河南北帝庙右边的崇圣祠开设第三通俗图书馆。除中文图书及报纸外，第三通俗图书馆还有近 500 本外文图书。至 1929 年，广州市立通俗图书馆已有 3 所，"每日到馆人数，纷至沓来，惟规模狭小，储藏图书不多"⑤，后经过市政府的多次关注改善后，藏书亦渐丰富。1932 年因建立民众教育馆，3 所通俗图书馆停办，馆中图书及设备移至民众教育馆。

巡回文库是为方便市民借阅而挑选一定数量的图书放置到相应的地点供市民阅读，并定期更换书籍的流动图书馆形式。广州市的巡回文库附设于第一通俗图书馆内，由 12 个职员进行管理。由于经费和政局的影响，巡回文库曾数次停办，甚至出现"因经费积负过巨，夫役辞职他去而中止"⑥

① 《广东省立图书馆史略》，广州市档案馆藏，档号：8－7－312－5。
② 《广州市教育局民国十五年进行概况》，广州市档案馆藏，档号：资－政－579－244－93。
③ 陆幼刚：《教育特刊·引论》，《广州市市政公报》第 349 期，1930 年，第 109 页。
④ 《关于社会教育事项》，广州市档案馆藏，档号：资－政－585－349－86。
⑤ 《广州市教育近况》，广州市档案馆藏，档号：资－政－587－368－19。
⑥ 《广州市教育局一年来进行概况》，《广州市市政公报》第 210 期，1926 年，第 1095 页。

的情况。巡回文库最初有车形文库一个，即将所选图书放于专门的图书放置车内，推到指定地点；有箱形文库5个，后逐渐增加至7个，即让图书馆馆员将书箱挑到指定地点供民众自行借阅。巡回文库所用书籍乃第一通俗图书馆藏书，用于巡回的图书种类尚算齐全，有常识、文学、美术、医学、体育等20余种。巡回文库使市民获得随时读书之便利，有效地提高了市民，尤其是普通工人及失业民众阅读的兴趣。根据1928年教育局的统计，在第一通俗图书馆及巡回文库的读者中，普通工人及失业民众超过总阅读人数的20%。巡回文库的书常有"破烂不能再用的"[1]，这从侧面反映了巡回文库图书借阅的频次。第一通俗图书馆于1932年停办后，巡回文库归民众教育馆管理。

1927年，为"永久纪念总理及宣扬中国文化"[2]，丰富广州市民文化生活，广州市政委员长林云陔着手建立中山图书馆，并由市政厅派专员赴美国、加拿大、墨西哥、巴西募款，中山图书馆于1933年10月建成。该馆"北枕番山、东临翰墨池、南与崇圣寺馆"[3]，交通便利，风景清幽，设施完善，有普通阅览室、报刊阅览室、民众阅览室、市政革命文库与杂志社等10余个阅览室。中山图书馆每天开馆时间长达14小时，到馆阅览学习的人数"平均每日均在一千二百余人"[4]，其中阅览报纸杂志的最多，其次是阅览普通书籍及革命市政之书籍者，每日到学术研究室研究专门问题的"亦日有数人或十人"[5]。该馆初开时馆长伍智梅悉心经营，购中西图书45000余册，后又将广东省立图书馆的5万余册书籍移送此馆，另有杂志报章200余种。经过后续经营，中山图书馆藏书极为丰富。广州沦陷后，中山图书馆散失了大量书籍。

另外，为便利市民阅报，1927年广州市教育局提议设立路旁阅报板，但由于经费支绌，未能落实。至1929年3月，教育局才在人流较为密集的学校门口设立阅报板50处。阅报板与后来的壁报形式大致相同。工作人员

---

① 《广州市教育局一年来进行概况》，《广州市市政公报》第210期，1926年，第1095页。
② 《广州市立中山图书馆概况》，广州市档案馆藏，档号：8-7-312-7。
③ 《广州市立中山图书馆概况》，广州市档案馆藏，档号：8-7-312-7。
④ 《广州市立中山图书馆概况》，广州市档案馆藏，档号：8-7-312-9。
⑤ 《广州市立图书馆概况》，广州市档案馆藏，档号：4-03-2-131-2-127。

分批粘贴新闻报纸，专门挑选一些符合通俗教育内容的"短评、常识、漫画及事实简报等项"，这些读物"文字通俗、内容浅显，颇能吸引民众阅读"①。阅报板的举办和维持较易，费用低廉，每月经费基本上维持在 50 元至 100 元。虽然形式简单，但效果良好，市民得以在闲暇时间随意阅览，"自开设以来，市民到阅者甚形踊跃，咸称利便"②。阅报版费廉易举且效果可观，因此在抗日救亡时期的社会教育中运用也十分广泛。

3. 通俗演讲所

演讲是对不识字之人施行教育的"费省而收效速且巨"③ 的方法，在"通俗教育之中尤为重要"④。通俗演讲所也是我国最早出现的通俗教育形式之一。1921 年，广州市教育局在惠爱中路桂香庙设立第一通俗演讲所，效果良好。为了"使普通社会之略识字意而碍于职业不便入学校者，得有机会自由到所参听，以期随时启导其知识"⑤，广州市内又增设了数所通俗演讲所，分设于学校内。至 1927 年，附设于学校的通俗演讲所达到 40 所，而且所需维持之日常费用不多，"每所每月经常费七元，四十所共二百八十元"⑥。各演讲所利用学校原有设施，并增购"影画机、幻灯及中西乐器等"⑦设备以确保演讲的效果。讲演人员由各校教师兼任，讲演内容包括符合通俗教育要求的德育及国民党党义。但由于不对兼任讲演人员的教师另支薪金，教师演讲的热情和演讲的效果在一定程度上也受到影响，后又转而特聘演讲员。

除通俗演讲所外，广州市教育局还设有定期演讲和巡回演讲。民众教育馆和通俗图书馆内置有定期演讲，由馆内人员聘请专家进行演讲。教育局设有巡回演讲员 4 人，演讲员定期到贫民教养院及其他人员密集之处进行宣讲。1927 年国共合作破裂，国民党因担心演讲员之言语对自身

① 《国立中山大学研究院一九四〇度兼办社会教育实施概况表》，广东省档案馆藏，档号：020－001－8－217。
② 《关于社会教育事项》，广州市档案馆藏，档号：资－政－585－349－103。
③ 石松盛：《通俗教育谈》，《税务学校季报》第 2 卷第 1 期，1920 年。
④ 彭佛初：《述通俗讲演之性质及其必要》，《中华教育界》第 2 卷第 6 期，1913 年。
⑤ 《广州市教育局民国十五年进行概况》，广州市档案馆藏，档号：资－政－579－244－92。
⑥ 《广州市教育局民国十五年进行概况》，广州市档案馆藏，档号：资－政－579－244－92。
⑦ 李宗黄：《模范之广州市》，商务印书馆，1929，第 234 页。

不利而暂停通俗演讲。1928 年，又因训政需要恢复巡回讲演，并加强了对巡回演讲员的党性培养。每逢星期六及星期天，教育局派员在中央公园和海珠公园讲演通俗教育事项，除播放幻灯画片外，有时还有音乐队演奏以增加听众兴趣。

此外，为了缓解通俗教育人力不足的压力，1927 年广州市教育局通饬各市立小学于课余时间组织教职员宣传队，高级小学及中学甚至组织学生宣传队，于所在地或附近农村进行宣传。宣传队给学生提供了社会实践的机会，且学校师生与民众容易拉近距离，更能获得较好的宣讲效果。

4. 博物院和动植物园

为"阐扬文化、启发民智起见"①，1928 年广州市政当局决定将镇海楼故址改建为博物院，1929 年 2 月向市民开放。博物院内有古物、民俗用品、革命纪念品、工艺美术雕刻书画、动植物及矿石标本等，"类聚物品，征集文献，以供市民研赏"②。受经费和建筑的影响，博物院之设置亦有不尽合理之处，但市民对于此项设施热情颇高，每月到场参观者"平均约三万有奇"③。同时，因动植物园"与社会教育关系密切"④，广州市政府于1928 年 12 月设立了动植物园。此举一方面为学校生物等科目的教学提供便利，另一方面也为市民普及科学知识，为相关人员从事科学研究提供条件，以培养市民"对于实物观察之兴趣，而引起其研究科学之决心"⑤。植物园坐落在越秀北，园内动植物都是向国内外征求所得，有的由市库经费购买或派员到邻近城市搜集，亦有热心人士的捐赠。园内搜集栽培之植物达 800 余种。1929 年开馆后，"平均每月参观人数，不少于 2 千人"⑥。

5. 电化教育

电化教育作为一种新生事物，由于其自身的优势，深受广大民众的喜爱，对于通俗教育的实施大有裨益。广州的电化教育起步于 20 世纪 20 年代末，主要包括无线电播音和电影。

---

① 陆幼刚：《教育特刊》，《广州市市政公报》第 349 期，1930 年，第 85 页。
② 《关于社会教育事项》，广州市档案馆藏，档号：资－政－585－349－86。
③ 广州市政府编《广州指南》（1932 年），广州市档案馆藏，档号：资－警－214－307。
④ 《广州市教育近况》，广州市档案馆藏，档号：资－政－587－368－85。
⑤ 《广州市教育近况》，广州市档案馆藏，档号：资－政－587－368－85。
⑥ 《教育特刊》，《广州市市政公报》第 349 期，1930 年，第 85 页。

无线电播音讲演辐射范围大，受众范围广，即便市民没有专心致志地听讲，在行走之间，也能潜移默化地受到影响，"实为施行民众教育之良好工具"①。鉴于播音台对于教育民众之功效，1928 年 10 月广州市政府在中央公园设立第一架播音机，并成立了播音台管理委员会。播音台属于社会公用设施，由公用局主管，从播音台之功效及广州市政府之设置目的来看，实为教化民众而设。因此广州市教育局会同市政府、卫生局、公用局、国民党党部主持无线电播音讲演会，由各机关轮流负责讲演工作。或聘请专家，每日向民众介绍政治、军事、科学、经济、社会、农村、矿业、卫生、家政等知识及政令消息、气象、儿童故事和时事等内容，或"演奏歌曲等"②。每日播放内容，"对于社会教育、民众政治、娱乐皆有影响"③。广州市播音台自成立起，每日播出之节目事先在各报纸刊登预告，通知民众。在公园及附近之市民，"十数万民众，均得明晰之声音"④，广州市播音台"于市民知识之裨益不浅"⑤。

1934 年 5 月，因播音台"邻近合署，且关系国际宣传，乃收由市府直接派员管理"。⑥市政府收回播音台管理权后，修旧机购新机，并由省市政府、集总、中山大学、民众教育馆等机构共同组成宣传指导委员会指导播音台工作。同时，在市内各公园、民众教育馆、国货陈列馆等公共场所分别安装放音机，以利市民收听。

"电影者，通俗教育之一种利器"⑦，能"以最少之时间，支配最大的空间，以最少之物质，发挥最大之力量"⑧。电影能够通过娱乐的方式向观众传播知识和价值观，给观众带来精神享受，看电影是当时人们追崇的娱乐方式。20 世纪 20 年代，广州市政府已注意到电影对民众的宣传鼓动作

---

① 《广州市教育近况》，广州市档案馆藏，档号：资 - 政 - 587 - 368 - 75。
② 《中央公园放音机开幕志盛》，广州市档案馆藏，档号：资 - 政 - 580 - 300 - 7。
③ 刘纪文：《广州市政府三年来施政报告书》，载张研、孙燕京主编《民国史料丛刊》第192 册，大象出版社，2009，第 173 页。
④ 《中央公园放音机开幕志盛》，广州市档案馆藏，档号：资 - 政 - 580 - 300 - 7。
⑤ 广州市政府编《广州指南》（1932 年），广州市档案馆藏，档号：资 - 警 - 214 - 307。
⑥ 刘纪文：《民国二十三年广州市施政之回顾》，《广州市市政公报》第 487 期，1935 年，第 6 页。
⑦ 《电影与通俗教育》，《广州市市政公报》第 91 期，1923 年，第 11 页。
⑧ 《社会教育改进案之推进电化教育》，广东省档案馆藏，档号：020 - 001 - 25 - 087 - 87。

用，虽限于局势无法大力发展电影教育，但加强了对电影的审查，严厉取缔不符合国民进步要求之电影。为普及电影教育，国民政府教育部联合一些电影协会制作或选购了一系列影片分发各省市放映，如《棉业改良》《紫金山天文台》《农人之春》《防空影片》等，要求"各省县城则与当地教育机关合作，在民众教育馆、学校以及公共场所常用映演"①。1936 年10 月，广州市民众教育馆开始播放益智电影，每月更换影片一次。1937 年为推广新生活运动、普及民众教育，社会局还摄制反映广州市新生活面貌的影片，分送各机关播放。20 世纪 30 年代中期，广东省立民众教育馆和广州市立民众教育馆开始实施电影教育，为照顾条件不足地区之民众，广东省立民众教育馆还设立了巡回电影放映队，不定期地巡回放映教育电影，深受民众欢迎。

除上述设施外，广州市亦根据实际情况推行了一些措施。如 1931 年前后，为了使民众得以享受戏剧之乐趣并接受良好文化之教育，广州设立了平民戏院一所，"选择有意义之戏剧，公开表演，俾市民于娱乐之中，得收感化之效"②。此外，为配合抗战，社会局于 1937 年 1 月开始举办防空展览会，教给民众自卫知识。市立各中学和职业学校也设立各种服务队，如戏剧队、歌咏队、救护队等，在附近开展各种文化活动，解决了战时举办社会教育力量不足的困难。通俗教育设施的建立和丰富，为通俗教育的开展提供了基础条件，为丰富民众业余生活提供了多样的选择。

（二）通俗教育的主要内容

通俗教育，自提倡之日起，即为开发民智，提升民力，培养现代之国民。随着发展，广州通俗教育的作用在不断深化，内容不断丰富，总的来说，其主要内容可以分为现代国民素质的培养和政治意识形态的灌输两种。

扫盲是发展通俗教育的基础。至 1935 年，广州全市仍有近 30 万文盲，约占全市总人口的四分之一。为进一步推进通俗教育，广州市教育局委托

---

① 《全国教育电影推广处推广简则》，载赵家璧主编《中国新文学大系 1927—1937》第 19集，上海文艺出版社，1989，第 622 页。

② 《广州市政实施计划书》（1929 年），广东省立中山图书馆特藏部藏，第 4 页。

市民众教育馆举办民众识字大运动。1935 年 8 月 20 日至 9 月 20 日，民众教育馆先行举办识字运动宣传画展览比赛，进行舆论宣传。鼓励市民积极参与比赛，其作品只要符合宣传识字运动宗旨，均可参加比赛。比赛还聘请"专家担任评判，分别等第，酌给奖品"[1]。从 1936 年 1 月起，广州市民众识字大运动开始推行，识字运动以全市区坊为单位，各区各设一识字运动委员会，由区坊自治人员或各区党部工作人员或教员塾师等担任教师，并"由各区坊之识字运动委员会编订适合于本市现代生活所需之千字课本"[2]。识字运动原计划 3 年内扫除全市文盲，但实际施行效果并不如人意，抗日战争全面爆发后更是被迫中断。

丰富民众知识、培养民众技能是通俗教育的基本任务。时人提倡通俗教育的最初目的就是开发民智，培养能力。民国初期，广州的文盲和失学者数量众多，为培养国家建设所需之公民，必须通过通俗教育，使广大民众得以接受基础教育。广州市教育局通过图书、报刊、演讲、播音等方式向民众传播包括国语、政治、军事、科学、经济、卫生、家政等自然科学知识、社会科学知识和各种常识，增长民众见闻。还通过民众教育馆、各种展览会等给予"关于农业及副业与手工业之改善、运销及储藏方法之指导"，以及"关于商业道德及商品选择普通商业知识之指示"[3]，教给民众各种谋生技艺、农工商知识及金融知识。

通俗教育力图弘扬科学精神，倡导科学的生活方式，去除民众的封建迷信思想。民众对于近代外来科学，常以"传说的迷信的'伪理'，作深闭故拒之态度"[4]。广州市教育当局试图通过演讲向民众解释物理、自然现象，或通过购置科普读物、举办科技展览等方式，传播科学知识，抵御各种封建迷信构成的"民众哲学"。社会局还派员到民众中没收旧历书，印发并提倡使用新历，提倡新式的婚丧嫁娶仪式，移风易俗。但当时中国的封建迷信思想根深蒂固，尤其是各种落后风俗难以改造，科学精神的养成

① 《市立民众教育馆举办识字运动宣传画比赛》，《广州市市政公报》第 509 期，1935 年，第 143 页。
② 《教育局积极举办民众识字运动》，《广州市市政公报》第 526 期，1936 年，第 144 页。
③ 《民众常识指导会组织及工作纲要》，广州市档案馆藏，档号：资－党－296－30－20。
④ 雷通群：《办理民众教育上所得之体验》，《广东民教》第 1 卷第 1 期，1936 年。

不可能一蹴而就，需要长期的教化。

传播卫生与健康知识，提升民众卫生意识和健康意识，促使民众形成强健体魄，是通俗教育的又一重要内容。广州市教育局经常邀请卫生局人员或专家讲解家庭卫生知识，联合卫生局举办卫生展览会，以实物形式进行直观的教育，如"将某种病源的细菌滋生与蔓延状态罗列"①，介绍卫生与疾病的关系，努力培养民众洁净的生活习惯。民众教育馆还经常举办卫生运动和市民早操比赛，成立民众体育会，对民众进行国术、田径、球类之训练，增加运动设施，便利民众参与体育运动。

打造健康的娱乐生活，也是通俗教育的应有之义。广州的茶楼酒馆客栈"恒有南词班妇女嬲客唱曲"，还有一些商家为"迎合青年心理"②，将中国古代的故事传说改成淫秽低俗之小说词曲，这种娱乐方式不仅会"导致人们思想退化"③，还会败坏社会风气。为净化休闲娱乐场所之风气，广州市教育局曾联合警察局对茶楼酒馆客栈进行查禁，并注意开拓新的娱乐形式，如利用播音台播放优秀之音乐戏曲，在公园及民众教育馆举办画展和戏剧表演。1935年9月，市立民众教育馆就临时借用河南公园的联欢亭"表演教育戏剧"。民众教育馆还设有专门的娱乐室，提供棋类、乐器等供民众使用，通过建立博物馆、植物园等设施，培养民众高雅的生活情趣，改善社会风气。

国民精神教育则是通俗教育的核心内容，也是通俗教育能够得到重视的重要因素。"九一八"事变后，广东有识之士就呼吁通过教育提高民众的民族意识和国难意识。1932年，在广东全省教育会议上，广州市政府秘书长呼吁教育界应负起"恢复民族精神，增加人民智识""激励爱国的思想，团结民族"④的重任。此后，民族主义、时政、国内和国际形势逐渐成为广州通俗教育的重要内容。随着战争形势的日渐紧张，广州政府当局对民众加强了防空、防毒等自保自卫知识的宣教，向市民宣传并分析政府

① 雷通群：《办理民众教育上所得之体验》，《广东民教》第1卷第1期，1936年。
② 《广州市教育局民国十五年进行概况》，广州市档案馆藏，档号：资–政–579–244–95。
③ 敬祥：《从一般民众知识谈到民众娱乐的改良》，《大报》1933年3月23日。
④ 陆幼刚：《全省教育会议开幕市党部陆代表幼刚之演说词》，广州市档案馆藏，档号：资–政–591–406–116。

工作，帮助民众理解政府工作，并鼓励青年应征入伍，促进抗战工作的进行。

通俗教育除了向民众传播近代公民所应具备的知识外，亦根据公民喜好及政治需要灌输许多意识形态方面的内容。大革命时期，国民党开始推行全民党化教育，起初广州尚未注意利用通俗教育推行党化教育，"市立第一通俗图书馆所存书籍，关于党义宣传者，寥寥无几"①。随着国民党右派反共的意识日益强烈，广州市政当局遂要求加强一般民众的意识形态教育，于是党化教育在通俗教育中迅速开展。尤其是 1927 年之后，关于国民党党义之演讲、报刊、书籍不断增加。据 1928 年第一通俗图书馆及巡回文库图书借阅人数统计情况，党义书籍借阅人数极多，占总借阅人数的 9.14%。② 1928 年 5 月，国民党"明定以三民主义为教育宗旨"，"教育为国家建设之工具、国家政治之改良，必以所养成之人才为基础，欲养成建设人才与人民政治观念，党以国家所定之主义为皈依"③，故三民主义思想始终贯穿于国民政府的通俗教育之中。但陈济棠治粤期间，大力提倡读经尊孔，要求各级教育机关推行读经活动，图书馆、民众教育馆等通俗教育设施成为其推行读经尊孔的工具，对社会风气产生了极坏之影响，与通俗教育的初衷完全相悖。

---

① 《取缔各种社会教育机关违背党义教育精神通则》，广州市档案馆藏，档号：资－政－210－14－1102。

② 数据据《广州市市政府统计年鉴（1929）》整理，见张研、孙燕京主编《民国史料丛刊》第 191 册，大象出版社，2009，第 262 页。

③ 《关于社会教育事项》，广州市档案馆藏，档号：资－政－585－349－86。

第十二章

社会体育的推广

体育是运动性娱乐活动。社会体育即社会性体育娱乐活动，它有别于专业体育，是全民参与的业余体育活动。

鸦片战争以后，西方近代体育娱乐活动开始传入我国，首先在新式学堂出现，并成为新教育的标志之一。20 世纪以后，随着体育娱乐活动从新式学堂逐步向社会推广，国人对体育的认识也有所提高。体育不仅能够强身健体，还能够培养竞争奋进的国民精神。因此，社会体育在一批意在引导国人改变精神面貌的有识之士的号召推动下逐渐兴起，并艰难地发展着。西方近代体育传入广州后，在政府的提倡和热心人士的推动下，经过与中国传统文化的碰撞与磨合，逐渐被广州民众接受和模仿，并转化为自主开展的社会体育活动。至 20 世纪二三十年代，广州的社会体育取得了较好的发展，在全国处于前列。

一 西方近代体育传入广州

西方近代体育是近代社会的产物，欧洲大陆的体操、英国的户外活动和竞技运动是其基本内容，与中国的传统体育有别。鸦片战争后，清政府被迫取消禁止西方宗教在华传播的政策，西方传教士纷纷涌入广州。随着洋务运动及维新变法运动的开展，西方先进技术、思想文化和生活方式也被介绍到广州，并逐渐得到民众的认同。在这样的历史背景下，西方近代体育通过外国侨民、教会、新式学堂等途径逐渐传入广州，并取得初步发展。

（一）外国侨民的娱乐生活

1861 年，英、法两国强租沙面。1865 年英国领事馆迁入沙面，随后，美国、葡萄牙、德国、日本、法国等国领事馆纷纷迁入，外国洋行也在沙面设置分行。

随着沙面租界的形成和发展，外国侨民越来越多，为了丰富娱乐生活，锻炼身体，他们在沙面租界内开展网球、羽毛球、足球、游泳等西方近代体育活动。为配合体育活动的开展，外国侨民还成立了俱乐部，兴建了广州第一批体育设施。1887 年英国人在沙面组织了"广州俱乐部"。1891 年，外国侨民在沙面空地先后开辟多个简易室外羽毛球场。广州俱乐部修建了网球场和游泳场，经常组织游泳和网球活动。至 1925 年，沙面共有 14 个网球场。[1] 沙面外国侨民所开展的西方近代体育活动对广州人起到了潜移默化的影响作用。少数买办及海关工作人员受沙面外国侨民体育活动的影响，较早地参与了西方近代体育活动。

（二）教会学校的体育活动

西方传教士在广州所办的教会学校仿西方的教育体制，积极提倡在校内开展体育活动，故西方近代体育运动在教会学校中迅速开展起来。教会学校在广州举办的各项体育赛事中取得的成绩名列前茅，在一定程度上提升了学校的声誉，也使西方近代体育的影响力进一步扩大。

如 1882 年美国长老会创办的培英书院，课内由外籍教师教授体操、杠架等体育项目，课外学生们开展乒乓球、足球、排球、田径等体育活动，其中排球活动开展得最活跃，使该校获得了"排球工厂"的美誉。1888 年美国基督教长老会在广州沙基创办的格致书院（后改为岭南大学）刚开办就注重体育教育。足球、排球、棒球、垒球、田径、体操等活动开展得活跃。该校是广州最早设置网球场的学校，另外还设有标准的足球场、设备

---

① 黄治林：《广东体育场地设备的起始》，《广东体育史料》1983 年第 1 期，第 32 页。

齐全的游泳池、排球场、垒球场、操场等体育设施。格致书院在多次比赛中取得了优异成绩，在 1906 年广东省第一届全省运动会上，由格致书院更名的岭南学堂取得了团体总分第一的好成绩。1888 年、1889 年美南浸信会在广州创办培正书院与培道女中，开设体操课程，聘请外籍教师教授，并修建了体操场，课余时间，学生积极开展球类、田径等体育活动。

1909 年，广州基督教青年会成立，该会以"促进会员德、智、体、群全面发展"[1] 为宗旨，设立了德、智、体三部，提倡德、智、体、群四育，其中最为突出的就是体育活动。该会宣传体育是一种正当娱乐，是强国强民的基础，以提高人们对体育的认识。宣传之余，该会还积极引进西方近代体育项目，包括足球、排球、羽毛球、体操、游泳等，并开展球类的训练与比赛。该青年会还选拔选手参加全国及远东运动会，如 1910 年选拔陈彦、许民辉等人参加第一届全国运动会，1914 年选拔 16 名选手参加第二届远东运动会。为了促进体育运动的发展，该会还积极兴建体育场所，购买体育器械，修建健身房、体操室、篮球场、游泳池等，并购买了单双杠、木马等各种体育设备。广州基督教青年会兴建的体育场所对外向民众开放，为民众参与体育活动提供了一个很好的场所。该会开展的体育工作具有秩序性与组织性等近代化特征，给广州民众提供了开展社会体育活动的范本，一定程度上推动了晚清西方近代体育在广州的传播。

（三）新式学堂的体育教育

洋务运动期间开办的新式学堂，受西方文化的影响也引进了西方近代体育。1864 年在广州创办的广州同文馆开设了体操课程，最初由日本总教习教授，后改由武举人教授。这是广东最早开设体育课程的学校。1887 年8 月两广总督张之洞在广州创办的广东水陆师学堂也开设了体操课程，建有"操厂一座、操场一区、演武厅一座"[2]，聘请洋人担任教习。为了战争的需要，广东水陆师学堂的体操课程以兵式体操为主，内容有徒手操、射击、击剑、拳击、刺棍、竞走、单双杠、木马、游泳等。1887 年张之洞在

---

①　广州基督教青年会编《广州基督教青年会 95 周年纪念特刊》，2004 年印行，第 453 页。
②　高时良、黄仁贤编《中国近代教育史资料汇编——洋务运动时期教育》，上海世纪出版股份有限公司、上海教育出版社，2007，第 472 页。

广州创办的广雅书院也开设了体操课程。

1891 年康有为在万木草堂讲学时，因受西方文化的影响，并鉴于国人身体羸弱的现实，特别注意提倡体育教学。康有为的《长兴学记》将学纲划分为"德育""智育""体育"。学规重视兵式体操，体操每间一日课之，游戏每年假时课之。[①] 1898 年时敏学会会员梁肇敏、邓家仁等人在广州创办的时敏学堂也开设了体育课程，注重体育教学，课外开展田径与球类等体育活动。1906 年时敏学堂还派员参加了广东省第一届全省运动会。

清末新政期间，清政府对教育进行了改革，开始重视体育教育。1904 年清政府颁布了《奏定学堂章程》，规定中小学堂开设体操课。广东将弁学堂仿日本军制，重视体操课，聘请日本人担任教官。体操内容大多效仿德国及日本，包括哑铃、徒手操、射击、击剑、刺棍、竞走、单杠、双杠、木马等内容。体操课程非常严格，学生要绝对服从，以培养学生服从命令的意识。

广州私立的南武中学、广东女子体育学校、教忠中学、路德女中、育贤女中等学校都开设了体操课，并在课外广泛开展田径、球类、游泳等体育活动。其中南武中学与广东女子体育学校的西方近代体育运动开展得尤为突出。

1905 年创建于广州河南的南武学堂一向以重视体育著称。1906 年从国外留学回国的何剑吴出任南武学堂校长后，痛感国弱民贫，故提倡体育救国，大力开展西方近代体育活动。排球、篮球、足球、体操、田径运动等活动开展活跃。为给体育活动提供条件，南武学堂开辟了 4 个大操场。东操场为中型足球场及 200 米跑道，北操场为排球、篮球场，西操场和中操场均为田径运动场。何剑吴为调动学生对体育的兴趣，以身作则，经常和学生一起踢足球。在他的推动下，南武学堂的体育蓬勃发展，在历届运动大会上都取得了良好的成绩，在 1909 年和 1910 年举行的广东省第三、四届省运会上均获得了团体第一的好成绩。

民国元年从日本归国的李莲女士在广州永汉南路仰忠街创办的广东女

---

① 中国史学会主编《中国近代史资料丛刊·戊戌变法》第 4 册，上海人民出版社、上海书店出版社，2000，第 13 页。

子体育学校是广东最早的体育专科学校及培养体育师资队伍的学校，以培养有体育知识技能并能强身健体的女子为目的。为使学生毕业后能担任学校体育老师，学校开设的理论课有体育学、体育原理、体育师范等，实践课程有体操、篮球、排球、垒球及游艺舞蹈等各项运动。体育教员分男女数人，多是外国留学生及国内体育专家。

晚清广州新式学堂对体育的重视，不仅有利于西方近代体育的传入，也加快了西方近代体育在广州社会的推广与普及。20世纪以后，尤其是南京国民政府成立以后，在政府、学校、民间体育社团、华侨等多种力量的共同努力下，广州的社会体育得到了很好的发展，西方近代体育活动和中国传统体育活动逐渐成为广州市民普遍参与的以强身健体、休闲娱乐为目的的群众性业余体育活动。

二　体育社团的相继出现

体育社团是指以爱好和从事体育活动的人相聚而成的互益组织，是随着近代体育运动的兴起和发展而产生的。体育社团通过举办或协助举办体育活动来促进体育事业的发展，或在政府的管理下自主开展体育活动。民国建立后，社会风气逐渐开放，体育可以强身健体的观念逐渐深入人心，广州的体育社团也日益增多，"在大街小巷的门侧及江边、郊外等处，均有民众及社团所组织的某某体育会的牌子，高高悬挂着"[1]，至1936年4月仅国术团体就"不下一二百所"[2]，但大部分规模较小，组织结构简单。

（一）广州主要的体育社团

1912年广东军事体育会在惠爱街成立，邓铿担任会长，该组织积极开展体操、田径、球类运动。

1915年廖道传、李明德、何剑吴三人在基督教青年会内发起组织广州排球联会，该组织专门开展排球运动。

1919年4月9日在海珠戏院成立的广东精武体育会以武术为主要活动

---

① 程登科：《广东体育概况》，《勤奋体育月报》第2卷第1期，1934年。

② 《本市国术界消息》，《广州民国日报》1936年4月15日。

内容，同时还有其他体育项目和文艺项目。

1928年10月27日陈策在中央公园组织成立广州市民体育会，该组织主要开展网球运动。1928年陈策在东山将广东精武体育会水上游艺场改组成广州水上体育会，该组织重点开展水上运动。1928年黄啸侠、孙玉峰在惠福东路发起组织国民体育会，主要开展武术、球类运动。

1929年3月李济深、万籁声在国民革命军第八路军总指挥部的大力支持下在广州东较场马房附近成立两广国术馆，该组织专门开展武术活动。1929年6月两广国术馆被迫解散后，为提倡国术，顾汝章、王少周在惠爱中路组织成立广州国术社，教官及学员与两广国术馆基本相同，也是专门开展国术活动。1929年广州粤秀体育会在东山新河浦成立，邹殿邦担任会长，该组织开展网球、篮球、排球、游泳等各项体育活动。1929年袁志新、潘博文等人在桨栏路宁波会馆组织强华体育会，该组织开展武术、球类、游泳活动，参与者主要为商人。

1930年左右，中山大学和岭南大学的学生分别组织了中大体育协进会和学生体育委员会，负责该校学生体育活动的开展，两机构负责人及会员均为两所学校在读学生。1930年李仲振成立美国足球会，该组织以开展美式足球活动为主。

1931年，粤汉铁路体育会成立，会员众多，活动涉及球类、武术、游泳等内容。

1932年1月26日朱寮生等人组织华南体育会，该组织侧重篮球和排球运动，会员由篮、排球健将组成。1932年2月2日广州市警察体育会成立，主要开展球类、游泳活动，1934年被警察同乐会合并。1932年9月10日谢鼎初、唐祥福成立广州市南华体育会，该组织开展游泳、篮球运动。

1934年8月12日成立的广州市府职员体育会，除积极开展游泳、球类运动外，还增加了射击项目。

1935年6月广东省民众教育馆在广州成立民众体育会，分国术、器械运动、球类、田径运动、游泳、步行运动等组。

1936年5月18日广东省民众教育馆又组织成立了广州民众体育研究会，所习体育项目有足球、篮球、网球、田径、游泳、国术等。民众体育研究会训练时间为一年，期满后加入民众体育会。1936 年 10 月广州市民众教育馆成立市民众体育会，内分国术、球类、步行运动等组。

（二）广州体育社团的类型

民国时期广州的体育社团按照不同的标准可分为不同的类别，根据参与者的职业特点可分为行业型与社会型，根据社团开展体育活动的种类可分为单一型与多样型，根据社团的组织者可分为官办型与民办型。

行业型体育社团是指由相同职业的体育爱好者组成的体育社团，它具有较强的行业性质与封闭性。这类型的体育社团主要包括警察体育会、粤汉铁路体育会、市府职员体育会、中大体育协进会等。社会型体育社团是指由不同职业体育爱好者组成的体育社团，它具有较强的开放性与随意性，从事任何职业的人都可以参与。社会型体育社团较多，包括广东精武体育会、广州水上体育会、国民体育会、南华体育会等。两种类型的体育社团在资金的筹集上有所不同，前者主要是由行业或单位赞助，后者除官办型体育社团外，体育经费主要需自筹。

单一型体育社团是指专门从事某一种体育运动项目的体育社团，主要包括两广国术社、广州国术社、乒乓球联合会、美国足球会等。多样型体育社团是指从事多种体育运动项目的体育社团，主要包括广东精武体育会、广州水上体育会等。总体来说，广州多样型体育社团比单一型体育社团多。

官方型体育社团是指由政府直接组织的体育社团，主要有两广国术馆、郊外体育会、市府职员体育会与广州体育会等。这些体育社团受政府直接领导，由政府提供资金，委派负责人。广州的官方型社团较少。民办型体育社团是指由民间人士组织的体育社团，主要包括广东精武体育会、广州水上体育会、国民体育会等。广州的民办型体育社团非常多，参与者包含各行各业的人士，资金主要靠自筹。

（三）广州体育社团的组织结构

民国时期在广州活跃的体育社团数不胜数，但大多数持续时间不长，因此也没有完善的组织结构。而体育活动开展较好、持续时间较长、规模较大的体育社团基本上都有较为完善的内部组织结构，如广东精武体育会、广州水上体育会及国民体育会等，这些体育社团都具有一定的代表性。

1919年4月成立的广东精武体育会以"铸就健全、强毅之国民"① 为主旨，以李福林、魏邦平、简照南、陈廉伯、杨梅宾为理事，综理社团一切事务。简琴石为干事长，罗啸璈为理事长，主理全会事务。设干事若干人分任总务、会计、文牍、收支、庶务、编述，办理本会一切应办之事务；设国操主任一人，教练若干人；设游艺主任、文事主任各一人，副主任若干人②。广东精武体育会发展迅速，组织不断扩大，受训者日益增多，先后设立了3个分会。老城大石街分会和精武水上游艺场均设主任。河南分会规模较为庞大，会长、副会长之下再设各部主任，20世纪30年代后改为委员制，主席之下设各部主任。至1929年，"直接间接受广东精武体育会熏陶锻炼者约数万人"③。

广州水上体育会于1928年由陈策等人创办，会址在东山新河浦，以促进社会体育、提倡水上运动为宗旨。该会组织结构较完善，设主席、副主席各一人，下分总务、财政、文书、宣传、组织、国操、游泳、艺术各部，部下分股。1928年10月该会第一届执行委员会正式成立，随即选出主席及各部部长，很快便开始了促进社会体育的工作。该组织地址处东山洋房区，因此，其会所较大，可容纳5000人，水上设备齐全，安装有冲身房、水厕、蓄水池等设备，"较之香港游泳会所为胜，堪称南中国唯一水上体育场所"④。一流的体育设施吸引了大批游泳爱好者到会游泳，会员人数逐渐增多。

1928年黄啸侠、孙玉峰在惠福东路组织成立的国民体育会主要从事篮球、排球、足球及武术运动。国民体育会实行董事会制，设有董事和常务董事，董事会下设设计部、理财部、审核部、总务部、球类部、国术部、游泳部、田径部、游艺部，内部组织结构比较完善。国民体育会举办的体

---

① 广州市政协学习和文史资料委员会编《广州文史资料存稿选编》第7辑，中国文史出版社，2008，第467页。
② 广州市政协学习和文史资料委员会编《广州文史资料存稿选编》第7辑，中国文史出版社，2008，第468页。
③ 李宗黄：《模范之广州市》，商务印书馆，1929，第310页。
④ 《东山精武会——廿六日下午举行落成典礼》，《广州民国日报》1930年8月22日。

育比赛数量较多，比赛项目多种多样，并组织成立了多种球类队伍，在社会上有较大影响力，该体育社团的活动一直持续到广州沦陷。

规模较小的体育社团，其组织结构也相对简单。如 1928 年 10 月 27 日陈策等人在中央公园成立的市民体育会，主要开展网球运动。该会会员人数不多，组织规模较小，设会长一人、副会长多名，同时设有会务主任、财务主任、场务主任、中西文化秘书、监察委员、监核。又如 1932 年 5 月进行改组的广州市警察教练所体育组，改组后的体育组设有总务部、训练部、纠察部，"训练部内设排球、足球、篮球、乒乓、田径、国术等六股"[1]。

三 体育场馆的兴建与管理

民国时期广州的体育场馆包括广东省在广州市建成的公共运动场和广州市自己的小型体育场馆。

（一）体育场馆的兴建

早在 1916 年，广东省省长朱庆澜为强健民众体魄，特呈文北洋政府大总统黎元洪，拟拨省城东较场建筑公共运动场，同年 12 月 26 日获得了批准。但是，由于此地在当时属于清朝的旗产，加上广东省政局不稳及筹款困难等原因，迟迟没有兴工。1922 年广州市政厅长孙科为筹措军饷将东较场变卖，"大部分面积 6000 多井分作 32 份，共售得产价 41 万多元"[2]。

1925 年 7 月 1 日广州国民政府成立后，开始重视体育场馆的建设。7 月 29 日，广州市工务局局长林逸民呈请划拨观音山公园旁之地修建公共运动场，经市政府批准后，于 9 月 25 日专门制定了《广州市公共运动场筹建简章》，将观音山运动场定名为广州市公共运动场，预算共计 15 万元，"广州市政府应设法筹款一万元，其余由各委员向各界募捐"[3]。12 月，广东精武体育会应工务局之请，召集体育社团和学校商讨筹建广州公共运动场事宜，并选出了负责委员会。

---

① 《警教练所组各项球队》，《广州民国日报》1932 年 6 月 1 日。
② 谢鼎初：《广东省公共运动场的兴衰》，载中国人民政治协商会议广州市委员会文史资料委员会编《广州文史第四十六辑》，广东人民出版社，1994，第 171 页。
③ 《广州市公共运动场筹建简章》，广州市档案馆藏，档号：资－政－576－200－575。

1926 年 1 月 30 日,《建筑广州市公共运动场章程》获批备案,该章程要求"开工第五日后,每天至少要一百工人以上作工"[①],以保证两个月完工。但实际上,到 8 月,填筑路基工程才大致完竣。后经过扩建,至 1929 年建成了足球场、篮球场、排球场,广州市公共运动场初形始具。12 月 6 日,市教育局提议在该场地内再"分筑长约八十尺、宽约四十尺之球场四座,沙地两穴,场之周围为走廊,长约四百咪突(米),以为赛跑之用,另于场内建小房一所,作为球场管理处"[②]。至 1930 年下半年,工程基本竣工,建成田径跑道、篮球场和排球场多个。并于 1931 年 5 月在此处举办了广州第四次市校运动会。1931 年 6 月,市工务局曾因公共运动场工程简单,计划花 10 万元将该运动场加以扩充,但因经费短缺未果。此后,广州市政府曾多次计划扩充完善市公共运动场,并在运动场四周增设秋千、浪桥各一座,但因经费问题,至广州沦陷前,市公共运动场扩建工程仍没有完竣。

同时,广东省也积极参与体育场馆的建设。1927 年 11 月,省体育协会曾决定筹款在东较场建筑球场。1928 年 12 月 9 日,广东省政府初步拟定先将 1922 年财政厅及市政厅投变之东较场地段由政府照价收回以筹建省公共运动场,并交给教育厅和财政厅一起协同办理。1929 年 1 月,省政府拨款 1 万元作为收回旷地费及建筑费,加快了省公共运动场的建设步伐。1930 年 5 月 16 日,省政府通过了筹建委员会拟定的《公共运动场进行办法》。6 月,省教育厅为加强公共运动场的建设重新聘任建筑公共运动场委员会委员,计有许崇清、陈策、丘纪祥(体育协进会指导部主任)、郭颂棠(中山大学体育主任)、林云陔、陈国机(建设厅主任)、范其务(财政厅厅长)、邓彦华(建设厅厅长)、金曾澄(教育厅厅长)等 9 人。由 3 个厅长及诸多体育专家组成的委员会使公共运动场的建设有了重要的保障。8 月 28 日,公共运动场招商投承,财政厅拨款 3 万元为兴工费。12 月 2 日,省体育协会为加速广东省公共运动场的建设进程,"决将设在省教育会内之会址,迁往东较场运动场"[③]。

---

① 《建筑广州市公共运动场章程》,《广州市市政公报》第 217 期,1926 年 3 月 20 日,第 19 页。
② 《筹建中之观音山运动场》,《广州民国日报》1929 年 12 月 7 日。
③ 《省体协办事处迁往公共运动场》,《广州民国日报》1930 年 12 月 3 日。

广东省公共运动场建筑计划大概分为四区。东南区建田径场、足球场及含有 25000 个座位的水泥看台，东北区建篮、排球场及含有 5000 个座位的看台，西南区建棒球场，西北区建游泳场和健身房。建筑工程概需 100 万元，分五期，计划 5 年内完成。到 1931 年 9 月底，广东省公共运动场第一期工程大部分竣工，建成的体育设施有田径场、足球场及可容数千人的足球看台，南北两端各设一个篮球场、排球场，其余计划因经费不能拨付，暂时被搁置。对省公共运动场已建成的部分，教育厅令省体育协会接收管理，每月拨给 500 元管理费。

1932 年 9 月南京国民政府颁布了《国民体育实施方案》，其中的民众体育实施办法规定"各级体育场负责宣传和指导各界民众的日常体育活动、举办民众业余竞赛、组织各种集团以增进社会闲暇生活之兴趣、联络和襄助体育团体或学校，以扩大提倡体育之力量"[1]。1934 年南京国民政府颁布的《体育场规程》和《体育场工作大纲》强调了各级政府对体育场馆的兴建与管理。广东省和广州市政府为普及社会体育，提高民众身体素质，也加快了体育场馆的建设。1935 年 1 月广东省体育委员会曾规划建设广州市东、南、西、北四大运动场。1937 年 3 月又提出拟在黄埔建筑大型运动场，工程计划需资金 140 万元，后因抗日战争全面爆发被搁置。

民国时期广东省公共运动场是广州市内也是广东省内唯一的大型运动场，在 1931 年 10 月 1 日第一期工程竣工后便成为广州社会体育活动的重要场所，广州的大型体育比赛几乎都在此举行，包括广东省第十二届至第十四届运动会、广州市校第五届至第八届运动会、广州市第一届全市运动会及第四届至第八届环市赛跑等。广东省公共运动场还经常举办小型体育赛事，如广东省第一届民众体育运动会，广东省第一、二届国术表演等。

此外，1929 年广州市政府在第一儿童游乐园、中央公园、观塔公园附设小型儿童运动场，效果良好。1930 年建成了石牌跑马场。1934 年又建成白云山山谷游泳池。1934 年 8 月 9 日，广州市政府批准了广州市设计委员会关于在公园划地建设运动场的提议，此后广州市内各公园陆续增设小型

---

① 中国第二历史档案馆编《中华民国史档案资料汇编第五辑第一编文化》，江苏古籍出版社，1994，第 941 页。

运动场。1935 年市体育委员会为便于学校学生练习游泳，兴建了大沙头泳场。泳场于当年 6 月 22 日开放，到场游泳者众多。同月，泳场为鼓励学校学生到场游泳，分发了 700 个"市校员生免费入场长期证"①。1935 年建成的观音山民众射击场、1937 年建成的中央公园市民体育场等体育场馆也都陆续为民众所用。

同时，20 世纪 30 年代前期，随着广州社会体育的迅速发展，参与体育运动的民众越来越多。但是广州"民众体育场之设置，为数甚少，以致各业人等绝无运动机会"②，社会体育事业难以进一步开展。各学校的体育设施虽然一般都较为齐全，却经常处于闲置状态。因此，1930 年 10 月广州市教育行政中等教育会议曾议决将"学校运动场规定相当一段时间开放"③，为市民提供更多的体育活动场地。1934 年 8 月，广州市设计委员会程岳恩等委员再次提议开放各公立、私立学校运动场，为社会体育建设服务，提议于 8 月 9 日获得了广州市政府的批准。一些学校的运动场陆续对市民开放。

（二）体育场馆的管理

随着社会体育之风逐渐盛行，参与体育锻炼的民众日益增多，体育设施供不应求。为提高体育场馆利用效率、普及社会体育、增强民众体质、维持社会风化礼俗，广州市政府采取了一系列措施加强体育场馆的管理。

1932 年广东省体育委员会一成立就接管了省公共运动场，专门负责省公共运动场日常管理工作。1933 年 6 月，省体育委员会为推广普及社会体育，特将公共运动场对外开放，并规定以机关或团体名义借用者一律免收租金。1934 年 1 月，省体育委员会又制定了《借用公共运动场章程》，限定只有在广东省体育委员会登记之体育社团或经立案之公私立学校等才能借用公共运动场，凡非营利性活动一概免费，营利性活动"酌予收费"④。1933 年 11 月，广州市体育委员会也制定了公共球场借用规则，团体及学校均可借用。

1935 年 7 月 15 日，行政院卫生署鉴于游泳运动的迅速发展，为了保

---

① 《大沙头泳场发给学生免费证》，《广州民国日报》1935 年 6 月 28 日。
② 《教育局通令市校注重团体运动》，《广州市政公报》第 434 期，1933 年，第 41 页。
③ 《教育行政会议昨日闭幕》，《广州民国日报》1930 年 10 月 27 日。
④ 《省体育会运动场开放》，《广州民国日报》1934 年 1 月 7 日。

证民众的健康，专门制定了《游泳场卫生管理事项》，规定"（一）应设置擅长游泳及娴熟人工呼吸法之救护人员及救急应用氧气吸入器等器械，以备急救之需；（二）游泳池之外源务须清洁，并应注意换水，务使细菌及化学检验结果为无害于卫生；（三）游泳人员务须先经体格检查；（四）如系海滨或河滨浴场，其水源务须清洁，细菌及化学检验亦应注意，并亦应设置救护人员及救护应用之器械；（五）不合上列规定者，不得设置游泳场所"。①1935 年 8 月 1 日，广东省政府通令全省遵照该规定办理，广州市内所有游泳场遂逐步落实。

鉴于广州游泳池男女同场，一些道德败坏之人"借游泳之名，而增加其诱惑机会为实，使人耳濡目染，不期而发生异感，因而社会从此多事"②。1934 年 6 月广东政治研究会会员张之英以男女同场游泳滋生诸多事端、有伤风化特提出男女分场游泳议案，其议案获得该会通过。6 月 14 日议案函被送广州市公安局获准，6 月 23 日，广州市游泳场开始实行男女分场游泳。

为了加强对公共体育场所的管理，促进社会体育的发展，广州市政府在每个公共体育场所都以具有专业素养和丰富经验的人担任主任和辅导员，由他们对体育场所进行直接管理，指导民众进行体育活动。同时，体育场馆的管理人员还承担着体育调查和研究的工作。

广州市政府对公共体育场所进行的建设和管理为社会体育的发展创造了条件，再加上体育场所对社会体育的宣传和指导，社会体育得到了进一步发展。

四　体育活动的举办

（一）体育社团组织开展的社会体育活动

体育活动是体育社团的立足之本，广州各体育社团成立后都积极组织社会体育活动，通过兴建体育场所、购买体育器械、组织体育比赛、开办

---

① 《游泳场卫生管理事项》，《广州民国日报》1935 年 8 月 2 日。
② 《禁男女同场游泳感言》，《越华报》1934 年 6 月 16 日。

体育训练班等为社会人士参与体育活动提供平台。民国时期，社会体育活动组织出色的体育社团主要有广州水上体育会和国民体育会。

1928 年创办的广州水上体育会主要从事水上运动。该社团从创办开始，每年端午节都举行水上游艺会，游艺会内容丰富，包括龙舟比赛、花式跳水表演、中西洋舨竞赛、游泳比赛等。广州水上体育会十分重视龙舟竞渡，"历年来每届端午节，均有龙舟赛会"①，参赛龙舟一般有 30 多艘，观众众多，在社会上产生了重要影响，

广州水上体育会成立后为联络游泳人员之感情，检阅水上运动之成绩，于 1928 年 9 月 16 日举行了省港澳水上运动大会，后被称作广东省第一届水上运动会。运动会分男女各式游泳、舢板、水球等项目，非职业运动员也可参加，故报名者踊跃，共有 114 人参赛，选手及受邀嘉宾共千余人，观众更多。1929 年该社团举办了第二届广东全省水上运动大会，比赛项目和第一届类似，参赛人数也超过百人。此后广州水上体育会又联合广东省体育协进会举办了广东省第三届至第五届全省水上运动会、联合广东省体育委员会举办了第六至第九届水上运动大会，参赛人数都在百人以上。

为普及游泳运动，广州水上体育会从 1928 年创办时起每年都举办初级游泳训练班，免收学费，仅"报名时缴纳保证金一元，毕业时退还，惟缺席时数，超过上课三分之一以上者即开除学籍，并将该保证金没收"②。为提高民众游泳水平，该社团还经常举办中级游泳班、高级游泳班、冬泳训练班。

1930 年，水上体育会为推广水上运动，提高游泳水平，创设了游泳比赛周。比赛周的时间长短不一，有的十几周，有的只有几周。比赛分男子组、女子组、小童组进行，"每逢星期一均有一项游泳比赛"③。

1929 年成立的国民体育会也不遗余力开展社会体育活动，并取得了优异的成绩。除了每年端午节都举办的龙舟竞渡外，国民体育会举办的较大型体育比赛还有市长杯中学男女篮球比赛、程天固杯篮球赛、经济杯篮球

---

① 《水上体育会筹备举行龙舟竞赛会》，《广州民国日报》1931 年 7 月 12 日。
② 《水体会续办二期初级游泳班》，《广州民国日报》1933 年 8 月 11 日。
③ 《游泳比赛》，《广州民国日报》1930 年 7 月 6 日。

赛、万国公开篮球赛、光鼐杯足球赛、瀚屏杯排球赛，这些体育赛事具有广泛的社会性，一般社会机关团体均可报名参加，只有极少数比赛仅限于学生参加，因此参与比赛人数和观众都较多，如瀚屏杯排球赛的参赛队伍达到 35 支，其中男子排球队 29 支，女子排球队 6 支。

此外，国民体育会还多次举行国术及游泳等项目的表演赛，从 1930 年 2 月开始该社团组织固定"每月国术公开表演一次"①。该社团组织为普及体育，经常举办国术、男女篮球、足球等各种体育训练班，同时还组织各类球队，仅篮球队就有国锋篮球队、国虎篮球队、国光篮球队、国英女子篮球队等。为发展女子体育，国民体育会还专门开设女子体育训练班。

除了体育社团外，社会上还有一些非体育社团的体育活动也开展得较好，如广州基督教青年会、广州基督教女青年会、警察同乐会、广州市职员公余同乐会，这些社团在开展其他活动的同时，也积极地开展体育活动。如广州基督教青年会针对中小学生举办的比赛主要有 1913 年 11 月的第一次广州市区各学校运动会、中学篮球赛、初级中学篮球赛、小学低网排球赛、百磅童子篮球赛、童子乒乓球赛、汉谋杯中学篮球比赛、校际乒乓球赛、全市男女排球比赛等，每期比赛参赛球队一般都有 10 支以上。

基督教青年会针对全社会举办的体育比赛主要有市长银鼎杯篮球赛、良友银鼎排球赛、国际游泳比赛、全市排球比赛、工友篮球赛。基督教青年会为发展职工体育，还专门举办职工体育比赛，如 1934 年 4 月举办的公余篮球赛、1934 年至 1937 年连续举办 3 年的工友篮球赛，每期比赛参赛球队都在 10 支以上，对推动工人体育运动的发展起到了一定的作用。该会开办的体育训练班均免费，项目有游泳、篮球、国术、西洋拳、体操、羽毛球、手球等，其中游泳训练班开设次数最多，有针对中小学生的初级游泳班，也有专门的女子游泳初级训练班，各种训练班都收到了良好效果。

（二）学校组织开展的社会体育活动

辛亥革命后，国人自办的学校在课外时间也开始模仿教会学校的做法，提倡和开展近代田径、球类等运动，但课堂上仍以教授兵式体操为主。在五四新文化运动及美国实用主义的影响下，1923 年政府颁布了《课

---

① 《举行国术表演》，《广州民国日报》1930 年 2 月 20 日。

程标准纲要》，将学校"体操科"改为"体育科"，废除学校兵操，以田径、球类、游戏、体操为主要内容。1929 年南京国民政府颁布的《国民体育法》规定"高中或与高中相当以上之学校，均需以体育为必修科，与前经公布之军事教育方案同时切实奉行，如无该两项功课之成绩，不得举行毕业"①。

民国时期的广州各学校遵照中央政策对体育教育进行改革，加大了对学校体育的重视力度，开始开设体育课程、开展课外体育活动、开办体育训练班、成立体育管理机构、修建体育场所、组织体育比赛等。社会体育活动组织开展得较好的学校主要有中山大学、岭南大学、培正中学。

1926 年更名后的中山大学对体育非常重视，开设体育课程，每周授课两课时，内容有田径、球类、游泳、普通操、器械操等。1937 年中山大学又规定学生每周至少开展两次课外体育活动，每次时间为 50 分钟。为促进学校体育的开展，中山大学还成立了专门管理学校体育工作的体育部，组建了篮球队、排球队、足球队、田径队、乒乓球队、网球队、水球队、游泳队等体育队伍。该校体育赛事频繁，除了有校运会、年度乒乓球赛、网球赛等定期赛事外，内部院系、年级、班级之间，学校与外校、社会人士之间也经常组织体育比赛，至 1937 年，共举办了 5 届全校运动会。为了提倡体育，中山大学还经常举办体育训练班，如田径训练班、国术训练班、篮球训练班、排球训练班、水球训练班等。为便于体育运动的开展，中山大学修建了不少体育设施，1935 年兴建的石牌新校区有"篮球场四所、排球场二所、绒球场八所、器械场、临时游泳池"②，还有田径场、健身房、体育馆、游泳池、足球场、射击场等，应有尽有。

岭南大学是一所教会学校，其前身格致书院就非常重视体育，"故该校之篮、排、足、水、绒等球队实力，均具成绩"③，其足球队为广州足球比赛冠军球队。该校将体育作为必修课程，开设体操课，每周授课 3 课时，"壬戌学制"颁布后改设体育课，每周授课两课时，内容包括田径、球类、

---

① 中国历史第二档案馆编《中华民国史档案资料汇编第五辑第一编文化》，江苏古籍出版社，1994，第 930 页。
② 《中山大学体育新计划》，《广州民国日报》1935 年 9 月 21 日。
③ 《南大附中实行强迫体育》，《广州民国日报》1933 年 10 月 23 日。

游泳、普通操、器械操。从 1937 年开始，岭南大学规定学生每周至少开展两次课外体育活动，每次时间为 50 分钟。岭南大学设体育组专门管理学校体育工作，每年举办一次校运会，定期举行球类、田径比赛，还有一些不定期的校外比赛。如 1929 年 4 月 2 日，香港英陶书院足球队"赴岭南大学，与广州足球冠军队比赛"①。岭南大学为提倡体育运动经常举办球类训练班、国术训练班等体育训练班。岭南大学还修建了各种体育场所，如标准的田径场、体育馆、足球场、篮球场、网球场、游泳池等。

教会学校培正中学一向重视体育，创办初期就开展了丰富的体育活动。民国时期历任校长都重视体育教育。该校开设体操课，男生和女生每周体操课课时分别为 3 个和 2 个，体操课内容包括普通体操与兵式体操。"壬戌学制"颁布后，体育课每周两课时，内容包括田径、球类、游泳、普通操、器械操。学校还规定体育不及格者不得升入高年级。1937 年该校开始强制性举办体育活动，学校在早晨举行 15 分钟的早操，下午三时后举行两个小时的课外运动，学生一律参加。为促进学校体育的发展，培正中学组建了篮球队、排球队、足球队、垒球队、水球队等运动球队。培正中学为检验全校学生体育成绩，"每年举行全校运动会一次"②，至 1937 年共举办了 21 届校运会。该校足球、篮球、垒球、田径、游泳等项目实力强劲，在抗日战争全面爆发前的 10 多年间，"有培正学生、校友近 40 人次代表国家参加第五至第十届远东运动会，多次多个项目获胜，为祖国争得荣誉；又有体育主任黄纪良和校友司徒光参加 1936 年在柏林举行的第十一届奥运会"③。1934 年培正中学的体育设施有"体育场一所，面积达三十余亩，只作足球场和跑道之用"，还有"排球场八所、篮球场廿余所、绒球场八所"④。

（三）政府组织开展的社会体育活动

民国前期广东省和广州市均未设置专门的体育管理机构，体育事业由教育部门代为管理。南京国民政府成立后，广东省政府为加强对体育事业

---

① 《英陶足球队来粤比赛情形》，《广州民国日报》1929 年 4 月 4 日。
② 《培正运动会定今晨开幕》，《广州民国日报》1936 年 4 月 23 日。
③ 广州市政协文史资料委员会编《广州文史》第 52 辑，广东人民出版社，1998，第 260 页。
④ 《培正中学全校运动会》，《广州民国日报》1934 年 4 月 26 日。

的督导，设置了广东全省体育协进会，作为专职体育管理机构。1932年根据南京国民政府教育部的要求，广东全省体育协进会改称广东省体育委员会。同时，正在筹备的广州市体育协进会也改名为广州市体育委员会，受市教育局领导监督，并于1933年6月5日在教育路体育会礼堂正式成立。

民国时期由上述政府部门在广州组织开展的定期的大型社会体育活动主要有广东省运动会、广州市市辖学校运动会、广州市环市赛跑。

1. 广东省全省运动会

1906年1月10日，两广学务处在广州东较场举办了广东省第一届以田径为主的运动会，这是中国最早的具有现代体育意义的省级运动会之一。至1912年，广东省运动会共举办了4届，不过参加者均为广州的运动员，且绝大多数是在校学生。

1912年12月，广东省教育司在教育司署内操场举办了广东省第五届运动会，运动项目以田径项目为主。1917年2月13日至15日，广州南部体育会在东较场举办了广东省第六届运动会，省长朱庆澜担任会长，运动会设有田径、足球、排球、国技、体操、游戏、武术、自行车、赛马等项目，参加比赛的有岭南大学、培英中学、培正学校、南武中学、教忠师范学校、真光学校、省立女子师范学校等学校。1919年2月，省教育会在东较场举办了广东省第七届运动会，比赛项目和参赛队伍与上届相同。1921年4月14日至16日，省教育会在北较场举行广东省第八届运动会，孙中山大总统被选为大会名誉主席，并出资赞助大会，还亲自颁奖，比赛项目分团体运动和竞技运动，团体运动包括国技、体操、游戏、武术，竞技运动包括田径、篮球、男女排球，参赛单位有58个。1925年3月20日至23日在广东大学运动场举行的广东省第九届运动会，会长为邹鲁，有9项田径比赛项目和8项球类比赛项目，同时设有精武会操、国旗运动、千人操等比赛项目。1926年5月21日至27日广东省第十届运动会在广东大学举行，设有田径、球类等项目，约有1000人参赛，运动会临时增加了政府机关职员赛跑和绒球（网球）比赛。

南京国民政府成立后，1928年11月1日至6日在中山大学运动场举行了广东省第十一届运动会，会长为李济深。从本届起全省运动会分为

"县联赛"和"省运会"两部分，共有 28 个单位 2410 人参赛。1933 年 5 月 10 日至 17 日广东省第十二届运动会在东较场举行，名誉会长是陈济棠，会长为省政府主席林云陔。运动会分省运会、县联赛、国术比赛三部分。参赛男运动员 2106 人，女运动员 740 余人，共有 11 人破 8 项全国纪录、13 人破 8 项省田径纪录、4 人两团体破 4 项省全能纪录。1935 年 5 月 4 日至 13 日广东省第十三届运动会在东较场举行，名誉会长和会长与上届相同，参赛者 3883 人，共打破了 32 项省记录、1 项全国纪录。1937 年 5 月 5 日至 9 日广东省第十四届运动会在东较场举行，省主席吴铁城任大会会长，运动会分竞技与表演两项，参加团体 244 个，参赛者男子 979 人，女子 743 人，两人破两项全国纪录。

2. 广州市市辖学校运动会

1926 年 4 月 24 日至 27 日，广州市教育局为检验学校体育成绩，提倡民众体育，在广东大学操场举办了广州市第一次市校学生运动大会。大会会长由市长伍朝枢亲自担任，大会设有田径类、球类等比赛项目，参赛人数 1100 余人。市政府投入经费 2700 余元。第一次市校运动会各学校取得良好体育成绩，在社会上引起较大轰动。

1926 年 11 月 20 日至 23 日，广州市教育局在中山大学操场举办第二届市校学生运动大会，大会会长由市长孙科担任。大会设有田径类、球类及千人操等比赛项目，参赛人数 1484 人，市拨经费较上届有大幅度提升，达 6000 余元。

1928 年 5 月 23 日至 26 日，广州市立学生联合会在中山大学操场举办第三届市校运动会，大会会长由市长林云陔担任。大会设有田赛、全能、球类等比赛项目，参赛人数 1367 人，市政府投入经费 4000 余元。

1931 年 5 月广州市教育局在观音山运动场举办了第四届市校运动会。大会比赛项目与上届类似，参赛人数 2078 人。

1933 年 1 月 10 日至 14 日，广州市教育局在省公共运动场举办第五届市校运动会，大会会长由市长刘纪文担任。大会设有田径类、球类、童子军检阅等比赛项目，参赛人数 3022 人，市政府投入经费 5420 元。

1934 年 12 月 5 日至 8 日，广州市体育委员会在省公共运动场举办第六届市校运动会，大会会长由市长刘纪文担任。大会设有田径类、全能、球类等比赛项目，参赛人数 2410 人，市政府投入经费 6250 元。

1935 年 11 月 17 日至 20 日，广州市体育委员会在省公共运动场举办第七届市校运动会，大会会长由市长刘纪文担任。大会设有田径类、全能、球类、表演等比赛项目，还特地增加了接力赛、团体跳远、团体掷铁球三项团体赛，参赛人数 4072 人，市政府投入经费 5000 余元。此次运动会因个人夺冠"与近代提倡群众体育主旨未尽符合，特将个人全场冠军制度取消，而于团体会场冠军则极力提倡，籍收体育普及之效"①。

1937 年 4 月 10 日至 12 日，广州市体育委员会在省公共运动场举办第八届市校运动会，大会会长由市长曾养甫担任。大会设有田径类、全能、球类等比赛项目，参赛人数 4600 余人，市政府投入经费 5000 余元。

3. 广州市环市赛跑

1930 年 2 月 22 日，广东省体育协进会为了"唤起市民运动之兴趣，促进社会体育"②，举办了广州市第一届环市赛跑活动。比赛得到了省、市政府的重视，省政府主席陈铭枢、市长林云陔等"各要人捐助珍贵奖品甚多"③。广东省体育协进会对比赛进行了精心策划，如安排警察、童子军维护秩序，组织医师沿途保护，比赛路线禁止车辆行驶等。第一届环市赛跑起点设在中央公园，终点设在省财政厅，比赛全程 11338 米，参赛人员不限年龄、性别和国籍，参赛总人数 127 人，其中有 3 名女性，冠军最终被广州市立师范学校的赵辉夺得。第一届环市赛跑作为新鲜赛事，引来众多围观者，这些围观者为赛事起到了很好的宣传鼓动作用。此后，至 1938 年广州市每年举行的环市赛跑，基本上都遵循第一届所制定的规则。

1931 年 2 月 20 日广东省体育协进会在省财政厅举办第二届环市赛跑，比赛路程较上届有所增长，达 13248 米，参赛人数共计 252 人，其中男性有 242 人，女性有 10 人。冠军仍被广州市立师范学校赵辉夺得。

1932 年 2 月 27 日广东省体育协进会在省财政厅举办第三届环市赛跑，比赛路程较上届更长，达 15079 米，参赛人数共计 209 人，其中男性 202

① 刘纪文：《广州市市政府一年来施政概况》，《广州市市政公报》第 523 期，1936 年 1 月 30 日，第 131 页。
② 《破天荒之环市长途赛跑》，《广州民国日报》1930 年 2 月 5 日。
③ 《鼓励环市赛跑——政界捐出奖品》，《广州民国日报》1930 年 2 月 8 日。

人，女性 7 人。冠军被教忠中学的袁天成夺得。

1933 年 2 月 25 日广东省体育委员会在省公共运动场举办第四届环市赛跑，比赛路程同上届一样，参赛人数共计 190 人，其中男性 181 人，女性 9 人，冠军被中山大学的赵辉夺得。

1934 年 2 月 24 日广东省体育委员会在省公共运动场举办第五届环市赛跑，比赛路程同上届一样，参赛人数共计 192 人，其中男性 188 人，女性 4 人。冠军仍是中山大学的赵辉。

1935 年 2 月 23 日广东省体育委员会在省公共运动场举办第六届环市赛跑，比赛路程同上届一样，参赛人数 220 余人，冠军被教导师队的陈汉生夺得。

1937 年 2 月 22 日广东省体育委员会在省公共运动场举办第七届环市赛跑，比赛路程同上届一样，参赛人数 90 人，冠军被总部乐队的徐国萍夺得。

1938 年 2 月 20 日广东省体育委员会在省公共运动场举办第八届环市赛跑，比赛路程同上届一样，参赛人数 88 人，冠军被明德中学的雷月桂夺得。

除了上述定期的大型社会体育活动外，广东省体育协进会和广东省体育委员会还联合广州水上体育会举办了广东省第三届至第九届水上运动大会。体育协进会每年都定期举办各类联赛，以 1928 年为例，分别有"A 男女排球、B 男女篮球、C 足球、D 男女绒球、E 男女游泳、F 野球、G 田径赛、H 其他"①。体育协进会每年还会组织体育特长人员进行训练，以 1928 年为例，分别训练了男女排球各一队、男女绒球各两队、足球一队、篮球一队、田径赛选手若干人、游泳选手若干人。此外，体育协进会和体育委员会也经常针对一般民众开办田径、游泳及各种球类训练班。所有这些体育比赛及训练班地点绝大多数在广州，因此参与者以广州民众居多。

广州市体育委员会自 1933 年成立后就积极筹办体育比赛，12 月即制定出 1934 年的各项体育比赛程序，包括第一次田径赛、足球赛、乒乓球赛、市运动会，第二次田径赛、越野赛跑、垒球赛及棒球赛，第三次田径

---

① 《体育协进会之会务进行计划》，《广州民国日报》1928 年 4 月 14 日。

赛、武装赛跑、排球赛、水上运动比赛。1934 年 4 月 8 日，市体育委员会举办了广州市第一次运动会，参赛者分市民组和市校组，男女团体共 96 个，参赛人数共 2804 人。市体育委员会还按照章程规定，分别组织了青年、民众及妇女的体育团体，"凡本市中小学校学生，均得为学校青年体育团员，但市辖学校学生，为当然团员，凡本市民众团体，均得为本团团员"①。这些体育团体受市体育委员会监督，协助市体育委员会开展体育活动。1934 年 12 月市体育委员会为改善市辖学校体育训练，专门成立了学校体育研究会，下设学校体育行政组、运动法规组、体育教材实验组、运动技术研究组。1935 年 3 月学校体育研究会还开办国术与篮球班，报名参加者 100 余人。

省市民众教育馆也通过设立民众体育会，积极开展社会体育活动。广东省民众教育馆于 1935 年 6 月成立了民众体育会，活动分国术、器械运动、球类、田径运动、游泳、步行运动等组。为提高活动成效，民众体育会要求"凡报名参加某组活动，需有始有终，于结束前不得无故擅行退出或随意改换别组活动"②。1936 年 5 月省民众教育馆又组织成立了广州民众体育研究会，凡 16 岁以上、45 岁以下品行端庄者均可报名入会训练。民众体育研究会的训练时间为一年，期满后训练者可加入民众体育会。省民众教育馆组织开展的社会体育比赛主要有 1933 年 6 月举行的乒乓球比赛，1934 年 10 月 16 日及 1935 年 10 月 7 日举行的赴白云山践行短途步行和风筝比赛，1935 年 11 月 17 日举行的国术联合表演大会，1936 年 2 月 6 日举行的儿童踢毽比赛，1936 年 10 月 23 日会同社会局举办的爬山及风筝比赛。

广州市民众教育馆也于 1936 年 10 月成立了民众体育会，积极组织各项体育比赛，如乒乓球赛、篮球赛、国术表演、象棋周赛、象棋冠亚军比赛等，其中影响力最大的当数象棋周赛，1936 年 12 月 19 日象棋周赛第一次举行，至 1937 年 6 月 30 日，一共举办了"二十六次之多"③。民众体育会还组织乒乓球联会，要求本市乒乓球队均得参加。

---

① 《市体育会提倡组织体育团》，《广州民国日报》1934 年 2 月 11 日。
② 《省民教馆设民众体育会》，《广州民国日报》1935 年 6 月 14 日。
③ 《市民教馆——象棋周赛》，《广州民国日报》1937 年 6 月 30 日。

五 社会体育活动的参与者

（一）各行各业的广泛参与

广州社会体育活动的参与者来自社会各个阶层，包含了学界、军界、警界、商界、医界、报界、工界的各行业人士，其中学生、政府工作人员、工人参与社会体育活动较积极，取得的成效较好。由于职业的不同，各行业人士参与社会体育活动的动机、方式、特点也不尽相同。

1. 学生参与社会体育活动

广州各大、中、小学非体育专业的学生是社会体育活动的主要参与者，"广州体育事业，差不多为学界所垄断"①。学生参与社会体育活动的方式主要有上体育课、日常锻炼、参加体育团队和体育比赛。

1904 年清政府颁布的《奏定学堂章程》规定中小学堂开设体操课，广州的培正中学、南武中学、广东法政学堂等陆续开设了体操课程。1923 年政府颁布的《新学制课程标准纲要》将体操课改为体育课。广州各中小学校纷纷改设体育课，要求学生一律参加，有的甚至将其作为升学依据。1933 年 10 月，中山大学体育部就规定"凡高中、初中两部学生，如体育科及格者方准升级"②。由于学业的需要，广州的学生尤其是中小学生都能不同程度地参与社会体育活动。

在校学生的业余时间相对较充裕，利用业余时间进行日常体育锻炼，也是学生参与社会体育活动的普遍方式。广雅中学学生"在课余之暇步出操场时，都可见到没有一个场地没有队员在那里练习，练习篮球有的，足球有的，排球有的，绒球有的，钢架有的"③。

各学校为了更好地开展体育活动，多自发组织成立体育社团和篮球、排球、足球、田径、乒乓球、网球、水球、游泳等各类体育队伍，开办田

---

① 《万华床厂职员组织体育会昨开成立大会》，《广州民国日报》1931 年 6 月 20 日。
② 《中大注重田径赛——规定男女田径标准 高初中生体育及格方升级》，《广州民国日报》1933 年 10 月 5 日。
③ 卢崇善：《省立一中学生日记选》，广东省立第一中学 1934 年印行，广东省立中山图书馆特藏部藏，第 111～112 页。

径、国术、篮球、排球、水球等体育训练班，组织校内校际体育比赛，如中山大学就有年度乒乓球赛、网球赛等定期体育赛事。有体育爱好和特长的学生，不仅参加校内的体育社团和体育比赛，还会积极参加校外的各种体育社团，如广州水上体育会、国民体育会、华南体育会等。他们还以个人名义或学校名义广泛参与社会上的体育比赛，如广东省运动会、市校学生运动会、环市赛跑等。

学校为提高名气，吸引生源，对获得奖项的学生也会给予许多优待。如第一、二届环市赛跑冠军赵辉从市立师范学校毕业后，成了各高等学校争夺的对象，各高等学校纷纷许诺"免试、免费、提供津贴膳食零用、供给运动衣服"①。1935 年，明德中学给予该校在第六届环市赛跑中获得女子冠亚军的雷月贵、陈绮霞同学奖励，准雷月贵免学费至毕业为止，陈绮霞免学费两年。1932 年 2 月教忠中学学生袁天成获得了第三届环市赛跑的冠军后，"教忠的校誉又进一步，学生投考该校更多，全校是年达到 3000 多人，每班人数有至七八十人，实不能容，学费收入大增"②。

"九一八"事变后，中华民族生存危机加深，体育救国成为一种社会思潮。广州此后举办的全省运动会、市校运动会皆强调体育可以促进国家的强盛，运动会是救国的基本工作。不少学生为强健体魄、抵抗日本侵略者而积极从事体育锻炼，尤其热衷于国术训练。1932 年至 1935 年国民体育会每年都举办国术训练班。1933 年 10 月，中山大学组织国术夜习班，"报名学习者，极其踊跃"③。

2. 政府工作人员参与体育活动

民国时期政府工作人员社会地位较高，经济条件较好，时间也相对较宽裕，加之政府机关的组织引导，常积极参与体育活动。尤其是南京国民政府成立后，国民党新派官员更是将参加体育活动作为一种身份和地位的象征。受其影响，广东省政府、广州市政府及其下属机关的工作人员较社

---

① 谢鼎初：《民国时期广州市历届环市赛跑概况》，载广州市政协学习和文史资料委员会主编《广州文史资料存稿选编》第 7 辑，中国文史出版社，2008，第 482 页。
② 谢鼎初：《民国时期广州市历届环市赛跑概况》，载广州市政协学习和文史资料委员会主编《广州文史资料存稿选编》第 7 辑，中国文史出版社，2008，第 481 页。
③ 《中山大学设国术夜班》，《广州民国日报》1933 年 9 月 15 日。

会其他行业的人士更乐于参与各种社会体育活动。

南京国民政府时期，广州各级政府官员或是出于自己的兴趣，或是为了显示其亲民与新潮，多积极地组织和参与社会体育组织。如广东精武体育会由广东省公安厅厅长魏邦平等人组织而成。美国足球队由广州市工务局局长李仲振组织成立，参与者有"自动电话委员黄著勋、建设厅技正米国典、水委会科长陈良士、东山分局长廖愚锡、工务局主任余孚智、技士赵东山"①。1930年广州东山精武体育会进行委员改选，省政府主席陈铭枢、广州市市长林云陔、市工务局局长李仲振等当选委员。1934年国民体育会成立时选出程岳恩、韦汝聪等政界人士为董事。1936年10月，广州市市长曾养甫发起组织广州体育设计会。这些体育团体的参与者大都是政府工作人员。另外两广国术馆、市民体育会、华南体育会、越秀体育会、南华体育会等也有政府工作人员参与其中，其中1929年两广国术馆招收的研究班的140名学员多是政府工作人员。

政府工作人员在单位内也组织成立体育团体。1928年3月，广州市政府组织成立了网球俱乐部，后又组织成立射击会。1931年2月市公安局成立了警察体育会，1934年警察体育会被并入警察同乐会。1934年8月12日市政府将射击会扩充为市政府职员体育会。1935年7月市政府成立的职员公余同乐会，是一个非专职的体育机构，主要负责市政府体育活动的开展，成员仅限市政府工作人员，仅射击组就有"二百人左右"②，球艺部有"网球一百五十人、篮球七十人、排球一百人、足球一百一十人、乒乓球一百二十人、桌球一百人、垒球五十人"③。1936年8月广州市政府还特别组织成立了女子网球队。市公安局总局及各分局均成立了有关游泳、各种球类等的体育组织。

有了体育组织就会有经常性的体育活动，各级政府内部经常举行篮球、排球、足球、乒乓球、射击、桌球、游泳等比赛。如1930年12月29日市公安局举办全市警察运动会。广州市警察教练所足球队"每于星期

① 《组织美国足球会》，《广州民国日报》1930年6月28日。
② 《市府体育会习实弹射击》，《广州民国日报》1934年9月16日。
③ 《市府职员同乐会设球艺部共分七项球类组》，《广州民国日报》1936年8月6日。

三、六两日必约市内足球队比赛，以为观摩"①。1936年3月市政府职员公余同乐会举办市长金杯公开篮球赛，参赛队伍中男子篮球队有29支队伍，女子篮球队有6支队伍。同时，政府工作人员还广泛参与社会上举行的各种公开体育比赛，如广东省运动会、环市赛跑、光蕭杯足球赛、自治杯公开足球赛、翰屏杯排球赛、一年一度的省港警察埠际足球赛等。

此外，受体育原则的影响，民国时期的体育比赛一般都没有奖金，奖品主要由社会人士捐赠，捐赠嘉宾在体育比赛中会得到一定的礼遇。如广东省第十二届运动大会捐资规则规定凡捐助会费5元以上者推为会员，10元以上者推为名誉会员，50元以上者推为名誉副会长，100元以上者推为名誉会长，捐金一经交付即以襟章报之，开会时凭襟章入场（7日通用）；名誉会长会员各有名誉席，分别入座。因此广州的政府官员和工作人员热心捐助各种体育比赛，省运会、市校运动会、环市赛跑等较大型的体育赛事都会收到政府官员和工作人员捐赠的奖品。1930年8月的广东省第三次水上运动会举行募捐活动时，广东省政府主席陈铭枢"捐款八百元"②。1936年9月广东省第九次水上运动大会举行募捐活动，"李局长洁芝捐助二百元"③。

3. 工人参与体育活动

广州地区工人体育活动主要是在粤汉铁路、广东兵器厂等现代企业和部分工会当中开展。粤汉铁路南段"职工数千，向有种种组织，而尤注重体育"，广韶铁路局长李仙根对于"职工体育，异常注意"④，因此体育活动开展得较好。1932年4月粤汉铁路南段成立了粤汉铁路体育会，会员"已达千余人"⑤，分为游泳队、网球队、足球队、排球队、篮球队、乒乓球队、水球队等，5月即举行游泳比赛，报名参加者"达五百余人"⑥。

广东兵器厂工人多由军人转业而来，加上厂长何坤对于体育也"异常

---

① 《今日警察足球队》，《广州民国日报》1930年11月29日。

② 《全省第三次水上运动会征求奖品——陈主席捐款八百元》，《广州民国日报》1930年8月31日。

③ 《第九次水运会今晨在东山开幕》，《广州民国日报》1936年9月17日。

④ 浮萍：《李仙根注意职工体育》，《粤华报》1933年5月22日。

⑤ 《粤路体育会廿五日成立》，《广州民国日报》1932年4月28日。

⑥ 《粤路体育会昨举行游泳比赛》，《广州民国日报》1932年5月10日。

注意，故特聘体育家黄润星、彭志生诸人，在该厂指导各工友运动，以翼造工人体育化"①，因而体育活动开展得也较好。1931年8月兵器厂举办了夏令足球联赛，10月又举办了冬季足球赛，开幕式计有"该场职工暨来宾等，二千余人"②。

1931年2月万华铜铁床厂工人邵里君参加第二次环市赛跑获得第七名的好成绩，激起了工人对体育的兴趣，其中一些工人"每晨六时练习篮球，经数月之苦练，已渐感进步"③。6月，万华铜铁床厂成立体育会，还组织了篮球队和乒乓球队。1933年广东机器工会成立体育部，1934年改为体育会。1934年广州汽车业工会设立体育部。1937年织补藤器研究会改原有体育组为体育会。此外，海员工会、广东省河民船工会、空军机械制造厂、国华绒球厂、良友公司、蒙本工厂、平安福胶厂等也成立了自己的体育组织，开展了一定的体育活动。

1934年至1937年广州基督教青年会举办了3届广州市工友篮球比赛，广东省河民船工会、航空飞机场、空军机械制造厂、粤汉铁路、蒙本工厂、平安福胶厂、怡兴祥号、联栈号等均组织队伍参赛。1935年2月8日广东省民众教育馆举办的第一届民众运动会也有河民船工会、空军机械制造厂、航空机械厂等的工人团队参加。1937年4月4日广州市银业工会举办了银行界首次运动会，参与者也基本上都是工人。

不过，相对于学生和政府工作人员来说，工人参加社会体育活动的人数少、范围小、比例低。据不完全统计，1932年至1937年的《广州民国日报》每年对工人参与体育活动的报道平均不超过10次，且报道中的工人参赛队伍也不多，一般仅一至两队。由于缺乏训练条件及比赛机会，工人群体运动水平总体有限，尤其在与学生的比赛中，工人输多赢少。而且由于时间和经济条件所限，广州更多的普通劳工较少参与社会体育活动。

（二）社会体育活动参与群体分析

民国时期广州社会体育活动参与者有以下几个特点：总体上以学生为

---

① 《兵工厂举行厂长杯球赛》，《广州民国日报》1932年2月13日。
② 《兵器厂举行冬季足球赛》，《广州民国日报》1931年10月23日。
③ 《万华床厂职员组织体育会昨开成立大会》，《广州民国日报》1931年6月20日。

主，覆盖多种职业；从年龄上看，以青年为主，年龄构成层次丰富；从性别上看，以男性为主，女性参与人数逐渐增多。

从职业来看，民国时期广州举办的非行业社会体育赛事基本上都以学生为主。如1931年2月举办的第二届环市赛跑参赛者252人，其中"学界一百七十五人、军界二十三人、警察三十一人、军乐队九人、商界八人、航空生三人、美术界一人、工界一人、银行职员一人"①。1933年2月举行的第四届环市赛跑共190人，"学界占一百四十六人、军界廿八人、警界三人、商界九人、医界一人、洋务一人、报界一人、工界一人"②。1931年国民体育会举办的万国公开篮球赛，共17支参赛队，学生球队就有12支，强华体育会、国民体育会、粤秀体育会、警察、兵器厂各1支，而且强华体育会、国民体育会、粤秀体育会也是以学生为主。

从年龄来看，社会体育的开展需要参与者具有浓厚的兴趣及良好的体力，青年人理所当然地成为社会体育活动的主要参与者，绝大多数的社会体育比赛参与者、体育社团参与者也都是青年。当然，历届市辖学校运动会的主要参与者为小学生，如第七届市校运动会参赛者共4072人，其中"小学组有男子二千五百零六人、女子一千二百四十四人，中学组有男子二百五十三人、女子六十九人"③。广州基督教青年会经常举行儿童体育比赛及体育训练班，如小童游泳赛、童子篮球赛、童子低网排球赛、夏令营童子乒乓球赛等，儿童游泳训练班因不收取费用而招收名额较多，1930年6月开办的小学初级游泳训练班招收人数为"七百人"④。广州也有老年人参与社会体育活动，但以1930年11月成立的元老足球队为例，球队成员实际年龄大多也只是在35岁以上，并非真正的老年人。1931年元老足球队与香港元老足球队建立了省港埠际比赛会，规定每年举行一次足球赛。受元老足球队的影响，广州元老排球队、元老网球队、元老篮球队纷纷成立，并且也参加了省港埠际比赛会，由此带动了广州一批中老年人参加体育活动。1936年12月，省港体育元老会成立，简章草案规定入会年龄须

① 《轰动全市之环市赛跑》，《广州民国日报》1931年2月21日。
② 《环市赛跑今日举行》，《广州民国日报》1933年2月25日。
③ 《市校运动会订定球类预赛规则》，《广州民国日报》1935年11月26日。
④ 《青年会开办小学初级游泳班》，《广州民国日报》1930年6月18日。

超过 40 岁。

从性别来看，在社会体育活动中，尤其是在体育比赛中，男性比例明显高于女性，这与中国传统观念密切相关。以广东省运动会及广州市校运动会为例，第十二次省运动会的参赛人数共 2846 人，男子 2106 人，女子仅 740 人；第十四届省运会参赛人数为 1722 人，男子 979 人，女子 743人。第六届市校运动会参赛者男子 1681 人，女子 729 人。有些小型体育比赛仅限于男子参加，如光鼎杯足球赛、自治杯万国足球赛、工友篮球赛等。第六、七、八届广州市环市赛跑也仅限男子参加。体育社团和体育队伍的参与者也是以男性为主，只有少数学校和政府机关才有专门的女子体育队，如真光女中、岭南大学、广州市政府等。广州基督教女青年会曾专门针对女性开展体育活动，成立各类女子体育团队，举办女子篮球、排球、垒球、乒乓球、游泳等各类比赛。1936 年 8 月广州市政府成立了女子网球队。随着社会风气的日益转变以及政府和社会各界的积极提倡，女性参与社会体育的人数逐渐增多。以广东省运动会及市校运动会为例，1928年参加第十一届省运会的女子人数为 535 人，1937 年第十四届省运会时女子参赛人数为 743 人，相较第十一届省运会增加了 208 人。第三届市校运动会参赛女子 472 人，第六届市校运动会参赛女子 729 人，相较第三届市校运动会增加了 257 人。

第十三章

传统救济的转型

社会救济历来是一个重大的社会问题。近代，西方的社会救济思想及制度开始传入中国，引起了中国社会救济思想的变革。清末，中国思想界突破了传统的"重养不重教"的观念，提出了"教养兼施""以教代养"等新的救济理念，并试图结合中西社会救济思想，构建新的社会保障体系。

民国时期灾荒不断、战争频繁，社会弱势群体数量庞大，这一特殊的社会状况进一步推动了社会救济事业的发展，出现了很多国家办理的社会救济机构，广州市贫民教养院就是其中一个典型的代表。从中我们可以看出，民国时期广州社会救济的体制逐步完善，救济的标准渐趋公平，救济走向法制化，而且救济机构的专业化、科学化程度明显提高。救济的范围有所扩大，救济对象不仅仅是老幼孤残，还有不幸妇女、不良少年、失业者等弱势群体。救济的原则逐渐改变了以往"重养轻教"的传统模式，社会救济开始采取"教养并重""以工代赈"的新理念。所有这些都表明了民国时期广州的社会救济已开始由传统向现代转型。

一　救济体制逐步完善

（一）组织机构的设立

受传统的儒家仁政思想影响，中国历代王朝多设有养老救济机构，将其作为国家救济工作的一部分。如南北朝时期的孤独园，宋代的福田院、安济坊、居养院，元明两代的养济院、济众院，清代的栖流所、养济院、习艺所等，均为官办慈善救济机构。

1912 年 3 月 10 日，中华民国南京临时政府公布《南京府官制》①，设立民治科、劝业科、主计科、庶务科，其中民治科所掌管事务包括公益慈善等事项，开始将公益慈善等社会救济事业及其监督管理纳入政府的日常管理事务。1912 年 8 月，北京政府内务部颁布《内务部官制》②，规定内务总长管理赈恤、救济、慈善及卫生等事务，内务部下设的民政司负责贫民赈恤、罹灾救济、贫民习艺所、盲哑收容所、疯癫收容所、育婴恤嫠、慈善及移民等事项，民政司的社会救济工作更加具体。

南京国民政府成立后设内政部。1928 年 6 月，内政部颁布《内政部各司分科规则》，民政司下设四科，第四科掌理社会救济和其他社会福利事项，具体包括贫民救济、残疾老弱救济、勘报灾歉及蠲缓田赋审核、地方罹灾调查赈济、防灾备荒、慈善团体考核、慈善事业奖励、地方筹募赈捐审核及游民教养事项。③与此同时，内政部还颁布了《各地方救济院规则》，决定将全国各地原有的慈善机构进行全面的整顿，以县为单位，统一改组为救济院，以筹备办理各项慈善事业。7 月 27 日，内政部训令各省民政厅"境内已有各种教养游民办法，无论成绩如何，均须悉心调查，究其利弊，详晰陈明"④，为解决游民问题献策献计。于是，全国各地政府增设或扩建了许多贫民教养所、游民习艺所等，"据内政部十九年所调查之江苏、湖北、云南、福建、广东、河南、河北、山西、辽宁、吉林、黑龙江、热河、绥远、察哈尔、新疆等十六省之五六六县有救济机关四百六十六所"⑤，这在一定程度上推动了全国慈善救济事业的发展。

在广州，1909 年广东咨议局成立后，就有议员主张设立游民教养院，"收此游民为劳动者，以生产于经济界，实增莫大之活力；且游民已有所

---

① 蔡鸿源主编《民国法规集成》第 2 册，黄山书社，1999，第 102 页。
② 蔡鸿源主编《民国法规集成》第 7 册，黄山书社，1999，第 104 页。
③ 徐百齐等编《中华民国法规大全》第 1 册，商务印书馆，1936，第 506 页。
④ 《内政部征求取缔游民地痞办法》，《申报》1928 年 7 月 27 日。
⑤ 柯象峰：《中国贫穷问题》，正中书局，1935，第 327 页。

以教养，则不致引良人以为非，于普及教育亦甚有关系"①。虽然在设立这一机构时还没有明确的社会救济理论作为指导，但广东咨议局已将收容乞丐作为一项重要工作，这在一定的程度上推动了广州社会慈善事业的发展。

民国成立以后，孙中山的社会救助思想对广州市社会救济事业的发展产生了较大的影响。1918 年 10 月成立的广州市政公所，在拆城墙筑马路的同时，也关注市内大量存在的乞丐游民问题。1921 年 2 月 15 日成立的广州市市政厅为加强城市管理，制定了相关法规，收容严重影响市容的街头乞丐。1924 年 1 月召开的中国国民党第一次全国代表大会，重新解释民生主义，特别强调对农民、工人及其他弱势群体的社会救助。1925 年 7 月 1 日，广州国民政府成立后，为将广州建成模范城市，便更为关注与其政绩相关的社会问题，社会救济事业在这样的背景之下也取得了一定的进展。

1928 年 6 月，在内政部对社会救济做出要求的同时，广州市政府认为市内 "鸠形鹄面之辈，三五成群，追逐行乞，以求日用饘粥之资，或则跪伏道旁，哀号求乞"② 的现状 "既失先总理改善民生之主旨，且有玷模范市区之美誉"③，也决定 "无论如何困难，应由市政府设立贫民教养院一所，将本市乞丐及无业游民概行收养"，④ 并令市工务局、公安局、财政局、教育局四局进行协商，参照广东省政府转发的内政部《各地方救济院规则》，妥拟建立贫民教养院的计划，以最快的速度筹建广州市贫民教养院。7 月，在拟订《贫民教养院组织章程草案》的同时，为保证贫民教养院筹备工作的顺利开展，市政府决定成立筹备委员会，直接隶属于广州市政府，作为办理贫民教养院筹备事务的执行机关。筹备委员会设在市政府内，黄焕庭为委员会主席，负责处理日常事务。规定每逢星期二、星期五下午一时开常会各一次。筹备委员会还设立秘书处，设秘书、干事、事务员各一人，负责办理会内文书、调查、统计、会计、庶务、记录、报告、

① 段云章、倪俊明编《陈炯明集》，中山大学出版社，1998，第 13 页。
② 《贫民教养院组织章程案》，广州市档案馆藏，档号：资－政－581－296－27。
③ 《林云陔决筹设贫民教养院》，《广州民国日报》1928 年 6 月 2 日。
④ 《贫民教养院组织章程案》，广州市档案馆藏，档号：资－政－581－296－28。

典守、印信及其他事项。①

筹备委员会成立后，便积极开展筹备工作。如讨论拟定各种规程、向政府和社会各界申请筹措经费、呈请市政府转令公安局调查市内乞丐人数等，但其主要的工作是制定《临时收容所组织大纲》，在"广州市贫民教养院未组织成立以前，先将普济三院及教育局所办之贫民教养院、盲人学院收并整理，改为广州市贫民教养院临时收容所"②，内设老人股和盲哑股，"先期收容老弱病残，借资救济"③。

经过3个月的筹备，广州市贫民教养院于1928年11月1日正式成立。贫民教养院的组织机构日渐完善，正副院长和总务科、教务科、管理科的负责人共同组成院务会议，负责处理院内重大事务。为了能够集思广益，更好地办理新院建设和募款等事务，1928年11月底，贫民教养院登报"聘请市内名流及热心公益者为董事"④，很快便聘到十几名董事。1929年2月13日，广州市贫民教养院在贫民教养院礼堂举行了董事会成立典礼，"董事到者有沈志澄、蔡昌（陈仲文代）、黄焕庭、蒋于舒、刘荫孙、黎淡观等多人"⑤，市长秘书黎藻鉴代表市长到会致辞。董事会在成立后拟定了筹款建筑新院的详细办法，积极办理各项工作。

到1931年11月，因贫民教养院中少壮股、老人股、残疾股、盲哑股各股力量逐渐发展壮大，广州市社会局将其作为一个庞大的整体进行管理颇感困难。于是广州市社会局因势利导，将贫民教养院管理科的各股独立，将老人股改设为惠老院，将盲哑股和残废股合并改设为健济院，少壮股依然用名贫民教养院，三所救济院各设院长一人，继续负责进行收容工作。但一年多的时间里，"成绩比较合并时稍逊"⑥，因此广州市社会局再次对三所救济院进行改组。而早在1931年2月，为了救济失业华侨，社会

---

① 《广州市贫民教养院筹备委员会组织大纲》，广州市档案馆藏，档号：4-01-1-162-4-241~242。
② 《贫民教养院临时收容所办法大纲》，《广州民国日报》1928年9月27日。
③ 《贫民临时收容所地址》，《广州民国日报》1928年9月12日。
④ 《拟聘董事》，《广州民国日报》1928年11月30日。
⑤ 《贫教院董事会成立纪》，《广州民国日报》1929年2月15日。
⑥ 《市长提议将贫民教养院惠老院健济院合并改组》，广州市档案馆藏，档号：4-01-1-169-1-11。

局就曾提议将贫民教养院与育婴院合并改名为救济院，"以博侨商之欢心，而捐款易于汇集"①。加之1930年内政部又颁布了《救济院组织章程法》，要求各地建立规模更大的救济院。因此，社会局提议再次将三所救济院合并，改名为广州市救济院。1933年10月，三所救济院正式合并为广州市救济院。救济院在贫民教养院基础上继续发展，它的各项工作基本上是以原贫民教养院为模板，只是规模更大，办理更为有效。

政府相关部门制定各种规章制度，以政府行政力量推动社会救济，调集各方力量协同办理具有明显现代特征的救济机构。如筹建贫民教养院时，市政府要求工务局、教育局、公安局、财政局、卫生局各局分工合作，各尽其责。教养院由工务局、教育局共同负责经营，所有建筑计划及工程由工务局、教育局共同负责规划编造，教养院经费预算由教育局负责，财政筹措由财政局负责，贫民之收送手续由公安局负责办理，"病室及其他卫生设备事宜应加入卫生局负责办理"②。

（二）规章制度的厘定

民国建立以后，广州市政府制定的一系列法规中多有涉及社会救济的内容，这保证了社会救济的推进。其中《贫民教养院组织章程草案》就充分体现了近代救济机构的进步性。章程共13条，内容详尽，包括贫民教养院的名称、宗旨、院址、经费、收容名额、组织、课程、设备、学期、入院、出院、办事细则等问题，初步确定了贫民教养院的组织制度。

根据组织章程规定，该院被定名为"广州市市立贫民教养院"。因为"本市现时虽已设有贫民教养院，然规模狭小，不足以收容多数贫民，兹拟另择近郊广阔地点扩充办理，并将现有之教养院归并之，机关既免骈枝，而收效亦较宏大，事贵循名核实，故定名不妨仍旧"③。

贫民教养院的基本宗旨是收容市内没有依靠的贫民，对他们进行教育，使他们具备自谋生活之能力，对老弱病残等没有能力自谋生活的则对其进行照看。从贫民教养院的组织章程和日后的具体工作中，我们可以看

---

① 《林市长在纪念周中报告整理水厂及贫教院》，《广州民国日报》1931年2月5日。
② 《筹办贫民教养院案》，《广州市市政公报》第297期，1928年，第17页。
③ 《贫民教养院组织章程草案》，广州市档案馆藏，档号：资－政－581－295－15。

到由贫民教养院的教育宗旨所体现的民国时期广州的社会救济思想已渐趋成熟。

　　章程规定由市政府拨给近郊广阔适用之地建筑贫民教养院。在面积约100亩的范围内，不仅有传统救济机构的基础设施，如宿舍、厨房、厕所、浴室，以保证入院贫民的基本生活，还有工场、原料室、储货室、分销室，为入院贫民提供院内做工的机会。疗养室被分别改为传染病室和普通病室，这说明入院贫民身体健康问题得到重视。为了丰富入院贫民的日常生活，贫民教养院还修建了运动场、大礼堂、图书馆、陈列室等场所供入院贫民休闲娱乐，有利于贫民体质的增强和素质的提高，更体现出广州市在社会救济事业中人性化的管理。尤其是课室的设置，说明政府改变了传统的"重养轻教"救济思想，开始对入院贫民教育问题予以重视。

　　贫民教养院组织机构设院长一人，主持全院事务。院内最初设三课，最后定为五课，即总务课、教务课、医务课、管理课、营业课，各设课主任一人。总务课下设会计股、庶务股、文书股、注册股、职业介绍股，教务课下设科学股、工艺股、训育股，医务课下设治疗股、医药股、看护股，管理课下设幼童股、少壮股、盲哑股、老人股、残废股，营业课下设购料股、工作股、分销股。

　　章程还专门规定了贫民教养院所设课程为科学和艺学两种。科学涉及浅易语文、算术、常识、简易簿记、货币辨别，艺学涉及草织品、藤织品、椰羽品、竹织品、冷绒织品、印刷品、缫丝、木工、白铁工、布鞋、皮鞋、织袜、毛巾制品、缝纫。市政府审查之后，在课程中又增加了训育一科，内容有三民主义、公民道德、实践道德、模范人物故事、体操及其他运动、音乐及其他游戏。不仅要让入院贫民学习知识和技能，还要对他们加强思想教育。

　　（三）救济经费的筹措

　　财政拨款是国家行使管理职能的表现，而社会救济的财政拨款情况，从侧面反映了国家对社会救济的重视程度。民国时期广州市政府通过直接财政拨款、调拨其他捐税、设立专门税种三种方式，在一定程度上保障了社会救济的经费来源，财政拨款的预决算制度也说明广州社会救济体制的逐步完善。

直接财政拨款。民国成立以后，广州市原有的普济三院和市立贫民教养院以及1924年教育局开办的市立盲人学校等官办救济机构均由政府拨款维持运营，如市立贫民教养院每月由教育局拨给862.5元，市立盲人学校每月由教育局拨发经费200元，虽然数额不大，但却是这些救济机构得以维持的主要经济来源。1928年筹备广州市贫民教养院时，《贫民教养院组织章程草案》即规定："本院经常临时两费当呈请市厅分别拨给。"① 市政府也"着财政局在市库收入项下侭先筹拨五万元以资开办"②。贫民教养院创办伊始，广州市政府每月拨给经费16384元，以维持其发展。到1929年10月，财政局为节省市库开支，决定"由十月份起，该院之经费停止供给"③，由直接财政拨款改为市财政局从娱乐、筵席等捐项下借拨1.6万元经费给贫民教养院。

调拨其他捐税。除了直接的财政拨款，广州市政府还通过调拨其他捐税补贴社会救济经费。广东省在1923年8月颁布《商业牌照税条例》，规定全省所有商业公司、店铺一律按其资本额一次性征收1%的商业牌照税。从1924年起，广州市开始征收商业牌照税，但市内很多商店隐匿不报。1929年市政府决定，逃避商业牌照税者，"发觉后照章应处罚，此项罚款拨充孤儿院及贫民教养院经费"④。又如1929年11月，国民政府免征广东省米糠行"糠税共毫洋八万四千六百零三元"⑤。此款本来要被如数发还给米糠行，但米商公会认为米糠税虽由米糠行缴纳，而间接上则取诸卖糠人之手，将此税归之米糠行，实为不当。于是提议将米糠行收去之糠税作为贫民教养院及公安局消防队慈善救火会经费，最后省政府决定将此款用于办理慈善事业，拨作贫民教养院经费。此外，广州市政府还从山铺票中抽出4厘奖金捐，作为贫民教养院的经费；"带征店户每月捐补助贫民教养院经费"⑥；"在利源手车公司罚款项下，拨支一万元作为该院建筑费"⑦；

① 《贫民教养院组织章程草案》，《广州市市政公报》第295期，1928年，第15页。
② 《筹备贫民教养院案》，《广州市市政公报》第297期，1928年，第17页。
③ 《林市长拨借贫教院经费》，《广州民国日报》1929年11月8日。
④ 《商业牌照罚款拨充贫教院经费》，《广州民国日报》1929年4月1日。
⑤ 《派员提取糠税拨充贫教院经费案》，广州市档案馆藏，档号：资－政－585－347－144。
⑥ 《关于征收店户月捐充贫教院经费案》，广州市档案馆藏，档号：资－政－585－342－74。
⑦ 《市库拨助贫教院建筑费》，《广州民国日报》1930年1月13日。

广州市征收女伶牌照费充贫民教养院经费；财政局变卖被侵占公物拨充贫民教养院经费。广州市政府为了筹措社会救济经费，可谓想尽办法，多方筹集。

设立专门税种。为了给贫民教养院提供稳定的经费来源，广州市政府专门开征新税——贫民教养费，以支持贫民教养院的发展。"民国十八年本府为救济市上乞丐，俾教养有所，不至流离街道起见，爰开始征收贫教费。"① 贫民教养费即由征收花捐附加、特种娱乐捐附加及商店住户月捐等组成，"合计每月约收二万"② 元。第一期贫民教养费从 1929 年 11 月 15 日开始征收，"（一）贫民教养费每年度分两期征收，每期按洁净费额六个月缴纳，如每月洁净费一元者，每期应缴六元，余照类推。（二）贫民教养费自业者由业主缴纳，租赁者由住客缴纳。（三）凡住户迁出，必须清缴贫民教养费，持单交该警区验明，方给迁出证"③。1930 年 5 月 15 日征收了第二期贫民教养费。自 1932 年起征收办法改为随地税带征贫民教养费，其数额为地税十分之一，由市财政局令地税征收员兼收贫民教养费。具体规定为"（一）贫民教养费系由本市贫民教养院会同总商会等六商会议决，呈奉市府核准，照商店住户洁净费全年额数，每年度分两期征收（每期收六个月），由市财政局负代收义务；（二）全市贫民教养费由各地税征收员按照原管地税区域分别负责带收；（三）此项贫民教养费，自业者应由业主缴纳，租赁者由住客缴纳；（四）凡住户迁出必须清缴贫民教养费，持单交警区验明，方给迁出证；（五）各征收员收得之款须按日解缴财政局核收，不得积压，疲玩及有其他情弊者彻究；（六）财政局按月将贫民教养费收入总数呈报市府备查；（七）各征收员应支津贴照原拟议决案于收得费款项下提拨五厘；（八）如有未尽事宜随时增改"④。因为"此系慈善捐输，人人具有同情，举办以来，市民乐于输将，办理尚无窒

① 广州市政府编《广州市政府三年来施政报告书》（1935 年），广东省立中山图书馆特藏部藏，第 330 页。
② 《贫教院每月经费收支统计》，《广州民国日报》1929 年 10 月 27 日。
③ 《布告开收第一期贫民教养费》，广州市档案馆藏，档号：资－政－585－347－59。
④ 广州市政府编《广州市政规章集刊》（1930 年），广东省立中山图书馆特藏部藏，第 13 页。

碍"①。但至 1934 年，在其他经费无法得到保障的情况下，原有贫民教养费已入不敷出，因此财政局提议并经市政会议议决通过，从 1936 年开始增加贫民教养费的征收额，以土地税的二分之一为限，并规定由业主和住户各负担一半。

二　救济范围有所扩大

中国农耕社会时期，由于安土重迁的观念，流动人口相对较少，社会救济的对象主要是本土的年老贫弱病残之人。近代，随着农村经济的凋敝和城市化的发展，大量农村人口离村流向城市，在城市经济无法消化的情况下，又产生了大量的城市贫民。因此，民国时期广州社会救济的范围有所扩大，不仅继续救助救济机构原来救助的孤寡老人和残疾者，同时还收容社会上无依无靠的幼童和乞丐以及无业游民、流民、灾民、难民、失业华侨等特殊的年富力强者，体现了社会对弱势群体的广泛关注。

（一）对乞丐群体的收容救助

乞丐问题是民国时期的一大社会问题。衣衫褴褛的乞丐在城市中沿街乞讨，完全依赖他人的施舍而生活，不但影响城市市容，败坏社会风气，而且因其数量过大还会引起社会秩序的混乱。为此，民国政府要求各地设立救济院、庇寒所、栖流所、广仁堂、工艺局等机构，采取社会救助的办法解决乞丐问题。

近代的广州商贸繁盛，但大型的现代工厂并不太多，对涌入城市的离村农民的容纳程度有限，因此流民失业沦为乞丐者众多。民国时期，广州的乞丐在全国都很有名，"关帝厅人马"是广州乞丐群体的总称，势力最大的时候发展到 5 万人。这些人多数是为生活所迫而沦为乞丐，如创立于清雍正年间的普济三院有老人及瞽目者共千余人，平均每人每月生活费仅2.2 元，"每日虽有饭食，但属粗粝，极难入口，蔬菜均属菜栏所摭拾之落

---

① 《财政局提议变更贫民教养费征收办法以昭平允案》，《广州市市政公报》第 503 期，1935年，第 73 页。

叶，间有薯芋而无油无盐，且亦不多，不能饫饱，故不能不出外行乞"①，以致"广州市面之乞丐大率出自该院之贫民"②。还有一些人则是因为好吃懒做，专门以乞讨为生，使乞丐成为一种畸形职业。乞丐终日露宿街头，衣不蔽体，追逐行人，企求施舍，严重有碍广州市市政观瞻。因此，广州市政府对乞丐尤为关注，令公安局调查市内乞丐确切人数，以便对其进行收容。根据公安局 1928 年 10 月的调查，市内乞丐中的残疾者 151 人，盲哑者 93 人，少壮者 108 人，老弱者 311 人，幼童 22 人，合计 685 人。③针对数目庞大的乞丐群体，当时的临时收容所计划"第一期先全数收容乞丐，第二期则收容无业游民，第三期然后收容其他贫民"④。

　　政府举办临时收容所期间，收容所曾派员工沿街规劝各乞丐进入收容所，以免在外挨饿受冻，但乞丐却因各种原因多不愿被收容。一些被收容的乞丐，因早已习惯自由行乞的生活，受不了规则的限制，所以常有乞丐逃走的情况。结果，创办临时收容所期间的乞丐收容工作效果不佳。

　　贫民教养院正式成立后，专门组织"捕丐队"，依靠各警区的协助，强制收容市面乞丐。还挑出少壮股中较为驯服的贫民，分成若干队，每队配一名职员率领，持印有"广州市贫民教养院收容乞丐"等字样的白布长旗，并督率特警什役等"随带麻绳数束，遍巡市面，遇有乞丐不愿入院者，则行强迫，并缚以绳，押送入院，如捉犯然"⑤。贫民教养院还"自行雇用汽车，分巡市上，截收流丐"⑥，每到一处，停车数十分钟，由警察下车分头搜索。政府对乞丐进行收容，本是发挥社会保障功能，救济贫民，为贫民谋福利之举，但在收容过程中却出现了"以绳捆缚"的过激的收容方式，这说明当时的社会救济理念不够成熟，救济者在履行救助责任时忽略了受救助者的人格和尊严。乞丐不愿被收容，既反映出社会救济机构的宣传工作不到位，又反映民众思想的落后，还可以看到乞丐等弱势群体扭

① 《教养院委员参观老人各院》，广州市档案馆藏，档号：资 - 政 - 581 - 304 - 51。
② 《市行政会议收并普济三院及贫民教养院盲人院计划案》，广州市档案馆藏，档号：4 - 01 - 1 - 162 - 4 - 222～223。
③ 《广州市政府统计年鉴》，广州市档案馆藏，档号：资 - 政 - 2044 - 68。
④ 《贫教院收容教养贫民之进行》，《广州民国日报》1928 年 10 月 1 日。
⑤ 《贫教院派出捕丐队》，《广州民国日报》1929 年 10 月 25 日。
⑥ 《贫教院注意收容市面乞丐》，《广州民国日报》1929 年 2 月 28 日。

曲的心灵。

由于广州气候温暖，每到寒冬季节，外省流浪人口便大量涌入市内行乞，因此广州市还面临着季节性的对外地乞丐的收容救济工作。此外，香港当局还经常遣送粤籍乞丐和贫民回穗。仅1928年11月30日至1929年8月2日，不到一年时间，贫民教养院共收容自香港解送回穗的乞丐397名。①

（二）对瞽姬群体的收容救助

同治初年，在广东开始出现街头演唱粤曲的失明女艺人，她们被称为"瞽姬"或"师娘"。到了20世纪初，瞽姬已经成为广州市一个谋生的职业群体，在1911年广州城区居民职业分类的一项统计中，从事这一职业的就有218户。瞽姬有的是先天即盲，出于无奈不得已而从事卖唱以维持生计。也有很多是后天变盲，如"有狼毒老妇，向乡间买得贫家女童，用药将之毒盲，然后授以歌曲，使其出做摇钱树"②。20世纪20年代瞽姬这一职业开始衰落，无人雇唱的瞽姬或被迫沿街行乞，或"有秘密卖淫之举"③。因此，对瞽姬这一特殊的残疾弱势群体的社会救助兼有整肃社会风气的作用。

1925年，广州市政府就令教育局"速与市内各慈善社团，设法收容"④瞽姬。经过市教育局、善团总会、慈善事业委员会等多次讨论，并经市行政会议议决，最终于1928年9月颁布了《修正广州市市立瞽姬教养院章程》⑤，规定了该教养院由市财政拨款、归属教育局监督管理的公立性质，还规定了收容数额"以三百人为限，但于必要时得扩充之"，还特别强调了"在市内度曲或卖淫之瞽女须强制收容入院"，这就意味着瞽姬不论卖淫与否，都必须进入教养院接受教养。

鉴于瞽女教养院的建成需要时日，而瞽姬问题又亟待解决，故广州市政府转令"贫民教养院速将本市瞽姬设法收容"⑥。于是广州市贫民教养院

---

① 《贫民教养院收容的香港乞丐数目》，广州市档案馆藏，档号：资－政－584－337－24。
② 《本市瞽姬状况》，《广州民国日报》1929年12月4日。
③ 《令公安局市内度曲盲妹仰从严查禁》，广州市档案馆藏，档号：资－政－577－214－30。
④ 《市厅设法安置瞽姬》，《广州民国日报》1926年1月13日。
⑤ 《修正广州市市立瞽姬教养院章程》，广州市档案馆藏，档号：资－政－581－298－17～19。
⑥ 《市厅令饬收容市内瞽姬》，《广州民国日报》1928年10月16日。

筹备委员会 1928 年 9 月通过的《临时收容所组织大纲》① 规定设置盲哑股，地址在北横街原普济三院之瞽目院，先行收容包括瞽姬在内的残疾人。在 1928 年 11 月颁布的《临时收容所暂行收容贫民章程草案》将卖淫瞽姬也视作收容对象，并专门制定了收容瞽姬的办法："凡在市内度曲卖淫之瞽姬，经警察发现，得解送本院，予以教养。倘该瞽姬不愿入院，须觅殷实商店或社会负有声誉之人，具结保出，惟须声明以后不得再行卖淫。一经发觉，准由警察随时拘送来所，转解公安局，酌施惩戒。"②收容入院的瞽姬被安置在盲哑股，每个房间住四人，每人发给新床板一副，草席一张，洋毡一张，蚊帐一床，面巾两条，洗脸盆一个，牙刷一支，早晚饭四人一桌。"并雇用老人二名，代洗衣服。"③

20 世纪 20 年代末公安局及贫民教养院收容瞽姬的联合行动取得了一定的社会效果。在收容的高峰期，"长堤、靖远路附近、及城内榨粉街口等处，若辈已告绝迹"④，但警察在执行收容瞽姬任务时一度行为过激，出现任意闯入民宅搜捕的情况，一定程度上又加重了本已存在的社会问题。20 世纪 30 年代以后，原贫民教养院独立出来的健济院和后来重组的广州市救济院虽然仍继续收容瞽姬，但随着瞽姬行业衰落后该行业人数减少而影响减小，瞽姬群体不再成为政府的重点关注对象。

广州市政府对处于社会底层又身体残疾的瞽姬给予一定的关注和救助，前期的出发点倾向于人道救助，而后期则出于人道、风化、卫生、市政建设等综合考虑，基本上体现了从"禁""养"的初级救助到"禁""养""教"的近代救助模式的变化，反映了政府对弱势群体的救济理念的转变。

（三）对其他弱势群体的收容救助

1929 年 9 月广州市社会局成立后，鉴于社会上卜筮、星相、巫觋等职业盛行、迷信氛围浓厚的现象，为除旧布新改良社会风气，决定从 1930 年 1 月 1 日起，禁绝卜筮星相职业，要求以此业为生的人员限期改业。但由

---

① 《贫民教养院临时收容所办法大纲》，《广州民国日报》1928 年 9 月 27 日。
② 《临时收容所暂行收容贫民章程草案》，广州市档案馆藏，档号：资－政－581－304－44。
③ 《贫教院待遇留院瞽姬之实情》，《广州民国日报》1929 年 5 月 25 日。
④ 《本市瞽姬今始绝迹》，《广州民国日报》1929 年 4 月 27 日。

于广州市从事卜筮星相业的人员历来众多，如果将其全数取缔，这就意味着大量以该业为谋生手段的人员失业，尤其是"残废者，一旦破其饭碗，无业可干，必致待毙"①，故此项政令引发多方请愿，要求政府收回成命。社会局出于体恤民情的考虑，允许残疾者另行登记，发临时执业证，而对其他年富力强者则要求拨入贫民教养院收容。后为防止有人寻机重操旧业，社会局再次下令不论残废与否，一律禁止从事卜筮星相业，并安排贫民教养院接收从事卜筮星相业的残疾者。

1930 年，南洋群岛树胶停割，锡价大跌，致使商滞于市、工辍于场，"留居南洋各地失业华侨逾数万，兼受居留政府压迫驱逐归国，情状甚惨"②。许多失业华侨回国后，困苦不堪，情殊可悯。为了救济回粤华侨，广东省政府制定了永久救济和临时救济两种办法，其中临时救济法即将贫苦无依之失业华侨送入贫民教养院收容救助。因为当初贫民教养院筹建时曾"得华侨资助之力极多，现对于失业回国之侨胞，断不能漠视不理"③。由于贫民教养院面积狭窄，地方有限，无法安置更多的华侨，广州市方便医院还捐助 1 万元，帮助贫民教养院增设了 4 间宿舍，每间可容 150 人，有效地缓解了政府救济华侨工作的压力。

与此同时，受世界经济危机的影响，香港经济也出现严重衰退，失业人口增加。1930 年前后，"香港政府每逢星期五日，均有失业贫民及在港犯事禁满释放者递解来省"④。而此时正值严冬季节，北风凛冽，大量贫民露宿街头，情状凄惨，所以贫民教养院便将他们全数收容，分别将其拨入少壮、老弱、残废各股，予以安置救助。

贫民教养院对于一些外国贫民也予以收容救助。1929 年 3 月，市内"有印度贫民数名，无所依归，特派员收入院中教养，并特聘教师授各种工艺，俾资将来在社会谋自立"⑤。有时市公安局还将被拐青年暂时送到贫民教养院收养。由此可见，民国时期广州市社会救助的范围非常广泛，不

---

① 《社会局将收容卜筮星相失业者令贫教院预备名额》，《广州民国日报》1929 年 12 月 3 日。
② 《贫弱华侨送往贫教院》，《广州民国日报》1931 年 6 月 21 日。
③ 《拓展贫教院址》，《广州民国日报》1930 年 12 月 23 日。
④ 《贫教院收容香港贫民》，《广州民国日报》1930 年 1 月 17 日。
⑤ 《贫教院收容印度人》，《广州民国日报》1929 年 3 月 26 日。

仅限于老弱病残，凡乞丐、无家可归的贫民、流浪者、失业者等都予以收容救助。

（四）政府救济机构的救助统计

从人数上来看，1928 年 11 月贫民教养院正式成立时，普济三院存留1465 人，当月收容 658 人，12 月收容 207 人。[①] 之后陆续收容的人数时多时少，总体上呈逐渐下降趋势，到 1929 年 6 月仅收容 19 人，8 个月的时间里平均每月收容 155 人。主要原因是贫民教养院收容工作刚刚起步时，由于地方尚为宽阔，可以容纳的贫民人数较多，所以收容力度较大。随着入院贫民人数的增加，贫民教养院的工作负担加重，收容速度开始减慢，入院人数也相对减少。贫民教养院举办的第一个月，由于收容制度不够完善，收容来的乞丐不习惯院内生活，所以出院人数相对较多，此后出院人数逐渐减少，总人数仍然保持增长。其中老人股人数最多，且老人一旦入院，极少有人再出院。少壮股人数基本保持在 400 人左右，他们大多为乞丐，因其年轻力壮谋生之路相对较宽，加上许多乞丐宁愿在外自由行乞也不愿受教养院约束，因此少壮股是三股中出院人数最多的一股。残废股的贫民分为瞽目和残疾两类，瞽目类贫民占了绝大多数，残疾人人数较少，囿于身体的缺陷，该股受救助者生存能力有限，他们在社会上更难立足，所以残废股贫民入院后极少出院。到 1933 年 10 月救济院合并成立后，收容人数有所增加。仅 1935 年上半年就收容 4845 人。

从性别上来看，贫民教养院收容的男性总体上略多于女性，但各股分布极不均匀。少壮股和残废股中的残疾类完全没有女性，但老年股的女性远多于男性。如 1928 年 11 月，老年股留院人数总共 1228 人，其中女性839 人，男性 389 人；1929 年 6 月，老年股留院人数总共 1540 人，其中女性 948 人，男性 592 人。[②] 残废股的瞽目类中，女性人数大致保持在 200 人左右，1928 年 11 月至 12 月在该类中所占比例约为 30%，1929 年 1 月至 6月在该类中所占比例约为 40%。这些女性瞽目者基本上都是被收容的瞽姬。1935 年上半年，救济院少壮组收容男性 1883 人，女性 13 人；残废组

---

① 《广州市政府统计年鉴》，广州市档案馆藏，档号：资 - 政 - 2044 - 209。
② 《广州市政府统计年鉴》，广州市档案馆藏，档号：资 - 政 - 2044 - 210。

收容男性 483 人，女性 389 人；老年组收容男性 537 人，女性 1540 人。[1] 可见民国时期的女性老人缺乏职业竞争力，生存能力极为低下，生活处境更为困难。

从籍贯上来看，以 1929 年 10 月为例，总计收容 2137 人，其中番禺 550 人、南海 270 人、顺德 108 人、东莞 108 人、花县 106 人、高要 102 人、惠阳 98 人、新会 80 人、增城 78 人、三水 57 人、清远 44 人、四会 34 人、茂名 31 人、高明 31 人、鹤山 29 人、台山 27 人、中山 22 人、开平 22 人、从化 18 人、梅县 18 人、罗定 14 人、恩平 11 人、云浮 11 人、博罗 11 人、河源 11 人、潮安 10 人、英德 9 人、新兴 8 人、龙门 7 人、合浦 7 人、实安 6 人、阳江 6 人，其他县 193 人。[2] 可见入院贫民的籍贯遍布省内各地，其中番禺县最多，其次是南海、顺德等县。造成这一现象的原因主要有两点。一是 1928 年广东省旱灾的"灾区占全省面积三分之二"[3]，1929 年 58 个县又遇水灾、风灾、虫患，"死亡有二万七千人，受其侵害者有十二万人"[4]。无法维持生计的灾民，从四面八方大量涌入广州，最终相当一部分人因谋生无路而流落街头。二是民国时期交通不便，灾民多就近谋生，故以广州周边各县的贫民为多。到 1933 年 1 月，收容对象已不仅限于广东本省的贫民，还有来自广西、福建、湖南、湖北、云南、贵州、江西、江苏、上海、安徽、山东等地的贫民。

从年龄上来看，贫民教养院成立之初新收容的贫民中，10 岁至 19 岁的贫民人数占 4.2%，20 岁至 29 岁的占 22%，30 岁至 39 岁的占 23.4%，40 岁至 49 岁的占 23%，50 岁至 59 岁的占 16%，60 岁以上的占 11.4%。[5] 除了 20 岁以下的人数相对较少外，其他几个年龄段的人数比例相差不大，大部分贫民的年龄在 20 岁到 60 岁之间。由此可见，除了残疾人外，其他的贫民大多是具有劳动能力的，但却因种种原因沦为被收容救助的对象。

从入院前从事的职业来看，1929 年 6 月的不完全统计结果涉及中西医

---

[1] 《救济院收容贫民总数》，《广州市市政公报》第 507 期，1935 年，第 113 页。

[2] 《贫教院贫民籍贯之统计》，《广州民国日报》1929 年 10 月 1 日。

[3] 《粤省各县旱灾之赈济》，《盛京时报》1928 年 12 月 13 日。

[4] 《粤省灾区达五十八县》，《盛京时报》1929 年 3 月 28 日。

[5] 《筹设贫民教养院收容游民乞丐案》，广州市档案馆藏，档号：4-01-2-161-194。

业、五金工业、造补鞋业、理发业、泥水油漆业、矿业、玉器业、藤竹工业、工匠建筑业、机器工业、商业、裁缝织造业、军警政界、劳力、小贩、农业、佣工杂役及其他职业。① 这说明贫民教养院收容的人员较杂，各行各业都有。其中知识技术型人员所占比例极少，如中西医业只有老人股中有 5 人。需要具备一定技术能力的行业如五金工业、造补鞋业、理发业等行业人数也不多。大部分贫民来自非技术行业，如佣工杂役、农业、小贩、军队和其他的一些底层服务行业。可见，民国时期由于天灾人祸并重，社会动荡不安，人民生活毫无保障，工作极不稳定。大多数行业的从业人员随时都有可能沦为乞丐或游民。

三 救济模式发生转变

中国传统的社会救济模式是"单纯恤养""重养轻教"，所以救济机构主要提供食宿和简单医疗，政府的"施粥""施药"本质上是一种施舍，体现的是统治者的"仁政"与"爱民"。近代西方社会救济思想传入中国以后，对中国传统的救济模式开始产生影响。到民国时期，如何转变传统的救济模式，成为社会救济的一个重要问题。广州贫民教养院对入院贫民实行"养为基础""教养并重""以工代赈"的救济模式，这较好地体现了救济模式转变。

（一）"养为基础"——对被救助者生活的保障

贫民教养院在对入院贫民的食宿提供基本保障的同时，对其生活也实行规范化管理。伙食上规定贫民的口粮款为每人每月 4 元，每天肉食 5 钱，二荤二素。一日两餐，春夏季早饭在 9 点，晚饭在 5 点；秋冬季早饭在 9 点，晚饭在 4 点。1933 年，拆分后的惠老院因"被厨役所中饱"②，院中老人的伙食异常粗劣。经整顿，原全院厨役被撤换，重新承办的厨役必须保证"每人每餐以五寸碟合载一荤两素"③ 的伙食标准。贫民每一处居所

---

① 《广州市政府统计年鉴》，广州市档案馆藏，档号：资 - 政 - 2044 - 211。
② 《社会局积极整顿惠老院》，《广州市市政公报》第 439 期，1933 年，第 36 页。
③ 《社会局积极整顿惠老院》，《广州市市政公报》第 439 期，1933 年，第 36 页。

设室长一人负责管理，每一室分为 12 组，每组设组长一人，每一组长管理 6 人。为了让院内贫民生活有规律，贫民教养院规定了作息时间，夏天早上 6 点起床，晚上 9 点就寝；冬天早上 7 点起床，晚上 9 点就寝。早晨起床后及晚上就寝时，事务员都要点名，每天还要随时巡视贫民住室，检查贫民是否有违反规定的行为。在这种管理制度下"院内各人亦皆循规蹈矩，甚少有叫嚣打斗等不法事故发生"[1]。

贫民教养院对贫民的个人卫生也有严格要求。由于收容来的乞丐长期流浪在外，基本没有卫生常识和良好的卫生习惯，泥垢满身，鹑衣百结。入院后，贫民教养院强制他们沐浴、剪发，改变形象，还发给他们统一的制服。规定夏天每日至少入浴一次，春秋每三日至少入浴一次，冬天每五日至少入浴一次。衣服夏天隔三日、春秋冬隔七日洗一次，必须保证身体和衣服的整洁。每月剪发一次。每星期将各街巷、住室大扫除一次，并由医生检查住室卫生，以防止各种疾病的发生和传染。贫民教养院通过这种严格的规定，不仅改善了贫民自身的卫生状况，让贫民养成了良好的卫生习惯，而且在一定程度上启发了他们的自我意识，让他们认识到要改善自己的生活环境，改变过去那种乞讨的生活，开始新的人生。

医疗保健也是贫民教养院在管理中极为重视的内容。入院贫民大多带有各种疾病，为保证贫民的健康，"各股均设有中医、西医、司药、男女看护等为病者诊治，并贮备应用药品，发给病者，遇有重症则移入养病室疗治"[2]。因为大多数贫民身体衰弱，精神颓丧，所以贫民教养院修建了运动场，让贫民加强锻炼，还特地聘请几名体育教员，每天早晨及黄昏的时候，带领各贫民赴东较场练习运动，并购买足球、篮球、网球等各种运动器具，以供贫民练习。盲人在工作之余，无事可做不免无聊，为调节盲人心绪，贫民教养院建立了俱乐部，购置乐器，定置凸字文报纸，并经常组织聚会，聊天谈心。贫民教养院还为各股安装了收音机，以丰富院内贫民的生活。总体来说，入院贫民身心较入院前更愉悦，发病率、死亡率都有所下降。

---

[1] 梁锡辉：《广州市残废救济事业之过去现在与未来》（1934 年），广东省立中山图书馆特藏部藏，第 175 页。

[2] 《林市长在纪念周报告整理水厂及贫教院》，《广州民国日报》1931 年 5 月 4 日。

（二）"教养并重"——对被救助者学习的帮助

《贫民教养院组织章程》所定之救济宗旨即收容市内没有依靠的贫民，对他们进行教育，使他们具备自谋生活之能力，对没有能力接受教育的人则对其进行养育。这种"教养并重"的救济理念说明民国时期广州的社会救济思想已渐趋成熟。贫民教养院成立后遵循这一思想，分科教授贫民各种知识。

科学方面的课程有浅易语文、三民主义、算术（珠算和笔算）、常识、简易簿记、货币辨别。主要目的是让入院贫民学习了解最基本的文化知识，初步摘掉文盲的帽子。各门课程为各股贫民所通习，除不堪学习者外，一律强迫学习。建院初期各股贫民分一年级和二年级各一班，分班教授。年纪小的幼童组成幼稚班，按照初级小学课程教授。每天晚上 6 点至 9 点，为学习科学课程时间。贫民教养院还为盲人设凸字班，购置字机排版印刷商务印书馆编定的新时代小学教科书，凸字教程根据学级课程编写，并聘请教员专门教授凸字，并举行学期测验，保证工读并重。

工艺科的课程是为了让入院贫民学习掌握一技之长，出院之后在社会上能够自谋生路。主要教授各种手工制品的制作技术，如草织品、藤织品、椰羽品、竹织品、冷绒织品、印刷品、布鞋、皮鞋、手巾制品、棉袜等的制作技术。"十岁以上之光目幼童，分发前往藤科习艺，时间由上午十时至下午四时半，晚饭后，七时至九时则上堂应读，每日均由领班带队前往工读。"[1] 针对少年学徒采用贫民夜校形式，在学徒工作之余，依照规定时间上课。贫民教养院规定："教养期限，定为两年，期满考试及格即发给毕业证书，使出谋工作，其程度低下者，则仍留院补习。如本人不愿出院，得斟酌留院工作，除生活费外，余六成归工人，四成归院使用，其程度低下者，则仍留院补习。"[2]

训育方面有三民主义、公民道德、实践道德、模范人物、体操及其他运动，还有音乐和其他游戏等。贫民教养院不仅要贫民学习知识和技艺，还非常重视对贫民的思想控制。院中的领导、事务员随时都会对贫民进行

---

[1] 《贫民教养院盲哑股改良办法》，《广州民国日报》1929 年 3 月 15 日。
[2] 《贫民教养院组织章程》，广州市档案馆藏，档号：资－政－581－307－9。

演说，以增长他们的见识，将其训练成遵规守纪之人。广州市"卫生局、教育局、海军司令部、政治部、宏仁演说社等每日派人前赴该院演讲"①，演讲内容包括政治、党义、卫生等公民常识。贫民教养院还将公民道德、社会常识、党义科学、卫生常识以及本院章则等制成标语，贴在院中，以便贫民记忆。要求贫民做到信仰党义、遵守规则、切戒行乞、注意卫生、祛除恶习、崇尚道德、和睦亲友、刻苦耐劳、潜心学艺、力求自立等十条规定。② 贫民教养院还规定每个星期一的上午11点，在大礼堂举行总理纪念活动，增强贫民对孙中山先生的敬仰。

此外，针对相当一部分瞽姬擅长歌、曲的特点，贫民教养院还专门"在盲哑股设立一瞽姬歌曲养成所，并请冯某及李某二人担任编曲教授"③，向瞽姬"授以新歌唱曲"④，以适应时代潮流。又在股内设歌曲部，组织盲人音乐宣传队，编选各种剧本，"前赴公园及教育会表演"。在孙中山诞辰纪念活动中，音乐宣传队还"穿着特定的灰色中山装制服，巡行表演，场面壮观"⑤。

（三）"以工代赈"——对被救助者工作的安排

民国时期广州社会救济模式改变的又一突出表现是建立各类贫民工场，实行"以工代赈"，此举既改变了被救助者懒散的习惯，帮助他们掌握了技能，又充分利用了劳动力为社会创造财富。贫民教养院和之后分化而成的惠老院、健济院、贫民教养院以及再后来合并而成的广州市救济院，在这方面都取得了较好的成绩。

贫民教养院在成立之初收容救助的人员中，大多数具有一定的劳动能力，尤其是少壮股的乞丐，年富力强，完全可以从事正常劳动。所以，为使贫民"在无聊之时间为社会作生利之事业"⑥，贫民教养院积极谋划建立各类贫民工场，并根据不同人群的实际情况分派不同的工作。如将藤器、

---

① 《贫教院轮席演讲常识》，《广州民国日报》1929年4月3日。
② 《广州市政公报民国十九年新年特刊》（1930年），广东省立中山图书馆特藏部藏，第228页。
③ 《贫教院设立瞽姬养成所》，《广州民国日报》1929年5月31日。
④ 《贫教院瞽姬登楼度曲》，《广州民国日报》1930年2月19日。
⑤ 《贫教院音乐宣传队总理诞日巡行表演》，《广州民国日报》1929年11月9日。
⑥ 《贫民教养院筹设工厂》，《广州民国日报》1929年2月23日。

车衣、刺绣工场设在原普济三院之女老人院内；葵骨扫帚、冷织等工场设在原普济三院之瞽目院内；椰羽扫帚、藤织、机制等设在少壮股，即原普济三院之男老人院。至 1929 年 2 月又继续增设织席、做鞋等工场，增加土木工程，并成立机制科制造图钉及电灯零件。7 月应各机关之急求，再添设印刷科，制作一些信封或其他办公用品。

　　除了上述与贫民教养院所开工艺课程相对应的贫民习艺工场外，贫民教养院还筹建和发展了一些其他类型的工厂。如石牌新院建成后，贫民教养院利用东较场旧址建了煤球厂，由留在该处的一些贫民学制煤球，低价"向市内食物馆推销"①。董事会在沙河附近水源地，为贫民教养院办了洗衣厂，并"于每日派车两架在市上分向各大商店、学校等接收"② 衣物。1929 年 5 月贫民教养院增设机器部，对市内各医院原自外国输入之婴儿铁床加以研究，遂"仿造此项婴床，向各院劝销，形式材料，与外来无异"③。再如日本每年从高要莲塘地区购进一种草本，用于制造各种草帽、草席、草垫、草袋等物品，从而谋取巨额利润。贫民教养院亦"购得该地大帮之草，以为原料，着该院机器部工程师黄某及化学师数人，担任研究制造草帽及各种草器"④，并购得一架软草机投入生产。为方便原料的购入、产品的销售和院内外其他事务的办理，贫民教养院"由十八年九月份以后每月贫民口粮盈余项下，拨款购置汽车一辆，以利运输"⑤，扩大生产。

　　贫民教养院在发展工科的同时，还积极发展农科。1929 年 8 月，贫民教养院在新院附近新收用的山岗设畜园林场，划分为畜牧区和种植区，聘请有农牧学识及经验者二人，另"挑拔老妇及略知种植之贫民，前往居住，分别种植蔬菜瓜果之属及饲养鸡鸭羊兔之类"⑥。并聘有农科专才，传授农业常识，使各贫民娴习农业技术，以备谋生之路。

　　除了在贫民习艺场工作外，院内贫民有时还要承担一些院外劳动。如

---

① 《贫教院拟设煤球工场》，广州市档案馆藏，档号：资－政－587－366－29。
② 《贫教院积极为贫民谋工作》，《广州民国日报》1929 年 3 月 29 日。
③ 《贫民教养院工场近况》，广州市档案馆藏，档号：资－政－585－355－93。
④ 《贫教院机器部研究草制品》，《广州民国日报》1929 年 5 月 2 日。
⑤ 《贫民工厂产品销售》，广州市档案馆藏，档号：资－政－585－354－160。
⑥ 《贫教院扩充新院址内容》，广州市档案馆藏，档号：资－政－584－336－33。

"奉第八路总指挥部命令，挑选贫民往充伕役者，凡百余名；往北路掘战壕者，六十余名；迭准各募兵机关函请挑选少壮应募新兵，又百余名；更如慈善工作搬运伤病、服侍病兵等事，常一日而派出数队往任义务"①。再如石牌新院即将竣工时，因车辆不能直达院址，为求交通利便，贫民教养院挑选少壮股贫民数十人，开筑石牌公路直达中山路。社会局、工务局也经常调用少壮贫民去从事一些修路工作。石牌老虎岗附近的跑马场，兴工之后人手不足，跑马场管理处"便函请广州市贫民教养院派拨精壮贫民前赴该厂工作"②。贫民教养院还"自购手车三百架，交院内贫民在市面行驶"③，以增加就业机会。

在政府和社会各界的支持下，贫民教养院的生产能力还是相当可观的。据不完全统计，初期的葵骨科每月生产产品约4800件；草鞋科每月生产产品约970对；车衣科每月生产产品约300件；藤织科每月生产产品约240件；冷织品科每月生产扫帚至少300把，多则600把。其他还有档纸、墨汁、香糊、辍钉、铜书钉、颈巾、书版、电心筒咀、电筒手挽圈、三轮小童车、白铁樽盖、背心、衬衫、大小藤器、婴儿床④等物品。产品不仅种类多，而且物美价廉。为推销产品，贫民教养院在院内设陈列所，对储存商品标明价格，既可以零售，也可以批发代销。同时，贫民教养院还组成"劝销队"，外出推销产品，或是将货物扛赴市区各处售卖，或是雇货车"向市内马路沿途推销"⑤。为调动销售员销售积极性，贫民教养院规定"以一成拨出为该卖物员所得"⑥，"故销路甚畅，统计每月收入可得数百元"⑦。除售货员提成外，贫民教养院将此项收入按月存储，作为基金，增加了贫民教养院的经费。

总之，贫民教养院积极发展贫民工场，并不断拓展业务，最大程度地发挥在院贫民的能力，分派工作因人而异，如手工部主要是一些老人、残

---

① 《广州市政公报民国十九年新年特刊》（1930年），广东省立中山图书馆特藏部藏，第220页。
② 《贫民赴跑马场工作由教养院派拨》，《广州民国日报》1929年12月13日。
③ 《贫民教养院购置手车》，广州市档案馆藏，档号：资-政-587-371-42。
④ 《广州市政公报民国十九年新年特刊》（1930年），广东省立中山图书馆特藏部藏，第221页。
⑤ 《贫教院积极推销工艺品》，《广州民国日报》1929年5月20日。
⑥ 《贫教院鼓励少壮股卖物》，广州市档案馆藏，档号：资-政-584-341-56。
⑦ 《贫民教养院奖励贫民习艺》，《广州民国日报》1929年8月10日。

疾者和幼童等，从事一些简单的手工操作，如织藤器、打草鞋、做扫帚、印刷信封等。制作藤椅、藤桌等劳动强度较大的工作则由少壮者承担。贩物部主要是一些老人，每天上午"负贩药品、烟仔往各茶楼、酒店售卖"①，下午四时半，收工回院。劳工部主要是少壮贫民，在附近茶店做服务人员，或往市内仪仗店当苦力，还经常被拨往外面从事筑路等劳动强度大的工作。歌曲部②主要由残废股的瞽姬组成，分为三组，择定地点每天前往演唱，并设一钱箱收钱，演出结束回院，将钱箱呈事务员开箱验钱，将所得的钱平均分配。③ 后来贫民教养院又"加设竹器一门，聘得一善于织竹器之技师，选院中之足部残废而手能做工者，教以织竹器之手工"④。"以工代赈"的做法，不仅使院内贫民普遍有了工作，还帮助他们学到了技能，成为可以自谋生路自食其力的人。但是，要从根本上解决贫民问题，真正做到"救人救彻"，就必须对不合理的社会制度进行全面深刻的变革，同时还要大力发展社会生产力，在保证社会的良性发展的同时，不断构筑新的社会救济和社会保障体系。

---

① 《贫教院中之贫民近况》，广州市档案馆藏，档号：资－政－588－377－17。
② 养成所全是瞽姬，主要是学习练习，歌典部负责外出演唱，故有非盲人。
③ 《贫教院内部工作分配》，《广州民国日报》1929 年 10 月 8 日。
④ 《贫教院添设工艺》，《广州民国日报》1930 年 7 月 28 日。

后　记

从 20 世纪 90 年代开始，中国近代城市史研究逐步兴盛，进入 21 世纪后仍是史学研究的热点，其中有关上海、天津等地的研究走在了全国的前列，研究队伍强大、研究成果丰硕。相比之下，广州虽然有着两千多年城邑历史，是近代前唯一通商口岸、中国民主革命发祥地、孙中山及其追随者着力打造的模范新都市，但是其近代城市史研究在当时却相对较为薄弱，基本上没有形成强大的研究团队，更缺乏系列研究成果，处在一个有待深入拓展的阶段。

有鉴于此，2003 年甫至羊城，我在制定研究生培养计划时，便初步确定了"民国时期广州城市社会变迁"这个研究主题，并连续十余年亲自带领研究生到广州市档案馆查阅搜集史料。那些大量的被"尘封"的原始档案资料，有的甚至自 20 世纪 60 年代整理以后便再无人问津，发黄变脆的纸页上布满垄沟般的蛀虫道，每翻一页都得小心翼翼。拂去"历史尘埃"，呈现出来的是一个个几乎没人关注过的研究专题。所有这些极大地激发了我的兴趣，也进一步增强了我的信心。根据所掌握的史料和当时广州近代城市史的研究现状，我拟定了一批选题，以团队形式重点围绕民国时期广州的"城"和"人"进行了一系列相关课题的基础研究。本书即其中部分内容的进一步研究，主要是从"城"的角度，选取了十三个问题，通过城市空间的重构、公共卫生的推进、市政建设的发展、社会事业的进步四个方面，大致反映近代社会转型时期广州城市社会变迁的概貌。由于作者学识水平有限，书中多为具象阐述，缺乏理论体系，及至成书，仍有诸多不足。虽此，且作砖石，抛以引玉。

此书付梓，算是完成了一个半成品，聊可告慰父亲的在天之灵，稍补此前之遗憾，也再次感谢在天堂的父母。此外，我还要感谢连艳艳、赵文青、张洪娟、蒋露露、龚慧华、李文惠、曾高、张帅、冯风雷、黄玉珊、姚元湾，本书的完成有赖于他们前期的资料搜集和基础研究。感谢我的丈夫冀满红和儿子冀耕在技术上的帮助。感谢妹妹李淑秋和李玲千里之外特殊的支持。

李淑蘋

2020 年 12 月 28 日于广州暨南大学明湖苑

图书在版编目（CIP）数据

广州城市社会变迁：1912－1937／李淑蘋著．－－北
京：社会科学文献出版社，2022.10
（暨南史学丛书）
ISBN 978－7－5201－9981－0

Ⅰ.①广… Ⅱ.①李… Ⅲ.①城市史－广州－1912－
1937 Ⅳ.①K296.51

中国版本图书馆 CIP 数据核字（2022）第 066262 号

暨南史学丛书
广州城市社会变迁（1912—1937）

著　　者／李淑蘋

出 版 人／王利民
组稿编辑／宋月华
责任编辑／胡百涛
文稿编辑／田正帅
责任印制／王京美

出　　版／社会科学文献出版社·人文分社（010）59367215
　　　　　地址：北京市北三环中路甲 29 号院华龙大厦　邮编：100029
　　　　　网址：www.ssap.com.cn
发　　行／社会科学文献出版社（010）59367028
印　　装／三河市龙林印务有限公司

规　　格／开 本：787mm×1092mm　1/16
　　　　　印 张：19.25　字 数：305 千字
版　　次／2022 年 10 月第 1 版　2022 年 10 月第 1 次印刷
书　　号／ISBN 978－7－5201－9981－0
定　　价／198.00 元

读者服务电话：4008918866